U0086242

宗教與社會

宋光宇 著　　東大圖書公司 印行

國立中央圖書館出版品預行編目資料

宗教與社會／宋光宇著. -- 初版. --
臺北市：東大發行：三民總經銷，
民84
　　　面；　　　公分. --（滄海叢刊）
參考書目：面
ISBN 957-19-1772-9（精裝）
ISBN 957-19-1773-7（平裝）

1.宗教與社會—論文，講詞等

211　　　　　　　　　　　　　84003165

© 宗　教　與　社　會

著作人　宋光宇
發行人　劉仲文
著作財
產權人　東大圖書股份有限公司
　　　　臺北市復興北路三八六號
發行所　東大圖書股份有限公司
　　　　地　址／臺北市復興北路三八六號
　　　　郵　撥／○一○七一七五──○號
印刷所　東大圖書股份有限公司
總經銷　三民書局股份有限公司
門市部　復北店／臺北市復興北路三八六號
　　　　重南店／臺北市重慶南路一段六十一號
初　版　中華民國八十四年五月
編　號　E 54096①

基本定價　柒元肆角
行政院新聞局登記證局版臺業字第○一九七號

有著作權．不准侵害

ISBN 957-19-1772-9（精裝）

自 序

　　浸淫在中國宗教的研究工作已經二十多年了，一直沒有對已往的研究工作做過有系統的整理。雖然在講課的時候，會逸興遄飛的講過一些我對中國宗教的看法，可是一直沒有機會真正把這些想法寫下來。直到負責編輯國立中正大學的「臺灣經驗」研討會論文集，結識了東大圖書公司，才有機會把這幾年來陸續寫成的文章，挑選八篇，湊成一份集子，以「中國人為什麼要行善？」這個問題做為主軸，來討論個人對於中國宗教的一些想法，以就教於社會各方賢達。

　　中國的知識份子對於中國社會裡的宗教活動，向來抱持輕蔑的態度，總認為那些東西都是迷信。兩年前，史語所的前輩考古大師高曉梅先生尚在世的時候，就曾問我在做什麼研究。我據實以答，稟告他老人家，我在調查研究扶乩著作善書的活動，看到地方上的校長、老師、公務員和民意代表都在參與這方面的活動，尤其是三軍總醫院的一位醫生也在從事扶乩書畫，為人解惑。高先生一聽到受過現代科學教育的醫生竟然也在從事扶乩的活動，大為驚訝，脫口而出的說：「這樣子中國還有救嗎？」

　　高先生的反應代表了上一代中國人對於中國宗教的鄙視的態度。事實上，以臺灣的宗教發展情形來說，扶乩也好，童乩也好，香灰治病也好，並沒有隨著科學教育的普及和整個社會的現代化而消失。各地寺廟更是隨著臺灣經濟的起飛而更加昌盛。這種事實至少說明上一

代知識份子對中國傳統的宗教缺乏真正的認識，再加上以前中國積弱不振，許多人把不振的原因統統歸罪於中國傳統文化有不可救藥的墮性。

今天，臺灣社會已經現代化了，科學教育也已經普及了，可是傳統文化宗教並未如前人所預料那樣會被淘汰，反而是與之同時俱進。身為這個時代的學術研究人員，就沒有理由再躲在學術的象牙塔中，不去理會這種變化。這二十幾年來，經常出入寺廟道壇，跟相關的人士促膝長談，甚至也嘗試著去體驗一下宗教經驗，逐漸的瞭解到中國宗教的真正面貌。

我們可以從不同的方面去探討宗教，從「社會」入手，是最不容易引起爭議，也是看上去「最科學」的一條路。其實是距離瞭解宗教的本質最遠的一條路。但是囿於現實的知識環境，我還是遵循這條學術大道，中規中矩的討論一些宗教社會學上的問題。至於宗教的神秘部份，就留待以後再寫專書來討論。

最後，不能免俗的要向家母、妻子、兒女說聲謝謝。離家做田野調查的時間愈長，對他們的虧欠也就愈多。也謝謝領我進這個領域的師長。更謝謝舍弟，他一直是我做田野調查時最好的助手。

宋光宇　序於行有恆堂書齋

民國八十四年立春

宗教與社會

目　次

導　言

　　就以這本集子所收錄的八篇文章來說，共同的主題就是「中國人為什麼要行善？」從各篇文章的內容來說，中國人的宗教行為根本就是以「世俗」做為主幹，歐美那種以基督教會為中心的宗教社會，在中國歷史上，尤其是明清以來就根本不曾出現過。要研究中國人的宗教行為的特徵，就不能套用西洋的理論，而是要實事求是的就中國宗教情形來建構自己的理論。以下，就這本集子談得最多的「善書」和「扶乩」，試著勾勒我對中國宗教的一些粗淺的看法。

　　中國最早的善書出現在北宋的時候❶。在宋徽宗時（一一○一～一一二五），四川有不知名的人士以東晉時葛洪的《抱朴子》為藍本，參雜一些先秦諸子和儒家的文句，撰作了《太上感應篇》。第一個稱頌《太上感應篇》的人是北宋末年的三十代天師張繼先❷；第一

---

❶　酒井忠夫《中國善書の研究》1960:1，日本，東京，國書刊行會；窪德忠《道教史》1977:362，日本，東京，山川出版社；朱越利〈太上感應篇與北宋末南宋初的道教改革〉《世界宗教研究》1983(4):84-85。

❷　在道藏本的《太上感應篇》卷7的末尾有〈虛靜天師頌〉：「人之一性，湛然圓寂，涉境對動，種種皆妄。一念失正，即是地獄，敬頌斯文，髮立汗下，煨爐心火，馴服氣馬，既已自鏡，且告來者。」很顯然是這位張天師讀了這本善書之後的贊語。虛靜先生又作虛靖先生，是正乙派三十代天師張繼先於宋徽宗崇寧四年 (1105) 所得的封號，靖康二年 (1127) 卒。

個爲《太上感應篇》作注的人是南宋「隱士」李昌齡❸； 第一個爲《太上感應篇》作序的人是南宋時的名儒眞德秀；第一個公開推廣這本書的皇帝是南宋理宗（一二二五～一二六四），他曾經爲這本書題頒「諸惡莫作，眾善奉行」八個字，使得這本善書成爲官方推行的社會教育的基本教材；第一部著錄這本書的官修書目是南宋的《祕書省續編到四庫闕書目》❹；第一本著錄它的私家書目是南宋趙希弁編的《郡齋讀書志附志》❺。

這本書到了南宋時代就已經非常盛行。不僅有理宗皇帝爲這本善書題辭，更有宰相名臣也爲這本善書作序或作讚。眞德秀在他所作的序言中，就清楚的說明了他對這本書的崇敬態度：

> 感應篇者，道家儆世書也。蜀士李昌齡註釋，其義出入三教，……余連蹇仕途，志弗克遂，故常喜刊善書以施人。……（儒家）大小學可以誨學者而不可以語凡民。金剛祕密之旨，又非有利根宿慧者，不能悟而解也。顧此篇指陳善惡之報，明白痛切，可以扶助正道，啓發良心。❻

---

❸ 在北宋時有「御史中丞李昌齡」，卒於大中祥符元年（1008），而道藏本李注的《太上感應篇》卻出現許多晚於大中祥符元年的諡號和人物，可見其中有差錯，應該不是這位「御史中丞李昌齡」。南宋趙希弁在《郡齋讀書志附志》卷上，稱李昌齡爲「隱者」。靖康之難使得北宋府庫所藏的書遭到大劫，或者被兵火所焚，或者散失到民間。南宋在臨安建都以後，設「秘書省」，蒐集北宋的遺書，先後頒布了《四庫闕書目》和《秘書省續編到四庫闕書目》。在後者的卷 2 子類道家，著錄有《太上感應篇》1 卷。並沒有提到「李昌齡注」，只是表明《太上感應篇》爲北宋舊籍。

❹ 同上。

❺ 趙希弁《郡齋讀書志附志》卷上，南宋，在景印文淵閣四庫全書第 674 冊，臺北，商務，1993。

❻ 眞德秀《西山先生眞文忠公文集》卷27<感應篇序>，南宋。

　　從眞德秀的序文中，我們得知，在南宋的時候，刊行善書已經是一些命運乖蹇的人用來改變命運的手段。同時，也間接的指出，在南宋的時候，善書已經相當流行。

　　另外還有一本從宋朝流傳至今的善書，那就是《玉歷寶鈔》，又叫《玉歷鈔傳》。這本書就沒有《太上感應篇》那樣受到官府和士人的注意。目前有關《玉歷寶鈔》的考證，主要是根據附在現行版本後頭的一篇由清乾隆五十九年杭州人李宗敏所寫的考據文章。李宗敏說他在江南看到宋版的《玉歷寶鈔》，依照書上所記的幾個年代——「天下太平，庚午秋九月重陽戊辰日，淡癡登高獨步，神遊於渺茫之中」「貧道於戊申夏六月，雲遊四川，路遇吾師淡癡」「大宋紹聖五年（戊寅），勿迷鈔錄勸世」，「前於戊寅夏六月，傳授東皐刊行，今庚戌貧道三竺進香，中元將此刻本全卷，並同諸聖誕辰，通共三十二張，並付工價，又授於武林傳印」等，推斷是在北宋仁宗天聖八年（一〇三〇）時，北方遼國的道士淡癡「入冥而作」。宋神宗熙寧元年（一〇六八）淡癡在四川遇到他的弟子勿迷，就把這本所謂「入冥之作」交給了勿迷。勿迷就在北宋哲宗紹聖五年（是年改元爲元符元年，一〇九八）將它刊行，過了三十年，在南宋高宗建炎三年（庚戌）又再度出資重印。如果李宗敏的考據確實可信的話，則《玉歷寶鈔》成書的年代可能要比《太上感應篇》來得稍早一些。

　　在這本書的末尾，勿迷這樣寫著：「奉勸世人，每逢聖誕日期，誓悔力行，或將此卷刊印分傳，輾轉廣勸，化得一人改過爲善，他能免過，你亦有功。惟願世間男婦，聽此言者，有則改之，無則加勉。……惟願善男信女，隨緣樂捐刷印，或萬或千，或百數十卷，各地普傳懺悔，功德無量。」由此可見，在北宋時，僧人道士已經大力勸導中國人要多印這些善書，以消愆罪過。

《玉歷寶鈔》跟佛道兩教的地獄罪報觀念有密切的關係。佛教的地獄罪報信仰在唐代已經普遍流傳，唐末五代盛行《佛說閻羅王授記令四眾逆修生七齋功德往生淨土經》❼，《佛說預修十王生七經》和《佛說地藏菩薩發心因緣十王經》❽，都在講述人應該如何運用宗教的辦法來消愆生前的罪孽。道士也開始仿作同類的經典，例如《太上救苦天尊說消愆滅罪經》❾、《地府十王拔度儀》❿等，同樣也在講述人該如何救贖地獄罪報。因此，到了宋代出現一本通俗的書，向一般俗民大眾講述那些行為是不道德的該罰入地獄，如何才能避開地獄罪報，如何才能彌補已經犯下的罪過，是合乎邏輯的事。

酒井忠夫認為明末清初是善書蓬勃發展的時代⓫。他所舉出的善書包括：《文昌帝君陰騭文》是一本扶乩作品；《功過格》是明末進士袁黃（了凡居士）根據道士所用的《太微仙君功過格》改寫而成，內容完全是以世俗倫常為主。另外，像《關聖帝君覺世經》也是同一時期用扶乩的辦法寫成的善書。雲棲袾宏所著的〈自知錄〉〈戒殺放生文〉、袁黃所著的《立命篇》以及從萬曆年間到康熙年間有幾十篇由和尚所寫宣揚「戒殺放生」的勸世文，這些書與文一直被民間宗教人士翻印流傳，甚至為它作跋寫序，用來宣講。

民國初年又有一些扶乩而成的善書，至今仍然在臺灣廣泛的流傳。民國七年在山西省有《關聖帝君救劫文》和《關聖帝君戒淫經》問世。語句不是很通順，但是內容一再強調關聖帝君的靈驗，因果報應，歷歷不爽，因此這兩本善書在臺灣也相當流行。

---

❼ 是敦煌出土的文獻，現存大英博物館編號 S5544。
❽ 在《續藏經》2編乙第23套第4冊。
❾ 在《道藏》洞眞部本文類。
❿ 在《道藏》洞眞部威儀類。
⓫ 酒井，1960:2。

　　民國八年五四運動發生之後，接受西方新思潮的知識份子對於本土的各個教派抱持排斥的態度，指斥爲「迷信誤國」。例如梁啓超曾在〈評非宗教同盟〉一文中，痛罵同善社、悟善社、道院等教派是「低等宗教」[12]，陳獨秀更寫專文攻擊同善社這個教派[13]。

　　民國十三年時，同善社在雲南洱源縣的幾處乩壇扶乩撰作了《洞冥寶記》。書中狠狠的批判了沿海地區種種不合傳統道德思想的現象。其中包括對盛宣懷之流，官商一體的「貪官」有所批判[14]；也對五四運動以後捨棄儒家經典不讀的現象大加撻伐，把戴金邊眼鏡、手抱西文書、滿口洋文的大學生和教授通通打入地獄受苦[15]。可算是同善社的人對於新派知識份子的一種反擊。

　　民國二十二年同善社又用扶乩的辦法寫了《蟠桃宴記》，講述天堂的美景以及人該如何行善才能有資格出席王母娘娘的蟠桃宴會。目前，《洞冥寶記》和《蟠桃宴記》仍然流傳於臺灣善書市場。不過，同善社卻日益萎縮，幾乎沒有人知道有這個教派存在[16]。

　　就體例而言，《洞冥寶記》是沿襲《玉歷寶鈔》所立下的地獄罪

---

[12]　梁啓超〈評非宗教同盟〉《飲冰室文集》1922。

[13]　陳獨秀〈辟同善社〉《獨秀文存》卷 3，1922年，上海，東亞圖書館；安徽人民出版社，1987:831-836。

[14]　《洞冥寶記》頁142-143，臺北，正一善書局，1993。

[15]　《洞冥寶記》1993:59,135,148,151。

[16]　同善社在臺灣的總堂是設在臺北縣永和市仁愛街60號 6 樓 7 樓，對外的稱呼是「中華民國國民修身協會」。全臺灣大約還有 5、6 個佛堂。這個教派非常閉塞，幾乎完全不跟外界有所接觸，對於來訪者一律擋駕。臺北市文獻會的林萬傳曾經收集到一些同善社的經書。有關臺灣同善社的資料，參見林萬傳《先天大道系統研究》第 7 章第 4 節〈同善社〉1-162-183，1984。早年的情形可參看末光高義《支那秘密結社慈善結社》第 2 編第18章〈同善社〉，1930:249-254。

罰架構，只是把犯罪的內容更改而已。《玉歷寶鈔》只是在講某一殿地獄專門處罰人世上什麼樣的罪過，也提示要如何才能消災補過。《洞冥寶記》則是由乩生在神佛的帶引之下去遊地獄，由各殿地獄的主管向這位前來遊地獄的乩生講述他所主管的這殿地獄專門處置那一種罪犯。

這種遊地獄的方式，並不是從《洞冥寶記》開始。清朝初年就已普遍流傳的《劉香寶卷》《香山寶卷》《觀音濟渡本願眞經》就已經用這種方式，講述妙善公主如何到各殿地獄去救她的母親，看到各種地獄的罪罰。因此，中國人利用遊地獄的辦法，列舉那些罪惡該下那一個地獄，接受什麼樣的刑罰，用來勸化世人，可說是一個有悠久歷史的老傳統。

以上所舉的幾本書，由於成書的年代久遠，或者由於原先負責撰作的教派在臺灣式微，以致這些書成爲當今臺灣宗教界的共同智慧財產，因此，我們把這些書歸入「古典善書」之列。

在臺灣社會，所謂「善書」有廣狹兩義。廣義的善書是指任何具有「勸善作用」的宗教書籍，大都由一些善男信女捐錢合資助印，然後放在寺廟的一角，或是車站、醫院等公共場所，供社會大眾隨手取閱。

狹義的善書則是指鸞堂信眾所組成的善堂，在「作善書」的特定儀式下，用扶乩的辦法貿逐次飛鸞撰作，經過一段特定的時間累積文稿，最後集合成書。這樣子所作的善書通常只印幾百本，所需經費完全由善堂人士認捐。印好後，一部份由捐資的善信拿去送人，一部份送給有交情往來的鸞堂，剩下的就放在自己廟裡，供人隨意取閱。除開少數特例，大部份的善書很少有機會再版重印。

由於這種善書的內容與格式相當固定，不是仙佛嘉勉鸞堂諸子的

辛勞，就是由一些城隍土地等神明自述他們是因什麼樣的功勞而被玉皇大帝策封爲神。更常見的是由鬼魂自述他的生前罪惡和死後在地獄所受的刑罰，也就是在講因果報應。

民國六十五年時，臺北哈密街的清正堂曾經對臺灣各鸞堂所著造的善書編過一份目錄《臺疆儒宗神教法門著造善書經懺史鑑》❼，在這本書中一共登錄了三百五十四部扶乩而作的善書，以及一百零二本扶乩而成的經懺。

民國七十一年時，林永根又根據這個本子，增補鄭喜夫移交給他和他自己蒐集的善書，而成《鸞門暨臺灣聖堂著作之善書經懺考》❽。在這本《善書經懺考》中記載，從光緒十七年到民國七十一年的九十年間，在臺灣和澎湖一共著造五百九十七部善書和經懺。

民國六十七年澎湖一新社重印清光緒十七年至光緒二十八年所著的善書《覺悟選新》時，也曾把從光緒十七年至民國六十五年在澎湖一地扶鸞著造的善書加以統計，得一百四十二部善書，八部眞經。由此可見臺灣各地用扶乩的方式來著作善書的盛況。

筆者也曾撰文指出❾，民國六十五年至六十七年，臺中的聖賢堂依仿《玉歷寶鈔》和《洞冥寶記》的形式，飛鸞撰作《地獄遊記》，在社會上引起相當大的迴響，堂方統計在集結成書之後的五年之中，一共印了一百五十萬本，而各善書中心大約也翻印了相等數量，也就

---

❼　臺北清正堂《臺疆儒宗神教法門著造善書經懺史鑑》，1977。
❽　林永根《鸞門暨臺灣聖堂著作之善書經懺考》，臺中，聖德雜誌社，1982。
❾　宋光宇＜地獄遊記所顯示的當前社會問題＞《民間信仰與社會研討會論文集》，臺中，東海大學社會系與臺灣省民政廳，1982:116-139；＜從最近十幾年來的鸞作遊記式善書談中國民間信仰裡的價值觀＞《中國人的價值觀國際研討會論文集》臺北，漢學中心，1992:741-760；又收入楊國樞編《中國人的價值觀——社會科學觀點》臺北，桂冠，1994:35-64。

是說，在五年之中，一共印行了三百萬本。直到今天民國八十四年，臺中聖賢堂仍然每個月需要印行一萬本《地獄遊記》才夠應付各方的索需。這是近年來最爲盛行的一本善書。

在臺灣，無論是飛鸞，或者不是飛鸞所作的善書，從清末以來，一直不斷的出現。這些善書所透露出來的訊息，很值得做一番整理和探討。只可惜，漢學界對這方面的問題一直未能投入較多的人力和物力，以致現有的一些研究成果呈現零散和膚淺的現象，不能眞正掌握住民間宗教信仰的全貌和脈動。

一、有關善書研究工作的綜合評述

關於中國善書的研究，首推酒井忠夫的名著《中國善書の研究》[20]。酒井在這本書的導論中，就先對「善書」的範圍下個定義。他說：「所謂『善書』，就是勸善之書。在宋代以降，就普遍使用了」[21]「這種勸善，指的是任何人都可以做得到的道德項目，雖然自古以來就已經萌芽，但是一直要到明代，才顯著的分成官、民、貧、富；士、農、工、商；貴、賤、賢、愚的觀念，在意識上有所分別。因此，善書就是爲了勸善懲惡而印有民眾道德，以及有關聯的因果報應故事，在民間流通的通俗書本。它的內容是在三教合一的信仰之中，述說民眾道德的規範。其書籍形式也和儒釋道三教經典不一樣。其文體則是採用了故事式的記述，有時也用俗文，具有較強的大眾性格。」[22]這個有關善書的定義，主要是針對上一節所說的「古典善書」而發。酒井的研究完全沒有涉及臺灣鸞堂系統的「作善書」這回事情。

---

[20] 酒井忠夫《中國善書の研究》東京，國書刊行會，1960。

[21] 酒井，同上，1960：1。

[22] 酒井，同上，1960：1。

　　酒井認為，善書到了明清兩代特別發達，原因在於明清兩代政府特別注重對民眾的教化工作。於是他就在第一章中，就先來討論明代的教化政策及其影響。第二章討論明代的社會狀況和地方鄉紳所扮演的社會教育角色及其所能發揮的影響力。在第三章中，廣泛的討論三教合一思想在明代的普遍流傳情形，討論的對象包括泰州學派、三一教主林兆恩、東林學派、晚明的佛教和道教等；第四章和第五章討論袁了凡的生平和他所編的《功過格》；第六章討論陰騭文；第七章則是討論明末盛行的各種寶卷和宗教結社，並以「無為教」（按即「羅祖教」，或稱「羅教」）為研究個案。

　　酒井的研究為善書的研究做了開路先鋒，在他之前，似乎沒有學者這麼有系統的討論過善書。因此，後來研究中國民間信仰和各種民間教派的學者都需要研讀這本書。大家對酒井的這本書讚譽有加。

　　不過，當我們仔細品嘗酒井的這本書之後，就會產生兩個疑問。第一，明朝的法令〈禮律・禁止師邪巫術條〉清清楚楚的規定：

> 凡師巫假降邪神，書符、咒水、扶鸞、禱聖，自號「端公」「太保」「師婆」諸名色，及妄稱彌勒佛、白蓮宗、明尊教、白雲宗等會一應左道異端之術；或隱藏圖像，燒香集眾，夜聚曉散，佯修善事，煽惑人民，為首者絞監候，為從者各杖一百，流三千里。

　　酒井書中第七章所說的寶卷流各教派，就是大明律和以後的大清律中明文禁止的教派。那麼，我們怎能相信，這些教派所用的寶卷，其內容是在配合明清政府的教化政策？如果，真如酒井所說，這些教派是在配合政府的教化政策，那麼，明清兩代就不會有那麼多的邪教

案；清朝鉅鹿縣知事黃育楩也就不需要去編寫《破邪詳辯》[23]從官方的立場來極力詆毀民間各種教派。

　　從內容上來說，各種寶卷大都在透露宗教上的訊息。像羅祖的五部六册，就是在記述明孝宗、武宗時，大運河上的槽運水手羅因的修道歷程。羅因的人生哲學上的問題是說：「人的這一點靈魂打從那裡來？」他到處向佛道名師請教這個問題，得不到答案，最後，羅因不得已自行創出「無極聖祖」這個神格，把它當成是人類與萬物的共同起源[24]。八十年以後，也就是到了明末崇禎年間，才演變成「無生老母，眞空家鄉」[25]。有清一代，官府把這種信仰看成「邪教」，極力取締。因此，酒井的研究有邏輯上的毛病。

　　其次，在善書中，有不少是用扶乩的辦法寫成的，像《文昌帝君陰騭文》《關聖帝君覺世經》《觀音大士戒溺女訓歌》[26]等都是如此寫成的。可是，大明律和大清律的禮律中，明白禁止扶乩活動。那麼，我們又該如何相信這些扶乩而來的勸善書籍，是在配合政府的教化政策？

　　除了這兩個小瑕疵之外，酒井所提出的研究方向和基本理論大致爲這三十年來從事中國民間教派和民間信仰的學者們所接受。

　　臺灣學者開始注意到善書，是間接受到酒井忠夫的影響。民國五十九年，美國芝加哥大學的博士候選人歐大年(Daniel L. Overmyer)來臺灣修習中文，並對民間信仰（主要是花蓮的慈惠堂）作田野調

[23]　黃育楩《破邪詳辯》，清道光十五年。

[24]　有關這方面的討論，請參看宋光宇＜試論無生老母宗教信仰的一些特質＞《史語所集刊》52(3):559-590，1981。

[25]　澤田瑞穗＜龍華經の研究＞在《校注破邪詳辯——中國民間宗教結社研究資料》1972:165-220，東京，道教刊行會。

[26]　見日華弟子鶴洞子纂輯《救溺要書》，在有福讀書堂叢刻續編第17册，清朝光緒壬寅。

查。他帶來酒井的書，向臺大的蔡懋棠教授請教。蔡懋棠讀了酒井的書之後，大受啓發，不僅將其中的緒言、第一章和第七章，譯成中文，發表在《國立編譯館館刊》第一卷第二期（一九七一：一〇六～一四三）。同時也開始著手蒐集善書。後來，酒井到臺北來參加一項大陸問題研討會，曾經會晤蔡懋棠，極力鼓勵蔡懋棠從事有關臺灣善書的研究，於是蔡懋棠在民國六十四年寫了〈臺灣現行的善書——獻給善書印贈人及慨贈善書者〉一文❷，記述他所蒐集到的六十二本善書。他把這六十二本善書分成有關佛教的善書（二十五本）、有關道教的善書（二十七本）、有關三教合一的善書（八本）和有關五教合一的善書（二本）。蔡懋棠只是記錄了這些善書的出版單位、出版日期和基本的書本形式，像是頁數、章節、以及版本等，並沒有涉及到書本的內容。六十五年，他又發表〈臺灣現行的善書（續）〉❷。在這篇文章中，蔡懋棠不但補充了他在過去一年內所蒐集到的善書一百一十種，更作附表來統計在這些善書中曾經出現過的神佛名號三百一十六種、出版這些善書的寺廟或宗教結社的名稱和地址九十六處，以及刊載乩文和勸善文的期刊十四種。

　　同年，蔡懋棠將澤田瑞穗《地獄變》這本書第一章第四節談《玉歷寶鈔》部份譯成中文，發表在《臺灣風物》二六卷一期❷。

　　受到蔡懋棠的啓發，臺灣省文獻會的鄭喜夫也開始蒐集善書，同樣的也是注重善書的版本問題。一九八一年，鄭喜夫發表〈從善書見

---

❷　蔡懋棠〈臺灣現行的善書——獻給善書印贈人及慨贈善書者〉《臺灣風物》25(2):86-117，1975。

❷　蔡懋棠〈臺灣現行的善書（續）——獻給善書印贈人及慨贈善書者〉《臺灣風物》26(4):84-123，1976。

❷　澤田瑞穗著，蔡懋棠譯〈玉歷鈔傳〉《臺灣風物》26(1): 72-75，14，1976。

地談白衣神咒在臺灣〉❸一文，一共記錄了八十一種不同版本的白衣神咒。

他在〈清代臺灣善書初探〉❸一文中，首先對「善書」的定義和範圍做了一番討論。他認為「善書」可以分成最廣義、廣義和狹義三個層次。從最廣義的範疇來說，凡是「一切對閱讀書身心有益的圖文」都可以算是善書。就廣義的「善書」來說，又可分成「有宗教色彩」和「無宗教色彩」兩類。前者包括「正當宗教諸經典及其他常用圖文與有關注釋解說闡揚之圖文」「傳教使用及有助於傳教之圖文」「勸善懲惡革非之圖文」「有關佛菩薩神仙聖賢歷史或傳說，及寺廟、庵堂、道觀、教會、公所沿革與各教名人言行之圖文」等。

後者包括「勸善懲惡革非之圖文」「一般進德勵志之圖文」「通俗養生之圖文」「通俗傷病急救方法及效驗方之圖文」等，鄭喜夫稱這些不具宗教色彩的善書為「最狹義的善書」❸。他甚至主張把「正當政治號召及其宣導闡揚之圖文」也納入狹義的善書這個範疇之中❸。

因此他說：「最廣義的善書，即除誨淫誨盜妨害公序良俗及其他足以戕害閱讀者身心，與夫蘊含違反人性、倫常、國策之禍國殃民毒素思想等有害無益者外之任何圖文，無不屬之。」❸「廣義的善書，即一切基於宗教（傳教）、政治（含教育）、社會（慈善）任何一種或多種以上的目的，或兼為個己鄉里身家祈福消災、謝恩還願，或補過

---

❸ 鄭喜夫〈從善書見地談白衣神咒在臺灣〉《臺灣文獻》32(3): 120-167，1981。

❸ 鄭喜夫〈清代臺灣善書初探〉《臺灣文獻》33(3):7-37，1982。

❸ 鄭喜夫，1982:7。

❸ 同上。

❸ 同上。

行善，期對人拔苦與樂所著造或傳播之圖文，無論出於銘刻、書寫、印刷諸手段，見諸金、石、木、紙、布等材料，採用單件、摺疊、裝訂，亦無論其內容有無宗教（含民間信仰）色彩皆屬之。」㉟這是相當複雜的善書定義。由於鄭喜夫是直接從他所接觸到的善書入手，而不是從田野調查入手，以致他忽略了鸞堂信仰中有「作善書」這麼個活動。

鄭喜夫寫完這兩篇文章以後，就不再從事有關善書的研究，他所蒐集來的善書就移交給任職於臺灣省水利局的林永根。如今，林永根私人擁有相當數量的善書。他在民國七十一年出版了《鸞門暨臺灣聖堂著作之善書經懺考》，前面已有所交待，不再重覆。

大陸學者很少有人從事有關善書的研究。到目前為止，只有朱越利曾經對《太上感應篇》做過研究㊱。朱越利比較了宋眞宗時成書的《天宮寶藏》和它的提要《雲笈七籤》，與宋徽宗時增補篇幅的《萬壽道藏》，推斷《太上感應篇》的成書年代應該是在宋徽宗在位的時候㊲。

朱越利依循大陸上流行的「階級鬥爭」模式，強調《太上感應篇》的出現，是衝著北宋末年頗受宋徽宗寵信的符籙派道教而來。他說：「《太上感應篇》從政治上對符籙派上層道士進行了譴責，它在諸惡條中增加了下列內容：『輕蔑天民，擾亂國政，賞及非義』，『逞志作威』，『苟富而驕，苟免無恥，認恩推過，沽貫虛譽，包貯險心，挫人所長，護己所短，乘威脅迫，縱暴殺傷，無故剪裁，非禮烹宰，散棄五穀，勞擾眾生』，『逸樂過節，苛虐其下，恐嚇于他，怨天尤

㉟　同上。

㊱　朱越利＜太上感應篇與北宋末南宋初的道教改革＞《世界宗教研究》1983 (4):81–94。

㊲　同上，頁84。

人，呵風罵雨，鬥合爭訟，妄逐朋黨』等，這些譴責干預國政，專橫跋扈，欺騙姦詐的詞句，在當時的背景下被添加進去，不會是無的放矢，這正是符籙派上層道士以及徽宗、蔡京集團的寫照。」[38]

不過，依據筆者頌讀《太上感應篇》的整體印象，覺得這本書並不是針對某些特定的對象而發，而是在訓誡一般人要遵守某些共同的倫理道德。斷章取義的指說是針對宋徽宗和他所寵信的蔡京、林靈素之輩而發，頗爲牽強。而且，宋徽宗時的張天師虛靖先生就讀過《太上感應篇》，並且還寫了讀後感想，大大稱頌《太上感應篇》。如果《太上感應篇》眞的是衝著道教而來，張天師就不應該寫下那麼充滿崇敬心情的頌辭。如果眞的是爲了批判宋徽宗崇奉道教而發，南宋理宗皇帝不可能不知道這個緣由，而糊裡糊塗的將這本書頒行天下，讓天下人去罵徽宗皇帝。這兩個疑點都是按照常理去推論，懷疑朱越利所說的理論的合理性。

一直到最近兩三年，有關善書的研究才稍有起色。最好的研究工作應當首推美國哈佛大學東亞研究所畢業的包筠雅 (Cynthia J. Brokaw) 對袁黃的《功過格》和《立命篇》的研究[39]。包筠雅的立論基礎是著眼於明末清初的社會意識型態的變遷。她認爲善書就是教人行善去惡的書，因此善書的目的就是在鼓勵讀者承認而且努力地修改他在道德方面的缺點，同時盡力爲善。善書也提供很具體的行善動機，書中一再保證上天與神明一定會獎勵善良的行爲，而且一定會處

---

[38] 同上，頁90。

[39] Cynthia J. Brokaw, The Ledgers of Merit and Demerit: Social Change and Moral Order in Late Imperial China, Princeton, NJ: Princeton University Press, 1991. 包筠雅＜明末清初的善書與社會意識型態變遷的關係＞《近代中國史研究通訊》16:30-40，1993年9月。

罰罪惡的行爲。

　　包筠雅也指出，善書在明末清初的確曾經發揮過支持領導階層的作用。「善書的思想基本上是比較保守的，因爲它們認爲社會的階層是由上天所規定的道德標準支持的。袁黃的善書思想一定包括了這個意思。他也明顯乎了解這些善書的教化價值。可是他（袁黃）好像眞的相信因果報應的作用。他不是故意要用它來控制社會秩序，反而使善書思想配合當代的社會改變。在這兒，善書表示了領導權必需要有彈性，如果人民覺得他們完全沒有提昇社會階層的希望，那麼他們可能就要打破現存的社會秩序。所以（善書）提供提升社會階層的希望，而同時確定社會的結構組織根本上是公平的──這就是袁黃的善書維持領導權的辦法。」❹「袁黃以後的善書一般地說來，是一種比較直接維持領導權的方法。那就是說，它們的作者多半反映當代的社會經濟的改變，而有意地利用因果報應的信仰來保護社會秩序；或者可以說，他們試著把社會階層的關係回歸到一個理想化的過去的情形──每一個階層都應該安分的扮演好社會秩序所給予他們的角色。當然，在這種情形下，因爲鄉紳與士人握有最大的權力，善書的思想就有鞏固他們的領導地位的效果。」❹

　　中央研究院中山社會科學研究所的朱瑞玲曾經利用西方心理學上有關「慈善」（charity）和「利他行爲」（altruistic behavior）的觀念，來研究中國的善書，希望從善書裡面，整理出中國的有關慈善和利他行爲的觀念。朱瑞玲假設：中國人慈善的價值觀是受儒家經典的教化，但是只有透過民俗宗教的神祕權威性，才會有具體的行善動機。因此，她的研究分成四個方面：（1）行善的道德倫理，包括

---

❹　同上，頁40。
❹　同上，頁40。

「盡本分」「百行孝爲先」「行善爲本性」等三項；(2)行善的動機，分成「果報觀念」和「利他動機」；(3)善的情境因素，包括行善的對象（關係和特質）與揚善的社會壓力；(4)影響個人慈善觀念因素❷。

朱瑞玲曾經以《太上感應篇》《陰騭文》《功過格》和《關聖帝君覺世經》爲例，來分析中國人的慈善觀念❸。她指出，《太上感應篇》一共列出善行二十四種，惡行一百六十一種。其中有二十九件是有關自然界，包括對神明與生靈的禁忌行爲；三十四件有關自我修行的善惡行爲，以及一百二十二件利他的道德行爲。在利他的行爲中，以維持人際和諧關係爲目標的有四十五件，以家庭倫理爲主的有九件。總合善惡行爲，屬於利他不損人的社會慈善行爲占最多(66％)，顯示中國人觀念中的行善本質，主要是以在人群中謀求他人的福祉爲重心。《陰騭文》和《覺世經》所揭示的善惡內容，大體上與《太上感應篇》相似。因此，朱瑞玲指出：「由這三本傳統的善書的內容看來，南宋時期的《感應篇》強調的惡行比較多，到了明末清初的《陰騭文》《覺世經》以鼓勵行善的條目較細較多。」❹

朱瑞玲也討論了善書的傳播策略。她指出，「著造或刊行善書是一種訊息的傳播歷程，因此傳播者的特性是一個重要決定因素。南宋以來的著名善書，都是由知識階級，乃至托鸞降旨的方式寫就，就因爲教化者的權威性會影響其教化的效果。而以民間信仰的神祇來傳播

---

❷ 朱瑞玲＜中國人的慈善觀念＞《中央研究院民族所研究集刊》75:105-132, 1993。

❸ 朱瑞玲＜臺灣民間善書的心理意涵：從傳統到現代的轉折＞《本土歷史心理學研究》1992:1-19。

❹ 朱瑞玲，同上，頁5。

勸善的道理，更是建立在民眾對鬼神的敬畏上。當然單單一個神威宗教約束，並不能使芸芸眾生都一概信服，在善書發刊流通之際，傳播者也會加入個人的親身體驗，以爲佐證，使訊息的可信度提高。」❹

「其次談到傳播的內容方面，因爲大傳統的仁義道德不僅不能符合民間升斗小民的現實世界，而且距離太遠，沒有實踐的可能，無法促成行善的動機。勸善教化內容的通俗化，正是善書之所以出現的理由。而恐懼與攻擊的情緒有助長人們改變行爲想法的大動力，所以善書流行的年代往往也是民生凋苦，社會動亂的時期。一方面下層社會讀書人想力挽狂瀾，整頓社會秩序；另一方面庶民在貧困饑餓的生活中，惶惶度日，無所依靠，寄託神明求取功德報應的想法，就容易被接受。」❹

朱瑞玲研究善書的途徑，有它創新之處。利用現代心理學上有關「慈善」觀念的研究成果，來檢視中國的善書，這是其他研究善書的學者所不曾想到過的。但是對她的推論，我們表示懷疑。因爲，就是澎湖從清光緒十七年到民國六十七年，每年都有幾本新的善書出現，而且出現的數量還很平均。林永根的《鸞門暨臺灣聖堂著作之善書經懺考》一書也清楚的顯示這個事實。因此，我們不太能接受「善書盛行於亂世」的說法。

臺灣的社會科學家大都不知道善書是如何傳播出去的，以致幾位研究宗教的前輩先生會產生「善書只是用來印送，印送就有功德，而不是用來讀」這樣的觀念。朱瑞玲在這篇文章裡，雖然談到了「善書的傳播」這件事，但只是涉及傳播的內容，而不是涉及傳播的途徑。因此，她對善書的研究帶有「安樂椅上的遙想」的味道，並不曾實地

❹　朱瑞玲，同上，頁9。
❹　朱瑞玲，同上，頁9。

調查或是參研歷史文獻。

　　其實，善書在明清以來中國社會的流佈是有一定的管道，那就是「宣講」。文化大學中文研究所的陳兆南就以清代臺灣的宣講活動爲題，撰寫他的博士論文[47]。宣講又稱作「說善話」、「講善」、「宣講聖諭」。明太祖即位後就頒行「大誥」，要州縣長官每逢朔望實行宣講。清朝入關以後，順治皇帝在順治九年（一六五二）就頒〈六諭臥碑文〉，分行八旗直隸各省。順治十六年（一六五九）議准設立鄉約，通令各省地方牧民之官與父老子弟，實行講究[48]。康熙皇帝在康熙九年（一六七〇）頒布〈聖諭〉十六條。雍正二年（一七二三）又頒布〈聖諭廣訓〉。這些皇帝頒布的〈大誥〉〈聖諭〉都只是原則性的提示一些基本的行爲準則，在宣講的時候，爲了有趣好聽起見，勢必要增加許多做好事會有好報的故事。這麼一來，宣講活動就給因果報應的宗教故事有了很好的活動空間。就有人將這些故事蒐集起來，編成《宣講大全》[49]之類的書。細讀這些《宣講大全》，都是一些因果報應的故事。

　　因此，陳兆南指出，「在明清時期，宣講活動曾普遍的被地方政府用來傳播政令，宗教團體用來傳播教義。對近代中國社會而言，宣講對庶民道德價值觀念的確立，不可忽略。因爲傳統中國的社會底層，多數民眾的教育水準低落，如無傳播性活動轉述，明清間數目龐大的善書將不具任何社會意義，勸善的功能更無從發揮。」[50]　陳兆南

[47] 陳兆南〈宣講及其唱本研究〉中國文化大學中文研究所博士論文，1992。

[48] 《欽定大清會典事例》卷397，禮部，風俗，講約一，頁1-2。

[49] 西湖俠「《原版宣講大全》，光緒34年（1908），臺中，瑞成書局翻印本，1976。

[50] 陳兆南〈臺灣的善書宣講初探〉中央研究院民族所《本土歷史心理學研究》1992:21。

的研究正好可以彌補以往社會科學家在面對善書時的盲點。

　　陳兆南把宣講分成「鄉約團體的善書宣講」和「宗教團體的善書宣講」兩個大類。鄉約團體的宣講活動往往會流於形式，失去教化的功能。至於宗教團體的宣講活動，照明清的法律來說，是不容許存在的，因為那些教派一旦被取締，就是所謂的「白蓮教案」。可是禁止管禁止，信教管信教。各種教派不斷的出現。今天在臺灣，一貫道與鸞堂都採用「宣講」作為他們主要的禮拜儀式。可見這一類型的宣講活力充沛，歷久彌新。

　　我也曾撰文分析過清光緒十七年至二十八年由澎湖一新社扶鸞撰作的善書《覺悟選新》❺ 。在這篇文章中，我記述清光緒年間，澎湖地方的一批地方的士紳如何組成善堂，如何以扶乩的辦法來撰作善書，如何假藉官方所支持的鄉約宣講的名義來實行教派宣講，以及《覺悟選新》這部善書的內容與清代各本臺灣方志中所記載的社會習俗如何相互呼應。

　　在結論部份，我指出：「解讀的結果，清楚的顯示，在清末的澎湖，或者說是臺灣社會，是以『能否振興家族的財富與聲望』作為評價一個人畢生成就的標準。在傳統上，中國人相信人因積善而可以成神。可是這本善書（指《覺悟選新》）告訴我們，單是行善還不能成神，還需要辛苦工作，振興家道，教育兒孫，使他們能夠通過科舉考試，達到社會評價的最高峰，才可以成神。這種觀念根本就是反映當時社會流行的人生最高成就。至於禁制惡行部份，也在宣揚同樣的觀念，強調人不可以做那些足以危害整個家族生存的事，否則就是不孝子孫，要受罰的。換個角度來說，這種觀念，在基本上，是屬於知識

---

❺　宋光宇＜解讀清末在臺灣撰作的善書「覺悟選新」＞《中央研究院歷史語言研究所集刊》65(3)：673-723，1994。

份子的。知識份子又藉著神明的名義和宣講活動，把他們的觀念和評價標準傳給一般社會大眾。」(52)

除了以上幾家的研究工作之外，鄭志明寫過不少的文章，探討善書的天人觀和宇宙觀(53)。林漢章在二十多年間收藏了許多善書，也寫過一些文章介紹過清代的善書(54)。日人小川陽之也曾研究過明代小說與善書之間的關係(55)。

從以上簡單的分析來看，我們知道，酒井忠夫是從國家教化政策的角度去看善書，包筠雅是從知識份子維持社會領導權的角度去看善書，陳兆南是因爲研究宣講活動而不得不涉及善書，筆者則是從知識份子的社會教化工作這個角度去看善書。角度雖然不同，可是拼湊起來，大致可以爲往後的善書研究工作指引出幾個可行的研究方向。

二、爲什麼善書出現在宋代？而且往後一千年中會一直流傳和著造各種善書？

要想回答這個問題，我們必需要從宋代起，經過明清，以至於現代的中國社會結構著手，才有可能找到比較貼切的答案。

我們知道，從魏晉南北朝到隋唐，中國社會基本上是一個士庶分途的社會，士族和平民的身份地位是與生俱來，不會改變的。經過唐末五代的動亂，中原的士族衰落，科舉制度成爲政府晉用人才的主要管道。這個制度在北宋完全確立。

科舉制度的特色在於它對每一個人提供一個平等的晉升機會，任

(52) 宋光宇，同上，頁712-713。

(53) 鄭志明《臺灣的鸞書》臺北，正一出版社，1990。

(54) 林漢章<清代臺疗善書事業>臺灣史蹟研究中心編《臺灣史研究暨史料發掘討論會論文集》，高雄市文獻會，1987：141-150。

(55) 小川陽之<明代小說與善書>《漢學研究》6(1)：331-340，1988。

何一個讀書人都可以憑著自己的本事，透過考試，而進入政府機構，成爲社會的上層。也就是包筠雅文中所說的「社會領導階層」。

對於那些不能進入官僚體系的人來說，經營商業也是一條可以提升家族和個人社會地位的良好途徑。特別是明末西班牙人東來，在馬尼拉與東南沿海的商人從事白銀和絲綢的交易活動之後，造成東南沿海、長江三角洲，以及沿大運河北上到北京這一條線上的地區，都呈現商業蓬勃發展的現象。在內陸的兩湖商人和山西商人也是相當有名的。經商比科舉更具有風險壓力，如何減少風險，是商人共同的願望。

把科舉和經商合起來看，我們大致可以勾勒出一個自宋代以來中國社會結構的模型，那就是頭一兩代的人努力經營，累積一些財富，然後供子弟讀書，參加科舉考試，博得功名，把家族的社會地位提升到社會的最上層，維持幾代以後，子孫已經耽於安逸的生活，只靠祖產過日子，不思進取，家道就開始衰落，終至敗盡家業。一個家族的興衰過程結束。期待某一代再出有能爲的子孫，再努力工作，展開另一次的興衰循環過程。在明清兩代，這種社會結構循環過程已經發展成熟，運作良好。

這樣的社會結構最大的特色是個人與家族的身份地位可以隨著子弟的努力而上升，也可能因爲家族成員的過失而下降。個人上升了的身份地位並不可以直接傳遞給下代子孫。下代子孫必需也要通過科舉考試這條晉升管道，才有可能同樣側身於「社會領導階層」，維持家族的社會聲望和地位。否則就只有眼巴巴的看著家族的社會地位下降。因此，在這樣的社會結構裡，人們對於能夠使家族的社會地位往上爬升的子弟給予獎勵和喝彩，稱之爲「孝子」；對於讓家族地位下降的子弟則予以譴責和批判，稱之爲「不孝子」。

在這種情形下，就必需要有一些教育人們如何做到「孝子」，不要成爲「不孝子」的書籍。在家族內部，由那些功成名就的人（也就是提升家族社會地位與聲望的人）寫一些訓勉子孫的文章，那就是「家訓」，告誡子孫應當如何維持家族於不墜。家訓起源可以上溯到顏之推的《顏氏家訓》。歷代都有一些有名的家訓傳世。只是到了明清時代，社會大眾特別重視它，數量也就多了起來。同時社會上更出現一些家訓的集子，把一些名人所寫家訓集合起來，供一般普通家庭買去，做爲教育子弟的教材。這些家訓集子包括康熙四十六年（一七〇七）石成金編輯的《傳家寶》三十二卷；乾隆七年（一七四二）陳宏謀所輯的《訓俗遺規》四卷；乾隆十年張又渠所輯的《課子隨筆鈔》六卷，以及不知作者的《子弟規》。朱柏廬（一六一七～一六八八）的《治家格言》也是相當有名的家訓。

對社會大眾而言，具有這種教化功能的書，就是「善書」。換個角度來說，善書就是在告誡一般社會大眾要如何趨吉避凶，如何可以有機會提升自己和家族的社會地位，做個「孝子賢孫」。

就以《太上感應篇》來說，它清楚的告訴人們，人生下來，他的福份命運已經由上天賦予一定的額度，稱之爲「筭」（也就是「算」）。做好事，這個額度就會增加，增加到一定的額度時，就有各種吉慶的事情發生。所謂「故吉人語善、視善、行善，一日有三善，三年天必降之福。」若是做壞事，則「天地有司過之神，依人所犯輕重，以奪人算。算減則貧耗，多逢憂患，人皆惡之，刑禍隨之，吉慶避之，惡星災之，算盡則死。」「凶人語惡、視惡、行惡，一日有三惡，三年天必降之禍。」因此《太上感應篇》在最後反問讀者說：「胡不勉行之？」（爲什麼不努力行善去惡呢？）

《太上感應篇》也提出修行補過的觀念「夫心起於善，善雖未

爲，而吉神已隨之；或心起於惡，惡雖未爲，而凶神已隨之。其有曾
行惡事，後自改悔，諸惡莫作，眾善奉行，久久必獲吉慶，所謂轉禍
爲福也。」特別強調唯心主義。

　　宋代的善書比較少談因爲行善而通過科舉考試的故事。可是到了
明代末期，這類的故事就大幅增加。同時普及了一個相當重要的觀
念，「原先上天預設的命運是可以憑著個人的善行功德而改變。」這就
讓一些沒有科舉功名的人有了信心，相信自己如果行善積德，就可以
有機會提升自己和家族的社會地位。

　　袁黃自己就是很好的例證。他在幼年時，有一位孔先生爲他算
命，判定他「縣府考學院考名次，并某年補廩，某年出貢，某年當
卒，壽五十三歲，無子。」❺❻袁黃前幾次考試的名次和年份，完全符
合當初的預言。他就因此相信命運的安排是不可改變的，心情也就因
而沮喪。

　　有一年他在浙江棲霞山，遇到雲谷禪師。兩人相對坐了三晝夜，
袁黃沒有任何問題向雲谷禪師請教。雲谷禪師問他爲什麼會這樣心止
如水。袁黃回答說：「孔先生已經算定我的命運，就是想怎樣去改變
它，也是枉然。」

　　雲谷禪師就笑他說：「我把你當成豪傑看待，沒想到原來你也是
一個凡夫俗子。」袁黃就請禪師解釋給他聽。

　　雲谷禪師告訴他，天下只有庸庸碌碌的人才被運數所限定，最好
和最壞的人都不受這個定數所限制。「一切福田，不離心造，皆可以
人力挽回。」於是就拿出一本功過格交給袁黃，並且告訴他：「照此奉
行，不特富貴功名可得，卽希賢希聖，盡在是矣。」

　　袁黃拿到這本書後，就在神前發誓許願。行三千功之後，就通過

---

❺❻　見《有福讀書堂叢刻續編》第17冊，頁1。

舉人的考試。又許願立三千功，得到了兒子。袁黃有了這兩次經驗以後，使他相信，只要努力行善，就可以將原來命中沒有的事，改變過來。他命中無子，因爲行善，就有了兒子。於是再立願行一萬善，以求得進士。萬善功成之後，果眞在萬曆四十八年考取進士。後來官至兵部主事，享年七十四歲。他的兒子後來也考取進士。

袁黃的故事與《功過格》一起流傳到今天。讓聽到或讀到這個故事的人們相信，只要自己肯發心，照著袁黃的辦法去做，終有一天也可以成功。若是沒有達到原先預期的目的，那只好責怪自己行善不夠虔誠。

科舉制度是一個競爭相當激烈的制度。全國有幾十萬生員，幾萬舉人，幾百進士。在清朝，舉人成爲進士的比例大體上一直維持在百分之六左右，道光朝錄取的名額最多，也不過是百分之十二而已。在這樣激烈的競爭中，參加競爭的人在人力可以做到的俗世條件方面大致差不多，那麼爲什麼只有那些少數的人可以通過考試？於是，明清的士人就特別流行「一命、二運、三風水、四陰德」這種觀念。行善的目的就是在累積陰德，以求改變命運。從這個角度來看善書，就不難明白，爲什麼明清時期的士人會那麼熱心於刊印和宣講善書，甚至身體力行。

我在分析清末與日據時代初年成書的善書《覺悟選新》那篇文章中指出，在這本善書所提出的二十四個因行善而成爲神明的例子，清楚的顯示，凡是能夠辛苦工作、勤儉持家、以致家道豐盈，而且還要能夠教育兒子讀書，甚至通過科舉考試，得到功名，死後才可以受到玉皇大帝的獎賞；受封爲土地、城隍之類的低級神明[57]。這些例子就

---

❺ 宋光宇＜解讀清末在臺灣撰作的善書「覺悟選新」＞《史語所集刊》65 (3):695, 1994。

是上述看法的明證。

　　無論是酒井忠夫，或是包筠雅，他們畢竟是外國人，不能體會在袁黃行善故事背後的社會文化意義。只有生在中國社會中的人才會對袁黃的故事別有一番感受。民國以來有許多學者往往長於西洋理論，而拙於對自己社會的認識。今天我們要想對善書、民間信仰、甚至中國人的宗教行為有進一步的認識，在這一個課題上，不能沒有相當的認識。

三、善書所表現出來神界是什麼樣子？人如何可以進入神界？我們所熟知的神明，像是關聖帝君、玉皇大帝、媽祖、濟公等，究竟是單單一個神明呢？或者是一個籠統的集合名稱，包括許多大大小小駐在各個廟宇，各個神壇的個別神明？

　　這些問題從來不曾為研究中國宗教的學者所討論過。善書（尤其是狹義的善書）清楚的顯示，在中國人的心目中，人與神之間是可以互通的。人可以因行善，累積功德，而成為神。神透過乩筆來勸化世人。在民間各種教派裡，更是盛行天上神佛下凡來勸渡世人的傳說。

　　善書就是在提供「人如何可以成為神」的指引和範例。我們可以分兩個方面來探討。

　　第一個方面就是在民間流行的宗教信念中，人們往往相信每一間寺廟，每一間神壇，以及每一個家庭神龕所供奉的每一尊神像，都是一個獨立的神明。唯有如此，才有可能容納得下愈來愈多的神。譬如說「媽祖」，在《覺悟選新》這本書裡面就包括了一般人所熟知的媽祖林默娘，本澎大媽宮天上聖母林，本澎提標館天上聖母林，本澎天后宮天上聖母，本澎海壇館天上聖母王等不同的神明。觀音菩薩也是如此，包括吳家觀音佛祖呂，媽宮澄源堂觀音佛祖王，媽宮太和堂觀

音佛祖秦，馬公進德堂觀音佛祉劉，本澎觀音亭觀世音佛祖等。

這種情形使得我們不能把各種神明看成是單純的個體，實際上是一個集合體。以《覺悟選新》來說，早在清朝末年，臺澎民間就已經流傳這種概念。有了這樣的認識以後，我們在處理現代善書的神明種類時，才不會被重複出現而又有一點不同的神明弄糊塗。

第二個方面是讓我們對於清朝以來地方仕紳積極投入社會救濟事業的現象，可以有比較近乎事實的解釋。

近年來，有些學者積極研究明清以至民國時代的社會慈善救濟事業這個課題，如法國的Pierre-Etienne Will對十八世紀中國的政府與救荒組織的研究❸；梁其姿研究十九世紀長江下游的育嬰堂❸、明末清初江浙地區民間慈善活動的興起❻和收容寡婦的機構❻；戴文鋒利用文獻材料研究清代臺灣的社會救濟事業❻。

他們可以把救濟組織的運作情形說得很清楚，可是對於「中國地方士紳為什麼願意如是投入社會救濟事業？」這個問題，卻無法提出令人信服的答案。這些學者大都避開這個問題，只有梁其姿在討論長江下游地區於明朝末年由地方士紳自動自發的設立育嬰堂時，試著提

---

❸ Pierre-Etienne Will, *Bureaucracy and Famine in Eighteenth-Century China,* Translated from the French by Elborg Forster, Stanford University Press, 1990.

❸ 梁其姿〈十七、十八世紀長江下游之育嬰堂〉《中國海洋發展史論文集》1984:97-130。

❻ 梁其姿〈明末清初民間慈善活動的興起──以江浙地區為例〉《食貨月刊》15:1-12, 1986。

❻ Angela Ki Che Leung, "To Chasten Society: The Development of Widow Homes in the Qing, 1773-1911," *Late Imperial China* 14(2):1-33, 1993.

❻ 戴文鋒〈清代臺灣的社會救濟事業〉，成功大學歷史語言研究所碩士論文，1991。

出解答:「地方領袖於十七世紀創建育嬰堂時，是基於對一個理想社會秩序的追求。」⑬ 這種說法似乎過份簡單，也太理想化。

　　其實，在民間流傳的善書中，就一直在傳播「善有善報，惡有惡報」，如何可藉行善以贖罪，甚至行善可以成神成仙的觀念。這些觀念很可能就是明清士人積極參與各種社會慈善救濟活動的基本心理和文化動力。

　　《太上感應篇》只提到「離人骨肉」是一項罪惡，也沒有任何贖罪的辦法。《玉歷寶鈔》則提到「富不憐老恤貧」⑭「見人有病，家藏藥食，吝不付給」⑮「將養媳賣與他人為婢妾，任妻溺女」⑯「人間偶有荒歉之處，失食倒斃，且尚未氣絕者，乃割其肉以作饅頭糕餅之餡，而賣與人食。」⑰ 等，是極大的罪過。其中賣童養媳和溺殺女嬰就跟建立育嬰堂有密切的關係。

　　救贖的辦法就是「如遇歉歲，捐資賑濟，或煮粥施食，或將升合之米給貧，或設薑濃湯，在於要路，以救片時。若能令人得此種種實惠者，非唯此過（指賣人肉事）全消，暗增現世之善報，更增來生之福壽。」⑱

　　《文昌帝君陰騭文》則提到:「濟急如濟涸轍之魚，救危如救密羅之雀」⑲「矜孤恤寡，敬老憐貧」⑳「措衣食周道路之飢寒，施棺槨

---

⑬　梁其姿〈十七至十八世紀長江下游之育嬰堂〉《中國海洋發展史論文集》1984:124。

⑭　《玉歷寶鈔》現行鉛印本，頁42。

⑮　同上，頁42。

⑯　同上，頁47。

⑰　同上，頁48。

⑱　同上，頁48。

⑲　〈陰騭文頌〉《昭代叢書》別集卷28，頁7-8。

⑳　同上，頁8。

免屍骸之暴露」❼「家富提攜親戚，歲饑賑濟鄰朋」❼ 等有關社會救濟事業的概念。在末尾則強調「諸惡莫作，眾善奉行，永無惡曜加臨，常有吉神擁護，近報在自己，遠報在兒孫，百福駢臻，千祥雲集，豈不從陰騭中得來者哉？」❼

　　《關聖帝君覺世真經》也提到類似的觀念：「時時行方便，廣積陰功」「救難濟急，恤孤憐貧」「舍藥施茶，戒殺放生，造橋修路，矜寡拔困」等。並且明示「一切善事，信心奉行，人雖不見，神已早聞，加福臻壽，添子益孫，災消病滅，禍患不侵，人物咸寧，吉星照臨。」❼

　　袁黃的《功過格》中更是明白的表示相關功過的輕重。在〈宗戚〉項下提到：「族有貧困及鰥寡孤獨，盡力撫存，一人百功，撫孤成立百功，凡出錢者一百二功。」更在〈救濟格〉提到：「救一溺嬰，收養一棄兒，俱百功」「見棄兒不設法收養，又不勸人收養者，俱二十過」。在〈增訂居官功過格〉中提到：「賑濟得實，一人一功」「荒年煮粥賑濟，一人一功」「遇大災荒旱，及早申力請賑，設法多活命，千功」「遇災不賑，百過」「不禁民間溺女，十過」「力可濟人而不肯盡，五過」。

　　從以上所舉的善書資料，我們可以很清楚的瞭解到，明清時代的士人階層為什麼會那樣投身於社會慈善救濟事業。他們的動機可能不像梁其姿所講的那樣抽象，而是很具體很「功利」的累積陰德，以求「近報自身，遠及子孫」。從時間上來說，育嬰堂和《功過格》是同

---

❼　同上，頁9。

❼　同上，頁10。

❼　同上，頁21-22。

❼　《關聖帝君覺世真經》，臺北，三揚善書公司排印本，1980。

步流行的。我們實在很難忽視兩者之間的對應關係。

　而且這種認識對於瞭解十七世紀以來中國的各種民間教派的性質是有正面的意義。因爲在清代官方眼中，這些教派都是「異端」，稱之爲「邪教」。在律令中指控這些教派「佯修善事，煽惑人民」。爲什麼會有這麼奇怪的指控呢？它的眞正意義又是什麼？

　以前，筆者對這項指控並沒有什麼認識。這幾年，從事二十世紀中國民間新興教派的研究時，看到二十世紀方才出現的一貫道、道院世界紅卍字會、悟善社和救世新教、萬國道德會、道德社、在理教等教派，都從事各種不同的慈善事業。而今，臺灣民間更出現像慈濟功德會、嘉義行善團等自願組成的慈善團體。面對這些宗教慈善團體我們應該如何解釋？如今我們大致曉得應該從那個方向去思索答案。

　在民間流傳的善書中，大都反映出功利主義的一面。在教派的書籍中，則清楚的顯示出，行善就是「修道」的一種法門，終極的目的是在追求「生命的永恆」。如果有一個人一生行善，在他去世之後，則教團就會透過扶乩的辦法，來證明這個人得到什麼樣的果位。例如，世界紅卍字會的第一任會長是民國二年曾經出任過國務總理的熊希齡，他離開政壇之後，全心投入社會慈善事業，在北京香山靜宜園創辦「香山慈幼院」，收容孤兒最多時有一千六百多人❼❺。民國十二年，熊希齡與道院人士徐世光（徐世昌總統的弟弟）等共組世界紅卍字會，統合中國人的慈善救濟力量，在軍閥混戰、江西剿共、日本侵略等大大小小戰役中，救濟傷患，撫輯流亡，掩埋屍體，並在各地成立孤兒院、恤嫠院（收容寡婦）、殘障院、貧民工廠和學校，成爲可以匹比世界紅十字會的純中國人組成的慈善組織。民國二十六年，熊

❼❺　有關事蹟參看周少連、吳漢祥編《維新・濟世・救亡：紀念熊希齡先生誕辰一百二十周年文集》，中國文史出版社，1990。

希齡病逝香港。道院人士透過扶乩的辦法，宣示上天封熊希齡爲「蘊基眞人」❼。而澎湖在日據初年扶乩所作的善書《覺悟選新》，以及後來臺灣各地鸞堂所作的善書，都有堂生因生前的熱心助人、修行功德，死後因而獲上天錫封爲土地、城隍等神祇的故事。可見，中國士人積極從事各種社會慈善救濟的眞正動力，應該就是這種「成仙成聖」的永恆觀念。

從以上的分析，我們可以很清楚的看出，在中國人宗教觀念中，人和神是可以互通的，人可以憑著他在世間的修行功德而受上天的封賜，成爲某一個廟或某一個家庭所供奉的某一尊神明，接受香花水果的供奉。而且神明有高低之分，低位的神又可以憑著他對人世庇佑的功德而逐步上昇成較大的神。

這種觀點跟西方基督宗教的「救贖」觀念完全不同。依照天主教的說法，教會掌控了最後審判的權力，人是不可以離開教會的，一旦脫離了教會，就失去在最後審判時獲得救贖的機會，也就是說，一旦離開教會，這個人就永遠沒有機會可以上天堂。

依照喀爾文派（衍生成爲長老教會和公理教會等派）的說法，天上的席位是有限的，不是每一個信仰基督的人都可以得到上帝的眷顧，卽使一輩子都耽在教會裡，也沒有用。上帝所鍾愛的「選民」(selected people) 是早已決定了的。可是上帝不言不語，只是把他的恩賜統統都給了他心愛的「選民」，使這些得到上帝恩賜的「選民」，在人世上有非常傑出的表現，在宗教上成爲靈修最好，領導教徒的「長老」；在政治上，就成爲治理家邦的 governor（總督或者是州長）；在商業上又是成功的企業家；在家族裡，自然是一言九鼎的大家長。因此，喀爾文教派的天堂都是集政、教、商、道德於一身

❼ 《道院世界紅卍字會聖哲略史》，世界紅卍字會臺灣省分會印，1963:21。

的「聖人」。其他的人生來就註定要墮入地獄，無法得到最後的救贖。

綜合以上的比較，我們可以很清楚的看到中外在宗教上的不同。西洋宗教社會學上所談的「世俗化」問題，在中國社會裡是根本不存在的。中國宗教本來就是把「世俗功業」，當作成神的基本的條件。而且天上神明是沒有數目上的限制，人間的寺廟也不具備幫助人們得到救贖的功能。中國宗教所謂的「世俗功業」，是多元的。通過科舉以提升家族的社會地位、經商致富後能周邮貧苦的家族鄰里、在天災人禍中無條件的救濟災民、修橋補路、甚至振興地方經濟、驅逐瘟疫等，都可以算是功德。反而是在朝為官一個錯誤的政策可能傷害成千上萬的人民，造成大過而被罰入地獄。

這本集子所收錄的八篇文章，就是從幾個不同的層面，來討論中國宗教強調依憑世俗功業可以成神的基本特色。

解讀清末在臺灣撰作的善書
《覺悟選新》

提　　要

在中國的民間信仰裡，「行善」與「乩示」是兩項非常重要的要素，而且這兩項要素又是相互關聯。中國民間對「乩示」寄以絕對的信任，並且透過乩示，來證明自己的行善得到相當的功果，可以得到上天的眷顧和封賜果位。

《覺悟選新》這本善書正可以反映出這種特性。清末時，澎湖馬公的舉人和生員組成「善社」，定期從事扶乩和宣講活動，以教化流俗。在光緒二十九年（一九〇四）將這些乩文集合成書。今天，我們仔細的翻讀這些乩文，可以很清楚的看到，它的內容是在宣揚傳統的倫理道德，把科舉功名當成是最高的價值標準。強調出身貧窮的人要努力於自己的事業，不僅要振興家道，更要教育子弟，若能有子弟得到科舉功名，則這個人就有資格接受上天的封賜，成為「土地」「城隍」之類的神明。

換而言之，一個人存在的價值是在於他能不能振興家業。因此，舉凡可以使家道名聲上升的行為都受到獎勵；凡是會危及家業，使家道衰敗的活動都在禁止之列。賭博、吸食鴉片、械鬥、兄弟鬩牆等都會危害家族的生存，必須禁止。

我們通常都認為，只有受過現代新式教育的知識分子才會從事社會改革工作。其實不然，傳統的讀書人也是積極的在參與社會改革活動，只不過他們是以維護傳統價值和家族地位為職志。

前　言

民國八十年（一九九一）秋，筆者因執行國科會的「儒宗神教：扶乩活動在臺灣」調查計劃〔編號 NSC 81-0301-H-001-09〕，前往澎湖，調查當地的有扶乩「作善書」活動的廟宇，在馬公市的一新社，蒐集到《覺悟選新》這部善書。

這部善書的每一篇乩文都有撰作的年月日和時辰。從卷一的各種神佛所降乩而成的序言的日期都是在光緒十八年（一八九二）這個事實看來，我們知道這本善書是在光緒十八年那一年開始編纂的。卷二的第一篇乩文，時間早至清咸豐三年（一八五三）六月初三日巳時，內容記載澎湖馬公為何以及如何成立第一個鸞堂「普勸社」。第二篇是由「普勸社」改名為「一新社」時的作品，時間是清光緒十三年（一八八七）正月十三日午時。第三篇是光緒十七年（一八九一）正月十五夜，由玉皇大帝賜號「樂善堂」。第四篇是樂善堂開堂的作品，時為光緒十七年三月十五日。這四篇可說是有關一新社成立的歷史文獻。臺灣其他各地鸞堂所作的善書，在年代上，都沒有比這四篇的年代來得早。

卷一至卷六其他的乩文，都是在光緒十七年至十九年這三年內完成。七、八兩卷是在光緒廿七（一九〇一）至廿九年（一九〇三）完成。臺澎地區在光緒廿一年（一八九五）因甲午戰爭失利而被迫割讓給日本。因此這部善書的成書年代橫跨了清朝及日據時期兩個時段。臺灣

現在各地鸞堂大都承認澎湖的一新社和《覺悟選新》是全臺灣最早的鸞堂和善書，即所謂「全臺鸞務開基，首著一部善書」。在王世慶❶和林永根❷的著述中，就逕自認定這部書是第一本在臺灣地區自行撰作的善書。在此之前，流行在臺灣的善書，如《太上感應篇》、《陰騭文》、《白衣大士神咒》等，都是從大陸傳過來的❸。

　　這部善書共分匏、土、革、木、石、金、絲、竹等八卷。每卷平均有四十五張摺頁，也就是九十頁左右。第一卷的開頭部份，是「一新社」與「樂善堂」的標記，各有一幅對聯。各以「一新」和「樂善」為聯語的開頭，把設壇立社的宗旨交代清楚。聯語是這樣寫的：

　　一設鸞堂從此盛傳各地迎聖迎神崇置沙盤木筆
　　新頒鳳藻藉資普勸群生渡人渡己勤修寶筏慈航
　　樂得英才雅教施個個凜遵金科玉律
　　善其明德新民勵年年歌頌舜天堯日

　　接下去是一新社的舊觀照片以及沿革；關聖帝君和慈濟真君的神像；三教祖師神位及印信、正主席南天文衡聖帝關牌位與印信、副主席太醫慈濟真君許牌位與印信、南宮孚佑帝君呂恩主牌位與印信、九天司命真君張恩主牌位與印信。關聖帝君、孚佑帝君與九天司命真君合稱「三恩主公」（若加上岳飛和豁落靈官王天君，就成「五恩主

❶ 王世慶〈日據初期臺灣之降筆會與戒煙運動〉《臺灣文獻》37(4)：112-113，1986。
❷ 林永根《鸞門暨臺灣聖堂著作之善書經懺考》，臺中：聖德雜誌社，1982：33。
❸ 有關清代臺灣的善書流布情形，請參看鄭喜夫〈清代臺灣善書初探〉《臺灣文獻》33(1)：7-36，1982。

公」）。另外有兩幅從事宣講的圖畫。第一幅是一新社從事宣講時的情景，是用四條長凳作支架，上面鋪木版，再搭起一個講臺，講臺的正中央供奉關聖帝君的畫像和神位，前有香爐和一對燭臺。宣講者身穿長袍，坐在左邊的宣講桌後。臺下有八個人在聽講（見附圖一）。第二幅是所謂的「古式宣講臺」，臺子也是用長凳木板搭成，臺上供奉關聖帝君的神位。左邊有宣講桌，桌後有一身穿滿清朝服的人坐在椅子上，照本宣科，臺下的六名聽眾也坐在長凳上，其中一人正在哄小孩。並有一童子在為聽眾泡茶。不過，這幅宣講圖在對聯、橫匾和臺前燈籠方面，卻都改成一新社樂善堂的字樣（見附圖二）。

接著是八卷乩文總目錄。正文一開頭，就由關聖帝君降乩說明撰作這部善書的動機，是由於「自世道澆漓，民風擾攘，敗壞心術者，不可勝數。而余也，亦曾飛鸞佈化，則如《明聖經》、《覺世經》、《陰騭》、《戒淫》諸文，無不時深懲勸，末奈人心披靡，世教衰頹。古道日非，習俗相尚，以致穹蒼震怒，災害下臨。」因此，要在一新社「再飛鸞警勸，而挽頹風。」「荷列聖選作佳文，新奇可誦，是以舉而勸世，皆望其覺悟自新也」。

這部善書是從光緒十八年開始編纂，到廿九年（一九○三）三月初一日寫成最後一篇。前後歷時十年之久。五年後，也就是在宣統元年，這部善書重印了一次。這兩次的刊行究竟發行了多少部，目前已經沒有人知道。民國六十七年（一九七八）正月，澎湖一新社再度印行這部善書。據一新社的執事吳克文先生說，這次刊行一共印了一千部。一部份由捐印者拿去，一部份分送臺灣本島各相關的寺廟，剩下的一小部份則放在一新社內供人免費取閱。十多年來，已經送完了。這次調查所看到的本子，是一新社珍藏在佛龕內隱藏在佛像背後的儲藏室中的一部，也是一新社自己唯一保存的一部。徵得一新社吳克文

圖一　一新社的宣講臺式樣

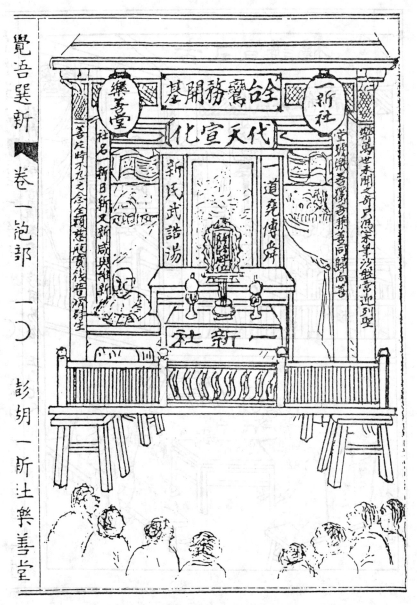

資料來源：《覺悟選新》卷一

圖二　所謂「古式宣講臺」

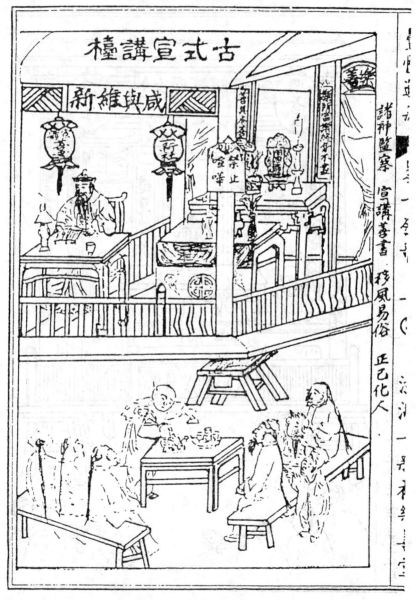

資料來源：《覺悟選新》卷一

先生的同意，工作人員影印了這部善書。

顧名思義，善書是以勸人爲善爲主要的功能。但是，所謂的「善惡」，其實是一種隨著時代和社會環境而改變的觀念。按照時間去比排各種相關的善書，就可以看出這種「善惡」觀念的改變❹。在這種認識及前提下，逐本解讀各種善書是明瞭這種善惡觀念變遷的必要手段。《覺悟選新》旣是第一本在臺灣造作的善書，仔細解讀它的內容，可以對清末和日據初期臺灣社會所流行的各種善惡觀念，及其相關的各種社會問題，有所瞭解。同時，透過這層瞭解，我們可以看到某些習俗從清初漢人移入臺灣時就已經形成，並且影響到今天的臺灣社會。

首先，讓我們先對臺灣與澎湖的鸞堂和扶乩活動有一些基本的認識。

鸞堂與扶乩的傳入

在臺灣，大凡供奉關聖帝君、慈濟眞君許和九天司命眞君張爲「三恩主」（或加岳飛和豁落靈官王天君，成「五恩主」），並且用扶乩的辦法來撰作善書，或爲人解惑的廟宇，通常稱之爲「鸞堂」，也叫做「善堂」。它的起源迄今不太清楚，需要做一些考證工作。

扶乩，又叫扶鸞，是中國一項古老的道術。由乩手（正鸞生）經過「請鸞」儀式後，進入「失神」(in trance) 狀態，用桃枝做成的「Ｙ」形鸞筆，在沙盤上寫字。旁邊有唱鸞生逐字報出，由錄鸞生寫下，就

❹　有關民間「善」「惡」觀念的改變，可以參看宋光宇＜從地獄遊記看當前臺灣的社會問題＞1982；＜地獄之說與道德思想的研究＞1984：＜從玉歷寶鈔談中國俗民的宗教道德觀念＞1984。

成爲一篇乩文（鸞文）。累積到一定數量之後，就可以集合成書。

　　臺灣與澎湖在什麼時候開始有鸞堂和扶鸞活動？在各本方志裡面，只有光緒十八年林豪所寫的《澎湖縣志》卷九〈風俗〉「王醮」一項，提到「各澳皆有王廟，……神各有乩童，或以乩筆指示，比比皆然。」這段記載只告訴我們，在光緒十八年（一八九二）時，澎湖的扶乩活動已經很普及，並沒有涉及最初的源頭。

　　根據《覺悟選新》卷二頁四的記載，清代澎湖地區的鸞堂扶乩活動始於咸豐三年（一八五三）。咸豐三年六月初三日的乩文是這樣寫的：

　　　南天恩主文衡聖帝關公親降　諭

　　慨自聖王不作，而教化凌夷，世道日衰而人心不古。異端蜂起，鄙道德爲迂談。邪說叢生，棄倫常爲瑣事。或父子不親，綱常倒置。或君臣無義，上下相違。或夫妻反目，琴瑟不調。或昆仲鬩牆，友恭不篤。或朋友失信，麗澤莫敦。四維弗講，八字周遭，種種惡孽，日墜日深，風俗頹敗，無逾於此。以致邇來，水火刀兵，地方未靖，橫災迭起，瘟疫頻行。此皆下民造孽所自召，莫怪天心之不恤我也。幸爾澎湖島，雖叢爾微區，亦有樂善之儒士，有心世道，欲挽頹風，冀消末劫。僉曰，非藉宣講勸善，無以爲力。故自前年（咸豐元年，一八五一），邀集地方文人學士，立一社團，稱曰：「普勸社」，採擇口才素裕，品學兼優者爲講生。於晴天月夜，無論市鎮鄉村，均就神廟潔淨之處，周流宣講善書。爲全澎各社，普遍勸化，以冀挽習俗於萬一。庶幾人民共趨正道，互鄉轉爲仁里。誠爲美舉。今（咸豐三年）復崇奉三教祖師於座上，奉聖真恩主於

壇中。初設木筆沙盤，並施金丹寶訓，神人聚會，大道融通。
在澎湖扶乩之創始，為全臺鸞務之開基，良有以也。

　　這段文辭很清楚的告訴我們，在咸豐初年，澎湖地方的文人秀才
為祈禱消弭災患與匡正社會人心，有所謂「宣講善書」的活動。更在
咸豐三年農曆六月三日於媽宮（即今之馬公）開立「普勸社」，奉祀南
天文衡聖帝(關聖帝君)。並且設有沙盤木筆，從事扶鸞，闡揚教化。

　　讓我們再看另一條資料，對於一新社神明的來源有所說明。光緒
十七年正月十五日夜的乩文云：「澎湖夙有海濱鄒魯之稱。自咸豐三
年癸丑，就有開設普勸社，崇奉（關）聖帝、（許）真君牌位，竭誠
宣講善文以勸世。至同治三年甲子（一八六四），又得爐下蘇清景從
福建省泉州府馬巷廳，恭請余（許真君）金身一尊來澎開基。」❺由
此可知，一新社的許真君像是從泉州馬巷廳「分靈」而來。這種分靈
的辦法又使得一新社成為二十世紀臺灣本島各個鸞堂的「源頭」。

　　民國八十三年五月十一日在田野訪問時，宜蘭縣頭城鎮喚醒堂的
副堂主林旺根表示，宜蘭縣頭城鎮喚醒堂和宜蘭市碧霞宮的恩主公神
像（關聖帝君）都是在光緒二十年前後，從澎湖一新社「分香」而
來。創立者是宜蘭的郊商盧廷翰❻。練乩則是另外請人。盧廷翰請
宜蘭的進士楊士芳來主持這兩個鸞堂的乩務，並且請楊士芳將喚醒堂
乩文送到漳州城內南臺廟街多藝坊刻板印行，就是臺灣的第二部善書
《渡世慈帆》（光緒二十二年，一八九六）。林根旺也指出，從喚醒
堂分香出去的是臺北淡水的行忠堂、臺北木柵的指南宮和臺北大稻埕

---

❺　《覺悟選新》卷2，頁4。

❻　有關盧廷翰的事蹟，參看《頭城鎮誌》卷11〈人物志〉的「盧廷翰」（1864-
　　1906）、「盧陳阿定」（盧之妻1877-1947）和「盧纘祥」（孫，1903-1957）。
　　盧纘祥是宜蘭縣的民選第一任縣長（1951-1954）。

的覺修宮。

不過，根據日據初年日本警察的調查，對於這一段歷史的記錄是說：「臺灣本島的鸞堂是同治六、七年（一八六七、一八六八）時，有澎湖許老太者，在廣東學到扶鸞的辦法，回到臺灣澎湖後，在地方上，爲人祈禱治病。至光緒十三、四年（一八八六、一八八七）的時候，許老太將此法傳授給宜蘭頭圍街進士楊士芳。並在頭圍創立『喚醒堂』，楊士芳自任堂主，向街民廣傳其法，並祈禱扶鸞施藥方，爲人治病。」❼

在早期的某些善書裡，偶爾也會提到臺灣本島各個鸞堂的相互關係。例如在昭和十六年（一九四〇），臺中州田中（今彰化縣田中鎮）的贊天宮所出的一本善書《迷津寶筏》，正乩手楊明機在序言中曾提到：「然神教之設，起自蘭陽新民堂，繼及碧霞宮，次設頭圍喚醒堂，普及淡水行忠堂，繼傳三芝智成堂，爲道化中興之始。於甲寅（民國三年，一九一四），建堂造書，化及省躬。戊辰（民國十七年，一九二八）開贊修於臺北，利南北交通之便。後於（雲林斗六）石龜溪感化堂而造新書。然欲立一定之法門，及於丙子（民國二十五年，一九三六）著《儒門科範》於贊修。以智成爲根據，敕賜『儒宗神教』。」這段記載清楚的說明，宜蘭的碧霞宮和頭城的喚醒堂（都是在清光緒二十二年，一八九六）是爲後來臺灣各地各個鸞堂的始祖。不過，文中所說的「新民堂」，目前沒有任何具體的資料可資說明，尚待進一步的查證。同時，這段文辭也說明，臺灣的鸞堂在日據末期逐漸整合在一起，號稱「儒宗神教」。這個名號成爲現今臺灣鸞堂通用的總稱。

綜合以上各項資料，我們可以知道，臺灣各地的鸞堂是以澎湖爲

---

❼　《臺灣總督府公文類纂》元臺北縣，明治三十四年，永久保存第四十六卷，第三門警察，高等警察，降筆會案卷。

最早。澎湖的扶乩可能有兩個源頭，一個是福建泉州，一個是廣東。後來從澎湖向北傳入宜蘭，成立喚醒堂和碧霞宮。再從喚醒堂以分香的方式分出淡水的行忠堂、木柵指南宮和臺北覺修宮，以後再分化成其他各地的鸞堂。在日據末期，出現「儒宗神教」這個稱號。當然，這不是臺灣扶乩活動的唯一來源。王世慶就指出還有「樹杞林街」（今之竹東）也是一個源頭，是樹杞林街保甲局長彭樹滋因要戒除鴉片煙癮，而從廣東請人來教扶乩戒煙的辦法❽。

澎湖鸞務的發展與宣講活動

根據《覺悟選新》卷一的記載，我們知道，澎湖的扶乩活動始自清咸豐三年。起因是由於澎湖媽宮地方的文人為了「禱天消災」和「匡正人心」，派人到泉州「公善社」學乩。學成回來，才開始設立「普勸社」。一方面扶乩寫一些勸善文章，另一方面沿用「宣講聖諭」

---

❽ 王世慶〈日據初期臺灣之降筆會與戒煙運動〉《臺灣文獻》37(4):112 1986。亦見於公文類纂降筆會案卷，同❹。「光緒23年（明治30年，1897年）6月，樹杞林街（今竹東）的保甲局長彭樹滋，原係廣東惠州人士，為了戒煙乃赴廣東陸豐五雲洞彭廷華的家裡，用扶乩祈禱的辦法，治療鴉片煙癮。戒煙成功後，回到樹杞林街，就把這段經歷告知新竹辦務署參事彭殿華，極力宣揚扶鸞戒煙的成效。於是他們兩人從宜蘭請來吳炳珠到樹杞林舉行祈禱、扶鸞、及戒煙。但因方法不熟而效果有限。至光緒24年（1898）10月，新竹辦務署參事彭殿華出資數百圓，從廣東請來五位鸞生，即彭錫亮、彭錦芳、彭藹珍、彭錫慶、彭錫瓊五人來臺。光緒25年（1899）2月，在彭殿華的住宅內設立鸞堂，舉行扶鸞戒煙。結果彭殿華及九芎林（今芎林）庄長數十人的鴉片煙癮都告戒除。彭錫亮等人將此法傳授給九芎林的邱潤河、彭阿健，大肚庄的劉家冀、彭阿石等四人，而於光緒25年（1899）返回廣東。從此以後，利用扶乩祈禱戒煙的辦法在臺灣到處盛行。」這一支扶鸞的辦法後來一直在客家人村落中流行，以三山國王廟奉祀關聖帝君。

的辦法，普遍勸人行善。到了光緒初年，社員大多凋零，又有中法戰爭之役（光緒十一年，一八八五），澎湖成爲交戰之地，以致普勸社完全停止活動❾。

到光緒十三年（一八八七），地方生員許棼、黃濟時、林介仁、鄭祖年、郭丕謨、高攀等人鳩資重建普勸社。並取用《尚書・胤征》「舊染污俗，咸命維新」之意，改「善勸社」爲「一新社」。並於次年向地方官府呈文，請求給與告示，通告澎湖民眾在宣講期間，要踴躍前往聽講，並應遵守秩序。得到官府的許可。這份官府所給的告示是這樣寫的：

> 卽補清軍府署臺南澎湖海防糧捕分府龍　爲出示曉諭事。
> 本年（光緒十四年戊子，一八八八）二月二十六日，據生員許棼、黃濟時、林維藩（介仁）、鄭祖年、郭丕謨、高攀等稟稱：「竊我澎各前憲，志在牖民。知有政不可無教，偏隅責被休風。爰懷遵朝典，朔望宣講上諭之餘，復諭諸士子，設立『普勸社』。勸捐資費，採擇地方公正樂善之人，於晴天月夜，無論市鎮鄉村，均就神廟潔淨之處，周流講解聖諭及善書，以冀挽回習俗於萬一。見夫讀法紀於周官，辰告垂諸風雅，則勸勉之條，誠有司之不可缺者也。不謂乙酉（光緒十一年，一八八五）春，兵疫後，普勸社規程俱已泯沒，諸講生亦大半淪亡。茲舉遂寢。棼等身列膠庠，頗知見義勇爲，不忍坐視頹廢。乃於去年（光緒十三年丁亥，一八八七）鳩資重整社中。談用取尚書「舊染污俗，咸命維新」之意，更「普勸」曰「一新社」。

---

❾ 《覺悟選新》卷1，頁1，1891。

且遴選樂善不倦、兼以口才素裕，可作講生者，如八品頂戴林陞，及童生郭鵲志、許占魁、高昇、陳秉衡等之數人者，俱有心向善，殊堪勝任愉快。庶乎數十年之美舉，得勃然興矣。第思勸善之設，雖云法美意良，而際此地方更張之日，正兵民雜處之時。非懇蒙出示佈告，當宣講日期，或此欲靜而彼欲譁，豈能肅圍眾之觀聽。且諸講生不奉明諭，其何以藉朝廷之力，振威儀而服眾志哉？於是再四思維，措理無術，爰相率聯名，瀝情陳請。伏乞恩准，據稟出示曉諭，以新耳目。一面諭講生等，俾專責成……等情。」據此，除稟批示，併諭飭該講生等知照外，合行出示曉諭。為此，示仰闔澎衿耆士庶人等知悉。爾等須知宣講聖諭，解析善書，均係勸人為善，有益身家，務須環聚恭聽，謹奉力行，切勿喧嘩吵鬧，致干查究。切切毋違。特示。

光緒十四年三月初六日

　　從這份告示，我們可以清楚的認識到以下幾件事實。第一、組織善社，辦理宣講活動，是地方上的知識份子的社會教育活動。第二、宣講善書，在某種意義上，是跟宣講「聖諭」等量齊觀，都是為官方所重視的。光緒十八年（一八九二）的《澎湖縣志》卷九〈士習〉條就記載澎湖的宣講活動是規規矩矩的在進行，「而澎海一隅，獨能遵地方官示諭，隨在宣講《聖諭廣訓》及《感應篇》、《陰騭文》諸書，而弗染異說也」。《感應篇》、《陰騭文》都是宋朝以來，流傳最廣的兩本善書。不過根據扶乩和《覺悟選新》等書來看，當時澎湖地方士紳在宣講的時候，不但宣講聖諭，同時也宣講扶乩而成的善書。

　　光緒十七年（一八九一）三月十五日地方士紳在一新社成立「樂

善堂」，專門用扶乩的辦法來著作善書。同時從事宣講活動。從光緒十七年（一八九一）至二十九年（一九○三）所有的乩文集結成《覺悟選新》八卷。是爲最早在臺灣自行撰作的勸善書。以後澎湖及臺灣各地起而仿效，紛紛成立各種善堂，扶乩著書。在民國六十七年（一九七八）版的《覺悟選新》的末尾，附有從光緒十七年（一八九一）到民國六十六年（一九七七）澎湖地方各善堂和所著善書一覽表。根據這份一覽表，澎湖地方先後有五十間善堂，一共扶乩造作了一百四十二部善書，八部眞經。林永根在他的《善書經懺考》則登錄從清光緒十七年（一八九一）到民國七十一年（一九八二）的九十年中，臺灣和澎湖的善堂一共扶乩撰作了五百九十七部善書。可見其盛況於一般。

　　宣講聖諭是明清兩代官方訂定的社會教育活動。在有清一朝，順治皇帝曾於順治九年（一六五二）頒布〈六諭臥碑文〉，分行八旗直隸各省。十六年（一六五九）議准設立鄉約，通令各省地方牧民之官與父老子弟，實行講究❿。康熙皇帝在康熙九年（一六七○）頒布〈聖諭〉十六條⓫。雍正二年（一七二三）又頒布《聖諭廣訓》⓬。由於清代歷朝屢屢下旨，要地方官確實推行講解聖諭的工作，可見得這種教化政策在執行上並不十分成功。《欽定州縣事宜》更是明白指出清代縣官如何虛應故事：

> 朔望之辰，鳴鑼張鼓，前詣城隍廟中。公服端坐，不發一語，視同木偶。而禮生紳士請頌聖諭一遍，講不悉其義，聽不得其

---

❿　《欽定大清會典事例》卷397，禮部，風俗，講約一，頁1-2。

⓫　同❿。

⓬　蔣良騏、王先謙纂修《十二朝東華錄》，雍正朝，卷2，頁11。

詳。官民雜沓，鬩然各散。⓭

何耿繩〈學治一得錄〉也提到類似的情形：

> 常見州縣每於朔望循序宣講，率皆奉行故事，毫無發明。聽者
> 寥寥，亦復置若罔聞。⓮

　　正由於官府對於「宣講聖諭」流於形式，於是，地方上有心改革
社會風氣的士人假借神明，自行組織善堂，以宣講聖諭和善書爲職
責，用來彌補地方行政之不足⓯。戴寶村曾經指出：「聖諭強調和諧、
勤儉，端正風俗，但平民生活艱苦，常受剝削，易投向祕密宗教和結
社，以求得生活物資和精神寄託。」是爲宣講聖諭執行不力的原因之
一⓰。徵諸澎湖的資料，他的推論是有問題的。實際的情形很可能是
地方士人在地方官府的「示諭」之下，自行結社，用因果報應故事來
宣講「聖諭」。
　　在清代的臺灣，宣講聖諭是一件重要的事情。康熙六十年（一七
二二）朱一貴亂事平定之後，治理臺灣的官員已經注意到應該積極從
事社會教化工作。藍鼎元在〈與吳觀察論治臺灣事宜〉中就說：

> 宜設立講約，朔望集紳衿耆庶於公所，宣講《聖諭廣訓》萬言

⓭　引自《清代掌故綴錄》，蔡申之〈清代州縣故事〉（二）。

⓮　同⓭。

⓯　陳兆南〈臺灣的善書宣講初探〉中央研究院民族所「本土歷史心理學研究」，
　　頁1-2，1992年2月。

⓰　戴寶村〈聖諭教條與清代社會〉《師大歷史學報》13:315，1985。

書及古今善惡故事，以警迷頑之知覺。臺灣四鎮及淡水等市鎮村莊多人之處，多設講約，無徒視為具文。❼

　　清廷批准這項建議，並著手實行。臺灣的各本方志中都記載了有關宣講聖諭的事。鄉約宣講因場地不同可分為「在城宣講」和「四鄉宣講」兩種。在城宣講通常是由縣官主持，而四鄉宣講因地方官無暇下鄉而由當地的鄉約組織辦理。詳細記錄宣講內容，以備地方官隨時抽查。清末，中央的權力已衰，地方官主持的宣講活動日漸僵化，反而是地方士人與宗教團體結合之後，卻能持續運作，成為清末宣講的主流。上述澎湖和宜蘭的宣講善書活動就是這股時代潮流的一部份。

　　在臺灣，民間組織善堂來宣講善書和聖諭，並不是始於光緒二十年前後（一八九四），也不是局限於澎湖和宜蘭，而是同光年間普見於臺灣各地的共同現象。在光緒十年（一八八四）新竹的仕紳顏振昆、吳希增、吳淦秋、鄭守恭、鄭養齋、高士元等人在縣城北門外設立「福長社」，設立宣講臺，經常講演善書❽。也有私人支持宣講活動的例子。如：陳祚年《篇竹遺藝》〈養吾陳太夫人節略〉云：

　　（陳氏）好覽〈陰騭文〉、〈感應篇〉及古今忠孝善惡果報等書，暇則宣講，聽者環堵。❾

王松《松陽詩話》卷下云：

---

❼　藍鼎元〈與吳觀察論治臺書〉《鹿洲文集》，清代。
❽　《臺北市志稿》卷7〈教育志〉頁4。
❾　轉引自鄭喜夫〈清代臺灣的善書初探〉《臺灣文獻》33(3):22，1983。

先慈吳太儒人性善，布施奉佛，兼通經史。……又喜讀因果事以勸人，每逢年節朔望，必延明士設壇宣講聖諭、感應篇等。❷⓿

清代民間的「祕密宗教」，如齋教先天派，在光緒九年（一八八三），其在臺灣的領導人黃玉階就在臺北大稻埕成立「普願社」，宣講聖諭。民國元年時，龍華、金幢和先天三教派聯合成立「齋心社」，於朔望宣講清朝的聖諭和前賢處世格言❷❶。

從事宣講活動，也是有許多規矩有待各方人士遵守。一新社有〈宣講例言〉十六則〔見附錄一〕。這些規則明白的規定，在宣講的時候，要衣冠整齊，講員必需要做事前準備，不可以信口胡謅。只要有三五聽眾，就可以開講，不必等到人多之後。

善堂的組織和運作

就澎湖來說，善堂是獨立於寺廟之外的一種志願性組織，但是借用某個廟宇作為活動的場所。其任務就是「著善書」（由文乩手在沙盤上寫勸世的文章或詩句）和「濟世」（由武乩童為人解答各種疑難問題）。

一個善堂的成立，基本上有兩種方式。第一種是有人發心要成立一個善堂，出面號召信徒，共同組成。第二種是由別的善堂不斷的出現乩示，要求某個寺廟成立善堂。被指名的這個寺廟經過一番驗證之

---

❷⓿　同❶❾。

❷❶　《臺灣通志稿》卷2〈人民志宗教篇〉，頁111。

後，接受這項上天的「派令」，由廟祝或地方上頭面人物出面號召，成立善堂。

一旦善堂成立，它的名稱的順序是:「地名」、「寺廟名」和「善堂名」。例如:「澎湖縣馬公南甲」是地名，「海靈殿」是廟名，「兼善堂」是善堂名，合起來就成「澎湖縣馬公南甲海靈殿兼善堂」，這是對外用的正式名稱，一般仍是稱作「海靈殿」。也有把前後幾個名字串起來，一起使用的情形。澎湖的「一新社」就是個例子。光緒十三年（一八八七）改原先的「普勸社」為「一新社」，光緒十七年（一八九一）再憑扶乩開號「樂善堂」，於是對外的全名就成了「澎湖一新社樂善堂」。

依據《覺悟選新》上的記載，一新社樂善堂內部各種職位都是用扶乩的辦法派定。光緒十七年（一八九一）正月十五日派定的職位依序如下:

董事兼堂主	林介仁			
知客生	黃濟時			
正鸞生	黃達時	蘇根攀		
幇鸞生	蔡徵功	鄭祖儀		
副鸞生	吳騰飛	許世忠	蕭鴻禧	
唱鸞生	李時霖	王邦樞		
錄鸞生	鄭祖揚	郭廷光	楊廷瀾	郭清獻
迎禮生	陳秉昭	吳品分		
行禮生	鮑顯星	蘇清景	鄭祖基	
膳錄生	紀秉修	林其昌		
請鸞生	蘇桂芬	郭玉承		

效用生	陳睿明	林懷治	謝鴻恩	郭丕觀	陳步青
	洪汝明				
督講生	鄭祖基				
司講生	蔡徵功				
宣講生	李時霖	黃逢時	郭清獻	吳騰飛	郭丕觀
	許世忠				
助講生	蕭鴻禧	楊廷瀾	黃濟時	鮑顯星	陳睿明
	陳步青	林長青	洪汝明	謝鴻恩	郭鷁志
	高　昇	許　棼	陳秉衡		
救濟部勸捐生	鄭祖年	郭丕謨	陳長澤	蘇清景	吳品分
	鄭創垂				

　　根據光緒十四年（一八八八）申請成立「一新社」宣講活動的呈文，我們知道，林介仁、許棼、黃濟時、鄭祖年、郭丕謨等人的身份是「生員」，郭鷁志、許占魁、高昇、陳秉衡等人是「童生」。另外有「八品頂戴林陞」，不見於這一份神職名單之內。可見，光緒年間澎湖一新社的扶乩活動，在基本性質上，是由地方知識份子所領導的一種社會教育活動。

　　再從組織和職責方面來說。

　　目前，在澎湖的各個善堂都以堂主和副堂主做為中心。堂主總理一堂之鸞務，副堂主輔助。基本的條件是個人在宗教方面的修為，而不是論財力或輩份。凡是有扶乩的日子，正副堂主必定要到壇，主持儀式。平時則處理一般信眾的事務。堂主和副堂主是整個善堂的表率。「凡事刻苦持艱，清品敦行，如若不遵聖訓，貪功利己，則上界

雖有使命，亦不容易相承。」❷同時，正副堂主要設法維持「正鸞生」的生計，使正鸞不需要為生活而奔波。在調查中也發現，善堂的停止運作，大都是因為正鸞生忙著去賺錢養家，不能定時到堂中服務。善堂少了正鸞，就沒了人神溝通的媒介，而且沒人能替代，這個善堂就維持不下去。

「正鸞乃天之使者，身任聖職，手掌鸞筆，神靈降而筆飛舞，以無形神力，沙盤浮現有形之字，而度化眾生也。」這是《鸞堂聖典》上對「正鸞」所作的定義❷。正鸞不是人人可以充任的。它的選拔是這樣的，通常都是由有心作正鸞的人自由報名，在神壇前宣讀疏文。目前臺灣本島通用的疏文是這樣的：

　　　伏　以
　　聖道恢宏普被大千
　　神機莫測靈通三界
　　　　　　今據
　　　　臺北市
　　中華民國臺灣省　　市　　路　　號　　堂門生
　　　　　　高雄市
　　　　住　　市　　路　　段　　巷　　弄　　號。
　　誠惶誠恐。稽首頓首。
　　儒宗神教法門。叩為志願正鸞。效勞濟世事。叩拜洪造證明具陳。言念門生　　現庚　　歲　　年　　月　　日生。自入鸞以

---

❷　《鸞堂聖典》，頁5。這是臺中聖賢堂在民國七十三年時將臺灣各地鸞堂所用的經典和儀式纂成的一本集子。

❷　同❷，頁4。

來，深荷　恩師耳提面命。教誨提撕。神光所備。有感於心。
茲願訓練正鸞。至於純萃。體聖傳真。代天宣化。濟世渡人。
效勞造功。上拔九玄七祖昇天。下赦凤世今生業障。修養身
心。力行神教。以報鴻恩於萬一也。懇望

玉帝至尊　列聖恩主　諸位恩師　准許所請。特授真傳。降靈光
以開竅。匡扶法門。濟物利生。以盡義務。不敢有始無終。欺
師背祖。洩漏天機。違規背訓。倘有乖違。願受天譴。永墮地
獄。誓無退悔也。

謹　呈

堂　列聖恩主　　座前

監壇護法真君　　座前

南天文衡聖帝　　座前

昊天金闕玉皇大天尊　玄靈高上帝　　御前

堂　　　主　　（手印）

傳　真　師　　手印等俯伏叩呈

誓約志願人　　手印

　　報名之後，隨即展開「練乩」的訓練。通常為期四十九天，在澎
湖則有長達一年者。在這段時間裡面，受訓的乩生每天都要到廟裡練
習扶乩，也就是在沙盤上用桃木乩筆畫「8」字，或圓圈。練乩的人
最重要的事情就是設法讓自己安靜下來，頭腦中不要有任何雜亂的思
想，旁邊有人不斷的唸請鸞咒，幫助他進入安靜，甚至恍惚狀態，直
到開始出字為止。不是每一個志願做正鸞的人都可以練到出字，十個
人之中大約只有一兩個人可以練成。而且不是想練就可以報名，一定
要在特殊情況下，公開徵求乩手的時候才可以報名。一旦練成，這名

乩手就要終生奉獻，爲神明效力，每天晚上都到廟裡扶乩「作善書」，直到神明准他退休爲止。

扶乩時，所有鸞生必需要穿著「禮衣」、「禮鞋」。禮衣以長袍爲主，顏色有淺藍色、白色、米色、褐色等，各堂選定一種爲準。禮鞋則是以黑色平底布鞋爲準。女士們的服裝，在臺灣本島跟男士一樣，在澎湖則是穿黑色類似旗袍的禮服。

善堂一旦成立，就很可能長久持續下去。澎湖由於它是臺灣扶乩活動的發源地之一，另一方面也是由於偏處離島，社會流動性較小、商業氣息較少，善堂的活動可以維持很長的時間。一新社樂善堂已經成立了一百零六年〔清光緒十三年（一八八七）至民國八十二年（一九九三）〕。今天廟中的執事多是當年發起人的曾孫輩。另外，像海靈殿兼善堂成立於民國五十八年（一九六九）。三官殿自新社三善堂目前這一組扶乩人員也已經維持了十七年〔民國六十五年（一九七六）至八十二年（一九九三）〕。

善堂也有解體的時候，最常見的解體時機就是乩手過世，後繼乏人；或者是乩手移居外地；或者是乩手忙於自己的事業，沒有時間來爲神服務。

至於善堂的日常運作情形，就調查時所見的情形來說，每天晚上所有的乩手和效勞生（服務執事人員）在七點左右就到廟裡。先是叩頭行禮，諷唸也是用扶乩的辦法所寫成的「大洞眞經」一遍。接下去就由內壇的副乩手們大聲唸〈請鸞咒〉。咒語的內容如下：

謹請本壇諸猛將　　列位金剛兩豎尊
鎮天眞武大將軍　　五部一切響如雷
普賢眞人大菩薩　　三大金剛下玄壇

觀音水火咸顯現　　　　四洲九道展神通

東海泰山同下降　　　　硃砂符印攝升堂

金闕帝君五大聲　　　　八大金剛六天王

香山雪山二大聖　　　　金硃銀硃讀書郎

都天元帥統天兵　　　　哪吒殺鬼救萬人

三大尊佛同下降　　　　十二哪吒降道壇

弟子壇前一心專請拜請

拜請本殿（堂）列位神聖來扶乩

神兵火急如律令　　　急急如律令

　　通常唸到第三遍的時候，正鸞乩手就已哈欠連連，唸到第五遍、第六遍時，乩手就完全進入失神狀態，不自主的突然啓動，開始用桃木做成的鸞筆，在塑膠布做成的墊子上寫字。（以前是用白沙做成沙盤，寫一個字就要推平一次，相當耗費時間，而且桃枝寫字近乎飛舞，白沙四濺，常會傷到兩旁報字者的眼睛，於是近二十多年來，澎湖的各個乩壇大都改用塑膠墊子，不僅免去推平沙盤的麻煩，增快寫字的速度，而且也比較安全）旁邊報字的人要全神貫注，看著鸞筆的飛舞，立即報出字來。另一人則逐字記下。寫完之後，再由堂中文學修養較好的先生再順一遍，改正錯字別字，一篇乩文就此告成。通常堂主或某位學問較好的先生會把當天的乩文對殿前的女眾效勞生宣講一遍。

　　在清代及日據時代的善堂究竟如何運作，現在已經沒有直接的資料可資說明。不過，在調查時，幾位寺廟的主持都強調，他們完全遵照古制進行。在沒有其他資料可資運用的情形下，我們暫且相信在清代和日據時代，澎湖的善堂就是如此運作。

每個鸞堂都會有堂規來約束堂生的行為，澎湖一新社有堂規十六條:

一、凡堂生宜敦五倫，行八字（疑是「八德」）。諸惡莫作，眾善奉行。以端一生行誼，方堪垂為榜樣。

二、凡堂生宜尊五美、屏四惡，誦法四書之外，不可誤染邪教。可將列聖之覺世真經，感應篇文，時時盥誦，實力奉行。期無負列聖教誡之苦心。其他左道異端，概宜屏絕。

三、凡堂生、執事人等，宜修身檢察，而洋煙（係指鴉片）誤人不淺，犯者須設法急除，方好對神對人，不可仍循舊轍，違者等於不孝。

四、凡堂生賭博宜警省，不可視為無關。雖輸贏無幾，而傾家最易。切莫謂新正（正月初一）無妨，實為屬之階也。

五、凡堂內諸執事，在壇前效勞，務必小心虔誠，衣冠潔淨，不可奉行故事，以犯神規。

六、凡堂生所有出言，宜防口過，不得談人閨閫，撥弄是非。亦不可輕佻戲謔。蓋戲謔即侮慢之漸也。

七、凡堂生善則相勸，過則相規。務須忠告時聞，不得背後私議。至於外人之過惡，與我無關者，絕口不談可也。

八、凡堂生所犯過失，有人密相告者，應當喜悅。不可諱疾忌醫。但良友相規，亦須於無人之時，剴切密語。不可在人前當面搶白，自己沽直，而使人臉上難堪也。

九、凡堂生務須以和為貴，不得外托愉容，而心存不滿，使睚眥小過積久而成怨懟。

十、凡堂生宜各勤本業。若無事之時，宜講究善事、善文，不得聚群結黨，妄說非禮之言。

十一、凡酣酒漁色等事，堂中雖無其事，亦須時存警覺，有則改之，
　　　無則加勉。

十二、堂內掌賬之人逐月於費用外，尚剩若干文，務須照錄標出，
　　　以杜旁議，方能行之久遠。

十三、凡堂生務必長幼有序，尊卑有別，不得以少凌長，亦不得以上
　　　傲下。

十四、凡堂中諸費宜節用有度，不得濫費。借為公款，無妨。

十五、凡社中，堂中有要事，宜公同斟酌，以衷諸一是，不得挾一己
　　　之私，偏見自專。

十六、凡社中、堂中辦公人等，宜實心行實事，不得假公行私，因私
　　　廢公，尤要持之有恆，不得始勤終惰。

　　從這十六條堂規來說，基本上，是概括整個在社會上如何為人處
世的基本原則。反過來說，鸞堂也就是訓練及實踐基本社會倫理的地
方。直到今天，臺灣本島和澎湖的各個鸞堂還是強調如何真正的實踐
基本社會倫理。

成神的條件: 有關「善行」的分析

　　扶乩最大的特色就是在「證明」有「神」的存在，因此，在一般
扶乩著作中經常會有神明臨壇，訓誡信徒要如何修道，有的時候也會
講述他是因為什麼條件而受封為神。今天，我們綜合整理這些成神的
故事，當可以看出傳統中國社會中普遍流傳的成神的條件，這些條件
也可以說是「善行」的最高標準。

　　《覺悟選新》的內容，自然遵循這個格式。有「行述」二十四
則，都是由一些城隍之類的「小神」來講他生前是如何積德行善，死

後受封爲神的故事，鼓勵人們起而效法，社會教育意味濃厚，而這些故事正是充份顯示當時臺澎社會所流傳的「善行」觀念究竟爲何。

以下，讓我們先來探討清末臺灣社會流行的有關「善」的觀念是什麼。

1. 宣講事業是代天宣化，累積陰騭的事，上蒼會加恩於從事宣講的人。在他死後，可以受封爲神。

卷一有太醫院慈濟許眞君〈勸捐序文〉云：

> 竊維世風之日下，異端爭起，而世教衰微。有心天下者，悲斯人之沉溺，恐流蕩而難返。是以四方勸化，而萬教甚周。故宣講之普勸，冀移風而易俗。無如人心不古，而風化變更，作惡者過多，爲善者辛鮮。或謗正道爲訐談，或排眞理爲妄說。是以上干天怒，下犯神訶。致災殃迭降，而民命難逃。故余聞之而不忍者，乃伏乞 天聰，哀求保奏，以頑民固屬無知，而蒼生甚非識理。願以再行宣講，普勸黎民，庶一十見聞，而百千相從。幸得天心大喜，准以降鸞吩示。適有林吳諸君，請余指教，而一時樂聞者三十餘人，喜捐者四十餘士。故講善之事，於此重興；樂善之堂，亦於此而立焉。然所捐公費，僅用月資，不能作長久之計。爰是商余，再行勸捐，庶可湊合。期世之仁人君子，見而助之，俾得集腋成裘，贊勸美舉，以圖此功，功莫大焉。

這段文辭和前言部份所引的關聖帝君的乩文前後相呼應。把當前社會看成是「人心不古，亂相叢生」，必需要有人來撥亂反正。從事宣講正是從事撥亂反正的具體表現，值得嘉獎。這部善書更舉出實

證，來證明一生從事這種宣講活動，必定得到上天的眷顧。在卷八末尾，有故去的一新社創始人陳秉昭臨壇述說受封為神的乩文：

> 本堂前迎禮生兼董事陳秉昭降〔光緒二十八年（一九〇二）壬
> 寅十二月初九戌刻〕余客歲杪，蒙白亡神童引至森羅較對，幸
> 生前功過平衡，飭令聚善所候差。嗣後叨蒙關、許二恩主，謂
> 余昔在一新社樂善堂僉事有年，不辭勞瘁。雖無大功可錄，而
> 作事秉公，兼之司禮虔誠，獎賜三十功，救在聚善所效力，充
> 為神童。後來若有微功，方調入南天使用。

　　陳秉昭的故事清楚的反映，甚至是證明，在善堂中虔敬服務，死後可以成神。這對其他社友來說，是莫大的鼓勵。這種現象不僅清代如此，即使在現今的臺灣社會，民間宗教界依舊保持這種觀念，類似的傳說依舊不斷的產生和流傳。這種觀念前人未曾注意。其實，它就是中國人肯從事各種社會教育與救濟活動的基本原動力。在筆者研究一貫道、道院與世界紅卍字會的歷史時，也清楚的看到這個觀念在主導人們的行為。像紅卍字會崛起於民國初年軍閥混戰之際，以掩埋屍體、撫輯流亡、照顧傷病、救濟水旱災民為主要事功。信徒憑扶乩而行事，也憑扶乩來證明他們的事功得到上天的肯定❷。
　　2.成神的條件不一定要有赫赫之功，只要能夠持久行善、振興家族、教育子孫得到科舉功名等，都有機會受到上天的垂愍而受封為神。二十四篇「行述」大都在透露這個道理（詳見附錄二）。這二十四篇行述所表現的善行可以歸納成以下十六項，各項出現的頻率依次如

---

❷　有關紅卍字會的研究報告，目前正在撰寫中。

下:

1. 子弟入學為童生，或考取功名…………………16例

2. 父母早死，孤苦零丁，白手成家…………………10例

3. 終生行善，戒殺放生，修橋補路…………………10例

4. 努力工作，家門昌盛………………………………6例

5. 守節，勤儉持家……………………………………5例

6. 救人急難，或者因此而成全婦人名節……………5例

7. 忠誠可靠，工作勤奮………………………………4例

8. 求仙學道……………………………………………3例

9. 自己因行善而有科舉功名…………………………2例

10. 教導子女成人，不涉邪淫…………………………2例

11. 修建廟宇……………………………………………1例

12. 拒絕女色勾引………………………………………1例

13. 武將整飭軍紀………………………………………1例

14. 審明冤獄……………………………………………1例

15. 反對兄弟分家………………………………………1例

16. 周恤鄉里……………………………………………1例

（由於每篇行述都涉及多項價值觀念，因此每篇行述作多項歸類）

　　從這項簡單的統計我們可以看出，在清末的澎湖社會裡，把「有科舉功名」「家業昌盛」以及「終生行善」三項，當成是社會上最重要的價值標準。同時我們也可以從此看到，科舉制度對於中下層社會的影響有多麼深遠。何炳棣在他的大作《明清社會史論》一書，把科

舉制度看成是中國人心目中的「成功的階梯」(ladder of success)
㉕。意思是說，科舉制度在明清兩代成爲人們社會地位上升的主要管
道，任何一個要想功成名就的人都必需要沿著這個「成功的階梯」向
上爬升。換句話說，科舉制度成爲社會上品評一個人社會地位高下的
基準。當一個人有了科舉功名，不僅自身躋身士林，受到地方鄉里的
敬重，同時也提升整個家族的社會聲望和地位。筆者在討論明清家訓
時曾經指出，對明清，以至於現代的中國人來說，人生最重要的責任
和價值，就是在維護家門於不墜。對於能夠提升家族社會地位的人給
與最高的評價；對於那些敗壞家風，羞辱家門，敗盡家產的人，給予
最嚴厲的指責㉖。在《覺悟選新》所舉的二十四個例子中，大多數的
例子都在反映這種觀念，不但正面的肯定科舉制度的社會價值，更進
一步的指出，凡是能夠辛苦工作，勤儉持家，以致家道豐盈，而且還
要能教育兒子讀書，甚至通過科舉考試，死後才能夠受到玉皇大帝的
獎賞，受封爲土地、城隍之類的神明。換而言之，要想成神，光靠自
己的努力成家和行善積德是不夠的，還要靠兒子、孫子的讀書和科舉
功名，才可以達到成神的基本條件。這種觀念透過扶乩和宣講，直接
傳播到社會的每一個角落。它的影響是非常的深遠。

　　同時，這些「行述」也反映出晚清中國人心目中的神明世界，也
像人間的官僚組織。城隍、土地之類的「小神」是調來調去的。更有

㉕　Ho Ping-ti, *The Ladder of Success in Imperial China*. New
　　York: Columbia University Press, 1962.

㉖　宋光宇＜明清家訓所蘊涵的成就評價與經濟倫理＞《漢學研究》7(1):195-
　　278，1989。同樣的理論又見於＜重利與顯親──有關「臺灣經驗」各家理
　　論的檢討和歷史文化論的提出＞《臺灣經驗(一)：歷史經濟篇》：48-57，
　　臺北，東大圖書公司，1993。

意思的是各廟宇，甚至各個家庭所供奉的神像，都有一個特定的人來擔任神的職務。於是，天上聖母就不一定是我們所熟悉的林默娘，而是其他有名有姓的人。關聖帝君亦復如此。如此一來，中國人的神明世界就變得複雜有趣，而且跟人世息息相通。換而言之，在民間的善書裡面認為，只有供奉在廟裡的神，才是真正的大神，其他由私人家裡供奉的「媽祖」「觀音」「關聖帝君」等，都是另有其人來充任，因此，本文都以「小神」對待之。這是要請讀者特別留意的。

有關「惡行」的分析

澎湖地方由於耕地狹小，雨水不易留存，當地人民從清朝同治年間開始，就東渡到臺南府城一帶打工、經商，更有遠到南部屏東山邊墾荒，種植水稻，收成後就運稻米回澎湖，形成季節性的移民[27]。日本人占領臺灣之後，積極建設高雄港。當時就有大批澎湖人投入建設高雄港的工作，也就定居在高雄市的鹽埕區、鼓山區一帶[28]。而且，當時臺灣各個河口都形成一個河口港，從臺灣到廈門去的船隻，大都會先到澎湖；回程時也是先到澎湖，再到臺灣各地[29]。由此可見，在清朝後期和日據時代，澎湖與臺灣之間有相當密切的關係。在這樣的基礎上，以下的各項討論，就把澎湖和臺灣視作一個整體來處理。

---

[27] 尹建中＜澎湖人移居臺灣本島的研究＞，頁5-7，臺大考古人類學研究所碩士論文，1969。

[28] 尹建中，同[27]，頁7-11。

[29] 卓克華＜清代臺灣行郊之研究＞，中國文化學院史學研究所碩士論文，1972。宋光宇＜霞海城隍祭典與臺北大稻埕商業發展的關係＞《史語所集刊》62本3分，頁326-331，1993。

仔細分析《覺悟選新》所批判的「惡行」，幾乎都跟上述「振興家族」「維持家財」等觀念有關。凡是會影響到家族，使之衰敗的行為都在批判與禁止之列。由於這部善書是十二年中陸續寫成。在光緒十七、十八年（一八九一、一八九二）間，主要的社會問題是「械鬥」、「淫逸」和「賭博」，光緒二十七、二十八年（一九〇二、一九〇三）時所關心的問題是如何戒除鴉片煙癮。分別討論如下：

(一)械鬥

這裡所說的「械鬥」，基本上是指「打架」。打架可以是家裡兄弟間的打架，也可以是族與族、村與村、地區對地區的大規模打架。卷二有〈戒兄弟論〉，指的是家中兄弟打架：

> 今夫兄弟者，如枝與葉，如手如足。父母養育之恩，惟伯及叔。家門和順之條，若季與昆。生本同根，何得鬩目牆內。出同一本，奚必鬥忿庭中。

卷五有〈戒械鬥文〉，其批判的對象是混合了家族中的兄弟鬩牆和不同群體之間的打架：

> 今夫強弱相爭，由於心中之不忍。干戈相鬥，皆因血氣之方剛，則械鬥起焉。或因家中起忿，骨肉嫉妒之端。牆內爭鳴，手足反操刀之醜。為一言有隙，遂生殘害之心，結千年而莫解。或遇口舌相乖，遂起刀兵之怨，作兩造之仇讎。無他，皆由不忍以致者焉。……恃強壓弱，任欺凌於白日；以多迫寡，受暴虐而難持。乃含怨莫伸，雖死亦必食其肉，而私仇莫訴。

> 對天之呼泣無門，獨不念陽間枉法，則陰律難逃。何必忿起一
> 朝，雖身亡而不顧。仇生一旦，致含血以噴天。血氣方剛，戒
> 之在鬥。

依臺灣的史書、方志來看，從乾隆到光緒年間，全臺灣各地分類械鬥層出不窮，大規模的械鬥就有二十八次之多，死人無數❸。

造成械鬥的起因是由於清代臺灣的漢人移民社會是以地緣關係為主。姚瑩在《東槎紀略》中記道：「臺灣之居民，不以族分，而以府為氣類；漳人黨漳，泉人黨泉，粵人黨粵，潮雖粵而亦黨漳。」❸各籍聚落壁壘分明。一旦有糾紛發生，常聲應氣同。《鳳山縣志》卷七〈風俗志漢俗考〉也說：「自淡水溪以南，則番漢雜居，而客莊尤夥。好事輕生，健訟樂鬥，從來舊矣。」❸藍鼎元在〈與吳觀察論治臺事宜書〉中也說：「客莊居民，朋比為黨。睚眥小故，輒譁然起爭，或毆殺人，匿滅其屍。」❸由於風俗如此，勸善書中當然要提倡禁止。

再者，械鬥一起，幾乎是「生靈塗炭」。像咸豐三年（一八五三）臺北艋舺地方的械鬥，三邑人把同安人聚居的地方放火燒個乾淨，迫使同安人北遷大稻埕❸。因此，械鬥會直接妨礙到家族的生存和發展，必需禁止。不過，大規模的械鬥都發生在臺灣本島，澎湖不曾有

---

❸ 張炎〈清代臺灣分類械鬥頻繁之主因〉《臺灣風物》24(4)，1974。樊信源〈清代臺灣民間械鬥歷史之研究〉《臺灣文獻》25(4):90，1974。

❸ 姚瑩《東槎紀略》，清代同治元年。

❸ 《鳳山縣志》卷7〈風土志・漢俗〉。中國方志叢書，臺灣地區13，1983:332。

❸ 藍鼎元〈與吳觀察論治臺書〉《鹿洲文集》，清代。

❸ 陳培桂《淡水廳志》卷14，1873。臺銀本，1963。王世慶〈海山史話〉《臺北文獻》37:73-74，1973。

過。因此，在《覺悟選新》中，只是略略提起，沒有大加發揮。

以上所說的「械鬥」，是見諸記載的大規模打架。在臺灣民間最常見的小規模「打架」，是迎神賽會中各軒社之間的「拼鬥」。有所謂「輸人不輸陣」的說法。卷五有池府王爺〈示鄉民文〉，提到這種「拼鬥」情形：

> 且夫邇來之人心不古，而世事多翻變者。或比鄰以相爭，或近鄉以結怨。動輒以迎神相爭較勝，或無故多殺生靈。

這種軒社之間的拼鬥，常會延綿一段很長的時間，怨氣愈結愈深。像是宜蘭、基隆一帶，在清末日據時期的「西皮」與「福祿」兩派的爭鬥，雙方人馬幾乎不能相見，見面就打架。日本警察也莫可奈何。一直到光復以後才慢慢的沉寂下去。

(二)賭博

中國人一向認為「賭」和「嫖」是危害家族生存的兩大禍害。「賭」是會在很短的時間中敗盡家產，其危險性比「嫖」或「吸食鴉片」要來得高。有心救世的人都會呼籲要戒除「吃喝嫖賭」。在《覺悟選新》的〈文昌帝君序〉中就明白的說：

> 無如世道其日衰矣。人心其不古矣。或迷於酒色之場，或沉於煙賭之陣，或昧至道，或入異端。

整部《覺悟選新》有數處提到「戒賭」，如卷二〈戒嫖賭文〉：

夫天下所最害者，惟嫖與賭耳。若嫖者，能離人之骨肉；賭者，能分人之田產。……賭之害人也，先則謂新正無妨，數文取樂而不畏，再則慾心日起，反思贏得為家財。後則一文蕩盡，無奈鬻子而賣妻，標上君子由斯而作，路旁乞丐為此而來。

卷二嘉義縣城隍的行述也說他早年狂嫖濫賭，「日則賭館排場，夜則柳巷花街」，以致敗盡家產。卷四有〈戒賭博文〉：

自賭博日興，則綱常不振，五倫八字之俗，名教彝倫之內，為賭博而反惑其真矣。君賭，則國家必亡；臣賭，則明倫必敗。父賭，則家政日衰；子賭，則人倫日變。夫賭，則不綱；婦賭，則不順。兄好賭，則友愛淪亡；弟好賭，則悌恭廢墜。朋友好賭，則信心多闕矣。此五倫中最為害於賭博者焉。至於文士好賭，而學問必疏。農夫好賭，而耕耘必廢。事工好賭，則技藝日挫而惰心生。商賈好賭，則生理日敗而貿易微。此四民中之害於賭博者焉。人何必貪於賭哉。卽賭之大略而論之。吁！四人坐場，而當家得利。一來一往之間，則抽分之利，更失其半矣。然又不特此也。賭之贏者，必曰財非我有，號曰盈餘。則邀朋呼友，住處於賭場排館之中，置酒肉而大呼小叫。為朋友之需財，無論也。及一旦而輸矣，告貸無門，必行典賣。不幸數文又輸一空，小則鼠竊家內之衣裳，大則狗偷世間之財物。變蕩產業，鬻子賣妻。嗚呼！斯時也，真堪痛心疾首矣。或因新正無妨，憑數文之取樂，竟臉面而莫存。前為財主富兒，今竟花子乞丐矣。豈無富有千鍾，為賭博而蕩盡。豈無

家資百萬，為賭博而一空。嗟乎！人何一愚至此，則賭博亦奚
所取樂，雖精神不顧，而性命幾於難保矣。人不成人，鬼不成
鬼。安閒無事之人，而甘為貧苦餓殍之輩也哉。噫嘻！人其細
思之。

　　從清朝領有臺灣之後，賭博一直是個社會問題。各本方志都記
載，臺灣地方的人們特別喜歡賭博，無論士農工商，販夫走卒，都嗜
好此道，經常放手一博。康熙末年，周鍾瑄在《諸羅縣志》中特別指
出：「喜博，士農工商卒伍相競一擲。負者束手，勝者亦無贏囊，率
入放賭之家。乃有俊少子弟，白面書生，典衣賣履，辱身賤行，流落
而不敢歸者。此風漳、泉多有，臺郡特盛。」❸

　　乾隆時，朱景英提到賭博的種類有「壓寶」、「壓字」、「漫抓攤」、
「簸錢」等。賭博者率用洋錢。賭注甚大，有的時候一次下注就是上
千洋元❸。

　　到了光緒年間，臺灣各城市的賭博風氣未嘗稍減，而且花樣翻
新。《鳳山縣採訪冊》錄有光緒二年鳳山知縣所給的〈禁賭博碑〉。
碑文中說：

照得閩省（當時臺灣尚屬福建省）賭博之風，甲於他省。有花
會、銅寶、搖攤、抓攤、車馬砲、擲骰等項，名目繁多。花會
則在僻徑山鄉，銅寶、搖攤則在重門邃室，其餘均在城鄉市

---

❸　周鍾瑄《諸羅縣志》，臺銀本，1962:147。
❸　《海東札記》：「無論男女老少，群然好博。有壓寶、壓字、漫抓、簸錢諸
　　戲。洋錢，大者一博動以千數。洋錢，銀錢也。來自咬留吧、呂宋諸國。臺
　　地交易貨費皆用之。」1958:28。

肆，誘人猜壓。❸

光緒十七年（一八九一），臺灣府知府唐贊袞在《臺陽見聞錄》中記
道，臺灣地方的人民好賭的情形比全國各個地方都要嚴重。賭博的名
堂很多，諸如：寶攤、牌九之類。商人尤其好賭。賭場的規模宏大，
有專人服務，更有妓女陪侍。所謂「更有曲房密室，銀燭高燒，豔妓
列於前，俊僕隨於後，呼盧喝雉，一擲千金。」❸ 這種豪華情形，即
使在今天，也是不多見的。

　在清末及日據初期，有「花會」流行。花會，又名「開花會」。
每一局設三十八門（見附圖三），各有一花名，每一花名射一動物。
主持人稱為會頭、頭家或花會頭。賭客稱為「花客」。開會之前，會
頭將繪有花名所射動物之畫懸掛於閣中，屆時花客蝟集，各猜一花
名，並下賭注。每日定時開會，將畫軸拉開，猜中者，會頭即按其賭
注給三十倍彩金。開會之處必設於「深居密室，門有防捕之線，戶有
觀風之人。」❸ 花客都是熟人，可以不請自來。

　另一種賭法是預先決定花會的開會時間及地點，由「提封仔」
（負責運送賭牌的人）將寫有花名的紙片或木牌，分送給花客。花客
依自己的判斷，選定一種花名，寫在紙上，並且加封，連同賭注，一
起交給提封仔，轉交會頭。開會之日，會頭事先決定中彩花名，在賭
牌的該花名上蓋章。待花客到齊後，順次開封。猜中者，可得賭注的
三十倍之彩金。提封仔可得賭注之一成作為佣金。中彩者須將彩金的

❸　盧德嘉《鳳山縣采訪冊》，臺銀本，1960:369。

❸　唐贊袞《臺陽見聞錄》，1958:145。

❸　轉引自吳文星＜日據初期臺灣的「大家樂」——花會＞《歷史月刊》創刊
　　號，1988:62-64。

圖三　花會三十八名單圖

金進春	四皇帝									觀音會
	朱光明	張三槐	龍江祠	林太平						
	馬白	子猴	船龍	龍金						
姑師一	五虎將						四狀元			
陳安大	李漢雲	黃坤山	宋正順	李月寶	王志高		陳逢春	陳榮生	陳板柱	吳占魁
狸狐	牛水	虎白	精豬	精兔	精獅		雀孔	精鵝	螺田	蚣蜈
土道二	五乞食						四夫人			
周青雲	趙天甲	張萬金	蘇青元	陳吉品	張元吉	徐元貴	雙合同	林良玉	馬上招	李明珠
精貓	鶴白	精蛇	蛛蜘	精羊	精鹿	精蝗	鵝白	蝶蝴	子燕	魚鯉
七生理							四和尚			
羅只得	鄭必得	翁有利	張合海	張九官	田福孫	方茂林	鄭天龍	陳日山	劉井利	張火官
貓野	鼠老	精象	雞田	鴉老	狗白	蜂黃	蝦黃	精雞	魚牛	精蛙

資料來源：吳文星〈日據初期臺灣的大家樂——花會〉《歷史月刊》創刊號 p.62. 1988。

百分之五給提封仔[40]。

　　據《臺灣新報》的記載，臺北地區的花會起自僻處鄉隅的和尚洲（今臺北縣蘆洲鄉）。不久，大稻埕也跟進，一八九六年多，經營花會者已多達十餘家。其中較著名者有合利、元利、聚利、詳記、祥

[40]　同[39]，頁63。

與、祥春、建春等，每天開會兩次，早上九時與晚上八時各有一局。花客趨之若鶩，甚至有數百人。不僅市井小民沉迷追逐，街市商賈亦視爲發財捷徑，因而荒廢事業，不知回頭。爲了追求明牌，男女聚集在墳場祈夢，每夜竟有兩、三百人之多。致使墳場「竟成熱鬧之地，況每夜焚化紙錢，好似迎神賽佛」。報導不禁嘆道：「噫！賭之迷人竟至於斯，安得有心世道者起而阻之耶？」❹

一九〇六年初，日人列舉「臺灣習俗美醜十則」，仍指出：「臺灣賭博，在舊政府時代最爲盛況，今雖禁令森嚴，而花會之風時有所聞，薰心利慾，爭鬥作非，小則耗人錢財，大則釀成匪盜，其爲風俗之害，胥由於此。」❷日本殖民政府爲了改善花會，在一九〇一年，有發行彩票的構想，一九〇六年六月十三日正式發行彩票❸。成爲東亞最早的公營彩票。

從這些史料記載，我們可以清楚的看到，賭博一直是臺灣社會的一大問題。清末時，賭風已經很盛。澎湖的地方士子意欲借用神明的力量，來勸世人戒絕賭博，可惜不成功。日本殖民政府用警察的力量來取締賭博，雖能收一時之效，賭風終究未除，一旦風聲過了，賭博依舊存在。今天，臺灣各地流行的「大家樂」「六合彩」等賭法，又很像清朝時的花會。可見賭博這項文化傳統是多麼強靱有力。

(三)淫逸

《覺悟選新》中，著墨最多的社會問題，當屬「戒淫」這件事。卷二有溫天君〈戒淫文〉、清風道人〈嘆世歌〉、關太子〈戒嫖賭

---

❹　同❸，頁63。

❷　同❸，頁64。

❸　吳文星〈東亞最早的公營彩票──臺灣彩票〉《歷史月刊》2：78-81，1988。

文〉、和合大仙〈勸世歌〉、九天使者〈戒嫖文〉；卷三有鳳山縣城隍生前審迫媳賣淫的案子、海靈殿蘇府王爺〈勸世文〉、澎湖水仙尊王〈警世文〉、蓮池祖師〈勸世歌〉、壽石巖大士〈戒溺女與賣花〉；卷四有延平府城隍〈戒酒色財氣歌〉、達摩祖師〈警世歌〉、辛天君〈勸世文〉；卷五有玄天上帝〈正鄉規文〉；卷六有馬元帥〈淫爲萬惡首文〉；卷七有韓仙翁〈戒酒色財氣歌〉，福德正神講〈姦淫現報案證〉、大魁夫子〈勸士歌〉、朱府王爺〈訓鄉規歌〉；卷八有澎湖城隍〈姦夫淫婦現報案證〉等二十篇乩文與「戒淫」有關，可見這個問題在當時是一個很重要的社會問題。

　　仔細分析其中的內容，大致可以歸成三類。第一類是呼朋引伴，流連於秦樓楚館，有十七篇；第二類是逼女（可能爲親生女，也可能爲養女，文中交代不清楚）爲娼，有兩篇；第三類是勾引良家婦女，有兩篇。

　　在當時人的心目中，認爲嫖妓是會導致「呼朋引伴」，終至耗盡家財。而不是會得性病，危害健康。例如：卷二的關太子〈戒嫖賭文〉提到：

　　　嫖之害人也。閉月羞花之容，而反視若天上降來，人間無有也。始恐親朋知覺，而暗地偷香。繼則請朋邀友，而飲酒吹簫。終則手舞足蹈，而逢人不畏。

同卷有〈戒嫖歌〉，也是傳達同樣的訊息：

　　　人之初，性本善。色實開，大相懸。飲美酒，吃洋煙。知快樂，費蕩錢。看妓女，似天仙。一日不見如三年。晝夜顛倒

顛。一身衣服不計錢，搖搖擺擺醉華筵。家資不計算，我家百萬田。閉不了，出大言。妓女煙花，一看大豬來進前，婊頭叫發彩，鴇母喜得錢。時玩樂，日流連，吹簫唱，且免言。邀朋呼友，看戲相率。家資蕩盡始愧然。

嘉義縣城隍的行述中也說，他年輕時結交朋友，聚賭嫖妓，終將家財耗盡。如上一節所說，明清以降的中國人以「能否振興家門」作為品評人物高下的標準。在這種條件下，呼朋引伴的到妓院飲酒唱戲，是敗壞門風的行為。

嫖妓也可能導致身體虛弱，於是就要進補。進補的辦法通常是吃雞和吃鱉。這樣子一來，不但犯了殺生的罪孽，也是靡費金錢。卷三水仙尊王〈警世文〉云：

日游乎花街柳巷，夜宿乎楚館秦樓。見美色而關情，視嬌姿而注意。迨至身瀆體衰，又思積欲而生，由淫而致。當食鱉以滋陰，宜宰雞以養氣。只知吾體要剛強，不計物命。

這些資料至少說明在清末的臺灣，或者範圍縮小到澎湖，人們對於子弟結黨成群的到妓院飲酒作樂，有一分恐懼之情。造成這種現象的內在原因應當就是擔心這麼做會敗散家產，違背了社會的評價標準。

至於第二類的逼媳婦賣淫事，見於卷三鳳山縣城隍的故事：

忽一日有一奇案，乃姑控媳不孝之事。……其人曰：「實告與君，此吾之妹夫也。彼母極悍，將他逐出。其家中則開賭賣花。吾妹則回家不肯歸。而彼母在家吵嚷，余實難受其鬧，隨

即送妹回家。至昨日不知為何事而控其不孝。……在余度之，昨日必無別事，必有富豪之人到家，而惡姑欲使媳賣花，婦不肯，故有此禍。」

同卷〈戒溺女與賣花論〉中，更明白的說：

世又風俗日衰，淫惡成性。生女而不甘配對，設有無女之家，必四處誘買。每得一女，輒曰：「吾家之升斗可以無患矣。」年未及笄，遂望狂童之入室。歲甫十上，則對煙客以周旋。

這種靠「女兒」賣淫，以謀家計的事情，至少是反映臺灣在清代是個人口性別比例不均衡的現象。臺灣原本就是一個移民所組成的社會，願意移民來臺灣的人當然是以男性居多數，婦女成為少數。如何解決男人的性慾問題，就是一個相當棘手的社會問題。在各本臺灣志書中，只有唐贊袞的《臺陽見聞錄》中，提到光緒十七年（一八九一）前後，臺南地方有雇用妓女裝扮故事，在迎神賽會時，乘坐用兩根長木上紮椅子的簡單轎子，遊行市區的事情。讓單身男子有機會「眼睛吃冰淇淋」，滿足一下性慾。原文是這樣寫的：

臺南郡城好鬼神。遇有神佛誕期，欲費浪用。當賽會之時，往往招攜妓女，裝扮雜劇，鬥豔爭妍，迎春大典也。而府縣各書差亦或招妓裝劇，騎而前驅，殊不成事體。他如民間出殯，亦喪禮也。正喪主哀痛迫切之時，而親友輒有招妓為之送殯者。種種冶容誨淫，敗壞風俗。余蒞府任後，即出示嚴禁。如有妓女膽敢裝扮游街者，或經訪聞，或各段籤首指名稟送，立

> 准將該妓女拏辦；其妓館查封，招妓之家分別提究。此風漸
> 息。㊽

　　這段文辭的主旨是在批評在迎神賽會時，雇用妓女裝扮故事遊
街，是不當的行為。但是，也明確的肯定，在那時候，妓女是很普遍
的。

　　美國人類學家武雅士 (Arthur Wolf) 於民國五十五年（一九
六六），在三峽作童養媳的調查時，就發現臺灣人喜歡把收養的童養
媳或養女賣到娼寮㊼。《覺悟選新》的這兩段乩文則說明，在清光緒
年間，臺灣已有把「養女」賣入娼寮，或逼養女和媳婦賣淫的事。鄭
喜夫曾經指出，在嘉慶年間已經有一位名叫陳崑山的人作戒溺女文，
並且廣為流傳㊻。

　　至於第三類的勾引良家婦女，歷來都認為是極不道德的事情，在
此就不特別討論了。

　　當我們把眼光放大，看近四百年來的中國社會史，就會看到，中
國社會在明朝萬曆年間，曾經有過一段色情泛濫的時候，一時之間，
諸如：《夜未央》、《杏花天》、《繡榻野史》之類言情小說充斥。
同一時段，也出現了很強烈的反色情的力量。這股力量大都是假借宗

㊽　唐贊袞《臺陽見聞錄》，臺銀本，1958:145。

㊼　Wolf, Arthur P. and Chieh-shan Huang, *Marriage and
　　Adoption in China,* 1845-1945. Stanford: Stanford University
　　Press, 1980. Wolf, Arthur P., "Adopt a Daughter-in-law,
　　Marry a Sister: A Chinese Solution to the Problem of the
　　Incest Taboo," *American Anthropologist* 70:864-874. Wolf,
　　Margery, *Women and the Family in Rural Taiwan.* Stanford:
　　Stanford University Press, 1972.

㊻　鄭喜夫，同❸，頁20。

教的名義而行。例如：明末袁了凡的《功過格》中的〈修身格・遏
邪〉就一再強調「戒淫」的重要性。例如說：

> 終日無淫念一功。路遇美色不留盼一次一功，反此者一次二過，
> 動人者加倍。人家婦女可窺不窺、聞人說穢事惕然謹避、不問
> 婦女美醜，俱一次一功。遇美色心不動十功，反此者五過，即
> 時制之可免。至以言色調戲失節者五過，全節者五十過。居家
> 能節慾五日一功。不節慾五日一過。妻妾淫褻非時非地一次三
> 過。不輕置妾三十功。妻已生子復置寵妾一人五十過。當可染
> 境不染良家婦女百功，節婦二百功，妓女二十功，勢不能而止
> 者非功。完一婢女百功，淫一婢女百過，強者加倍。拒一女子
> 私奔，善卻之三百功，能使感悟加二百功，終身不使人知再加
> 二百功。完一婦人節三百功，婦人之節多在可成可敗之間，若
> 有機緣牽引，能善為勸喻，以曲全之，積福德莫有大於此者。
> 宿娼比頑、染一本淫婦俱二十過。淫一失節婦五十過。欲染良
> 家婦百過，成淫十倍。欲染室女孤寡節婦三百過，成淫十倍。
> 感化一人不淫百功。引人於淫百過。好談淫賭趣一言一過。燒
> 毀淫詞淫說一卷五功，出錢另記。撰脂粉詩詞一篇十過。展轉
> 一淫念一時一過。修合房術三十過，傳以害人一人一過。終身
> 守不二色戒千功。刻淫書千過。喜聽淫聲邪曲一次十過。❹

　　在清代，《功過格》是一本家喻戶曉的善書，它所說的「戒淫」
觀念隨之流傳在民間。《功過格》有許多不同的版本，唯獨袁了凡所

---

❹　袁黃（了凡）《功過格》，在有福讀書堂叢書第十七冊。明萬曆年間。

作的《功過格》特別強調戒淫，可見在袁了凡的那個時代（明末清初）中國社會上普遍流傳著一股「淫蕩」的風氣。

同時，從明末清初以來，中國的宗教界一直有一個強調「不近女色」的修行方法。像羅祖教、金幢教、先天道等教派都十分強調「清修」（也就是終生不嫁不娶，但不像和尚尼姑那樣的出家）的重要性。甚至連正常的夫妻在入教之後就要分房。這樣的規定有些矯枉過正，不過也顯示出民間宗教對「淫蕩」「淫逸」行為的戒慎恐懼。

(四)抽鴉片煙

在乾隆年間，臺灣已經有人吸食鴉片❽。到了十九世紀末、二十世紀初，臺灣吸食鴉片的人數大約有十六萬人，佔全部二百六十萬人口的百分之六點五四，是一個相當嚴重的社會問題❾。因此，用扶乩的辦法來戒除鴉片煙癮，在臺灣的近代史上是一件大事。

王世慶在〈日據初期臺灣之降筆會與戒煙運動〉一文，曾經詳述關聖帝君扶乩戒鴉片的起源❺。認為是光緒十九年曾從廣東惠州陸豐縣請來乩手，傳授扶乩戒煙的辦法。但由於不熟悉操作的辦法而沒有成功。光緒二十四年（一八九八）冬，新竹彭殿華又從廣東陸豐縣邀請鸞生彭錫亮等五人來臺，在今之竹東地方，傳授扶乩祈禱戒鴉片煙的辦法。第二年春就盛行於全臺灣和澎湖。

但是，我們在《覺悟選新》裡，看到卷四有孚佑帝君呂純陽降乩寫成的〈戒吃鴉片文〉，時間是光緒十八年（一八九二）三月十二日。隨後在第五卷又有王禪老祖〈戒洋煙歌〉，同年三月廿四日（書

---

❽ 朱景英《海東札記》，臺銀本，1958:29。
❾ 井出季和太，《臺灣治績志》1937:327-329。並見李騰嶽1953。
❺ 王世慶，同❶。

中誤作二月二十四日，據前後文的時間改正）。要比王世慶所說的光緒十九年（一八九三）早一年。不過，大量記載有關戒鴉片的乩文是在卷七，時間是光緒二十七年（一九〇一）。很明顯是受臺灣本島的影響。

王世慶的文章強調扶乩戒鴉片對日本殖民政府財稅收入方面的衝擊。並沒有仔細的介紹究竟爲何要戒煙以及如何用扶乩戒鴉片。

《覺悟選新》有呂純陽的〈戒吃鴉片文〉，明白的指出必需戒除鴉片的理由：

> 夫遭鴆毒者，祇數刻而身亡，或有方堪救。染鴉片煙者，則畢生之氣損，似無法可移矣。……管他日上三竿，旦夕相違，只伴燈明一點，獨不思：此物能燒田萬頃，斯尤善毀業千般。士人貪此者，則廢棄詩書。農家戀此者，則拋荒畎畝。業工犯此者，則疏慵技藝。為商染此者，則倦怠經營。甚且為文臣而罹此害，難求衣紫腰金。為武將而罹此害，焉望封侯掛印。處富厚而罹此害，必至傾家蕩產。當貧窮而罹此害，定遭落魄喪身。真覺迷途深墮，任喚不回也。迨至囊空金盡，樂極悲生，四壁蕭條，一身狼狽。或無奈何而作穿窬狗盜。或不得已，而為托缽沿門。斯時也，貽羞宗祖，玷辱家風，致父母之悲傷，累妻孥之哭泣。饑寒疊迫，恥辱交加。

這裡所舉出的理由，完全符合前面我們所提到過的，以能否振興家族作爲評定一個人的成就高下的傳統。當時人們所擔心的，並不是吸食鴉片會殘害身體，而是會妨礙家庭生計，甚至會敗光家產。敗光家產是大不孝，也是有辱門楣的事。

　　林滿紅在研究中國人的吸食鴉片的習慣時指出，中國人發展出一套獨特的吸食方式，那就是一種呼朋引伴的活動❺。一大群人聚在一起，燒一支煙筒，輪流吸食。乾隆三十七年（一七七二）朱景英在《海東札記》，就描述在臺灣人們吸食鴉片的情形：

> 臺地無賴人多和煙吸之，謂可助精神，徹夜不寐。凡吸，必邀集多人，更番作食，鋪席於地，眾傴坐席上，中燃一燈以吸，百餘口至數百口為率。❺

　　正因為吸食鴉片是一種集體的行為，要戒除鴉片，也就需要運用集體的力量。假藉關聖帝君的名義，來勸人戒除鴉片，正是這種集體力量的表現。光緒二十七年（一九〇一），臺灣本島假借關聖帝君名義來戒除鴉片已經如火如荼，一新社也在五月二十九日依扶乩的辦法公布戒除鴉片條例六條：

1.設置磁缸一大壺，排在壇前。明日卯刻大開木蓋，以便和丹。三日後，准有心者乞求飲用。

2.凡求請之人須在前壇高聲立誓，謂從此心堅意切，改絕鴉片煙，至死不變。若中途異志再吃，願受天誅神譴，如何如何，……由本堂所派執事一名督觀。另一名專責登記其人何社何名，方准其舉笤。

3.凡遇有人來求符沙甘露水者，由本堂另派執事一名，專責分與。依先後次序，不致錯蹤。

---

❺　林滿紅〈清末社會流行吸食鴉片研究〉，師大歷史所博士論文，1985：495。也可參看劉明修《臺灣統治と阿片問題》有關這一時期鴉片問題的討論，1983，東京，山川出版社。

❺　同❹。

4.凡和符水之時，諸生應到齊，跪誦〈普賢尊佛心印經〉七遍，卽焚化之。

5.凡戒煙之人，其煙具應同時帶來壇前，立誓後繳交。從此一盡除清，以免日夜觀望，復萌煙癮。其所收煙具，另派兩名執事，負責登記收清。卽在壇前公開打碎，使不能再用。另擇日分批送到海邊，盡付汪洋，以杜絕後患。

6.凡經本社立誓戒煙之人，如不終身稟遵，半途廢止，再吃鴉片，而負（關）聖帝之婆心，並諸眞之苦口，卽上天不爾諒。神其鑒諸，必應誓誅譴。愼之戒之，勿視爲兒戲也。

《覺悟選新》卷七記載，澎湖各鄉經此辦法而戒掉鴉片煙癮者，數以千計。根據井出季和太的《臺灣治績志》上的記載，到光緒二十七年（一九〇一）七月十八日止，在十六萬一千三百八十七名特准吸食鴉片煙者中，據九月底的調查，戒煙者有三萬七千零七十二人，其中男子三萬四千七百四十七人，女子二千三百二十八人。其中自行戒煙者一千四百七十七人，由扶乩戒煙者高達三萬四千三百七十人[53]。換而言之，經由扶乩的辦法而戒除鴉片煙者，佔所有戒煙者之百分之九十二點七；佔全部特准吸食者的百分之二十一點三。由此可見扶乩戒煙運動的效果相當可觀。

日本人佔領臺灣之後，在光緒二十三年（一八九七）實施鴉片專賣制度。次年，其鴉片收入就有三百四十六萬七千多元，超過預估的三百萬元。是當年田賦收入的三‧四倍。到光緒二十六年（一九〇〇）鴉片收益是四百二十三萬四千多元，而當年的田賦是九十一萬二千多元。由此可見鴉片收入在臺灣總督府的財政收入之重要性[54]。二

---

[53] 井出季和太，《臺灣治績志》1937:327-329。

[54] 王世慶，1986:128。

十七年（一九〇一）春，日本殖民政府爲了解決財政上的困難，兩次調高鴉片煙的售價，使臺灣同胞大爲反感。同時，日人據臺之後，各項稅捐雜沓而來，比清朝時期的稅賦重很多。因此，當扶乩戒鴉片煙運動經地方士人提倡後，就各地風起雲湧，含有濃厚的「反日」意味。

戒煙運動的成功，嚴重影響到日本殖民政府的稅收。臺南縣在光緒二十七年的地方稅收預算中，鴉片稅額爲三萬一千二百七十四元，由於吸食者人數從九百二十四人減少爲四百四十一人，稅收正好減少一半。麻豆地方原可徵收鴉片煙稅九百元，在戒煙運動的影響下，只收到三十元[55]。日本殖民政府在這種財稅威脅下，就大力鎮壓各個地方的扶乩活動。當時的民政長官後藤新平接獲各地有關扶乩戒煙的報告後，鑑於主其事者多爲前清的秀才、辦務署的參事、街庄長、保甲局長等地方領袖，下令各地的警察局，以和緩的手段，勸告民眾不要「迷信」，並切實取締扶乩這種「迷信」活動[56]。於是，這項社會改革運動就被日本殖民政府鎮壓下去。而扶乩也在日據時期變成非法的活動。

(五)迎神賽會與演戲

卷五有玄天上帝的〈正鄉規文〉，提到酬神演戲會引起一些糾紛，應該避免：

> 夫鄉規之壞也，一則恃强毆弱，一則淫風日熾。鄉民多不知體天地好生之德，而以宮中爭彩好勝。獨不思奢華美麗，惹事故

---

[55] 同[54]。

[56] 《臺灣慣習記事》第1卷第10號，頁86-87。王世慶，1986:128-129。

而妄費鈔。演戲作醮，欲求福而反招禍。噫嘻，鄉規之紊亂，竟莫可勝道也。夫以演唱之事，何不易講檯而宣講。

卷七有朱府王爺的〈訓鄉規歌〉，對於當時橫行鄉里，魚肉鄉民的迌迌人有所批評：

> 可惡，可惡，真可惡。可惡民丁心不古。視鄉老無能為，作閒遊，通社虎。身穿左衽衣褲，相牽手，沿鄉遍社看查某。無廉恥，不忠厚。心愈大，膽愈粗。父母兄弟皆不顧。盜銀錢，飲酒兼嫖賭，不思經營行路，只樂橫行械鬥。……廟中若有慶讚事故，就要鳩資粧藝譜。結隊成群，日夜小叫大呼。吹簫品，打鑼鼓，熱鬧喧天，驚動山神后土。專尚奢華，不愛樸素。

同卷，真武大帝的〈訓鄉規三字文〉也提到相同的問題：

> 若廟中　有慶讚　奢華事　要從簡
> 三七月　二神誕　不必請　子弟班
> 恐少女　相聚盼　魂欲飛　魄欲散
> 丁口費　可減刪

清代的臺灣社會，對於迎神賽會和演戲，相當熱衷。每逢神明生日，地方上就有人出面收丁口錢，雇請妓女裝扮歷史故事，坐在「蜈蚣閣」上，遊行社區。同時，也請戲班子在廟前的空地搭臺演戲，一連十天半個月，甚至更久。

臺灣早期的廟宇都是由一群來自同一地區的移民所共同捐資興建

的。因此，每當廟宇舉行祭祀的時候，整個移民群的成員都會動員起來，參與全程活動。推舉一些主事的人，稱之為「頭家」。這些人出錢出力，極力裝飾廟宇，極盡華麗之能事。當寺廟稍為有些圯毀，就立即集資重修。在二月初二、中元盂蘭盆會、中秋、過年，以及神誕之時，一定舉行盛大的祭典，有各種鼓樂和迎神賽會活動❺❼。祭祀之後，則一定有大規模的宴客。各家支付這種開銷，動不動就是要花費十多兩金子❺❽。

乾隆三十七年（一七七二），朱景英記述當時府城的拜拜活動時，特別提到有「迎神賽會」的行為。他說：「俗喜迎神賽會。如天后誕辰、中元普渡，輒醵金境內，備極鋪排，導從列仗，華侈異常。又出金僱人家垂髫女子，裝扮故事，异遊市街，謂之『擡閣』，靡靡甚矣。」❺❾ 前面，在淫逸一項時也曾提到過，光緒十七年（一八九一）臺南知府唐贊袞曾對當時府城流行的「擡閣」風氣，嚴加禁止。

從以上的記述，我們清楚的看到，從康熙到光緒的兩百五十年中，迎神賽會的熱鬧情形，有增無減。我們不知道康熙年間的迎神賽會是否已有「擡閣」之舉，可是在乾隆以後，確實已經存在。其內容

---

❺❼ 陳文達《臺灣縣志》〈輿地志一‧風俗〉：「村莊神廟集多人為首，曰頭家。廟雖小，必極華采；稍圯，則鳩眾重修。歲時伏臘，張燈結綵鼓樂，祭畢歡飲，動輒數十緡。雖曰敬神，未免濫費。」《臺灣文獻叢刊》第103種，1960:147。

❺❽ 陳文達《臺灣縣志》：「家有喜事及歲時月節，宴客必豐，山珍海錯，價倍內郡。置一席之酒，費錢數千，互相角勝。一宴而不啻中人之產也。」1960:59。

❺❾ 朱景英《海東札記》，乾隆38年(1773)，《臺灣文獻叢刊》第19種，1958:28-29。「神祠里巷靡日不演戲，鼓樂喧天，相續於道演唱多土班小部，發聲詰屈不可解，譜以絲竹，別有宮商，名曰『下南腔』。又有潮班，音調排場，亦自殊異。郡中樂部，殆不下數十云。」

是以妓女裝扮故事爲主。兩根長竹竿上放三、四把椅子，椅子上或站或坐化裝了的妓女。由於是長條狀，又有八名轎夫擡著，狀似蜈蚣，因而稱之爲「蜈蚣閣」。這種蜈蚣閣在日據後期蛻變成「花車」，到了最近二十年，又蛻變成「電子花車」。❻

「擡閣」、「看熱鬧」與「看戲」，基本上是相同的一件事。慶讚神誕時一定要演戲，因爲這是當時人們最主要的娛樂。康熙、乾隆時候的戲班子的唱腔，稱之爲「下南腔」。因爲福建人把漳泉二郡稱作「下南」的緣故。潮州移民則喜歡看「潮州戲」。朱景英記載在乾隆三十幾年時，府城地區演唱的戲班有數十種之多❻。

婦女尤其喜好看戲。平時非常儉省的婦女，到了看戲的時刻，也變得相當慷慨大方❻。一地有戲，左右鄰鄉的婦女都會乘坐牛車前來看戲。甚至有遠從數十里外駕牛車來看戲的。這種愛好看戲的婦女必定是濃粧艷抹，打扮一番。她的丈夫親自爲她駕車❻。

清朝也是一個崇尚禮教的時代。講究女子不可在外拋頭露面。一般良家婦女「應該」耽在家中。臺灣地處荒陬，這種禮教規矩就不是那樣嚴謹。招妓擡閣，基本上是由於妓女是屬公眾的，擡著遊街，可以滿足單身男子的慾望。一般婦女則不是屬於公眾的，就不可以隨便讓別人看。所以，在乩文中，要批評迌迌男子在鄉裡到處偸看良家婦

---

❻ 宋光宇＜蜈蚣閣、藝閣、電子花車——一個歷史的觀察＞《歷史月刊》，82期，頁74-85，1994年11月。

❻ 同❻。

❻ 《臺灣縣志》：「家有喜，鄉有期會，有公禁，無不先以演戲者；蓋習尚旣然也。又婦女所好，有平時慳吝不捨一文，而演戲則傾囊以助者。」1960：59。

❻ 《諸羅縣志》：「演戲，不問晝夜，附近村莊婦女常駕車往觀，三五群坐車中，環臺之左右。有自數十里者，不豔飾不登車，其夫親爲駕車。」1960：149。

女。也批評這些迌迌人熱衷迎神賽會，讓良家婦女因看戲而外出家門，讓那些無聊男子看得「魂欲飛，魄欲散」。

在《覺悟選新》這本善書中，還提到不要爲了找尋風水而不葬祖先的棺木（卷四〈戒停柩遲葬文〉）、不要燒紙錢（卷五〈戒世俗謝神論〉）、不要鼓動別人到官府告狀（卷三〈戒唆人爭訟賦〉、卷六〈戒強梁文〉）等事。充份表現當時澎湖的知識分子對當時社會問題的一些看法和意見。

結　語

一般人常以爲扶乩是一件「迷信」的事，連帶的，乩文也是滿紙胡言，不可相信的。當我們單看一段，或一頁，甚至一本乩文時，的確是不容易看懂它究竟在講什麼。惟有當我們把一部用扶乩寫成的善書，擺到成書時的社會結構裡去，才有可能看出一些眉目，然後再抽絲剝繭的找出其中的道理。

這本號稱是臺灣第一本善書的《覺悟選新》，正好由於它的成書背景很清楚，當年著造此書的作者群的孫子、曾孫，仍然在「一新社」中走動。我們可以訪問他們一些往事。透過這些實地調查工作，對當年的著者群有所瞭解。更何況那些著者的照片懸掛在一新社中。他們都穿著滿清的朝服，顯示他們確實是有科舉功名的人。這些線索都讓我們可以大膽的朝著清代知識分子的價值觀這個方向去解讀這本善書。

解讀的結果，清楚的顯示，在清末的澎湖，或者說是臺灣社會，是以「能否振興家族的財富與聲望」作爲評價一個人畢生成就的標準。在傳統上，中國人相信人因積善而可以成神。可是這本善書告訴

我們，單是行善還不能成神，還需要辛苦工作，振興家道，教育兒孫，使他們能夠通過科舉考試，達到社會評價的最高峰，才可以成爲神。這種觀念根本就是反映當時社會流行的人生最高成就。至於禁制惡行部份，也在宣揚同樣的觀念，強調人不可以做那些足以危害整個家族生存的事，否則就是不孝子孫，要受罰的。

　　換個角度來說，這種觀念，在基本上，是屬於知識分子的。知識分子又藉著神明的名義和宣講活動，把他們的觀念和評價標準傳給一般民眾。使得一般民眾在不知不覺中接受這套觀念，兩者合而爲一。單從這方面來說，清末的中國社會是個同質的社會。

（本文於民國八十三年五月五日通過刊登於《中央研究院歷史語言研究所集刊》第六十五本第三分，頁673-723，1994）

附錄一 《覺悟選新》所載的〈宣講規則〉

一、宣講之期，諸董事、各講生、及有執事效勞之人，務必正衣冠、尊瞻視，使人望而起敬，以立規模。

二、督講之人，務切勸止喧嘩，使聽講者得專所聞，以齊志慮。

三、凡講生及董事之人，平時宜敦品行，使聽講者心悅誠服，不生訾議。

四、凡講生在未講之時，要將所講何書，預先理會，若一登臺上，欲從容開講，句讀明晰，使聽者入耳會心，免得臨時荒唐，以博笑柄。

五、喧講時欲引證旁觀，務要出經入典，不得臆說杜撰，妄談鄙俚，使人厭聞。

六、凡董理宣講諸人，務要各勤本業，照次輪辦，不得於無事之時，在此閒遊而荒於嬉。

七、凡督講之人要靜聽默揣。倘檯上有講錯者，下檯時便當指明，使其日後自知斟酌，不致再錯。

八、凡督講、宣講、助講之人，於開宣之時，宜先漱口、盥手，方可翻閱，不可污褻書卷，致干神譴。

九、凡宣講、助講諸人，於宣講之時，務宜長幼有序，不得亂行非禮，踰階僭越。

十、助講諸人，若自家無事，須於拈香後靜坐恭候，敬聽宣講，使諸善錄篇篇皆熟。

十一、宣講之時或有婦女在旁聽講，凡講至戒淫諸篇，須有嚴正之

　　氣、莊重之色，將顛末略略講通，幸勿道出粗俗醜穢之語，反
　　致不雅。

十二、宣講時所供香花茶果，務須潔淨，不得潦草塞責，以致不恭。

十三、臨講時，檯下聽講者，卽或未齊，倘有三五群居，亦可先行開
　　　講，不必俟候大眾齊集，以致延緩時刻。

十四、宣講必須擇篇而講，或談因果報應，或說子臣弟友，要使人易
　　　曉，不得高談元（玄）妙，使愚蒙莫知所從。

十五、宣講時諸講生應當照次輪講，使勞逸平均。

十六、講生逐期所講何篇，於講畢下檯時，司講之人，務須一一查
　　　詢，登錄篇目在簿，來期自當改換別章，免致重複，使聽者厭
　　　常。

附錄二 二十四則神明行述

一、澎湖城隍：名叫方聯德，江西人。不滿週歲就死父親，母親在求
援無門的情況下，將孩子送往育嬰堂，自己上吊自殺。七歲為寺
廟的小差喚。十五歲那年，住持過世，地方紳董認為他忠厚可
靠，就請他作該廟主持。「余是以為廟祝，日夜誦經禮佛，罔敢
懈怠。……所有寺中之費，一年應用之餘，悉行取出，或買物放
生，或捐修廟宇，或修橋造路，或捨藥施茶，事事備作，未有難
行。行三十餘載，如同一日。」並且，又曾拿錢救一因失物而尋
死的婦人。「年至八十五，一旦歸陰，閻君謂我有善可錄，轉奏
玉皇，飭我為浙西嘉興縣六司，後轉陞為臺（灣）縣城隍，今陞
此任，亦歷有五載矣。（卷二，光緒十七年十二月十二日戌刻）

二、臺灣縣城隍：名叫黃雲飛，浙江山陰人。年輕時曾拒絕女子的勾
引，守身不犯淫孽，因而獲得科舉功名，「列中三甲」。但怕為官
因不懂民情而誤判，就辭官回家，出任書院的山長。「立志教學，
罔敢懈怠，十餘載而子女長成，余乃在家，教督子弟，無非為勸
孝戒淫諸訓。至於地方有事，罔不出力營謀。養孤寡，施貧窮，
凡諸善事，無失一條。行年九十，無病而終。玉旨封為江西城
隍，後轉調此任，歷時五十餘載。」（卷二，光緒十七年十二月
十九日亥刻）

三、嘉義縣城隍：姓名不詳，只說他是明朝正德年間的「士人」。幼
年時，完全不知孝順父母。「聚黨呼群，日則賭場排館，夜則柳
巷花街，將有數載，家財已破無數」。父母不敢管教，終於敗盡

家財，無力殯葬父母。於是痛改前非，不再犯淫孽，拒絕鄰家寡婦的勾引。並且努力向學，在科舉不成的情形下，就在家訓誨子弟，營謀鄉黨公益之事。「立行誓愿，爲善事一百條，日夜累觀功德，不敢稍懈。凡地方有養孤寡、舍孤寡、修橋造路者，罔不出力以爲謀焉」。自己在五十八歲時考取功名，長子也在第二年入泮。死後爲廣東嘉應州城隍百餘年，才改調爲嘉義縣城隍。（卷二，光緒十七年十二月二十二日戌刻）

四、澎湖武廟關聖帝君劉：浙江桃州府人。在提督任內，「整頓軍伍，軍功項內不敢糜費絲毫帑金，賞罰公平。一生敬天地，禮神明，孝雙親。得奉廉，除家用外，或倡修廟宇，或發給貧困、設義渡以濟人。妻子不著絲羅。邮婢僕，和宗族，愛軍民。色之一途，一生不爲所迷。戒子姪，色不可近，酒不必醉，賭之一事，更加嚴矣」。兒子從軍，做到總兵，兩個女婿，一爲遊擊，一爲守備。死後受封爲澎湖武營武廟關聖帝君之職。（卷二，光緒十七年十二月二十三日辰刻）

五、澎湖大媽宮天上聖母林：「收妖怪，除魍魎，以謐乃疆。拋瀑施法，而救失水難民。」（卷二，光緒十七年十二月二十四日戌刻）

六、鳳山縣城隍：名叫周明陽，四川人。從高祖到父親都是書吏。「家嚴而有田千頃」。他的父親在官署中審明婆家逼媳賣淫不成，反控告媳婦不孝的案子，成全媳婦的貞潔。他自己「凡鄉里中有修橋造路，捨粥施飯，矜孤恤寡，給賞貧窮，修廟宇，印經文」等事，統統參加，「行善數十年，未敢怠懈」。兩個兒子入泮遊學。死後先爲南澳城隍，轉爲鳳山城隍。這是兩代行善，方可成神的例子。（卷三，光緒十八年正月十六日亥刻）

七、彰化縣城隍：也是兩代行善的例子。名叫曹欲修。四川重慶人。

他的父親是軍人，在戰亂時，護送一名婦人，使她夫妻相會。他自己也曾出錢救助一名因失錢而尋死的婦人。同時又「招鄉里紳耆，設局施濟，建育嬰堂，恤孤矜寡，戒殺放生」。在全縣募捐放賑的活動中，協助縣裡向地方總督申請，獲得補助。四個兒子之中，前三人都入泮或有科舉功名，幼子繼承家業，從商經營。死後派爲彰化城隍。（卷三，光緒十八年正月十七日戌刻）

八、澎湖南澳館忠勇侯鄒：名叫鄒乾元，山西華縣人。綢緞舖學徒。有一天，路見有無賴要強奪一家人家的小孩，問明是那家的丈夫賭輸了，賭場要拿他的孩子作抵，於是替人家償還賭債，保全一家性命與子嗣。終生行善，晚年時，「子孫十有多人，生員四，鄉舉一，家門頗振」。（卷三，光緒十八年正月二十日未刻）

九、澎湖提標館天上聖母：名叫林雪花，福建海澄人。出身貧家。出嫁後，徵得夫家同意，繼續奉養生母。並且勸丈夫放棄屠夫行業。「又食素念經，印送善書，買物放生」。丈夫死後，辛苦撫養子女成人成家。晚年，子孫滿堂，「長孫中壬午之科，外孫亦有一二人登龍門」。（卷三，光緒十八年正月二十一日未刻）

十、雷音寺採蓮尊者：「余乃漢末一散人，秉性堅剛，不避權貴，每遇不平，輒與相爭。見善人事之如父兄，逢惡黨則惡之若寇讎。」到晚年，碰到仙人，跟他學道。八十五歲時，「棄紅塵而飛升，蒙雷音寺教主提入寺中使喚，纔免輪迴之苦」。（卷四，光緒十八年二月二十日戌刻）

十一、九天姚尊者：廣州人。耕田爲業，不好讀書。事奉父母，「恐娶婦未能孝順而致親憂，故遲遲不娶」。父母過世後，後人指點，終生持齋茹素念佛。七十二歲壽終，爲九天司命眞君收爲部下。（卷四，光緒十八年三月初一日未刻）

十二、澎湖福德祠福德正神：名叫陶德修，山西人。中年以後，積極參與地方公益事業，「雖留一餐之費，亦必檢出施濟貧窮。心存正直之念，克己以待人」。老年時，兒子入泮遊學。八十歲壽終，受封為澎湖福德祠福德正神。（卷四，光緒十八年三月初四日辰時）

十三、延平府城隍：江南肥州府人士。一生重義疏財，愛兄弟如手足。年輕時，極力反對兄弟分家，不得已分家後，僅守本分，不多爭一文財產。努力耕田，逐漸家道豐盈，見貧窮一定加以周恤，也曾資助一家因貧窮而要新寡的媳婦改嫁的人家，使婆媳兩人都可以生活下去。「行之三十餘年，不敢稍懈」。長子考取科舉，其他兒子也都可以克紹箕裘，繼承父業。先為土地公，後來才升為城隍。（卷四，光緒十八年三月初五日戌刻）

十四、嘉應州疹痘聖母：浙江山陰人，李氏。丈夫在參加舉人考試時病逝。在世辛苦守寡，收養一子以續夫家香煙。日夜女紅讓兒子讀書。成為節孝兩全的模範，子孫也有人入學讀書。（卷四，光緒十八年三月十一日亥刻）

十五、大聖駕前神童：宜蘭人，孤兒，在廟中長大，隨道長修行。曾經救溺水的孩子而拒絕孩子父母的重金酬謝。（卷五，光緒十八年四月初八日子時）

十六、西衛鄉玄天上帝張：名不詳，作「清初時人」，原是屠夫，為替朋友報仇而殺人，被充軍到外地，途中遇王禪老祖的渡化，出家修行。（卷五，光緒十八年四月十一日申時）

十七、媽宮澄源堂觀音佛祖王：生來苦命，自己從小父母雙亡，成為童養媳。夫家對她很不好，但是她能「問安視膳，孝道認眞」。後來翁姑雙亡，丈夫也染病身亡。孤苦一人。領養一個男孩來繼

承香煙。請師課子，終成爲入泮童生，接著考取舉人。家道因而
興盛。（卷八，光緒二十八年十月十九日戌刻）

十八、澎湖城隍廟速報司韓：清初時人。少年時風流不羈，流連花街
柳巷。後來改過自新，精研醫術。在瘟疫流行時，會同地方紳耆
設局賑濟，救人無數。兒子「少舉孝廉長業醫」，成爲地方上受
人敬重的家庭。（卷八，光緒二十八年十月廿三日戌刻）

十九、走堂使者何：清初雲南人，姓何名天德。孤兒出身，受人周濟
方才能夠活命。於是投身於恩人家中爲僕，忠謹作事。有一天，
主人家遭劫，他在從後門走出去向官府報案時，就被歹徒殺害。
上天憐愍他的忠心，派他到雲南鄉間的土地廟爲神。在雲南，大
治匪徒，保護地方婦孺，威靈顯赫。於是，「蒙上界遊神代奏蒼
穹，謂余靈應昭彰，護國佑民有功，玉帝大喜。客歲，乃陞余到
此澎湖一新社爲福德正神之任」。（卷八，光緒二十八年七月初九
日戌刻）

二十、蘇家天上聖母：李氏，湖南人。先是在家幫助兄長種田賣菜，
使父母得以溫飽。婚後，丈夫在參加舉人考試時病故，遺下一
子，辛苦教養成人。「常勤女紅，養子養親」。送兒子去讀書，兒
子在十八歲時，考取秀才，「回家謁祖，道旁相與並肩，觀者濟
濟，莫不嘖嘖而稱羨焉」。後來，兒子考取舉人，朝廷頒給她貞
節牌坊。死後，「閻王起恭起敬，嘉余一生節孝，可甲鄉里」。
（卷八，光緒二十八年十一月初六日戌時）

二十一、澎湖海壇館天上聖母：名叫王英，山西人。婚後一年，翁姑
俱歸，丈夫也染病，三年而亡。帶著兒子回娘家居住，「勤做針
黹度世」。兒子成長後，經營生意，逐漸有些資財，方才回夫家
居住，爲兒子完婚，接續夫家的香火。「置家業，修屋宇，大振

家風」。孫子入學讀書。死後「閻王替余奏獎，一生節孝可嘉」。
於是受封爲山東青州天上聖母之職。後轉任澎湖。（卷八，光緒
二十八年十一月初九日夜）

二十二、澎湖城隍司禮神：姓謝名忠信，福建人。幼年喪父，母親靠
女紅賺錢過活。受長，外出爲學徒。誠實可靠，深受東家信任。
東家亡故後，代爲掌管生意，並盡心教導東家的孩子學習帳目，
等到東家的孩子可以自立時交還店務。回家奉養母親。兒子成長
後，送入學堂，考取秀才。平時在家爲鄉人排難解紛，「不時倡
作有關地方善事，積有陰功數條。死後，閻王轉奏，謂余一生孝
義兼盡」，於是玉帝封他爲澎湖城隍掌理福德司之事務。「至前
年，（原來的城隍）陶公陞遷嘉義，余又奉本境主調署是缺。因
乙未年地方作亂，余極力保民，再蒙玉帝賞余實任本澎善後街福
德祠福德正神之職，兼爲一新社司禮神之任」。（卷八，光緒廿八
年十一月十三日夜）

二十三、吳家觀音佛祖：清朝嘉慶時人，籍貫雲南，姓呂，名瓊玉。
父親是教書先生。十八歲時，父母先後過世。以姊姊身份，負起
撫養幼弟的責任。勤作女紅，供給弟弟讀書。後來弟弟考取科
舉，獲得功名。等到弟弟成家後，她就出家爲尼，誠心禮佛，終
成正果。（卷八，光緒廿八年十一月十六日戌刻）

二十四、本堂新任走堂使者：名叫蔣修文，漳浦人。孤兒，在鸞堂中
當小差。做事勤快。吃齋放生。十八歲病故。（卷八，光緒廿八
年十二月初三日戌刻）

參考書目

王世慶　〈海山史話〉《臺北文獻》37:73-74，1973。

　　　　〈日據初期臺灣之降筆會與戒煙運動〉《臺灣文獻》37(4)：112-113，1986。

井出季和太　《臺灣治績志》，臺北，1937。

尹建中　〈澎湖人移居臺灣本島的研究〉，臺大考古人類學研究所碩士論文，1969。

李騰嶽　〈鴉片在臺灣與降筆會的解煙運動〉《文獻專刊》4(3,4)：17-18，1953。

朱景英　《海東札記》，1773臺灣文獻叢刊第19種，臺灣銀行經濟研究室，1958。

宋光宇　〈從地獄遊記看當前臺灣社會問題〉《民間信仰與社會研討會論文集》，頁116-136，臺灣省民政廳與東海大學社會學系，1982。

　　　　〈地獄之說與道德思想的研究〉《漢學研究通訊》3(1):3-5，1984。

　　　　〈從玉歷寶鈔談中國俗民的宗教道德觀念〉《臺灣省立博物館年刊》27:1-15，1984。

　　　　〈從最近十幾年來的鸞作遊記式善書談中國民間信仰裡的價值觀〉《中國人的價值觀國際研討會論文集》，頁741-760，臺北，漢學研究中心，1992。

　　　　〈明清家訓所蘊涵的成就評價與經濟倫理〉《漢學研究》7

(1):195-278，1989。

〈重利與顯親 —— 有關「臺灣經驗」各家理論的檢討和歷史文化論的提出〉《臺灣經驗》(上):11-90，臺北，東大圖書公司，1993。

〈霞海城隍祭典與臺北大稻埕商業發展的關係〉《史語所集刊》62本3分，頁326-331，1993。

周鍾瑄　《諸羅縣志》，1720臺灣研究叢刊第141種，臺灣銀行經濟研究室，1962。

林永根　《鸞門暨臺灣聖堂著作之善書經懺考》，臺中：聖德雜誌社，1982。

林滿紅　〈清末社會流行吸食鴉片研究〉，師大歷史所博士論文，1985。

林　豪　《澎湖廳志》1893臺灣文獻叢刊第164種，臺灣銀行經濟研究室編印，1963。

卓克華　〈清代臺灣行郊之研究〉，中國文化學院史學研究所碩士論文，1972。

袁　黃（了凡）　《功過格》，在有福讀書堂叢書第17冊。明萬曆年間。

吳文星　〈日據初期臺灣的「大家樂」 —— 花會〉《歷史月刊》1:62-64，1988。

〈東亞最早的公營彩票 —— 臺灣彩票〉《歷史月刊》2:78-81，1988。

姚　瑩　《東槎紀略》，清代同治元年，1862臺灣文獻叢刊第7種，臺灣銀行經濟研究室，1958。

唐贊袞　《臺陽見聞錄》，1892臺灣文獻叢刊第30種，臺灣銀行經濟

研究室，1958。

陳文達　《鳳山縣志》，1719中國方志叢書，臺灣地區13，1983。

陳兆南　〈臺灣的善書宣講初探〉中央研究院民族所「本土歷史心理學研究」，頁1-20，1992年2月。

陳培桂　《淡水廳志》，1872臺灣文獻叢刊第172種，臺灣銀行經濟研究室，1963。

張　菼　〈清代臺灣分類械鬥頻繁之主因〉《臺灣風物》24(4)，1974。

蔣良騏、王先謙纂修《十二朝東華錄》，雍正朝。

盧德嘉　《鳳山縣采訪冊》，1893臺灣文獻叢刊第70種，臺灣銀行經濟研究室，1960。

樊信源　〈清代臺灣民間械鬥歷史之研究〉《臺灣文獻》25(4):90，1974。

鄭喜夫　〈清代臺灣善書初探〉《臺灣文獻》33(1):7-36，1982。

蔡懋棠　〈臺灣現行的善書〉《臺灣風物》26(3)，1976年9月。

　　　　〈臺灣現行的善書（續）〉《臺灣風物》26(4)，1976年12月。

戴寶村　〈聖諭教條與清代社會〉《師大歷史學報》13:315，1985。

藍鼎元　〈與吳觀察論治臺書〉《鹿洲文集》，清代。

《臺北市志稿》，臺北市文獻會，1972。

《欽定大清會典事例》

《臺灣總督府公文類纂》元臺北縣，明治三十四年，永久保存第四十六卷，第三門警察，高等警察，降筆會案卷。

《臺灣通志稿》卷2〈人民志宗教篇〉，臺灣省文獻會，1963。

《鸞堂聖典》，臺中聖賢堂，1975。

Ho Ping-ti, *The Ladder of Success in Imperial China.* New

York: Columbia University Press, 1962.

Wolf, Arthur P. and Chieh-shan Huang, *Marriage and Adoption in China,* 1845-1945. Stanford: Stanford University Press, 1980.

Wolf, Arthur P., "Adopt a Daughter-in-law, Marry a Sister: A Chinese Solution to the Problem of the Incest Taboo," *American Anthropologist* 70:864-874.

Wolf, Margery. *Women and the Family in Rural Taiwan.* Stanford: Stanford University Press, 1972.

日據時期臺灣的瘟疫與迎神

　　清光緒二十年（一八九四），中日甲午戰爭爆發。中國戰敗。翌
年（一八九五），中日雙方簽訂馬關條約。中國割讓遼東半島、臺灣
和澎湖給日本。從此，臺灣和澎湖淪為日本的殖民地，長達五十一年
之久（一八九五～一九四五）。

　　在鼎革之際，臺灣發生了非常可怕的瘟疫 —— 鼠疫。從一八九六
年五月七日安平出現第一個鼠疫病例算起，到一九一八年完全撲滅為
止，前後流行了二十二年。每年病死者以千百計。在鼠疫將滅未滅之
際，霍亂和傷寒繼之而起。一九一九年至一九二〇年，又有流行性感
冒肆虐臺灣各地，奪走了近千人的生命。臺灣總督府面對一波又一波
的流行瘟疫，積極引入並推廣西式的醫療方式，諸如：採取隔離、消
毒以及打預防針等辦法，並建立避病院，以為隔離治療之用；同時，
透過官辦的《臺灣日日新報》漢文版，大力宣導各種相關的衛生觀
念，以及西式治療的成效；並且要求警察機關強制推行環境清潔之
道，花錢收買老鼠（每隻五、六錢不等，還有抽獎活動，作為獎勵）。
終於使鼠疫逐漸銷聲匿跡，臺灣現代化的醫療系統，也隨之奠下基
礎。

　　當我們回頭去翻查那時候的《臺灣日日新報》，很清楚的看到，
那時候無論是在臺灣，或是對岸福建的中國人，對於像鼠疫這類瘟疫
的成因和治療之道，都懵懂無知。面對惡疾的流行，在驚恐之餘，唯

有求禱於神明，希望藉神明的力量來消弭巨禍。社會上也流傳著各種靈驗的傳說。後來科學知識日漸普及。開風氣之先的城市居民慢慢明瞭如何保健衛生，就把清潔環境這項舉動融合到傳統的迎神活動。代之而起的是感恩謝醮或是商業色彩濃厚的迎神賽會。當流行性感冒襲擊臺灣的時候，城市居民會因疫症流行而停止迎神活動，只有少數鄉下地方還行迎神驅疫活動。這是一個典型的文化變遷實例。這篇文章並不打算探討有關文化變遷的種種現象。而是想藉當時國人用宗教辦法來應付外在疫疾這個事實，來討論中國人宗教的某些現象。

換個角度來看這次鼠疫事件，我們可以把它看成是中國漢人追求（或者說是「適應」）現代化醫療體系的一個範例。

這次鼠疫原本只是雲南的地方性流行病。咸豐同治年間雲南發生馬化龍的回民作亂、災民四散逃逸。傳染鼠疫的中介物跳蚤就藏身在難民的隨身被褥衣物中，沿元江（紅河）南下到河內、海防，繼之傳到廣州、香港。臺灣的鼠疫就是從香港傳入。中國大陸沿海省份也相繼遭到鼠疫的侵襲。一直北傳到東北地方。中國政府面對這場可怕的鼠疫，引進西式醫療，成立「防疫總局」。由吳蓮德主其事。後來吳蓮德與王吉民將這次防治鼠疫的經過寫成專書❶。於一九三五年在上海出版。可是這本書中，卻完全沒有提到鼠疫在臺灣的防治情形。本文正好可以補足這方面的缺憾。

在整個防治流行疾病的過程中，我們可以很清楚的看到，中國人在最初接觸鼠疫時，驚慌失措，一方面求神保佑，另一方面又極力排斥西式的治療和防疫辦法，於是就由傳統漢醫出來充當仲介調和的角色。人們從漢醫及日本警察處學到清潔、衛生、消毒等觀念後，也就

---

❶ Wong Kitmin and Wu Lien-teh, *History of Chinese Medicine,* Shanghai: National Organigation of Medicine, 1935。

能夠接受現代化的西式醫療與防疫觀念。本文所述的史實，就是在說明臺灣漢人對現代化醫療如何由排斥轉變成接受的歷史過程。

迎神逐疫

有關日據初期，臺灣各地迎神逐疫情形，主要是依據《臺灣日日新報》漢文版上的記載。日文版很少提到這些事情。報紙出刊的年限，從光緒二十四年（一八九八年，明治三十一年）五月五日，由原先的《臺灣日報》和《臺灣新報》合併成為《臺灣日日新報》，一直出版到民國三十四年（一九四五年，昭和二十年）四月，二次大戰結束前幾個月。其中有所缺失。像一八九九年、一九一一年、一九一二年、三年的報紙沒有保存下來。一九〇六年到一九一一年也只有日文版，另外還有不少缺失。儘管如此，總體而論，仍然算是一份相當完整的歷史記錄。

一八九八年二月，尚不見有迎神逐疫之舉，因為鼠疫還不很厲害。二月十五日的《臺灣新報》說：

> 近，稻江一帶鼠疫頗為盛行。然其患尚淺。故僅病於鼠，而不能及於人。

鼠疫是一種人畜皆患的病。有了病鼠，就會有病人。於是到了五月，大稻埕、艋舺、文山堡、滬尾、新莊、新竹、彰化、臺南等地，都傳出有人病患鼠疫，且死。於是，地方人士惶恐不已，或者到廟裡燒香祈禱，或者迎奉各種神明繞境逐疫，或者醵資建醮祈求平安，或者建造寶塔以鎮壓疫氛。

　　總計，在光緒二十四年一年裡面，爲了驅逐黑疫而舉行的建醮共有六次，迎神繞境二十次，造塔壓疫二次，廟中祈禱一次，乩童指示二次。分布情形如下表1所示：

表1　光緒二十四年（一八九八）臺灣迎神逐疫分布情形

地　　　點	建醮普度	迎神繞境	建塔壓疫	廟中祈禱	乩童指示	合計
大　稻　埕	0	10	0	0	1	11
艋　　胛	2	5	2	0	1	10
滬　　尾	1	1	0	0	0	2
新　　莊	1	0	0	0	0	1
新　　竹	0	1	0	0	0	2
臺　　南	0	1	0	0	0	1
紅　毛　港	1	0	0	0	0	1
文　山　堡	0	1	0	1	0	2
八　芝　蘭	0	1	0	0	0	1
合　　計	6	20	2	1	2	31

資料來源：一八九八年《臺灣日日新報》

　　所祈禱及迎奉的神明，以城隍爲最多，共有四次：其中包括霞海城隍一次，供於艋胛蓮花池某民宅的原淡水廳城隍二次，新竹城隍一次；媽祖次之。其他神明計有保生大帝（保安尊王、大道公）、太上感應（疑應作太上老君）、佐順將軍、四使爺、北極大帝、薛大巡爺、清水祖師、觀音佛祖、五靈公……等，名目繁多。

　　造塔壓疫是比較特殊的現象。「造塔之習俗，起自甲申年（光緒十年，一八八四）疫氣流行之際。臺人初不知有消毒之法，因仗神驅逐，而猶不能遏滅，乃在艋胛龍山寺口，雕造兩座磚塔，仿七層之模樣，名曰『太平寶塔』。塔內崇奉神像，安排玩器。夜夜燈花燦爛，

火樹輝煌。加以演梨園，往來遊人絡繹不絕。先是，三五成群，直同兒戲。繼且各街商店，按額鳩金，實一時稀有之熱鬧也。厥後，如遇天氣不順，亦每有造以成一條之俗例。例及去年，疫症發生，新舊街先行倡造。因其時，土匪未靖，特恐混跡匪徒，警官故為諭止焉。如此際黑疫蔓延，仗神驅逐而外，仍復雕造磚塔。所以，艋之後街仔於去二十七日已倡造一塔，高與屋齊。是夜，鼓樂喧嘩，火花齊整，想各街住民必相繼雕造可知矣」❷。艋舺的竹篙街、粟倉口街繼之而起，雕造幾座磚塔❸。往後幾年裡，大稻埕也起而倣效。但是施行沒幾年，就不見再出現。

一八九九年由於報紙沒有被保存下來。那一年的迎神逐疫情形，我們已無從得知。

一九〇〇年共有為鼠疫而舉行的迎神逐疫活動十八次，另有一次建醮是為了洪水。例行的祭祀有十五次見諸報端，有關迎神逐疫活動的分布情形如表2：

「製作紙貓」是對於鼠疫的很有趣反應。這說明了當時臺灣人對於鼠疫病因的認識情形。那時的臺灣人知道病鼠為害人體，但不知致病是因耶先菌（Yersinia pestis）作祟的緣故。既然認為老鼠是引起疫病的禍首，就該讓貓去捉老鼠，於是製作了紙貓。這是一件特例，以後就不見再有人製作紙貓來對付鼠疫。

就所迎請的神明來說，大稻埕的霞海城隍一次，大龍峒的保生大帝三次，其餘五次是媽祖或「聖佛」（不知是什麼神明）。稻江在造塔時，更迎保生大帝坐鎮。

同年，廈門、泉州和福州等地，鼠疫也為患甚烈。在廈門，是建

---

❷　明治31年5月29日《臺灣日日新報》＜倡造寶塔＞條。

❸　明治31年6月2日《臺灣日日新報》＜艋舺塔戲＞條。

表2　光緒二十六年（一九〇〇）臺灣迎神逐疫分布情形

地　　點	建醮普度	迎神繞境	建塔壓疫	廟中祈禱	乩童指示	製作紙貓	合計
艋　　舺	1	0	0	0	0	0	1
大　稻　埕	1	2	1	1	0	0	5
大　龍　峒	0	2	0	0	0	0	2
錫　　口	0	1	0	0	0	0	1
擺　接　堡	0	0	0	1	0	0	1
淡　　水	0	1	0	0	0	0	1
文　山　堡	0	0	0	0	1	0	1
桃　仔　園	0	1	1	0	0	1	3
新　　莊	0	1	0	0	0	0	1
臺　　中	0	1	0	0	0	0	1
彰　　化	0	0	0	1	0	0	1
合　　計	2	9	2	3	1	1	18

資料來源：是年《臺灣日日新報》

醮祭瘟神。而泉州和福州兩地的仕紳，則鳩集萬金，派人前往江西省龍虎山，請張天師作法，建醮祈禳❹。

一九〇一年的情形，如下表3所示：

這一年，全臺灣的鼠疫鬧得很厲害，共有四千四百九十六人罹病，三千六百七十人死亡，死亡率高達百分之八十一點六三，是二十年鼠疫流行期的最高峰❺。在臺北，以大稻埕的鼠疫是爲最烈。居民迎神逐疫的次數也相對增多，共有六次，以「街」爲單位行之。最重大的變化是迎奉的神明，從原先的霞海城隍和保生大帝，轉換成關渡媽祖。三十四年六月二十六日《臺灣日日新報》〈信奉益深〉條云：

---

❹　明治33年1月9日《臺灣日日新報》〈福泉近事〉條。

❺　《日據前期北部施政紀實》，臺北市文獻會1986:272-273。

表3　光緒二十七年（一九〇一）臺灣各地迎神逐疫分布情形

地　　點	建醮酬神	迎神除疫	建塔壓疫	符　　水	齋戒祈禱	合計
艋　　舺	1	0	0	0	1	2
大　稻　埕	1	6	2	0	1	10
三　　重	0	2	0	0	0	2
士　　林	1	0	0	0	0	1
景　　尾	0	1	0	0	0	1
新　　店	0	1	0	0	0	1
新　　竹	1	0	0	0	0	1
臺　　中	3	0	0	0	0	3
諸　　羅	1	1	0	1	0	3
合　　計	8	11	2	1	2	24

資料來源：是年《臺灣日日新報》

稻之枋寮街，當疫病猖狂之際，居民目擊心驚，恆為祈天禱佛之謀，而病魔竟悠悠然如是。是時，有倡迎關渡媽祖，以時當顯赫，欲藉以鎮撫也。乃媽祖至，適逢疫症稍疏，遂以果然靈目之。而隆記街一帶，遂有步其後塵者。高結神壇，迎神像於此。一時演戲數十檯。何信奉之益深？

這種轉變充份地顯示出，中國人的「現實」一面。前面幾年，都以當地的神明為祈禱迎奉對象。但是，鼠疫病患一年比一年多，在人們的心理上，產生了「對當地神明不盡信任，需要從外地去請更有能為的神來靖疫」的想法。這種轉變，打破了原先的區域性分化，讓北部地方各個不同祖籍的村落街庄，共同來迎奉關渡媽祖，對付惡疾。到了大正年間（一九一二～一九二五），迎神活動商業化程度日益加強的時候，我們所看到的臺灣宗教現象，主要就是為了振興商業，繁

榮地方，迎請南北各地媽祖，齊集一地，吸引成千上萬的信徒前來頂禮膜拜，順便採購生活必需品。有關這種現象請參看下一篇論文〈霞海城隍祭典與臺北大稻埕商業發展的關係〉。

這一年，大稻埕的郊商出資，設立濟安醫院。於五月二十八日正式開業。第一天擡進四名鼠疫患者。而該院只有漢醫一名，院丁三名。中北街的恒生藥局負責供藥❻。

臺灣人也漸漸接受日本當局所推動的清潔衛生觀念。六月初，士林新街有迎神賽會，「該管支署曾許所請，而猶念各地疫病，易於流傳，必思其法以預防之。乃召會諸紳，道以此意。宜於賽會之款，抽出四十金，備買藥水，盛多桶於街口。俾入街者滌濯手足，靖盡穢氣，則可遏其傳染。各紳無不俯首而從」❼。

同年，日本警察也打算趁大稻埕的霞海城隍例祭及繞境的時候，做相同的衛生措施。「唯聞支署以黑疫未艾之故，深慮有傳染諸弊，故召值年之司城隍事者，與議所以消毒方法，略做士林街迓媽祖之事。或納款，由官消毒；或民間好自爲之，均聽其便❽」。但是，有人反對，詰問：「何至迓神亦須納費？」❾終不見施行。

在臺南，則禁止各種演戲及其他聚集多人的事情❿。全臺各地，每當鼠疫盛行時，學校爲之停課。在嘉義，擡五文昌帝君巡境，答謝

---

❻ 明治34年5月29日《臺灣日日新報》〈濟安初政〉條。
❼ 明治34年6月9日《臺灣日日新報》〈預防爲重〉條。
❽ 明治34年6月25日《臺灣日日新報》〈城隍盛典〉條。
❾ 同❽。
❿ 明治34年6月21日《臺灣日日新報》〈臺南疫退〉條。

帝君庇佑除疫❶。文昌帝君原本是主管讀書、考試之神，這時也扮演起除疫護民的角色。這種現象正顯示中國神明的多元功能傾向。

這年，對岸的廈門也施行清潔之法，來消除黑疫。民眾也設壇祈安，並跟大稻埕、艋舺一樣，齋戒三日❷。似乎，臺海兩岸的迎神除疫措施有同步流行的現象。

一九〇二年共有十六次迎神賽會被記錄下來。其中，爲鼠疫而舉行的迎神賽會有七次，爲霍亂的有四次，其他有五次則是例祭，祈求平安。

七次爲平靖鼠疫而作的迎神賽會，分別是大稻埕三次，都是迎請關渡媽祖。三重埔、二重埔和桃園街各有一次迎請關渡媽祖。剩下的一次是艋舺居民迎請關聖帝君、梓潼帝君、大魁夫子和觀音佛祖。

另有四次爲平靖霍亂而行的迎神賽會分別是九月底在大稻埕中南北三街，接著是葫蘆島和杜厝街兩地，相繼迎請關渡媽祖。在此月初，樹林街連下五大庄，迎請大道公（保生大帝），出繞境內，平靖霍亂。

比起前面幾年來，這一年的迎神賽會在數量上少了很多。造成這種變化的原因並不清楚。可能是《臺灣日日新報》的編輯方針有了改變。儘量少講迷信色彩濃厚的迎神逐疫，多宣揚因清潔而得的防疫效果。因爲，這一年裡，《日日新報》對於迎神逐疫已經明顯的表示了批評的態度。例如，六月二十二日〈作爲無益〉條云：

---

❶ 明治34年 7 月 3 日《臺灣日日新報》〈酬答神庥〉條云：「二三月間，疫氣流行，（諸羅）闔城紳民驚惶無策，同禱於五文昌祠。祈求平安。刻下疫氣平靜。紳民擇定前（6）月22日，備齊鑾輿、儀仗、羽旄、鼓樂以及馬匹諸故事恭迎五文昌帝君巡遊街衢。家家懸燈結綵，燃香焚帛，以答神庥。」

❷ 明治34年 7 月 7 日《臺灣日日新報》〈廈疫未消〉條。

> 自觀（關）渡媽祖入臺北以來，東請西迎，破鈔已是不少。及近聞得二三重埔一帶，亦擬於本月二十日，恭迓媽祖繞境。想各庄蟬聯而下，或須十數日，乃能告訖。際此人民澆薄，家鮮餘糧，救死方且不暇，何又作此破鈔之舉？嗟乎！安得有心人為之轉移風氣哉？

七月二十三日〈稻疫宜防〉條亦云：

> 稻江鼠疫時起時輟，其間如李厝街、大有街者，因見各地皆藉觀（關）渡媽祖，以為護身符。遂於數日前，一連恭迓三天，自以為必獲神佑矣。不謂事甫畢，鼠疫即大起。而李厝街尤慘不可言。……吁！彼以觀（關）渡媽祖為護身符，而鄙清潔為多事者，是亦以悟矣。

在報導漳州、泉州的鼠疫慘況時，也露骨的責備漳泉人士不知清潔之法。像七月一日〈漳郡大疫〉條說：

> 頃有友自漳郡來者。據云：離城五里之地（地名未詳），人煙稠密，約有一萬戶口。於近忽病鼠疫，轉相蔓延。日來日盛。即今計之，已死去千內人矣。居於狃於習慣，茫不知衛生清潔之法。正恐未艾耳。嗚呼！亦慘無天日矣。

在報導石碼、海澄居民擡境內所有神像繞境，以逐鼠疫霍亂（吐瀉症）的時候，也批評「其愚，誠不可及也」⑬！

⑬ 明治35年8月5日《臺灣日日新報》＜乞靈木偶＞條。

　　同時，該報對於清潔以防疫的功效，則大力宣揚。以艋舺後菜園、北皮寮等街為例，說明舉行大清潔的好處。「惟自清潔後，至今已閱旬餘，絕不聞有復罹鼠疫。街眾皆額手相慶，欣欣然有喜色。曰：『未清潔以前，疫病頻發，朝不保夕。聚居其處，莫不畏懼，隱憂之心常戚戚。既清之後，惡症漸衰，殆將銷滅。通衢曲巷，人盡康安。初不知清潔之功效如此之速至於此也。』言迄，猶有自得之意。由是觀之，掃除清潔豈非衛生第一要著乎」⓮？

　　住在臺北的中國人，從這一年起，似乎已經能接受日本人所推行的清潔衛生之法。在次年，也就是一九○三年，臺北的迎神除疫活動，只剩下大稻埕於七月十六日到十九日，迎請關渡媽祖以除黑疫這麼一次而已。在艋舺，早就不行這種活動。這一年，艋舺保安醫院在閉院之際，為罹患鼠疫而亡者，舉行超渡。

　　全年，也只有三次迎神逐疫而已：大稻埕一次，新竹兩次。年初，新竹疫發。「民蒙鄙見，尤拘清國例，多聚金鼓。語此藉金聲，以宣達陽氣，而陰疫乃除也。故於此數夜間，南門之人，則群迎竹蓮寺之觀音媽。北門保之人，則群迎城隍爺。東西門人，亦各有所迎。」⓯年尾，新竹士紳在竹蓮寺做醮，酬謝神明庇佑，渡過鼠疫災難⓰。

　　一九○四年全年，只剩下新竹有一次迎神逐疫的記錄⓱。

　　這種變化，固然可以說是，臺灣人接受了現代西式的醫療與衛生觀念，明瞭疾病的發生原因，逐漸用理性的態度去對待流行疫疾，替

⓮　明治35年7月13日《臺灣日日新報》＜清潔功效＞條。
⓯　明治36年1月24日《臺灣日日新報》＜竹城逐疫＞條。
⓰　明治36年11月22日《臺灣日日新報》＜復欲作醮＞條。
⓱　明治37年12月22日《臺灣日日新報》＜竹人逐疫＞條。

代以前的宗教巫術性辦法。不過，一九○四年到一九○五年，日俄戰
爭爆發。《臺灣日日新報》每天長篇累牘的報導有關戰爭的消息。對
於臺灣的各種社會問題，的確是忽略了許多。因此，我們很難說，在
這兩年，臺灣人不曾有過迎神逐疫之舉，只是沒被記錄下來罷了。因
為到一九一○年代，還是有迎神逐疫的記錄。顯示臺灣人並沒有完全
揚棄這項古老的傳統。

到了大正年間，迎神賽會、祈安建醮大為增加，而且商業色彩相
當濃厚。不過仍有少數幾次是跟逐疫有關。一九一三年五月初，嘉義
人為酬謝玉皇大帝庇佑，得免遭鼠疫之患，募集二千金，在東市場築
壇建醮，各戶犧牲酒醴，陳列致祭，並演戲謝神。樸仔腳（今嘉義朴
子）媽祖廟住持僧人，也到醮壇祭拜，祈求樸仔腳地方平安❶。那個
時候，臺灣各地的鼠疫已漸趨絕滅，只剩嘉義一帶依然盛行，而樸仔
腳地方的鼠疫尤為頑強，一時難以根絕。

到了一九一八年，則出現為應付流行性感冒的迎神逐疫活動。是
年十一月八日《臺灣日日新報》云：

> 中部地方流行感冒，其後益愈猖獗……。本島人有信仰媽祖
> 者，多向媽祖廟求籤。南投地方現正奉迎鹿港媽祖，到各部落
> 繞境平安。

十二月六日《臺灣日日新報》提到臺南的情形，說：

> 鄉村習慣，遇有坎坷疾病者，爭迎神佛以求平安。此次惡性感
> 冒流行，臺南南門外桶盤淺庄，日前來迎鎮南媽祖去鎮鄉。

---

❶ 大正2年5月7日《臺灣日日新報》〈謝神逐疫〉條。

　　等到感冒流行消退，人們又感念神恩，舉行酬神建醮。如嘉義「廳下人口五十六萬，此回罹流行感冒者五萬人，居全人數一成弱。而死於是者五百人。病者百中死一。其爲禍更有甚於九種傳染病者。鄉人素固信神，又以地僻乏醫，齊禱神佑。日者時疫退熄，民心一安。適際農閒之際，西堡水虞厝庄乃於十四日，蔴寮庄十五日、柴頭港老堡厝庄十六十七日、埤蔴腳庄、下寮庄十八日，頂寮、埤斗、湖仔內下路頭庄人民，於十九日，以次奉迎奉天宮、朝天宮、六興宮大二三媽，蒞庄頂禮，用酬神庥」❿。「昨年末，惡性感冒流行時，嘉義廳大蕭村區，由北港迎媽祖來，疫勢果漸衰，皆以爲神靈加護。今回將自新港、鹿港、北港三所，更迎其媽祖，以爲答謝。既出頭，被差止。於是區民大憤，謂許迎神，不許謝神，是大矛盾也」❷。

　　在澎湖，也有類似的謝神活動。「澎湖林投、南寮等鄉，以去年所獲雨利不少，兼之感冒流行症，得竹報平安者又最多數。因是決議酬謝天神」❹。

　　以上，簡略的介紹了日據初期，各種疫疾流行時，中國人在對疾病懵然無知的情況下，用宗教巫術辦法，迎奉神明以逐走疫癘的大概情形。接下去，讓我們來看看這些疫疾的實際流行情形。

鼠疫的來襲

　　一八九六年三月十一日，日本駐香港的領事報告說當地已有鼠疫正在蔓延，要求剛剛接管臺灣的日本殖民政府注意沿海口岸，以預防

---

❿　大正 7 年12月22日《臺灣日日新報》＜禳災賽神＞條。
❷　大正 8 年 3 月 7 日《臺灣日日新報》＜神之爲德＞條。
❹　大正 8 年 2 月 2 日《臺灣日日新報》＜建醮酬神＞條。

鼠疫的發生❷。 四月十六日， 駐廈門的日本領事也發出了同樣的報告。顯示廈門及其附近地區也開始遭患此惡疫。

同年五月七日，臺南安平就發現了臺灣地區的第一宗疑似鼠疫的病例。臺南廳民政部長下令嚴格實行隔離。駐在臺南的第三旅團軍醫部也立卽展開嚴密的預防消毒，並且進行病菌檢驗。經過第三旅團軍醫部和臺南診斷所的檢驗，證實五月六日在安平所發現的疑似病例，確實是鼠疫。

接著，在打狗（高雄的舊名）發現一名患者。在雲林發現一名疑似患者。安平及臺南也有患者陸續出現。顯示鼠疫在臺灣有了逐步擴散的現象。

到了七月下旬，天氣正熱的時候，臺南與安平的鼠疫病勢頓然告停。香港和廈門的鼠疫也銷聲不見。臺灣總督府以爲病情已過，也就撤銷了對往來船隻的檢疫工作，撤銷了檢疫委員，也廢止了檢疫所和派在海港口的分駐所。

但是到了十月二十七日,臺北城內的日本駐軍發現三起疑似病例。第二天， 化驗的結果證實是鼠疫。這項結果等於是宣布可怕的鼠疫正式襲擊並且已經擴散到全臺灣。往後的幾年中， 當時最繁華的大稻埕和艋舺受害最慘， 死亡枕藉。而臺灣海峽對岸的福州、泉州、廈門等地， 也是飽受鼠疫的蹂躪 。 人們在驚恐之際， 又不相信西式醫療方法， 只好迎神以驅疫了。

自臺北發生鼠疫後，臺灣總督府所採取的防疫措施如下❸：

---

❷ 《明治29年臺灣ペスト病流行紀事》，頁1-4 。 本節有關當時鼠疫發生情形，取材於此。此後不再特別作注。

❸ 參看臺北市文獻會編印的《日據前期臺灣北部施政紀實‧衛生篇》，1986：267-270。《明治29年臺灣 ペスト 病流行紀事》第二章 <豫防方法實施概況>，1898:30-48。

十月二十八日，於臺北廳設置臨時檢疫本部，於臺北警察署及大稻埕、艋舺兩警察分署置檢疫支部，並訂定臨時檢疫章程，任命檢疫委員。同時於城外新起街（今臺北市萬華區新起里）及臺北病院傳染病隔離室設「百斯篤」（ペスト，卽是英文 pestilence 一字的日式縮寫）避病院。二十九日，又在基隆、淡水、新竹三支廳內設臨時檢疫支部。三十日，臺北、新竹、基隆、水返腳（今汐止）各火車站，開始實施檢疫。大稻埕水上警察派出所（隸臺北警察署）及淡水則施行船舶檢疫。三十一日通令醫師如遇有疑似「百斯篤」患者時，必須行書面或口頭報告。

十一月二日，開始設第二避病院於臺北東門外舊清兵營地。

十一月三日，日本總督府成立臨時鼠疫預防委員會，任命民政長官爲委員長，並以民政局事務官、技師、軍醫官及臺北廳書記官、憲兵隊隊長、臺北病院院長等爲委員。每星期開會三次，審議有關預防監督上的必要措施。

十一月六日，於臺北城內文武廟街（今臺北市城中區文武里）、府後街（城中區府後里）及大稻埕建昌街（延平區建昌里）等發病家屋，設置健康者隔離所。

十一月八日，訂頒臨時鼠疫預防消毒規程。在臺北檢疫支部設置消毒隊四組，艋舺、大稻埕各置兩組。

十一月九日，於臺北城東門外舊清兵營地設立鼠疫疑似患者治療所。並訂定鼠疫疑似患者送往避病院的手續章程。

十一月十一日，設日人公墓於大加納堡三板橋（今臺北市南京東路與新生北路交界以北一帶）。並訂定臺灣人因鼠疫而死亡者的埋葬規則。

十一月十五日，爲便利識別起見，對於發生鼠疫的家屋，都貼以

黃色紙條。船舶有發病者，舉起黃旗，停泊港外。

十一月十六日，設立臺灣人鼠疫治療所，及訂定臺灣人罹病者的入院手續。

在這段期間，淡水、基隆、新竹等地，雖有若干疑似病例，可是病毒已不再擴張。於是，自十一月二十九日起，將淡水、基隆、新竹各檢疫支所，以及大稻埕建昌街的健康者隔離所廢止。

十二月八日，完成衛生試驗室。十日，通令：凡發現死鼠，均需送交小南門外鼠疫病研究所，以便檢查。

十二月十日，派遣醫學博士緒方正規和山極勝三郎抵臺，展開調查研究。至同月三十一日結束這項調查工作。

十二月中旬以後，病勢逐漸衰退，到了下旬二十五日，就將臨時檢疫所支部撤銷，二十六日解任各防疫委員。二十八日，將防疫工作交由常設的衛生機構處理。

這一年（一八九六）總共有二百五十八人罹患鼠疫[24]。其中臺南有患者七十四人，死亡六十三人。其中包括安平患者五十二人，死亡四十五人。臺北患者一百八十人，死亡九十人。其他地方計有基隆二人，全死。斗六、鳳山各有一人，都死亡。自是年七月起，艋舺、大稻埕有疑似患者數百名。災情可說相當嚴重。支出經費，臺南為九千一百三十七餘圓，臺北為五萬一千五百圓[25]。

一八九七年（光緒二十三年，明治三十年）染患鼠疫者有七百三十人，死亡五百五十六人。其中以臺南為最多，有患者五百四十一人，死亡四百二十一人[26]。

---

[24] 《明治29年ペスト病流行紀事》，頁87-96。

[25] 同[24]，頁237。

[26] 《日據前期臺灣北部施政紀實》，頁270。

　　一八九八年（光緒二十四年，明治三十一年），罹患者更高達一千二百三十三人，死亡八百十二人。最嚴重的地方是彰化，罹患者五百九十六人，死亡四百四十九人。斗六、臺南、臺北次之。其他如基隆、臺北、深坑、桃園、新竹、臺中等地，也都有鼠疫流行❷。

　　這一年有了民間私設的衛生會組織。艋舺的紳商出錢設立保安醫院❷。大稻埕的郊商出資開辦稻江醫院❷。聘請漢醫，從事醫療。當時，臺灣的中國人很難接受西式的治療。後來出任大稻埕區長的黃玉階漢醫師就說：「黑疫狠毒，臺人偶有談及者，則謂到病院，萬無生

---

❷　同❷。並參看《明治32年臺灣ペスト病流行紀事》第二章＜ペスト病流行景況＞，頁76-136。

❷　《臺灣日日新報》明治31年（1898）5月27日：「艋舺衛生組合正副會長公議，就艋津食物市場及屠獸場，本年撥出子利金一千圓，以充保安醫院治療經費。於日前，眾紳士紳商張豁然、李秉鈞、蔡達卿、陳洛、黃茂清、李孫蒲、陳鳳儀、林振德外十餘名，面求艋舺警察署長許可。當蒙臺北縣衛生課長官，亦在座中，與本田分署長十分獎勵，並代詳請縣憲批示。而濟仁堂原屋宇，刻因官用，未能給還。諸紳因擬就民設同仁局舊址房屋充用。兩官長亦皆贊成之。經於二十日奉諭准許。面諭諸紳知悉。一時人民莫不欣喜，爲從此福林壽宇，其庇安全矣。」

❷　《臺灣日日新報》明治31年5月18日：「創設醫院，治療病人，原屬當務之急。矧際此疫症盛行，成斯善舉。使本地病人歸本地醫院，官免搜查之苦，民無惶悚之憂，而罹之者不必入隔離之所。歿之者不必葬烈燄之中，尤爲無量功德也。第無以感之，則寂然不動。有其倡之，自勃然而興。如大稻埕管內，近日檢疫甚嚴，物議沸騰，幾於不安其居。昨日紳商林朝海、葉爲圭、劉廷玉、林行義、陳志誠、杜克立、林益順、杜承春、蔡榮發、金合成、李乾源、謝宜興、杜德成等不下數十人齊集媽祖宮會議，按月鳩捐義金數百圓，以爲暫時開設之費。將來即再籌款生息垂諸久遠。亦因時制宜也。指日即欲呈請各憲批示。想屬便民，定邀恩准。」稻江醫院到是年七月初就因疫息而解散。兩年後，大稻埕紳商更設立濟安醫院。事見明治34年6月22日《臺灣日日新報》。

理。聞者信之，余甚怪之也。」❸這種民間私辦的醫院頗得社會大眾
信任，醫師盡心盡職，甚至有鞠躬盡瘁的❹，對於治療鼠疫頗有幫
助。

同時，臺北的三個街市（城內、艋舺、大稻埕）自三月起，施行
三次清潔大掃除。

自從鼠疫入侵臺灣以後，幾乎每年都發生。以一九〇一年（光緒
二十七年，明治三十四年）和一九〇四年（光緒三十年，明治三十七
年）最為嚴重。前者有患者四千四百九十六人，死亡三千六百七十
人，死亡率為百分之八十一點六三，以臺北和臺南為最主要的流行地
區。後者有病患四千四百九十四人，死亡三千三百七十人，死亡率為
百分之七十四點九九。以臺南、嘉義、鹽水港和臺北為主要的流行

---

❸　見《臺灣日日新報》明治31年5月20日。

❹　《臺灣日日新報》明治35年7月23日：「艋舺保安醫院醫士李克明，為療治
　　病人，勤勞太過，致被傳染疫症死亡一節，昨已略登本報。蓋今年自開院以
　　來，所有罹鼠疫病入院者，至本月19日止，總計67人。全癒出院18人，已癒
　　而尚在調養2人。李克明承乏是職，係在六月之初際。六月以前，為他醫士
　　所理入院病者15人，全癒二人而外，其經李克明之手，專屬治療者，總計入
　　院男女52人，全癒男女18人，不及服藥死亡十餘人，而李銳意欲奏醫功，日
　　夜不出院，門診病人，必再巡視，數次為度。藥劑亦係躬親檢點。夜則遲
　　眠，日則早起，黽勉從事，未嘗有閒。且年56，氣力稍衰，安耐煩勞過甚？
　　遂致精神不足，疫氣乘虛而入。自17夜，忽染是症，便精神恍惚，庵庵欲
　　睡，而身無起核，亦不甚熱，惟口吐紅涎，四肢軟弱。雖經飲服多藥，毫無
　　見效。至19日黃昏後，竟溘然而逝。據內地人公醫寺田震作氏為之診斷云：
　　『李先生病由百斯篤犯肺，壅塞氣道，百藥皆不能效，三日內即死。凡罹此
　　症而得生還者，萬人中殆只有一人耳。而李先生恰患此病，真天命也。』但
　　為國家竭力而死所謂倒盡其職，可傷可弔也。嗚乎！醫士如克明，勤勞已臻
　　其極，功效亦甚可觀。乃能醫人而不能醫己。偏有惡疫相侵，遽戕一命，可
　　哀也。然比之去年，該院醫士陳秉玉，亦盡職而歿，蓋有過之而無不及。實
　　足以鼓勵人心也。」

地[32]。

綜觀鼠疫在臺灣的流行概況，臺北自一九〇七年（光緒三十三年，明治四十年）最後一次大流行之後，只有一些零星的病患出現[33]。臺南則自一九一〇年（宣統二年，明治四十三年）起，就不再有鼠疫發生[34]。其他地區則以嘉義爲多，每年都有鼠疫發生，尤其樸仔腳（今朴子鎭）爲最難根治的地方[35]。整個日據時期感染鼠疫的患者人數、死亡數及死亡率如下表四:

從這份統計資料，我們知道，鼠疫是種死亡率很高的疾病。在中國古代，就曾有過關於鼠疫的記載。成於隋代，後來各代都有增補修訂的《諸病源候論》，卷十，就記有鼠疫[36]。自清乾隆以降，筆記小說之中偶然會記錄鼠疫發生情形。洪亮吉《北江詩話》卷四提到:

> 時雲南趙州有怪鼠。白日入人家，即伏地嘔血死。人染其氣，亦無不立殞者。（師）道南賦鼠死行篇，奇險怪偉，為集中之冠。不數日，道南亦即以怪鼠死。奇矣。[37]

俞樾《右仙臺館筆記》記十六云:

---

[32] 《日據前期臺灣北部施政紀實》，頁271。

[33] 同[32]。

[34] 同[32]。

[35] 同[32]。

[36] 《巢氏諸病源候總論》卷 34 <鼠瘻候>:「鼠瘻者，由飲食不擇，蟲蛆毒變化入於府藏，出於脈，稽留脈內而不去，使人寒熱，其根在肺，出於頸掖之間，其浮於脈中，而未內著於肌肉，而外爲膿血者。」

[37] 洪亮吉《北江詩話》，收入清・洪用懃等編撰《洪北江亮吉先生遺集》，光緒三年授經堂重刋本。臺北，華文書局影印，頁4026-4027。

表4 日據時期染患鼠疫者統計表

年次	患者數		死亡數	百分比
	上年遺留	本年新患		
1896	258		157	60.85
1897	730		556	77.53
1898	1,233		882	71.53
1899	2,637		1,995	75.65
1900	1,079		807	74.98
1901	4,496		3,670	81.63
1902	2,308		1,853	80.28
1903	885		708	80.00
1904	4,494		3,370	74.99
1905	2,388		2,090	87.52
1906	3,272		2,609	79.74
1907	2,592		2,241	86.46
1908		1,270	1,059	83.59
1909		1,026	848	82.65
1910		19	18	94.74
1911		380	334	87.89
1912		223	185	82.96
1913		137	125	91.91
1914		567	488	86.07
1915		74	66	89.19
1916		5	4	80.00
1917		7	7	100.00

資料來源: 井出季和太著, 郭輝譯《日據下之臺政》, 頁26-27, 1956。臺北市文獻會編《日據前期臺灣北部施政紀實 衛生篇‧大事記》頁272-273, 1986。

同治之初，　滇中大亂。……亂定之後，　子遺之民稍稍復集。
……時則又有大疫。疫之將作，其家之鼠，無故自斃。或在牆
壁中，或在承塵上，人不及見，久而腐爛。人聞其臭，鮮不病
者。病皆驟然而起。身上先墳起一小塊，堅硬如石，顏色微
紅，捫之極痛，旋身熱起。或逾日死，或即日死。諸醫束手，
不能處方。有以刀割去之者。然此處甫割，彼處復起。其得活
者，千百中一二而已。❸

　　雖然，在清代已有關於鼠疫的記錄，只是當時沒有引起大眾的注
意。也可以說是，那時候國人根本沒想到這是一種傳染性極強的疫
病，只是把它當成奇事處理而已。

　　光緒二十年（一八九四），香港發生鼠疫。世界各國才得到機會，
前往調查。法國細菌學者耶先（A. E. J. Yersin，一八六三～一九
四三）發現病源細菌，才對鼠疫的起因有了正確的瞭解。直到二次大
戰後，因發明了抗生素，才逐漸控住鼠疫的流行。這次鼠疫傳播到世
界各地。我國的東三省、北部各省以及福建、廣東等地，都在清末民
初，成為鼠疫流行的疫區。臺灣的鼠疫，也就是這次鼠疫大流行中的
一部份。當時國人對這種可怕疫病的成因、治療及防治之道，一無所
知，面對這樣巨大的危機，國人只好轉求宗教上的辦法，迎神以逐疫。

其他引起迎神逐疫的流行疾病

　　依照前面第一節所述，在日據初期，曾讓人們發起迎神以逐之的

---

❸　俞樾（曲園居士）《右仙臺館隨筆》，收於《春在堂全書》，第71冊。

疫病，除了鼠疫之外，還有霍亂和流行性感冒。霍亂是法定的傳染
病。日據時代的法定傳染病包括霍亂（Cholera，日文作コレラ，中
文亦作虎列拉，或虎疫）、傷寒（Typhus，日文作チフラ，或腸窒
扶斯）、猩紅熱、天花、痘瘡、赤痢、白喉等症。流行性感冒不在法
定傳染病的行列，可是一旦發病流行，是會讓很多人喪命。爲什麼只
有霍亂和流行性感冒會讓人們祈禱於神以求靖疫，其他的法定傳染病
則否呢？在此，先讓我們看看霍亂和流行性感冒的流行狀況。

　　臺灣總督府警務局編有《大正八、九年コレラ病流行志》（一九
二一）。對於日人據臺之後，霍亂病的發生情形有清楚的交代。

　　霍亂起源於印度恆河流域，世界五大洲都曾有過幾次大流行的記
錄，是非常可怕，死亡率極高的疫病。我國沿海一帶，霍亂更是猖
獗。臺灣與大陸僅一水相隔，所以，每當大陸沿海有霍亂流行的時
候，臺灣總是難以倖免。在日據以前在臺灣並沒有關於霍亂的詳細記
錄。直到日人據臺之後，才有詳細的記錄。

　　早在光緒二十一年（一八九五，明治二十八年）三月（日本曆，
亦即陽曆，以下同），日軍登陸佔領澎湖時，就遭到霍亂的侵襲。據
當時的調查，上陸的六千一百九十四人當中，罹病者就有一千九百四
十五人，死亡者一千二百四十七人。罹病率爲上陸總數的百分之三十
一點四，死亡率爲上陸總數的百分之二十點一❸。

　　光緒二十四年（一八九八，明治三十一年）及二十七年（一九○
一，明治三十四年），在臺灣，各發現染患霍亂者一人。光緒二十八
年（一九○二，明治三十五年），臺灣總督府獲悉有關廣東、香港及
馬尼拉等地霍亂盛行的消息，後來又得知由新加坡向廈門航行中的船

---

❸　《大正八、九年コレラ病流行誌》，頁4-6。又《日據前期北部臺灣施政紀
　　實》，頁282。

隻中有十三人感染霍亂。於是急忙令各海港設立臨時檢疫所，嚴防病毒的侵入。可是，在同年五月十五日，在臺北市街仍發現霍亂病患一人。不久霍亂傳播到臺灣各地。在當時全臺灣的二十二廳中，發生霍亂的地區高達十一廳。總計有七百四十六人患病，死亡人數六百十二人，死亡率爲百分之八十二點二。這次霍亂爲虐，一直持續到十二月。其中，以八、九月爲患最烈。以地點而論，臺北和基隆爲病患最多的兩個地方。

光緒三十年（一九〇四，明治三十七年），只發現一名病患。光緒三十三年（一九〇七，明治四十年），臺北與基隆兩地又發現兩名患者。宣統二年（一九一〇，明治四十三年），北、基兩地又有十三名患者。民國元年（一九一二，大正元年），大陸的福州、上海等地，霍亂極爲猖獗。在臺灣則是先在基隆港內漁船上發現一名感染者，不久就遍及基隆港內停泊的船隻及市街。六月三十日，波及臺北。進而襲擊宜蘭、士林、錫口、桃園、新竹、臺中、花蓮港等地。其他各地幾乎都有發現患者的報告。到十一月，病勢才逐漸平緩。十二月終止。這年共計有患者三百三十三人。

以後數年間，就不再有霍亂發生。直到民國五年（一九一六，大正五年），日本各地、華南和南洋各地霍亂盛行。九月二十七日，三井物產公司所屬「宇品丸」，由南洋巴達維亞向日本航行途中，船中發生霍亂，進入基隆港從事緊急救護。載來八名患者，和兩具死屍。該船又陸續有十五名病患，死亡五人。並有一名臨時護士染病死亡。到十月二十二日才告終息。儘管日本當局認眞執行檢疫業務，霍亂病毒仍然登陸，在基隆和臺北市街，共有病患三十四人。

往後兩年間，全臺灣只有三名霍亂。可是到了民國八、九年（大正八、九年），卻發生了空前的大流行，死亡慘重。一共有三千八百

三十六人罹病。其中包括日本人一百八十一人，華僑六十九人，剩下的全是臺灣人。死亡二千六百九十三人（日人九十八人，華僑六十二人，其餘爲臺灣人）。死亡率高達百分之七十二點二。病情最嚴重的地方是臺北廳，不論山間僻地，或通衢大邑，病毒無不侵入。計全廳染患霍亂者一千六百五十六人（基隆廳二十三人在內），死亡一千三百七十五人。死亡率高達百分之八十三。其次是臺南廳，患者一千零三十九人。再次爲臺東廳五百六十八人。嘉義廳一百八十三人，阿緱廳一百四十四人，桃園廳九十八人，澎湖廳七十二人，新竹廳四十一人，臺中廳三十四人，宜蘭廳一人。當時臺東廳馬蘭社山地部落也發現六百多名霍亂患者。該社山胞因恐懼，竟全社棄家相率逃到呂家原野（今臺東縣卑南鄉利嘉、太平兩村）。

至於流行性感冒，是屬於突發性的世界流行疾病。民國七年（一九一八，大正七年）曾大流行。但是，臺灣總督府並沒有留下任何有關這次流行性感冒的記錄。現在，我們僅就《臺灣日日新報》所登載的消息，簡略的看一下流行性感冒在臺灣肆虐的情形。

一九一八年十月二十四日《臺灣日日新報》報導，基隆首先發現有類似風邪的病症在流行。

> 最在基隆有類似風邪之奇病，殆南下而襲乎全島。現全市皆有苦悶之聲，而基隆小學校之教師罹此者尤眾。不但授業有所障礙，且其流行於兒童間，傳染力甚是迅速，殊可寒心。據中村基隆醫院長云，若該病起時，無餘病之併發，似可不憂。惟病中須靜穩其身體，施以解熱劑足矣。

　　十月二十七日，　埔里也傳出流行性感冒襲擊當地的消息。　有三分之一的駐軍、教員和埔里廳職工染患❹。到十月底，臺北的日本駐軍，有一百零九名罹病❹。基隆在一個月內，因患流行性感冒而至死者，有六人，都是引發急性肺炎而致死的❹。基隆小學有二百七十多人罹病。學校幾呈半休止狀態。

　　接著，　臺中和嘉義也發生流行性感冒❹。　十一月七日《日日新報》刊出臺北的患病情形。臺北共有三千六百六十五名患者。其中，日本人三千三百六十三名，臺灣人三百零一名。

　　自十月二十日起，流行性感冒入侵宜蘭，患者日漸加多。至十一月五日，已有八十五名患者。其時，　臺中已有兩三千名患者，「臺中地方，本島人比內地人多患是病，本島人有信仰媽祖者，多向媽祖求籤。南投地方，　現正奉迎鹿港媽祖，　到各部落繞境平安。❹」同時，嘉義總人口二萬三千人，患病者有七千七百多人。佔總人口的三分之一強❹。死亡七十八人❹。

---

❹　1918年10月17日《臺灣日日新報》云:「在各地方惱人之流行感冒、不明熱，自前月來，頻襲埔里社街及各山村。現支廳員、軍隊分遣所員、學校職員等，罹是症者，十分之三。而一般民眾亦多有患之者。」

❹　見1918年11月2日《臺灣日日新報》〈感冒入衛戍病院者〉條。

❹　同❹，見〈惡性感冒猖獗〉條。

❹　1918年11月5日《臺灣日日新報》:「臺中廳流行感冒，數月前，即自守備隊監獄起，一時甚猖獗，嗣後稍衰。近又再盛，東勢角二林，患者日多。員林社口二公學校，生徒感冒者居三分之一，至於臨時停課。葫蘆墩公學校，男生十分一，女生十分一以上亦罹是病。潭仔墩公學校，除校長外，職員全部在病床上。溪林小學校停課一週間。」「嘉義此病流行，始於二個月前，由大日本製糖臺灣工場處發生……全廳幾皆瀰漫。……」

❹　《臺灣日日新報》大正7年11月8日〈感冒及媽祖〉條。

❹　同❹，見〈嘉義惡性感冒〉條。

❹　《臺灣日日新報》大正7年11月9日〈各地感冒〉條。

接下去，臺南、打狗、花蓮港等地，也都遭到流行性感冒肆虐，各地學校因而停課[47]。新竹的迎城隍[48]，臺北艋舺之迎青山王[49]等迎神活動，也因而暫停。

到了十二月初，流行性感冒猖獗情形慢慢減退。總計在這次大流行中，臺北先後一萬七千多人罹患，死亡九十四人[50]。臺中則有九萬三千多人得病，死亡數不詳。但比較大正六年六月至十一月與大正七年六至十一月的死亡人數，後者多了一千六百七十二人。「流行性感冒爲其最大原因」[51]。臺南的患病總人數不詳，但自發病以來的死亡人數爲十七名[52]。到年底，流行性感冒就很少發生了。綜觀《臺灣日日新報》的記載，臺灣各地幾乎無有倖免的地方，以臺北、臺中等都市情況較重。

爲何迎神逐疫是以鼠疫、霍亂和流行感冒爲多

爲什麼日據初期，臺灣人迎神逐疫的對象，是以鼠疫、霍亂和流行性感冒爲主呢？要回答這個問題，必須要從疫病本身的共同特徵和臺灣漢人對於疫病的某些觀念兩個方面入手。

從前面所談的鼠疫、霍亂和流行性感冒三種病症，當其流行時，

---

[47] 同上。

[48] 《臺灣日日新報》大正 7 年11月23日。

[49] 《臺灣日日新報》大正 7 年11月24日、26日、12月 5 日。

[50] 《臺灣日日新報》大正 7 年12月 4 日。

[51] 同[50]。

[52] 同[50]，12月 7 日＜流行感冒稍減＞條。

都在很短的期間內讓很多人病倒，甚至因而喪命。而且，中國傳統的醫學知識和醫療方法，不足以應付病症的流行。於是，對個人和社會都形成了危機。

對個人來說，染疫死亡是直接的恐懼。在心理上的壓力，不言而喻。對於社會來說，疫病的流行，破壞了社會的正常運作，市場的買賣，學校上課等日常活動，不得不為之暫停。染病死亡，不僅僅是個人喪命而已，日本警察所採取的防疫措施，更讓生存者失去所有的財產。因為「凡是發生鼠疫的家屋，如係屬激烈流行地區，即將全部村莊予以焚毀❸」。為了消毒而拆毀家屋，更不在話下。因此，無論是從個人或社會的角度來說，疫疾流行是構成生存上的重大危機。

其次，當時法定傳染病有鼠疫、霍亂、天花、傷寒、白喉、猩紅熱、痢疾等病。從統計數字來說，鼠疫和霍亂是引起傷亡最著的兩種。而傷寒是僅次於鼠疫與霍亂的惡疾。但是臺灣人卻不曾為傷寒而舉行迎神驅疫。為什麼？

先讓我們看看從一八九六年至一九一九年，臺灣全島罹患傷寒的人數統計。

單從這個統計表，我們只能看到傷寒在日據前期的發病概況，愈到後面，病患愈多，而死亡比率下降。《施政紀實》記述其理由，是「臺灣同胞仿效日人嗜食生魚片及其他冷食，因此傷寒及副傷寒不但沒有減少，反而有逐年增加的現象❹」。

大正十年八月四日的《臺灣日日新報》，刊載這樣的一條報導：

　　內地人（日本人）之患窒扶斯病，現仍續出不絕。衛生當局大

---

❸　《日據前期臺灣北部施政紀實》，頁271。
❹　同❸，頁250。

表5 日據前期臺灣傷寒患者統計表

年次	患者數	死亡數	百分比	年次	患者數	死亡數	百分比
1896	58	9	25.86	1908	382	110	28.80
1897	77	32	41.56	1909	340	91	26.76
1898	93	44	47.31	1910	475	100	21.05
1899	69	24	34.78	1911	794	163	20.53
1900	157	37	23.57	1912	1,096	210	19.16
1901	124	37	29.84	1913	1,133	212	18.71
1902	192	41	21.35	1914	1,094	1,988	18.20
1903	141	53	37.59	1915	10,008	197	19.54
1904	189	56	29.63	1916	1,323	218	16.48
1905	141	42	29.79	1917	1,050	209	19.90
1906	284	86	34.68	1918	998	208	20.84
1907	352	74	21.02	1919	1,512	237	15.67

資料來源:《日據前期臺灣北部施政紀實‧衛生篇》頁250-252。

　　為苦心焦慮,以為豫防撲滅。而究其效果,終不著現。……由來該腸窒扶斯,殆為內地人之專門病,本島人發病極稀。……

　　日本當局及臺灣人在早幾年就注意到,日本人患傷寒的人比臺灣人要多很多。大正七年上半年各流行病情況如下:

表6 一九一八年上半年流行病一般情況

	患 者 人 數	死 亡 人 數
赤　　　　　痢	178	20
窒　　扶　　斯	287	5
痘　　　　　瘡	119	33
實　扶　的　尼　亞	87	27
猩　　紅　　熱	21	2
計	693	132

資料來源:《臺灣日日新報》大正七年七月十日

　　刊布這則統計的報導同時也說：「本島衞生狀態，年年良好。本島人近大能注意衞生，鼠疫從而歛跡。反是腸窒扶斯，則依次猖獗，有增無減。犯之者，全部內地人也。是嗜食生魚類使然。」❺ 把日本人犯傷寒，而本省人不犯的原因，歸咎於日人嗜食生魚片和其他生食。後來，本省人也學著吃這些生食，導致患傷寒大增，這種說法雖然強而有力。不過鑒於當時臺灣的販夫走卒之流，也是「飲生水，食生果，群蠅所噴之食物（街頭路擔所賣飲食物），亦有飲之啖之，而不患是症，則又何故？」❺

　　有關討論「日本人易患傷寒，中國人不易罹患是病」的論點，都是從現代醫學的立場為出發點，反而忽略了傳統中國醫學對於傷寒的瞭解與處置。

　　東漢時，張機（仲景）就寫了《傷寒雜病論》十卷。不久散失。到東晉時，王叔和輯佚成《傷寒論》和《金匱玉函要略》兩書，成為後世家肆戶習的醫書。其中《傷寒論》記載了三百九十七種內科症狀，一百一十三種治病方劑。這些方劑從漢魏到今日，依然為中醫所使用。古代的中國人用「傷寒」一詞，泛指所有吐瀉症疫。因此，霍亂（當時稱作「霍疫」）也被包括在「傷寒」之內。直到明代吳又可作《瘟疫論》時，才將霍亂從傷寒之中分離出來。由此可見，中國人對於傷寒這種病早有認識，也有具體可行的方子，可資治療。

　　因此，在日據時代初期，大家認為傷寒是日本人的專門病，應是一種假設概念。證諸以後昭和年代臺北市傷寒人數，本省的患者急劇上升的現象。（見表7），我們可這麼說：日據初期，臺灣人也可能罹患傷寒，可是，本省患者多用傳統醫學方法來治療，不會驚動日本警

❺　《臺灣日日新報》大正7年7月10日。

❺　《臺灣日日新報》大正10年8月4日＜窒扶斯病研究＞條。

察。致使日本統治當局缺乏數據可資統計，於是產生了「日本人易得傷寒，而臺灣人不會」的假設概念。昭和以降，臺灣人已能接受西式醫療，患傷寒者也就到醫院治療。於是，在統計上就呈現臺灣人的罹患人數大幅上升的現象。

「日本人易得傷寒，而臺灣人不會」❺這個假設，卻對於臺灣人迎神逐疫的宗教活動，產生莫大的影響。因為，臺灣人對傷寒已經有很好的認識，知道致病的原因是什麼，也知道該怎麼去治，心理上就

表7　臺北市日本人，臺灣人患傷寒人數統計表（昭和四年至九年）

年　　　代	內臺人別	患者人數	月平均數	臺北市畸年人口	萬人中發生數
昭　和　四　年	內（日）	321	26.8	64,899	49.46
	臺	225	18.7	168,445	13.36
昭　和　五　年	內（日）	506	42.2	69,765	72.5
	臺	105	8.8	174,479	6.0
昭　和　六　年	內（日）	211	17.58	72,979	28.91
	臺	76	6.33	183,188	4.15
昭　和　七　年	內（日）	225	18.75	76,705	29.33
	臺	187	18.58	189,273	9.88
昭　和　八　年	內（日）	122	10.16	79,491	15.35
	臺	112	9.53	186,897	5.99
昭　和　九　年	內（日）	202	16.83	81,540	24.77
	臺	164	13.67	201,456	8.14

資料來源：《臺北市「チフス」流行とその防遏概況》昭和四～九年份，臺北廳編，昭和六～十一年出版

---

❺　明治31年5月8日《臺灣日日新報》〈傳染病論〉條。

沒有太多的憂慮，也就不需要用宗教性的辦法來應付因傷寒而引起的危機。霍亂所引起的迎神逐疫活動，在數量上居於少數的原因，也是由於傳統醫術尚可應付，人們在心理上比較沒有恐懼的感受。

迎神逐疫與中國宗教

根據前面各節的敍述，我們要問以下幾個問題。第一，當時的人是怎樣看待這些迎神逐疫活動。第二，迎神逐疫的背後，蘊藏著什麼樣的宗教概念。也就是要討論迎神活動與個人、社會之間存在著什麼樣的互動關係。

關於當時人們怎麼看待迎神逐疫活動，可以分兩方面來說。一是對於疫病的看法，一是對活動的看法。

那個時候的中國人，對於細菌致病、病毒致病的理論是一無所知。事實上，那時候歐美各國對於細菌、病毒的研究也剛起步。我們逕用現代醫學知識去評斷那時國人對於疾病的態度如何如何，是有欠公允。事實上，那時候的中國人有一套以「氣」為主題的理論。

一八九八年七月十日的《臺灣日日新報》刊出一篇署名陳講丞的〈時疫論〉，對於當時人們對疫病的看法，有很清楚的說明：

　　夫時疫之流行，雖曰天意，亦半由於地居所致耳。嘗見發此症者，每多起於海隅。其故何也？蓋地既近海，平時潮濕，居多嵐障。復重況人煙稠密之區。屋宇凡高廠，溝渠多穢濁。每遇霖雨後，天氣暴熱，溝渠穢濁之氣，即蒸蒸上騰。且人多貪涼，或席地睡臥，或披襟迎風，而潮濕嵐障之毒，已襲入經絡而不自覺。及口鼻再感穢濁上馘之氣，頭痛、發熱、惡寒、咳

嗽、吐涎等症,遂呈於外。治之失法,浸假而自汗口渴,浸假而大熱大渴,浸假而頸腫發頤,甚或身發紅疔,身發黑核,種種不一。一人如是,人人如是。所以名為時疫也。

另外還刊出一篇〈傳染病論〉抱持相似的意見:

天地間人物消長,皆陰陽二氣所流行也。氣之相感,其機甚微,而其生滅則靡窮。故時值二氣相調,則人物安康,無處災癘。時值天氣之暑寒不順,地氣之濕毒交加,則物感之而患瘟,人感之而患疫,其氣易相傳染。夫此傳染之說也。

這兩條資料所顯示的,是中國人當中具有相當醫學知識者,對於疫病的看法,跟現代醫學有關傳染的理論相比,頗有暗合之處。但是,一般俗人並作不如是想。把疫疾的發生歸因於鬼魂的作祟。「臺地信神由來久矣。到處人家,凡有疾病者,無不請神降乩問其沖犯何方惡鬼,懇求指示,以便禱祀。幸而病體得瘥,則謂因神庇佑,乃獲安康。遂用牲醴酒物叩謝。如此相習成風,牢不可破。即有一二明理之人,力辨其誣。奈狃於庸眾耳目。僅一齊人傅之,而眾楚人咻之耳。至於瘟疫之時,尤覺眾神並出。休咎之言,沿街遍巷,每有所談,人皆信以為真。雖糜費浩繁,亦不見惜。若婦人孺子更刻骨銘心,奉行不怠」❺❽。

在稗官野史中,也流傳著類似的說法。清人俞樾在他的《右仙臺館筆記》卷十五,記載一則鼠疫病況,內中提到:

　　方疫盛時村民每於夜間見鬼火數百數千，成隊而行。近之，則
　　聞鑼聲、鼓聲、鈴鐸聲、吹角聲、馬蹄聲、器械摩扴聲。月
　　夜，並見有旗幟之象。又往往有人忽然倒地，如酣睡者，越日
　　而蘇。輒言，有兵馬經過，被其捉去，搬送什物至某處而返。
　　又或言，令其荷送傳牌。牌上大書：「某官帶兵若干，赴某處，
　　仰沿途供應，如律」。及數日之後，其所言某處某處，無不大
　　疫矣。㊾

　　俞樾的這段記載，把中國人用鬼神觀念來解釋瘟疫的起因和流行，
做了非常傳神的說明。文中所記的軍隊，絕對不會是保境安民的地方
團練，而是流竄各地，隨意徵發民伕的「土匪」。土匪所過之處，無
不燒殺劫掠一空。這跟鼠疫病起所造成「闔門同盡，比戶皆空，小村
聚中，絕無人跡」㊿現象，沒有什麼不同。如此就涉及到我們所問的
問題：中國人如何看待迎神以及與之相關的宗教觀念。

　　在中國人的觀念中，「地方團練」跟「流寇」是兩個相對立的範
疇。強盜是為害社會的，團練是維護社會的。瘟疫既然像強盜一般，
流竄各地，為害人們，那麼就需要有「團練」來捕殺這些強盜，使地
方恢復平靜。神明就扮演起另一個世界中的「團練」角色。負責去剿
滅流竄各地的另一個世界中的流寇。人們去廟中祈禱，等於是向團練
求救兵。人們擡神像巡行，就像是軍隊出戰。疫平之後，人們建醮酬
謝神思，就像是對軍隊的犒賞。瘟疫、神明與人三者之間的對應關係
如圖所示：

㊾　俞樾（曲園居士）《右仙臺館筆記》，收入《春在堂全書》，第71冊，記
　　16，頁15-16。
㊿　同㊾。

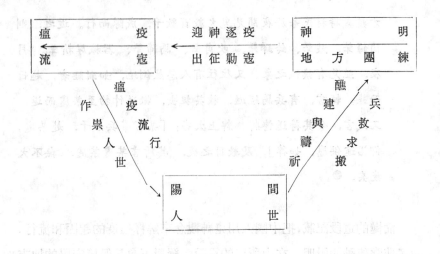

看了這個對應關係圖,我們就比較容易明瞭迎神逐疫的象徵意義。也可以解決人們更換神明的問題。本文的第一節說明大稻埕與艋舺人們為逐疫而迎奉的神明,前後有所不同。起先是當地的保護神,像是霞海城隍、淡水廳城隍、北極大帝、大道公……等。迎神之後,鼠疫依舊,顯示神明(地方團練)戰敗了。既然戰敗,就要更換將軍和他的團練部隊。於是就向別的地方去求救。直到有一個能打勝仗的將軍出現為止。也就是說,迎了某神之後,碰巧瘟疫趨於平靜,大家都相信那就是所需要的神明,加以崇拜,盛行不衰。在臺灣北部,經過鼠疫的歷鍊之後,能夠達到這個境界的神明,就是關渡媽祖。

從更上一層的抽象層次來說,瘟疫的流行,對個人和社會,都是面臨莫大的危機。如何能夠順利的渡過這個危機,就成了人們共同關心的問題。日本當局為撲滅鼠疫所採用的強制性消毒清潔之法,非但沒有立即的效應, 而且讓臺灣人引起更大的恐慌 。 當時人們認為:「西醫最怕蔓延, 中毒稍深者, 則以藥水灌殺之。 至死, 尤多用火化。即屍首可留, 而葬埋何處, 終不許屍親知識。更有不經之論, 謂

其所以屛去屍親，蓋欲以屍心合藥耳。」❻在這種情況下，宗教的辦法 ── 迎神逐疫 ── 就成了幫助人們渡過難關的利器了。

宗教性辦法並不能解決實際的醫療問題。治病還是要靠醫生。這是，具有衞生醫療知識的漢醫，就成爲大家依賴的對象。而他們的做法也確實能贏取社會大眾的信心。當時頗負盛名的黃玉階醫師就說：「余去年（一八九七）卽供事治療所有患（鼠）疫者。進院日人，則服日藥，用日醫。臺人則服臺藥，用臺醫。二者各不相涉。且其家病疫，則其宅內必有毒蟲進院，尤大得清潔。而臺醫多略有根底，不似尋常小學家，唸不得幾句驗方編，便敢以人命爲兒戲也。果萬一不測，亦仍用棺木以殮，併一面馳報屍親。」❼艋舺和大稻埕郊出資設立保安醫院和濟安醫院，讓臺灣人得到醫療照顧。透過漢醫的努力，社會大眾慢慢的接受清潔衞生之道。臺人迎神逐疫活動由盛而衰，正反映這種轉變。

不過，用宗教性辦法來看待疾病，是基於它的象徵意義和它的實際上幫助社會順利渡過關口的功能，一直存在於我們的社會。時至今日，我們仍然可以在寺廟裡看到人們在虔誠地祈禱，請神明賜福庇佑，卽明是理。

（原刊於《考古與歷史文化──高曉梅先生八秩祝壽論文集》（下）
　　頁305-330，民國80年，臺北，正中書局出版）

❻　明治31年５月20日《臺灣日日新報》〈大家勿慌〉條。

❼　同❻。

霞海城隍祭典與臺北大稻埕
商業發展的關係

　　這篇文章是打算藉由「霞海城隍」這個地區性的宗教信仰在臺北大稻埕地區的發展過程，來討論近三百年臺灣漢人社會裡，宗教活動與商業興衰之間的互動情形。

　　臺北是一個由漢人移民所組成的都市。境內的第一個漢人移民聚落是大迦臘（又作大佳臘，是原住民族「凱達格蘭」的閩南語轉音）❶。由於當地是平埔族架獨木舟「莽葛」（mongour）來與漢人交易的市集，於是閩南漢人又根據土音而叫這地方為「艋舺」❷。日據時代大正九年，臺北市政府的下村總務長又根據「艋舺」的日語諧音改成「萬華」❸，沿用到今天。艋舺建立的年代是西元一七〇九年。漢人移殖臺北之初，大都從事水稻的耕種，並走私稻米到福建。一七三

---

❶ 伊能嘉矩《大日本地名辭書，臺灣の部》，「大加蚋是佔居臺北平原的平埔蕃族的地名 ta-ka-a-la-a 的近音轉譯。」1907:9。安倍明義《臺灣地名研究》，1938:95。「根據幣原博士之說，ke-tagal-an 的 tagal 為馬尼拉語的tagalog之省略。tagal為平地浸水之處，即沼澤之意。所以 ketagalan 乃『住在平地有水處之人』的意思」。

❷ 「艋舺」一詞見清姚瑩<臺北道里記>：「暖暖，地在兩山之中，俯臨深溪。有艋舺小舟，土人山中伐木，作薪炭材料，運往艋舺。」前面的「艋舺」是指番人所駕的小舟，後面的「艋舺」則是指地名。參看安倍明義，1938:97 <艋舺>條。

❸ 劉克明<地名の今昔>《臺灣今古談・地理門十七》，1929:4。

八年，艋舺地方的居民與郊商（從事進出口貿易的商人）共同捐資興
建龍山寺做爲社區信仰中心，同時郊商也利用廟的後進廂房做爲他們
的辦公場所。艋舺的居民從福建泉州的龍山寺，以分香方式迎請主神
觀音大士到臺北鎭座❹。從此以後，艋舺的發展逐漸步入頂峰，成爲
臺灣北部的通商大邑。

　　一百二十年後，也就是在西元一八五三年，艋舺地方發生了嚴重
的分類械鬥，卽著名的「頂下郊拼」。被打敗的同安人攜同他們所信
仰的霞海城隍神像往北逃逸，遷往在當時人煙稀少的大稻埕。

　　遷住大稻埕的同安人多爲郊商。一八五六年，郊商出資籌建霞海
城隍廟，來供奉他們的守護神霞海城隍。廟於一八五九年落成。由於
廟址太狹，不敷日常辦公開會之用，郊商又斥資興建了媽祖宮，作爲
辦公場所。到了一八七〇年代，大稻埕的商況已經凌駕於艋舺之上，
成爲臺灣北部最大的港口和商業中心。

　　在二十世紀上半期，每年陰曆五月十三日的霞海城隍廟祭典和迎
神賽會，成爲全臺灣的一大盛事。霞海城隍廟與歷史悠久的北港朝天
宮（建於一七〇〇年）並稱爲臺灣最大的兩座廟宇❺。爲什麼霞海城

————————————

❹　《龍山寺全誌》，1951:10。

❺　《臺灣日日新報》1918年4月27日:「大稻埕霞海城隍廟香火之盛，除北港
　　朝天宮外，無與其匹。」同年5月10日:「臺灣全島廟宇計有五千七百八十
　　餘所，神像總數約三萬餘尊。就中稻江霞海城隍及北港天上聖母，乃吾臺神
　　明最英靈昭赫，實遐邇所共知，善信之崇仰，固不待言。然北港媽祖創設已
　　經二百餘年，而稻江城隍建自咸豐八年，迄今僅有六十餘載，爲日尚淺。由
　　歷史上而觀之，雖未稱古，稽其神威之赫濯，咸使信仰者而日衆。迎香祭典
　　之熱鬧，難以筆墨言喻。世俗所謂五月十三迎城隍，傳爲千秋佳話。每週祭
　　典之日期前後，四方善男信女幾入山陰道上，各爭表熱誠而奉祝焉。稻江全
　　市擁擠幾無立錐之地，而各商況爲之一振，獲利匪輕，無非靈威響應，焉得
　　而然乎?」

隍廟能在短短的幾十年裡一躍成爲全臺灣首屈一指的大廟？要想回答這個問題，我們必需綜觀整個臺北的發展過程，從社會與經濟的脈絡，來爬梳箇中的道理。

艋舺——十八世紀臺北盆地河港的興起

一六九四年臺灣北部發生大地震。把臺北盆地中央部份震塌，形成一個湖泊（圖一）。越三年，杭州人郁永河因福州軍火庫失火而受命到臺灣北部採辦硫磺，以作火藥之用。郁永河乘船到臺南，然後沿海岸北上到臺北盆地。他所見到的臺北盆地是一片廣袤的湖泊。《裨海紀遊》卷中云：

> 初二日，余（郁永河）與顧君曁僕役平頭共乘海舶，由淡水港入。前望兩山夾峙處，曰甘答門。水道甚隘。入門，水忽廣，漶爲大湖，渺無涯矣。❻

當時臺灣北部鮮有漢人蹤跡，疾病流行，移民把臺北當成鬼域惡土。郁永河記道：

> 君不聞雞籠、淡水水土之惡乎？人至卽病，病輒死。凡隸役聞雞籠、淡水之遣，皆欷歔悲嘆，如使絕域。水師例春秋更戍，以得生還爲幸。❼

---

❻　郁永河《裨海紀遊》，1957：23。
❼　郁永河，同❻，頁16。

圖一　清康熙三十三年（一六九四）因地震陷落而成的臺北古湖

資料來源：〈自然環境〉《臺北市發展史》第二章，頁205。臺北市文
　　　　　獻會，1981。

沿臺北古湖，有凱達格蘭族二十二社分布，這些番社都聽令於淡水總社❽。再過十年，這種情況有了一百八十度的轉變。臺北盆地成爲漢人私梟的大本營。因爲臺灣成爲內地的一大倉儲❾。在有利可圖的情況下，就形成了走私猖獗的局面。於乾隆三十四年四月至三十七年四月（一七六九～一七七二）出任臺灣海防同知的朱景英在他的《海東札記》中，就提到臺灣北部私梟猖獗的情形：

> 中港而上，皆可泊巨舟，八里坌港尤夥。大牟笨港、海豐、三林三港爲油糖所出。鹿子港（今鹿港）以北，則販米粟者私越其間。屢經查禁，近亦稍稍斂跡矣。❿

朱景英又提到，「查淡水廳新舊額徵粟一萬一千七百八十一石零」⓫。綜合這兩條資料，我們知道，在十八世紀初，臺灣北部就已經有漢人開闢水田，種植稻米，並且走私運到福建。王世慶在研究清代米價變動情形時曾指出：

> 康熙四十一年至康熙末年，疊際凶荒，每冬遇飢。且每遇青黃不接、內地米價高昂時，輒有營哨商艘偷運臺米出口，資濟內地。⓬

---

❽ 郁永河，同❻，頁24。
❾ 周凱＜臺運略＞《廈門誌》卷六，1961：185。
❿ 朱景英《海東札記》，1958：8。
⓫ 朱景英，同❿，頁21。
⓬ 王世慶＜清代臺灣的米價＞《臺灣文獻》9(4)：11，1958。

在這種走私米穀到福建的經濟條件下，臺北盆地就逐漸被開闢成水田，以應付需要。根據史料，我們知道，那時的漢人移民組成「公司」（當時叫做「墾戶」、「墾號」）的型態，向諸羅縣知縣請領開墾執照，在淡水河的河川新生地，從事開墾。時間是清康熙四十八年（一七○九）。

連橫寫《臺灣通史》（一九二○），把臺北盆地的開拓歸功於泉州人陳賴章：

> 康熙四十七年，泉人陳賴章始墾大佳臘之野。署諸羅知縣宋永清遣社商、通事與土官會勘。報可。是為臺北府始。 ⓭

連橫的記載是根據刊載於一九○二年出版的《臺灣慣習記事》第二卷第二號上的〈大佳臘墾荒告示〉而來。日人伊能嘉矩在一九○三年撰《臺灣蕃政志》時，就把「陳賴章」當成是人名⓮。連橫從伊能之說，也把「陳賴章」當成人名。這種見解直到民國七十年尹章義在新莊發現跟〈大佳臘墾荒告示〉相關的文件，才證明「陳賴章」是個墾戶，而且當時在臺北盆地從事開墾的墾戶，不止陳賴章一家，還有陳國起、戴天樞兩家墾戶。這份文件的起頭就清楚地寫著：

> 同立合約戴歧伯、陳逢春、賴永和、陳天章，因請墾上淡水大佳臘地方荒埔壹所：東至雷匣、秀朗，西至八里坌、干脰外，南至興直山腳內，北至大浪泵溝，立陳賴章名字。

⓭ 連橫《臺灣通史》，1955:327。
⓮ 伊能嘉矩《臺灣蕃政志》，1903:76。

又，請墾淡水港荒埔壹所：東至干豆口、西至長頸溪南、南至山、北至滬尾。立陳國起名字。

又，請墾北路麻少翁杜東勢荒埔壹所：東至大山、西至港、南至大浪泵溝，北至麻少翁溪，立戴天樞名字。⑮

接下去說，這三家墾戶都在康熙四十八年七月申請墾荒執照，得到官府的允諾（見圖二）。鑒於墾荒是需要相當龐大的資金，三個墾戶的股東們於是「茲相商，旣已通同請墾，應共合夥招耕，議作五股公業，實爲友五人起見」。這五股公業除了前述戴歧伯、陳逢春、賴永和、陳天章四股外，增加陳憲伯一股。

在十八世紀的臺北盆地，閩粵移民相繼籌組墾戶，大規模從事水田墾殖。目前有案可稽的大小墾戶共有二十一家之多⑯。他們先是沿河築水田，而後開鑿水圳，引水灌溉原先無水可用的旱田。因而使得漢人的水田日益廣闢，終至佔滿整個盆地的底部平坦地帶。迫使原住的凱達格蘭族人退向周邊山地。他們燒墾山林，重建家園。晚到的漢人也逐漸向盆地邊緣丘陵地帶開發。種植茶樹由於當時的人們不懂水土保持的重要性，開墾的結果是使土壤流失，沙石隨雨水沖刷入淡水河，以致使原先的湖泊面積日漸縮小，河床日淺，淡水河的航運功能也就大受影響⑰。在十九世紀初期，小火輪可以上溯到大溪，中葉只

---

⑮　尹章義＜臺北平原拓墾史研究（1697-1722）＞《臺北文獻》53,54:61-62，1981。

⑯　有關十七、十八世紀臺北盆地的墾戶，見《臺灣私法物權篇》，1961；＜開闢列傳＞1960《臺北縣誌，人物誌》卷廿七；＜人物誌＞《臺北市志稿》卷9，1968。

⑰　李鹿苹＜淡水港衰退的地理因素＞《地學彙刊》1,1969。王榮峰＜淡水港與臺北＞《臺北文物》6(4):87-89,1958。黃得時＜古往今來話臺北（一）＞《臺北文物》創刊號：10-14,1952。

圖二　十八世紀初年臺北盆地的墾戶

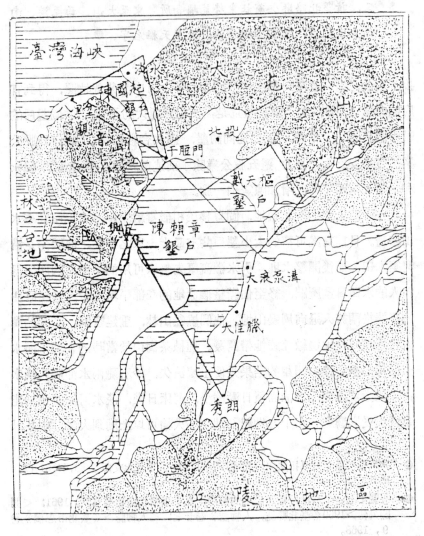

能到艋舺，末葉則只能趁漲潮時到大稻埕。一九一八年起就不再通航。淡水河航運的興盛與衰落，正好反映出臺北市 —— 艋舺和大稻埕 —— 的發展過程。

十八世紀裡，閩粵移民大批進入臺北盆地。這些移民主要是來自福建省泉州府各縣。由於地理上的阻隔緣故，泉州府大致可以分成三部分：晉江下游平原（包括晉江、惠安、南安三縣，號稱「三邑」）、同安平原（同安縣）、與山地（包括安溪縣）。這三部份的泉州人移入臺北盆地後，主要的聚集地就是水陸碼頭艋舺。（分布情形見圖三）

艋舺的發展可以龍山寺的建立當成起點。清乾隆三年（一七三八），來自福建省泉州府晉江、南安、惠安三縣的移民，為祈求航海安寧及事業的發展，兼以安慰精神起見，迎奉他們素來所信仰的泉州府晉江縣安海鄉龍山寺的觀音菩薩，分靈來到艋舺，建廟奉祀。廟名也稱龍山寺。所需資金全由來自三縣的移民所獻。廟宇在乾隆五年二月落成⑱。

不久，艋舺從事進出口貿易的郊商出資，在龍山寺大殿後方增加建築，一方面奉祀商人的守護神媽祖、五文昌和關帝，一方面作為郊商的辦公場所。龍山寺成為艋舺的商業和宗教中心。

到了乾隆二十四年（一七五九），清廷將原先設於淡水的都司移駐艋舺。嘉慶十三年（一八〇八），又移新莊縣丞到艋舺，並改稱艋舺縣丞。並將都司改升為水師游擊，兼管水陸兵弁。嘉慶二十四年（一八一九），艋舺始建營署。道光五年（一八二五），升水師游擊為參將。於是艋舺成為臺灣北部的政治和軍事中心。原先的商業也更形擴張。到這階段，漢人移民愈來愈多，原住民已完全退居山區。道光

---

⑱　艋舺龍山寺志編纂委員會《艋舺龍山寺全志》，1951：10。

圖三　一八九八年的艋舺

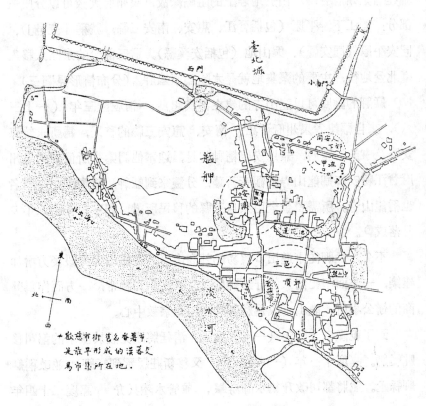

資料來源：《臺北、大稻埕、艋舺平面圖》，1898年出版。

二年（一八二〇）噶瑪蘭通判姚瑩上任途中，路過艋舺，記道「艋舺居民鋪戶約四、五千家，外卽八里坌口，商船聚集，闤闠最盛」⑲。

從一八二〇年到一八六〇年是艋舺的黃金時代，商務鼎盛。從事輸出入販賣業的商人組成「行郊」，訂立規章，劃一買賣。這種形式的組織，依地域性來分，可分成「頂郊」與「下郊」。所謂「頂郊」是指由晉江、惠安、南安三縣移民所組成。他們是最早來到艋舺的移民，居住在淡水河沿岸。最大的氏族有黃、林、吳三姓。他們以龍山寺為中心，操縱當地的商業和運輸業。當時艋舺的三段碼頭也分別由三姓人士把持：大溪口（後來的第一水門）為黃姓力伕把持；王公宮口（第二水門）為林姓所操縱；滬尾渡頭（第三水門）為吳姓控制。龍山寺的祭典委員也大都由三姓人士所包辦⑳。

所謂「下郊」，是由同安人所組成。由於同安人來得晚，他們只得集在艋舺東側的八甲庄（見圖三）。同安雖隸屬泉州，但在地理上，卻與漳州接近，與泉州郡邑所在的晉江反而疏遠。以致同安人與漳州人容易合作，常與晉江、南安、惠安三邑人士相競爭。

依經營路線，則分成「北郊」與「泉郊」。北郊的貿易對象為寧波、鎮江、臺州、溫州、上海、天津等地。又有「大北」與「小北」之分。到上海、天津等地貿易者為「大北」。到寧波、溫州、福州等地貿易者為「小北」。經營方式是以進口為主。因為臺北是新開發地區，日常生活所需的各種物資都仰賴進口。所進口的物資可分幾類：海產類有鹽白魚、海蜇皮等；山產類有烏筍干、皮蛋、鹹蛋、松脂、明礬、桐油、石膏、藥材等；雜貨有刺繡品、繡線、五加皮酒、油紙

---

⑲　陳培桂《淡水廳志》，1977:384。

⑳　陳正祥《臺北市誌》，1957:7。

傘、及其他❷。

「泉郊」的貿易對象爲泉州。經營方式是以出口爲主。因爲泉州地狹人稠，像米、糖、鹽、土布等物品，仰賴外地輸入的程度甚高。來自泉州的移民對故鄉經濟狀況相當熟稔，對於出口米糖等民生必需品回家鄉，回船時則帶來拜拜用的金銀紙、造房子用的杉木和磚石、陶瓷器等❷。

艋舺行郊，以泉郊爲先，後有北郊。等到一八五〇年代大稻埕成立後，才有廈郊，合稱「臺北三郊」。在艋舺最風光繁華的時段裡，北郊是最大的商業團體。從事泉郊貿易者不過寥寥數家❷。這種現象顯示臺北地區漢人聚落快速擴張，對於日常生活必需品的需求也隨之增大。艋舺商業的性質也從以前出口到泉州，轉變成從中國大陸沿海各地進口貨物，供應本地市場。

在繁華表象的背後，卻蘊藏著衝突的危機。泉州三邑人與同安人之間的競爭，隨著商業的擴張而升高。三邑人久佔淡水河沿岸碼頭。同安人晚來，也從事臺北與家鄉廈門之間的貿易，就要跟三邑人搶碼頭地盤，衝突就在所難免。清咸豐三年（一八五三），雙方碼頭挑伕發生嚴重衝突。頂郊三邑人聯合來自山區的安溪人，攻擊同安人聚居的八甲庄。結果，同安人大敗，八甲庄被焚毀。同安人及協助同安人的漳州人向北遷徙，另建大稻埕。是爲「頂下郊拚」❷。

❷ 吳逸生〈艋舺古行號概述〉《臺北文物》9(1):2, 1960。

❷ 吳逸生，同❷。

❷ 卓克華〈清代臺灣行郊之研究〉，1982:93。

❷ 臺北廳〈大稻埕區內社寺廟宇に關する調查・霞海城隍廟〉《社寺廟宇に關する調查・臺北廳》，手稿，1915。王世慶〈海山史話〉《臺北文獻》，1976:57-90。

　「頂下郊拼」使得艋舺元氣大喪，不僅同安人的八甲庄被毀，三邑人社區也受到嚴重的破壞。同時，艋舺段的淡水河道此時也逐漸淤淺，不適宜大型船隻航行與停泊。在一八六〇年以後，艋舺的商業逐漸爲大稻埕所奪。當地的市況遂告衰落。

霞海城隍與大稻埕的興起

　大稻埕位於艋舺之北，約兩公里之處。一八五〇年以前，完全不見於任何記載。例如一八二〇年葛瑪蘭廳通判姚瑩作〈臺北道里記〉，對艋舺的盛況有相當多的描述，但對大稻埕卻是隻字未提，由此推知當時的大稻埕還不是值得記載的通都大邑。據日人安倍明義的記載，今日的大稻埕原是圭母卒社平埔番部落所在地。乾隆初年該地被稱爲「奇武卒莊」，後來才改佳名爲「圭府聚」。至於「大稻埕」這個名稱的由來，安倍記道，在康熙末年此地有漢民開墾的水田，其中有大埕（「埕」與「庭」大致同義）。每年稻熟之時，漢人在埕上曬穀子，所以俗稱此地爲「大稻埕」（大曬穀場的意思）[25]。

　清咸豐元年（一八五〇），有林藍田者從基隆移居大稻埕，在後來的中街（今迪化街一段），建屋三間，立商「林益順」，從事與華北、廈門、香港等地間的貿易[26]。是爲大稻埕街市的濫觴。咸豐三年的「頂下郊拼」，下郊同安人失敗，奉護他們的守護神霞海城隍逃抵大稻埕，建立新街市。最初成立者爲「中街」，有林裕倡的「復振號」、張讚的「怡和號」（後來改爲「添籌行」），林右藻的「復源號」和「復

---

[25]　安倍明義《臺灣地名研究》，1938:98。

[26]　臺北市文獻會《臺北市志稿》，1965:46。

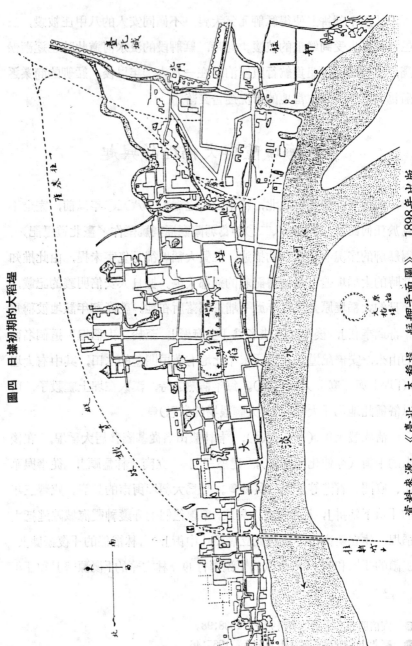

圖四　日據初期的大稻埕

資料來源：《臺北、大稻埕、艋舺平面圖》，1898年出版。

興號」，陳浩然的「金同利」等❷。

　　這次「頂下郊拼」是十九世紀中葉，臺灣北部普遍流行的漳泉分類械鬥的一部份。從咸豐三年到九年，臺灣北部發生多起漳泉、或三邑與同安之間的大規模械鬥。常是同安人和漳州人敗陣，退往新開發的大稻埕安身。於是，使得大稻埕的街市日益壯大，而有「南街」、「中南街」等新街市的設立❷。

　　咸豐六年（一八五六），街民共同捐款，在南街興建霞海城隍廟。越三年，廟乃落成。有關霞海城隍的來歷，據大正四年（一九一五），日本殖民政府臺北廳所作的調查，我們知道霞海城隍的來歷如下：

> 在支那福建省同安縣，叫「海內」的地方，有城隍廟。相傳建於明太祖時代，正德帝時封為「霞海城隍廟」。（「霞海」是「海內」的別稱）
>
> 清道光年間，同安縣人陳金絨者，竊其神像而渡臺。在艋舺八甲街，建廟奉祀。咸豐三年，晉江、惠安、南安三縣人與同安人分籍械鬥之際，廟宇遭到破壞。於是，同安縣人擁護其神像，遷來大稻埕。
>
> 陳金絨及陳建成等人，向諸信眾募捐緣金約一千圓。從咸豐八年三月十八日，於現址著手興建廟宇。同九年三月一日竣工。❷

民國二十三年（一九三四），臺北霞海城隍派下海內會編有本廟《沿革志》，對霞海城隍的來歷有所說明：

---

❷　同❷。
❷　同❷。
❷　臺北廳＜大稻埕區內社寺廟宇に關する調查・霞海城隍廟＞，1915。

我霞海城隍爺，明朝武宗正德（年）間，賜以「臨海門」匾額。「霞海」係「臨海門」分廟。初因臨海門人有志，於明末清初，建廟於福建省泉州府同安縣下店鄉海邊厝。為五鄉庄民之鎮守神，故改曰「霞海城隍」。道光年間，海內陳金絨氏奉載來臺。初安於艋舺八甲庄，假店鋪為祠廟。至咸豐三年，漳泉民鬥，神座累災被焚。先時，海內林鸞氏等，急將金身護衛，遷徙於大稻埕之杜厝街陳金絨氏嗣陳浩然氏之金同利鋪中。是時，保護神像，不顧捐軀，除林鸞數氏外，奮鬥脫圍，餘竟遭禍陣亡者三十有八人。海內派下感念為公受厄，共議配祀本廟西廡，曰「義勇公」。自是而後，香火日盛。至咸豐六年，陳浩然氏深感鋪中狹隘，有瀆神威，乃招集海內派下，議建廟宇，並舉董事八名，公請尊神擇地。其時地主乃地方官蘇協臺，慨然捐獻廟地。海內派下遂踴躍向前。貧者供役勞工，富者寄附淨財。於同年三月十八日興工。至同九年三月一日落成。因資力有限，不能建宏壯之廟貌，亦為時地所局耳。❸⓿

　　比較這兩條資料，除開繁簡有別之外，對於建廟的時間各有說法，相差兩年，臺北廳的記錄是由當時大稻埕公學校校長奉命從事所轄學區內各廟宇調查時所作。至於《沿革志》是廟的董事陳乃渠所撰。後來出版的相關文獻，如《臺北市志》等，都採咸豐六年之說。本文從眾，亦以咸豐六年為開始建廟的年代。

　　根據這兩條資料，我們知道，「霞海城隍」不是明清時代官訂的縣城隍或府城隍，它只是地方性「臨海門」城隍廟的分廟。跟艋舺龍

---

❸⓿ 轉引自《臺北市志稿》，1956：46-47。

山寺一樣，都是從泉州家鄉分靈而來；也都成爲整個移民社區的核心。霞海城隍廟的面積很小，只有五〇・三坪。無法跟艋舺龍山寺或其他大寺古廟相提並論。但是，它的香火之盛，信徒之眾，冠於全市各廟❸。及至日據時期，每年神誕之期「臺閣雜劇之盛，推爲全臺第一。」❸

由於霞海城隍廟在基本上是個從私人神壇逐步發展而來的廟宇，時至今日，它依然還是當初迎奉者陳家的「私產」。廟祝一直由陳家子孫擔任，處理一般日常香火廟務。至於祭典部份，則由地方耆老、附近各里里長、各商業同業公會理事長等人共同組成的「祭典委員會」負責。迎神繞境的範圍東到淡水線鐵道邊，南到鄭州路後火車站、西到淡水河邊、北到高速公路重慶北路交流道。頭家鑪主的候選資格也以這個範圍爲限。只要有沾上一點邊緣關係卽可，並不一定要眞正住在這個範圍裡面，或者留下部份或全部的戶籍，或者虛設一間辦公室，就可以取得候選的資格。

迎神賽會的開始與大稻埕的製茶業

霞海城隍廟最負盛名的活動，是每年農曆五月十三日熱鬧非凡的迎神賽會。城隍爺的生日是農曆五月初六。而關聖帝君的生日是五月十三日。中國商人多崇奉關帝，因爲他是結拜義氣的象徵❸。中國商

---

❸　《臺北市志稿》，1965：47。

❸　《臺灣日日新報》，1904年6月26日。

❸　有關關帝爲本省商人用作義氣象徵，參看洪敏麟＜清代關聖帝君對臺灣政治社會之影響＞《臺灣文獻》16(2)：53-59，1965。林衡道＜關帝信仰在臺灣＞《臺灣風物》26(2)：42-43，1975。

場依靠彼此的義氣頗深。大稻埕純粹是個商業都市，商家鑒於當地沒有關帝廟而把霞海城隍慶典的迎神賽會部份，挪到五月十三舉行。目前的情況是五月初六依照古禮舉行祭典，慶賀城隍的誕辰。並象徵性地把城隍帳下五營兵丁派往社區的各個角落駐在各土地廟內，藉以平靖地方，謂之「放軍」。五月十一、十二兩夜，城隍爺帳下的「八將」（相傳是王朝、馬漢、張龍、趙虎、范將軍（七爺）、謝將軍（八爺）、牛頭、馬面）帶兵巡行全境，捉拿妖魔。一切料理妥當之後，才恭請城隍老爺於十三日正午盛大出巡。這時各種遊藝團體應商家之請，跟隨助興，並彼此鬥勝，達到熱鬧的最高峰。以前家家戶戶在此期間宴請賓客，演戲助興。五月十八日舉行「收軍」禮儀，把派往各土地廟的兵丁收回來。整個儀式才算結束，這樣子的安排是從什麼時候開始，現已無可考證。以目前所蒐集到的資料來看，在十九世紀末就已如此。

這樣子熱鬧的迎神賽會並不是從廟宇落成的那一年（一八五九）開始，而是從清光緒五年（一八七九）開始❸。也就是說，在霞海城隍廟建成後二十年，大稻埕商人和居民才開始這種盛大的慶祝活動。為什麼會在一八七九年開始這項拜拜活動呢？

臺灣的漢人移民主要是來自福建地區，而福建居民向來喜好各種迎神賽會活動❸。當福建人民移入臺灣的時候，家鄉的習俗也隨之帶

---

❸ 《臺灣日日新報》，1918年5月10日。

❸ 懷英布等纂修《泉州府誌》（乾隆廿八年），卷二十：「上元夜，內外賽會，迎神鄉村之間。或於二月間，謂之進香。《隆慶府誌》云，多者費數百金，少者亦不下十金。《萬曆府誌》云，粧飾神像，窮極珍貝，閱遊鄉路，因起爭端。《閩書》云，泉中上元後數日，大賽神像，粧扮故事，盛飾珠寶，鐘鼓震天，一國若狂。」臺南，影印本，1964。

入。因此迎神賽會是臺灣漢人社會一項由來已久的習俗。乾隆年間出任鳳山縣令和海防同知的朱景英在他的《海東札記》（一七七三）裡就記載著：

> 俗喜迎神賽會。如天后誕辰、中元普渡，輒釀金境內，備極鋪排，導從列仗，華侈異常。又出金傭人家垂髫女子，裝扮故事，乘遊於市，謂之「檯閣」，靡靡甚矣。每舉尚王醮設壇，造舟送迎，儘恪糜費，尤屬不貲。神祠里巷靡日不演戲，鼓樂喧闐，相續於道。㊱

清光緒十八年（一八九二）臺南知府唐贊袞在《臺陽見聞錄》裡也記載相似的風俗：

> 臺南郡城好尚鬼神。遇有神佛誕期，欽費浪用。當賽會之時，往往招攜妓女，裝扮雜劇，鬥艷爭妍，迎春大典也。而府縣各書差亦或招妓裝劇，騎而前驅，殊屬不成體。㊲

根據這些資料，我們很清楚的看到，迎神賽會在十八、十九世紀的臺灣漢人社會，是普遍存在的風俗。大稻埕自然也不能例外。

這種風俗的存在，關係到漢人社會對宗教的態度和消費態度。臺地漢人生活豪奢並且鬥富的現象，早已見諸記載。康熙三十九年（一七〇〇）郁永河過臺南時，就看到這風俗。他在《裨海紀遊》裡記道：

㊱　朱景英《海東札記》，1958:28-29。
㊲　唐贊袞《臺陽見聞錄》，1958:145。

> 近者海內恆苦貧，斗米百錢，民多飢色。賈人責負聲，日沸闤
> 闠。臺郡獨似富庶，市中百物價倍，購者無吝色。貿易之肆，
> 期約不愆。傭人計日百錢，趑趄不應召。屠兒牧豎，腰纏常數
> 十金，每遇摴蒱，浪棄一擲間，意不甚惜。余頗怪之。㊳

薛志亮的《臺灣縣志》（一八〇七）也記道：

> 習尚華侈，衣服概用綾羅。雖輿隸庸販，衣袴率多紗帛。自內
> 地初至者，恆以為奢。久之，習為固然。宴客必豐珍錯，價倍
> 內地，互相角勝。㊴

　　以上四條資料告訴我們有關臺灣盛行各種迎神賽會的文化背景。
當時人們的消費形態也是值得注意的一環。馬若孟(Ramon Myers)
曾經利用一九〇五年舊慣調查會經資報告資料算出，一個擁有兩甲地
的茶農，幾乎全部收入都用在吃的上面。稍為寬裕些的農夫，有百分
之四十四的收入花在吃上；百分之三十七花在拜拜、應酬、冠婚喪祭
等禮儀活動上；穿、住各佔百分之三；教育佔百分之零點五；交通佔
百分之七，其他佔百分之五點五。㊵由此可見，清末臺灣的漢人很肯
花錢在宗教祭祀及相關的迎神賽會上面。
　　讓我們再來回顧一下大稻埕的發展情形。

㊳　郁永河《裨海紀遊》，1959:30。

㊴　薛志亮《臺灣縣志》，1958:43。

㊵　Myers, Ramon H. "Taiwan Under Ch'ing Imperial Rule,
　　1684-1895. The Traditional Order", *Journal of the Institute of
　　the Chinese Studies of the University of Hong Kong*, 4(2). 1971。

　　大稻埕是一個因茶葉集散和加工而崛起的城鎮❹。在淡水海關報告的記載中，一八六九年時，大稻埕仍是個艋舺附近的小村落❷。艋舺是臺灣北部最大的商業中心，淡水港所有進出口貨物均在艋舺集散。但是，到了一八九八年，大稻埕的人口已達三萬一千五百三十三人。在臺灣各城市中，僅次於臺南的四萬七千二百八十三人。艋舺反以兩萬三千七百六十七人落居第三❸。爲何大稻埕的發展如此迅速？跟霞海城隍廟的迎神賽會又有什麼關係？其主要關鍵應當在茶業外銷這件事上。

　　臺灣原有高山野生茶樹，分布在臺中以南山地。一七〇一年的《諸羅縣志》就提到，「水沙連內山，茶甚夥，味別色綠如松蘿，山谷深峻，性嚴寒，能卻暑消脹；然路險，又畏生番，故漢人不敢入採，又不諳製茶之法。若挾能製武彝諸品者，購上番採而造之，當香味益上矣。」❹藍鼎元的《東征集》❺和黃叔璥的《臺海使槎錄》❻也都有類似的記載。但是後來北部所發展的製茶業跟南部土茶無關。

　　臺灣北部的種茶始於十九世紀初葉。嘉慶年間（一七九六～一八二〇），有位名叫柯朝的人，開始種植武夷茶在鰱魚坑地方，發育甚佳，收穫亦豐。於是逐漸傳開，成爲北部的一項特產。主要原因是臺

---

❹　林滿紅＜茶、糖、樟腦業與晚淸臺灣經濟社會之變遷＞，1976:176。

❷　《海關報告・淡水部份》1869:165。

❸　井出季和太《臺灣治績志》，1937。陳正祥《臺北市誌》1957:11。

❹　陳夢林、周鍾瑄《諸羅縣志》，卷10，1962。

❺　藍鼎元《東征集》謂：「水沙連內山產土茶，色綠如松蘿，味甚清列，能解暑毒，消腹脹，亦佳品云。」

❻　黃叔璥《臺海使槎錄》云：「水沙連產茶。在深山中，罕木蔽虧，霧露蒙密，晨曦晚照，總不能及。色綠如松蘿，性極寒，療熱症最效。每年通事於各番議明入山焙製。」

北地區溫濕多雨，適合茶樹的生長，一年可以收成四次。「茶之佳者，爲淡水之石碇、文山（今新店）二堡，次爲八里坌堡。而至新竹者曰埔茶，色味較遜，價亦下」❼。

開始的時候，臺北附近所產的茶只供銷本地。道光年間才外銷福州，每擔須納入口稅銀二圓❽，方可投行發賣。到了咸豐十年（一八六〇），情況有了根本的變化。臺北的茶開始有機會打進世界市場，大稻埕的貿易網絡也爲之改變。

那一年，英法聯軍攻北京，迫使清廷簽訂天津條約。在與法國簽訂的條約中，指明淡水港開放給外國人經商居住。當時清廷所說的淡水港，只是指淡水口的滬尾附近地區。但是，自古以來，「淡水」一詞除了指河流（淡水河）外，同時也是對北部臺灣的通稱。因爲自雍正以來，臺灣北部統稱爲淡水廳。德國領事就利用這種雙重定義矛盾之處，主張條約上所定的淡水港，乃是指廣義的淡水地方，非單指淡水河口之滬尾附近，凡淡水河流域沿岸適用於通商之地，都爲當然的開港場所❾。這種解釋爲列強各國所援用。結果是英法等國商人和傳教士進駐艋舺。後來由於艋舺附近淡水河河床日淺，不適合巨輪出入，加上艋舺居民的排外❺，外人遷往大稻埕，設立洋行，從事國際貿易。如此一來，帶動大稻埕原有的郊商經營，也步入國際貿易。

光緒十一年，巡撫劉銘傳到任臺北，看中大稻埕必將爲臺北的商業中心，於是在大稻埕濱江之地，設計新街市千秋里，讓洋商設館，

❼ 連橫《臺灣通史》，1955:500。

❽ 同❼。

❾ 臺灣慣習研究會原著，臺灣省文獻會譯編＜條約上之淡水港＞《臺灣慣習記事》(上)，1984:129。

❺ 呂實強＜借叡理教士在艋舺初創教堂的經過＞《臺灣文獻》19(1):62-69，1968。＜同治年間英商寶順行租屋案＞《臺灣文獻》19(3):25-29，1968。

並依慣例把大稻埕當成是淡水港的一部份❺。日人據臺以後，也遵行此例。明治三十年（一八九七）四月總督府告示第二十二號明白的指出：「大稻埕視爲淡水港之一部份，以自艋舺街之北端江頻街爲起點，出河溝頭街，通過六館街傍之溝渠，出直線達圓山新路，由約其三分之二程，出大龍洞庄之南端，入淡水河一線，作爲區域。」❺

　　根據 J. W. Davidson❺和連橫❺對臺北地區製茶業的記錄，我們知道，大稻埕製茶業及其外銷跟外國資金和技術的引入有關。自從淡水開港以後，逐漸有外商來到艋舺和大稻埕，設洋行，從事國際貿易。有英國人名叫德克（John Dodd）者，設德記洋行，販運鴉片樟腦。德克察覺臺北附近丘陵地區所產的茶葉，品質尚可，有開發的潛力。於是在同治四年（一八六五），德克從福建安溪運來新的茶種，勸農分植，又貸款給茶農，教以新的烘焙技術。次年，德克收購所生產的粗製茶，銷往南洋及澳門。一八六九年，德克試著將臺茶運銷美國紐約，數量達二千一百三十一擔。由於品質不錯，頗獲好評，獲利也多。此舉爲臺灣的製茶業和茶葉外銷開創新紀元❺。那時候，臺北所產的粗製茶都要先運到廈門加工，而後再運往紐約或倫敦。德克氏深感不便，在大稻埕設立再製工廠，奠下大稻埕往後茶業發展的基礎❺。

　　從一八七〇年開始，臺灣茶的名聲和市場逐漸建立，茶價也不錯，外商渡海來臺設廠製茶者也日漸增加。一八七二年就已經有五家

---

❺　同❹。

❺　同❹。

❺　Davidson, J. W. *The Island of Formosa: Past and Present*, 1903。

❺　連橫《臺灣通史》1955:500-501。

❺　臺灣總督府殖產局特產課《臺灣の茶業》，1937:1。

❺　同❺。

洋行從事製茶和外銷[57]。本地的商人也群起效尤，闢茶園，設茶廠，或運粗製茶到廈門加工，而後運銷南洋各地。運銷歐美的茶以半發酵茶爲主，稱之爲烏龍茶，運銷南洋的茶爲了適應當地工的口味以清茶爲主，稱爲包種茶。在一八六五年，從淡水港出口的茶有十三萬六千七百斤，到了一八八五年，則躍升爲一千三百二十七萬斤[58]。這種成長率至爲驚人。當然也帶動整個大稻埕的市況繁榮。連橫在《臺灣通史》一書對此現象有所描述：

> 南洋各埠前消福州之茶。而臺北之包種茶足與匹敵。然非薰以花，其味不濃。於是又勸農人種花。花之芬者爲茉莉、素馨、梔子。每甲收成多至千圓。較之種茶尤有利。故艋舺、八甲、大隆同一帶多以種花爲業。夫烏龍茶爲臺北獨得風味。售之美國，消途日廣。自是以來，茶業大興。歲可值銀二百數十萬圓。廈汕商人之來者。設茶行二三十家，茶工亦多安溪人。春至冬返。貧家婦女揀茶維生。日得二三百錢，臺北市況爲之一振。及劉銘傳任巡撫，復力爲獎勵，種者愈多。[59]

　　既然茶葉在十九世紀下半期的臺北地區的經濟上扮演如此重要的角色，而且茶農又普遍地把他們的三分之一的收入用於宗教活動方面，那麼霞海城隍廟在一八七九年開始一年一度規模盛大的迎神賽會，必然跟茶業興盛，地方繁榮，外銷呈現出超，以及連帶而來的謝神還願有必然的關係。當我們仔細檢視從一八七〇年到一八九五年的淡水港

---

[57] 同[50]，頁 2。五家洋行爲 Dodd, Tait, Elles, Brown, Boyd, 潘志奇
　　<臺灣之社會經濟>《日據時代臺灣經濟之特徵》，1957:24。

[58] 同[54]。

[59] 同[57]。

輸出入金額，就能證明這項推論完全正確。（參看表一及表二）

表一　一八六八年至一八九五年淡水港進出口情形

年　　份	輸入金額（兩）	輸出金額（兩）	差　　額
1868	510,000	270,000	－ 140,000
1869	490,000	250,000	－ 240,000
1870	560,000	400,000	－ 160,000
1871	700,000	510,000	－ 190,000
1872	720,000	770,000	＋ 50,000
1873	790,000	550,000	－ 340,000
1874	910,000	610,000	－ 300,000
1875	1,020,000	730,000	－ 290,000
1876	1,190,000	1,210,000	＋ 20,000
1877	1,320,000	1,430,000	＋ 110,000
1878	1,300,000	1,670,000	＋ 370,000
1879	1,550,000	2,090,000	＋ 540,000
1880	1,600,000	2,310,000	＋ 710,000
1881	1,730,000	2,410,000	＋ 640,000
1882	1,450,000	2,530,000	＋ 1,080,000
1883	1,200,000	2,340,000	＋ 1,140,000
1884	1,230,000	2,400,000	＋ 1,170,000
1885	1,760,000	2,740,000	＋ 980,000
1886	2,030,000	3,380,000	＋ 1,350,000
1887	2,230,000	3,370,000	＋ 1,140,000
1888	2,610,000	3,060,000	＋ 450,000
1889	2,180,000	3,090,000	＋ 910,000
1890	2,220,000	3,300,000	＋ 1,080,000
1891	2,200,000	3,100,000	＋ 900,000
1892	2,350,000	3,430,000	＋ 1,080,000
1893	3,090,000	4,770,000	＋ 1,680,000
1894	3,420,000	4,880,000	＋ 1,460,000
1895	1,900,000	1,880,000	－ 20,000

資料來源：*Chinese Maritime Publications*. 1860-1945.

表二 一八六八年至一八九五年茶葉在清臺灣外銷中的比例

年　　份	臺灣外銷總額 （兩）	淡水茶的外銷金額 （兩）	百　分　比
1868	882,752	64,732	7.33%
1869	976,004	89,376	9.16%
1870	1,655,390	177,403	10.72%
1871	1,693,925	301,118	17.78%
1872	1,965,210	582,872	29.66%
1873	1,472,482	353,445	23.97%
1874	1,812,181	477,329	26.34%
1875	1,815,255	620,067	34.16%
1876	2,628,980	1,060,209	40.33%
1877	2,757,717	1,253,232	45.45%
1878	2,788,673	1,502,685	53.89%
1879	4,125,126	1,947,381	47.21%
1880	4,874,355	2,156,373	44.24%
1881	4,160,960	2,231,896	53.64%
1882	4,050,154	2,402,428	59.32%
1883	4,113,833	2,235,179	54.32%
1884	4,165,314	2,330,920	55.96%
1885	3,819,763	2,711,803	70.99%
1886	4,449,825	3,333,052	74.90%
1887	4,562,478	3,286,972	72.04%
1888	4,543,406	2,914,921	64.16%
1889	4,411,069	2,873,075	65.13%
1890	5,255,880	3,083,879	58.67%
1891	4,735,628	2,712,776	57.28%
1892	4,959,830	2,929,435	59.03%
1893	6,336,580	4,050,980	63.93%
1894	7,245,035	4,083,265	56.36%
1895	3,423,792	1,552,798	45.35%
Total	99,683,590	53,319,692	53.49%

資料來源: *Chinese Maritime Publications.* 1860-1895. 淡水
港部份

從一八六八年起，貿易逆差就不算大。一八七二年首次出現順差五萬兩。接著是三年逆差。但是從一八七六年起，連續有十八年的順差。一八七六年有二萬兩順差，翌年成長五點五倍，達十一萬兩。再一年，順差達三十四萬兩。一八七九年達五十四萬兩。一連三年的順差當然使大稻埕的茶商雀躍不已。舉行盛大的酬神儀式成為理所當然的事。以後年年享受巨額的順差，也就年年酬神。時間久了，就成為慣例。

另外，表二也顯示茶的外銷金額在同一時期整個臺灣外貿金額中所佔的比例，也是逐年增加。當英人德克初次外銷茶葉到澳門時，價值不過六萬多兩，佔全臺外銷金額的百分之七多一點。一八七六年淡水港開始享受長期的順差時，茶葉的外銷金額首次超過一百萬兩，佔全臺外銷金額的四成。這種變化完全顯示茶葉在大稻埕發展過程中的重要性。

總括起來說，霞海城隍廟開始一年一度的迎神賽會是拜受臺北地區經濟發展之賜。跟傳統的郊商相比，這時期的經濟發展有其獨特之處，那就是淡水開港，外貿及技術進入本地製造業市場，同時，對外貿易的範圍也從中國大陸沿岸港口擴大成為世界市場。從此，大稻埕的經濟情形跟世界經濟的起伏息息相關。在一八七九年，霞海城隍誕辰的祭典和迎神賽會初次舉行時，酬神謝恩是為主要目的。但是，這種情況到了一九一〇年代起了很大的變化。主要是因為這時期的臺灣在日本人的刻意經營下，現代化的新式商業體系逐漸形成❻。這種新式的商業經營體系完全不同於前清時代的經營系統，因此如何適應新環境，如何建立新的銷售管道，就成了當時臺灣商人的重要課題。

---

❻　《臺灣日日新報》，大正 4 年 (1915) 4 月10日。

到了一次大戰結束後，歐美各國相繼實施保護政策，樹立關稅壁壘，引發世界性的經濟風暴。那時候的臺灣已經是世界貿易體系中的一環，自然也就難逃這場風暴。大戰初起時，外銷旺暢。到了戰爭後期，臺灣的外銷業績大幅滑落。如何透過本地的銷售管道將外銷品改變成內銷品，以促進地方的繁榮，就成為當時商場上最大的課題。在缺乏有如現今慣用的廣告媒體的情況下，迎神賽會能一下子吸引成千上萬的人前來參與，於是商人就妥當利用各地著名的廟會慶典及其迎神賽會來促進地方經濟的繁榮，從而導致整個臺灣社會做結構性的改變。下一節就讓我們仔細的來探討迎神賽會與地方經濟的相互關係。

迎神賽會與新式商業體系的形成

在臺灣割讓給日本的頭三年（一八九五～一八九七），兵馬倥傯，社會動盪不安，霞海城隍誕辰的慶典及遊行活動中止了三年。從一八九八年開始，這項盛典逐年舉行，一直到一九三七年日本人發動侵華戰爭，並在臺灣厲行皇民化政策，企圖切斷在臺灣漢人對中華文化的聯繫，才再度停止。

到了一九一〇年代，一年一度的霞海城隍誕辰以及其他各地的迎神賽會有愈來愈盛的趨勢，如表三所示。

首先，我們應該簡單地瀏覽一下促成這種迎神賽會活動蓬勃發展的外在政治、社會環境。日本殖民政府花了十多年時間，也就是臺灣史上的「明治時期」（一八九五～一九一一），投入大量的人力物力，徹底摧毀各地的反抗勢力。到了大正年間（一九一二～一九二五），臺灣的社會狀況復歸於平靜。日本殖民政府在此兵馬倥傯之間，

表三　《臺灣日日新報》上全年刊載有關迎神賽會消息的數量
（一八九八～一九二〇）

年　代	件　數
1898	51
1900	44
1901	45
1902*	12
1903	18
1904	3
中	缺

年　代	件　數
1913	65
1914	71
1915	84
1916**	28
1917	152
1918	161
1919	173
1920	283

*1902年只有1-6月份的記錄
**1916年只有1-4月份的記錄

無暇干涉在臺漢人的傳統生活，使得各地的寺廟祭典及其迎神賽會活動得以保存。一旦社會狀況恢復平靜，宗教祭典與迎神賽會也就隨之回復。

各項公共建築，如縱貫鐵道、官衙、臺北的博物館、新公園、動物園、植物園等，在大正初期次第完成。需要借助民間的迎神祭典人潮來達到宣揚日本帝國的建設成果。縱貫鐵路於一九〇八年通到高雄，糖廠小鐵路也相繼完成，使民眾可以享受到便捷的交通，得以外出旅行。北港朝天宮和大稻埕霞海城隍廟在這時候都因此而香火益加鼎盛。《臺灣日日新報》漢文版就曾指出這種盛況，「北港朝天宮媽祖參詣者，年年皆五十萬至七十萬之多。往時進香皆徒步參詣。自縱貫鐵道開通，南北交通為之一便，其於本線連絡者，復有大日本製糖之他里霧北港間，新高製糖之大莆林北港間，東洋製糖之嘉義北港間，各私設鐵道。由是歲歲參詣者益增加。近來中上流社會中，尤以婦女

參詣者爲甚。」❻

　　至於霞海城隍廟的盛況，在一九一四年六月七日的《臺灣日日新
報》就很清楚地表達這項事實。報紙的內容是這樣寫的：

> 五月十三日稻江城隍祭典，熱鬧非凡。例年本報皆盛爲紀道其
> 事，本年如例。
>
> 天氣晴朗。數日前，旅館即已充斥。列車滿載不足，三等紅票
> 之人多有搭坐貨車者。舊曆十一、十二兩夜，稻江各街徹夜達
> 旦，行人如織。就中有投宿旅館不得，轉徙人家友朋親戚寄
> 宿。友朋親戚亦各有相當來客，殺雞爲黍，紛如什沓。
>
> 沿淡水河本流支線附近村落，小舟往來，滿載遊人，稻江風
> 月，爲之忙殺。交通機關艋稻小火輪上下載客外，雙槳鼓盪，
> 厥價相等。人力車夫，牺牺蠢蠢，無厭之心，見於其面。警官
> 日夜取締監理，保護人民。凡路有涉稍細者，則禁止乘車，其
> 於自轉車（脚踏車）尤甚。劇場妓館利用機會，吸引顧客。
>
> 臺北城內新公園、南門外及苗圃各地、亦有田舍觀光團，三三
> 五五，爰行爰語，左右顧盼。盛進、長谷川、丸福諸商行，建
> 築宏壯，多有誤認爲官衙，趑趄不敢入者。苗圃內之動物園及
> 新公園鯉魚噴水，品評最佳。又喜停足各鐘錶店玻璃廠（疑爲
> 「窗」之誤寫）前，彼此指示。觀博物館，最引人注目者爲大
> 蛇、爲本島風俗人物模型。此等觀光團多著新衣，若青百永、
> 白百永（百永是一種布）之類，未經退水者。有故披其襟，誇
> 示內中著大小裬衣。有著邦製草履，含不二敷島（敷島是香煙

---

❻ 《臺灣日日新報》，1917年3月16日。

名），竟極闊綽者。

人不一方，方不一類。總而言之，皆具有真容顏，愛嬌色相。
南街一帶布疋商人，尤為很熱。洋屋店商，應接不暇。金銀鈿
工工人，獨能於百忙中，與田村女子閒話打笑，極口吻操縱巧
妙，亦佳話也。劍潭觀音寺香火，因之以盛。小火輪溯江至明
治橋（今中山橋），關渡媽祖影響尤多。

在另一方面，日本人經營的商店也在這時候逐漸形成氣候，在日
本殖民政府的扶植下，與本地商人相競爭。明治三十二年（一八九
九），日商三好德三郎就在臺北市內京町開設辻利茶鋪，經營茶業的
產銷買賣，與大稻埕的中外茶商一較高下[62]。大正七年（一八一九）
在臺的日本株式會社辰馬商會宣告獨立，資本額一百萬日圓，經營清
酒、醬油、味淋（一種調味料）、含有酒精的飲料、清涼飲料、白
米、以及各種食品。社址設在臺北市本町。昭和五年（一九二九）其
下設立麥酒販賣株式會社，經營啤酒生意[63]。日人在領臺之初（一八
九五）就在臺南設立商店，例如有日商佐佐木紀綱成立佐佐木商店於
明治二十八年（一八九五），經營雜貨、木材、土木建築、輸出砂糖
至日本等生意；高島愛生堂，位於臺南市本町，經營西藥、醫療器
材、化學、機械等生意；越智商店經營和洋百貨的批發、並代理日
本生命保險和日本火災保險兩株式會社業務；三輪養元堂經營各種藥
品、度量衡等[64]。

日本殖民政府推行地租改正（取消大租權），實施樟腦、鴉片、

---

[62] 《臺灣產業發達誌，第三編電氣及び各種商工業編》，1930:25。

[63] 同[62]，頁26。

[64] 同[62]，頁27-32。

鹽、煙草、以及酒的專賣制度，改革貨幣，設立銀行，推行新地方稅[65]，到大正年間及昭和初年更設立公有市場，組織新的商業同業公會，以取代原有的郊商組織[66]。面對這樣的變局，臺灣商人必需採取新的因應辦法。

在一九一〇年代，臺灣各地的小區域經濟狀況頗多變化。每當某地的市況遭遇到長期蕭條的時候，就會有地方父老出面呼籲設法振興市況。所能採行的辦法不外乎兩個原則：第一、創造人潮；第二、散播廣告。

關於第一項「創造人潮」原則的實際運用情形，就是藉名迎奉北港媽祖、或別的著名媽祖以及其他神祇，到當地巡幸，建醮數日，以吸引鄰近各鄉村鎮的善男信女前來燒香頂禮，並且順道買一些日常用品，讓店家的生意呈現一時的蓬勃。這種能夠帶動人潮、振興地方的醮會，有臨時和常設之別。臨時醮會大多是藉名落成、週年或其他機緣。而常設的醮會，都是神佛的誕辰，其中，行之不墜、鮮有中輟、又一定見諸報端者，首推臺北的霞海城隍誕辰祭典。以下就先以臨時醮會為例，說明其中的運作情形。

一九一五年三月間，臺南的店家商戶就因市況蕭條而公議要迎請北港媽祖到臺南，以振興市況。當年三月二十九日的《臺灣日日新報》云：

> 臺南市例年春間，北港天上聖母恆來稅駕。時而駐輦媽祖宮

---

[65] 同[62]，〈第二編財政編〉，1930:1-48。

[66] 《臺北州商工要覽》，1938:62-63。如同業組合臺灣茶商會成立於大正4年(1918)，米穀移出組合成立於大正5年(1919)，其餘商業組合皆成立於昭和初年(1925-1945)。

廟，或普濟殿、橫仔林諸廟宇。至，則各村庄男女前來晉香，
順便赴市上購買雜物，門市生意為之一振。自北港朝天宮落成
以來，至今已歷三年，不再南來。者番臺南諸商店以邇來市況
蕭條，有協議於舊曆三月間，向北港請迎天后，以圖恢復市
況。聞贊成甚多，不日將簽舉妥人，赴北港與董事爐主交涉。
至期，當有一番盛況也。

四月廿七日，北港媽祖駕臨臺南，「各村庄之善男信女數萬人、
各廟宇之董事爐主等均舁神輿出迎，以旌旗鼓樂為前導，是日商況為
之大振」[67]。

這一年五月，「臺南開山神社大祭，舁延平郡王像繞境。北港天
上聖母、太子宮、及臺南市八派出所管內各廟神像隨駕。是日，各街
踵事增華，爭奇鬥勝。藝棚多至數十檯，各極其盛。臺南商家因此獲
利」[68]。這種臨時性的醮會能刺激市況繁榮於一時，醮會結束，市況
也就又回復到從前。日本殖民政府相當注意這種情形的發展。在那年
的五月三十日，官辦的《臺灣日日新報》刊出一篇檢討這個月幾次大
小迎神賽會成果的文章，內容是說：

臺南市因客月間，北港天后南來，兼以本月初開山神社大祭，
一時各處遊客紛紜雜沓。各商店顧客絡繹不絶，酒樓旅店亦甚
擁擠。即銀行儲款，固不增加。市況大振，為年來所僅見者。
然未幾風流雲散，仍歸冷落。兼以近日陰雨連綿，市上顧客甚

---

[67]　《臺灣日日新報》，大正4年4月28日。

[68]　同[67]，大正4年5月11日。

少。除日食所需而外，罕有銷售。店員閒坐終日。似此市況，
非至本期甘藷收成之後，想不易恢復也。

日本殖民當局也常利用這種臨時性醮會的特質，來慶祝「國家慶
典」或公共工程的竣工。譬如說，一九一六年，為慶祝總督府新廈落
成，在臺北市舉辦實業共進會，曾經轟動整個臺灣。為了吸引人潮，
就曾迎請北港媽祖到臺北會場❸。一九一九年三月，從臺北到宜蘭的
鐵路築成，「蘭市商郊及各街市，議請北港、關渡兩聖母來蘭，以備
廳下各鄉村人民乘此機會，來市參詣，亦可觀覽開通式，使蘭市一番
大熱鬧。於是十六坎街人民，日前先赴淡水、嘉義，迎請兩天后到
蘭。昨（三月八日）日媽祖鑾輿抵蘭，各界鼓樂十數陣，彩閣十餘
檯，遍遊市街」❼。三月二十三日舉行宜蘭線鐵道通車典禮，「是日，
迎請繞境，並迎蘭地各處神輿繞境。當日，鼓樂彩閣不下六七十隊。
目下兩后鑾輿在市，每日夜演唱梨園。或二三檯，或四五棚。歌妓彈
唱多至十餘所，少至五、六所。村庄男女，扶老攜幼來觀，紛紜不
絕。南北輕車，往來輻湊。市上一般商業，為之一振」❼。

至於第二項「散播廣告」原則，在一九一七年之前未嘗見之。一
九一七年六月十八日，為慶祝日本殖民二十二周年，大稻埕商人推出
「假裝」（化裝）大遊行。自大稻埕媽祖宮起，入城，到總督官府，而
後折回。其行列包括有辜顯榮所提供的八仙過海、林本源各房之藝
閣，李春生商行代辦三達石油之商品廣告隊，臺灣寶林會社雞血籐之
廣告隊、寶香齋之商品廣告隊，有四十九保之模擬日本軍隊及三大鎗

---

❸ 同❼，大正5年2月14日，3月5日，3月10日，3月23日，4月13日。

❼ 同❼，1919年3月9日。

❼ 同❼，1919年3月9日。

假炮一聲，蘭萊罐頭會社之蘭萊燈及水族燈一隊、裕源綢緞店的商品廣告隊，再加上旗隊和音樂隊，行列人員在五千人左右。由於是前所未有的創舉，「附近各村之來觀者不知有幾凡」[72]。

同年的霞海城隍誕辰的迎神賽會，受這次假（化）裝大遊行的影響不深，因而遭到批評：

> 詩意雜閣仍舊由各保、各郊戶、及個人隨意裝出。其數與往年略相同。惟其利用廣告者，徒有石田石油商會之生蕃行獵一隊而已。豈皆有所為而中止乎？[73]

這種利用迎神隊伍作廣告的觀念，在一九一八年，已有人大聲疾呼傳統的霞海城隍迎神隊伍要有所改變：

> 大稻埕霞海城隍例年於舊五月十三日繞境，本年將屆其期。新例公選之祭典委員長及諸委員，皆一片熱誠，極力準備，務較前年熱鬧，多方勸誘各團體協力。各團體亦鑑臺南迎鎮南媽祖之盛，一致團結。茶商、布商、糖米商、什貨商、乾果物商、其他各商分途準備，各保團體亦分保措置。茶商每鋪擬出詩意一棚，欲駕他途而上。由是以思，屆期必有如荼如火之觀可知。但所謂詩意者，要有古今事跡，一經裝出，令人知為某人某事，且點綴棚閣之物，亦宜有廣告的意味，乃見其佳。若仍用二三雛妓，鬢蓬似鬼，面黑如煤，縈一白頭布綠頭巾，拔一

---

[72] 同[67]，1917年6月19日。

[73] 同[67]，1917年7月2日。

白風披綠風披，古今事跡毫無，點綴亦沒意義。碎布破紙滿棚亂飾，令人觀之欲嘔。雖有千萬棚，不值一顧。若能意匠經營、富廣告的意味，點綴清淡，一棚可抵百千棚，常留後此榜樣，膾炙人口。雖破些金錢，於自家商業有益，不算虛糜。❼❹

這一年的霞海城隍祭典已出現一些帶有廣告意味的藝閣。《臺灣日日新報》的評論說：

即以出奇制勝，炫人耳目，兼有廣告的者而論，如中街捷裕參莊之緞結藝棚，南街高源發之緞結蜈蚣閣，艋舺美利之縛紙馬於自轉車，皆能脫去舊套。間以高源發獨出一頭地，捷裕參莊次之。然畢竟皆有美中不足。……至於東西藥房之弄人形小公子，如跳包老然。李金燦之紙糊人參，則未免近俗矣。然又有俗不可耐者，以檨葉結土車為茶山，使一男一女坐其中，以山歌互答焉。淫辭穢語，幾令人掩耳欲走。而歌者尚揚揚自得，恬不知恥。是真風化攸關，且有污及大市鎮之面目，不可無以為戒其後也。蓋車鼓戲尚在必禁，況此不成體統者乎！❼❺

真正做到迎神隊伍廣告化的是一九一九年❼❻和一九二〇年❼❼的臺

❼❹ 同❻❼，1918年6月19日。

❼❺ 同❻❼，1918年6月23日。

❼❻ 《臺灣日日新報》，1919年4月18日「臺南市媽祖於去十六七兩日例祭，奉神輿繞境。」4月20日「臺南迎神盛況臺南大天后宮鎮南媽祖，例年以舊三月十五日舉行祭典，十六、十七兩日迎神出為繞境。此關係全市之商業者大，其一切應辦事宜，本島人合內地人，經幾次在臺南公館，開臺南公會幹部會議以決定之矣。致祭之日，禮文順序，先放爆竹請神，地方長官拈香，

南大天后宮的媽祖誕辰。特別是後者尤其值得注意。一九二〇年臺南

行各獻禮，已而撤饌送神。禮畢，於臺南公館飲福。先數日各商舖準備燦行
諸事，均極忙碌，苦心用意，俾得各符其事，以昭廣告。紡織、布商團則揀
各色綢緞，貼以色紙店號。金銀商團即以金葉銀絲，鋪數而補綴之。雜貨商
團即以五色珠、五色線，牽連而貫穿之。金物商團即以鐵環銅線而穿成之。
糕餅商團即以雲片糕石羔而拈附之。草索商團則麥草旗，飲食商團即雞毛
旗，履物商團則草履足袋旗，線香商團振尚儀則雙龍蚊煙香旗，材木商團永
森記則杉片花旗，其他大旂小旂，五花十色，爭奇鬥巧，所謂無奇不有。
詩意，布商錦榮發裝洛川龍女，贈簫□以輕綃。震裕裝褻紗裂帛。合源棧藥
郊裝天臺採藥。永森記杉行裝牛山伐木。六保蔡厝裝買寧二府故事兩臺，一
爲寶玉到籠翠庵與妙玉品茗，一爲林黛玉戲教鸚武，以上數臺裝飾品有費數
百金者。福州團裝四臺，一是陸地行舟，一是觀音度上才，一是鐵弓緣，一
是收蛤精，雖人有亦有，然經彼點綴設色，亦覺清鮮。金銀商團舊足成，裝
紫薇獻豹，該豹純以金葉爲之。又有以金葉點綴成屋，而以藝妓坐於其間，
所謂金屋儲阿嬌者。其他六十餘藝棚，所裝飾者，實美不勝收。貸坐數團中
一陣北管，皆是教坊諸藝人，就中一對對二十名妓女，辦（扮）作男裝，純
是白麥帽，藍長衫，白襪白鞋。嘉義阿里山檜材商德豐號，係臺南人蘇友讓
營業，挑選十三四歲妙齡女子，裝八名宮女，步行手托化妝品，衣服麗都，
殊爲奪目。總合三十餘團體中，□以三山爲冠，不但裝出者傑出，即三陣音
樂，衣服整齊一色，亦有可觀云。」

❼　《臺灣日日新報》，1920 年 5 月 28 日「迎鎮南媽盛況四日臺南鎮南媽祖繞
境，是時春和景明，天高氣煦。正午煙火三場，由本廟口整陣行列，劈頭路
關牌、路關鼓、托燈、頭旗，第一番永樂町派出所管內諸鑼鼓、藝閣、神
輿，第二番福住町，第三番壽町，第四番錦町，第五番清水町，第六番本
町，第七番新町，第八番老松町，第九番大官町一同，第十番履物商團，
十一番糖餅，十二番藥材，十三番海產，十四番西市，十五番金銀，十六番
吳服，十七番足袋，十八番賭郊，十九番銀紙，二十番材木木挽，廿一番什
貨，廿二番福州團，廿三番貸座敷，廿四番金物，廿五番棕簑，廿六番藥
物，廿七番煙草，廿八番三郊，廿九番臺北之鼓樂兩對、韓（謝）范二大
神、霞海城隍、保生大帝、湄洲媽祖三頂花轎，三十番本宮馬隊執事香擔，
卅一番以和社十三腔，卅二番壯丁團、鑾駕、一對對橋班，卅三番鎮南媽神
輿，殿後振聲社之御前清客。商團中各以其所賣之物，或製成旗幟，或點綴
棚閣，或裝飾故事，與其營業有吻合者，無非欲昭其廣告。如布店錦榮發石

大天后宮邀請了臺北大龍峒保安宮的保生大帝❼⑧、大稻埕霞海城隍廟
的霞海城隍❼⑨以及基隆慶安宮的湄洲媽祖一同前去，參與盛會。這次
盛大的迎神繞境活動，共有三十三個梯隊，大多爲郊商團體所提供。
「商團中各以其所賣之物，或製成旗幟，或點綴棚閣，或裝飾故事，
與其營業有吻合者，無非欲昭其廣告。」❽⓪

　　這年臺南的廣告藝閣做得相當成功，引起嘉義、彰化、基隆等地
的仿效。五月十五日的《臺灣日日新報》更在〈詹炎錄〉中大力鼓吹
這種廣告概念：

　　　近世商戰激烈，不論所營何物，所製何物，均無不竭力鼓舞，
　　　以擴張其販路。欲擴張販路，除頻頻為廣告而外，無他法也。
　　　歐美人之商業，不分個人與會社，多就其資本一部，或利益幾

　　大模裝錦上添花，此錦上添花係石崇故事，不但與營業有合，且同是一姓。
　　糖餅團味珍齋之裝三娘送飯入瓜園及蔗境分甘，棚面鋪叙卻好，裝角欠雅。
　　其他吳服團、什貨團、賭團所裝藝閣，美不勝收，惜多不揭出典故，有欠分
　　曉。旗幟中如雞毛、草履、金銀絲等，或以趣味勝，或以貴品勝，或以精細
　　工夫勝，要不若材木商永森記之一杉片花旗較爲上乘，旗幅以三色檜杉，每
　　枝截作五六寸長，關約五分，厚約二分，入爲廝香範，四邊以杉片花捲成圓
　　圈，排一層壽字墩，一層萬字墩，墩之鬍則以生扁柏爲之，旗頭□一面罄
　　牌，純以杉片花製成一森字。開四個木工師，經兩週間，晝夜鬥角鉤心而
　　成。總藝閣在五十左右，大半不惜工資，一臺開三百以上者有之。本年福州
　　團體解散，所裝亦是出色，全體似較前稍遜。然南北來觀者，人數較多，自
　　一日來，每幫（班）火車皆立而無坐位。閩粵館、南北館、三山館、日之丸
　　館，自二日夜已充斥，酒樓妓院皆應接不退，滿市人山人海。當此財界恐
　　慌之際，其奢侈依然如是，怪底越日雨師稅駕，上天示儆，以抹殺其好景
　　也。」
　❼⑧　《臺灣日日新報》，1920年5月3日、5月6日。
　❼⑨　同❼⑦。
　❽⓪　《臺灣日日新報》，1920年5月15日。

分，劃充廣告經費，不稍吝惜。然廣告決非徒損也。廣告之法
不一，以報紙為最有效力，次則利用各處之賽會。其他因時
因地，各制其宜。蓋我之所營何業、我之所製何物，不有廣
告，人孰知之？諺云：「買者不知賣者何處？」此則無廣告之
害也。

南部各種商家利用媽祖繞境之機會，就其所營之業，與其所製
之物，費金錢、勞心力，編為故事，以引人目，而即以廣告其
所營與所製者。閱每年三月一次廣告，必得幾分銷路。與無廣
告者比例，其差甚多。故人皆樂之也。……大稻埕李金燦氏，
近年專售正老山高麗蔘，竭力擴張販路。北中南三處報紙，時
見其廣告。一年之間，當有五百圓以上。就彼之資本力計，可
謂多矣。又各處有迎神賽會，無不見其高麗蔘莊之旗幟。蓋李
氏深知廣告之有大效力，故不吝分幾分之利益，而時時為之
也。閱高麗蔘之販路，比諸三、四年前，多銷有十倍。李氏鼓
舞之力居多。而李氏又以不欺為念，故顧客多趨之也。同是售
高麗蔘，又同是老山，而李氏所銷獨多者，何耶？即廣告之力
也！ **⑧**

　　一九二〇年的迎神賽會廣告化過程中，還包括了對與會各廣告的
評審與頒給獎牌。其起源也是在臺南。就目前所蒐集到的資料而言，
「臺南廳學甲堡十三庄七十二社，此番聯合迎慈濟宮保生大帝繞境。
鼓樂陣頭千餘隊，詩意百餘閣。各匠心獨造，五花十色。中有西埔內
庄一閣，為漁人戲釣蚌精。鐵枝高掛，踏舞自如。嫣然一笑，百媚俱

---

⑧　同⑧，1920 年 5 月 6 日。

生。觀眾大喝采。鑑定人定爲優等賞。萬口同聲贊成」[82]。

一九二〇年的基隆神社祭典和慶安宮的湄洲媽祖祭典恰巧同於六月三日舉行。中日商團紛紛提供藝閣或音樂團，共有四十四隊，參加遊行賽會。也仿效臺南，大作廣告。並且聘請官員紳士評定名次，給予獎賞：第一煙草團，賞八角金牌一面；第二鐵道團，賞六角金牌乙面；第三水產團，賞四角金牌乙面；其他第四名到第十名，各賞褒狀一紙。對於這次基隆盛會，一般的評語相當好。報載「然綜其概況，比五月十三（霞海）城隍祭典尤盛，洵當地未曾有過之盛會也。」[83]

臺南、基隆等地盛大而且成功的迎神賽會，深深的刺激大稻埕的商家和居民。於是，要求舉辦一次更盛大，有更多廣告的賽會的呼籲聲，在霞海城隍年度祭典來臨之前，紛紛出現。六月十八日有一篇這樣的報導：

> 近時，各地迎神賽會，其所裝飾藝閣旗幟等事，類皆含廣告意味。分團別派，爭奇鬥巧。而主會務者又有以獎勵之。懸金牌其他爲賞。此事開自臺南市，而風行於嘉義、彰化等市。近日及於基隆，如火如荼。來（六月）二十八日，即舊五月十三日，稻江依例有城隍繞境之舉。南街乾元藥行當事陳茂通氏創意，將由該行出資，製成金牌三面，分一、二、三等級，如有藝閣其他裝飾故事，有含廣告的意味者，公同評定，則以贈之，藉資鼓舞。
>
> 夫稻江一市，已爲全島巨鎮。而迎城隍繞境之舉，嚮推全島最

---

[82] 同[80]，1920年6月7日。

[83] 同[80]，1920年6月18日。

熱鬧。今乃漸就退步，幾不能與他處爭雄長。全市體面所關，實不可無以鼓舞也。**㊶**

六月二十日，《臺灣日日新報》又刊出一篇署名「稻江人」的〈讀者投書〉。文中大力贊揚臺南與基隆改革迎神賽會，使之商業化的成就，呼籲今年大稻埕的迎神賽會絕不可落人之後。

在這種好勝爭強的氣氛下，乾元藥行提供大小不同的金牌三面，作為獎賞之用**㊸**。並且聘請名儒林熊徵（板橋林家的大房家長），連雅堂（《臺灣通史》作者）、洪以南、謝汝銓、魏德清、林朝儀、盧曉山，加上店主陳茂通自己，共八人，為評審員**㊹**。各商業團體都努力以赴，「所裝詩意雜劇，皆一洗固陋之習，以發揮廣告之精神，而保持首都之體面，一時可觀者遂不少。」**㊺**

一九二〇年霞海城隍祭典藝閣競賽的結果，優等賞為高源發號所裝出的「天孫雲錦」，取材自牛郎織女故事。一等賞為春風得意樓和高砂麥酒館所推出的「太白醉酒」。二等賞為郵船會社荷捌組（銷貨課）提供的「夕陽蕭鼓」。並且有三名佳作「並等賞」**㊻**。

仔細翻讀從一八九八年到一九三七年的《臺灣日日新報》，發覺一九二〇年前後，臺灣各地的迎神賽會和建醮活動有特別興盛的現象（參見表三）。鄉村地區的建醮和迎神活動完全遵照傳統的方式進行。都市地區的建醮和迎神活動則是呈現完全不同的風貌。一地的大

㊶　同㊵，1920年6月22日。
㊸　同㊵，1920年6月21日。
㊹　同㊵，1920年6月29日。
㊺　同㊵，1920年6月30日。
㊻　同㊵，1920年5月9日。

神有慶，就會邀請別個地方的大神來共襄盛舉。著名的例子，除了前面提到臺南大天后宮邀請臺北的保生大帝、霞海城隍、和基隆慶安宮湄洲媽祖之外，還有艋舺龍山寺媽祖誕辰時，迎得北港朝天宮、彰化南瑤宮、新港奉天宮三位媽祖[89]。羅東迎北港媽祖，駐六天[90]。新竹迎新港與北港兩地媽祖[91]，也趁臺南之慶，順便邀請南下的保生大帝，霞海城隍、湄洲媽祖駕臨，賜福於新竹地方人民[92]。基隆慶安宮年例媽祖誕辰迎神賽會，邀到臺北的霞海城隍和保生大帝，以及臺南大天后宮的鎮南媽祖[93]。金包里礦業和臺灣炭礦爲祭山神，迎請北港和關渡兩媽祖[94]。

　　除了大都市的大廟紛紛相互迎請，以繁榮地方之外，世俗的官廳與公共工程的落成，也起而效尤。前面提到宜蘭鐵路落成，迎來北港和關渡兩媽祖。另外像嘉義廳政府的官廳落成，也迎來嘉義轄內五大媽祖：南港、北港、溪北、樸仔腳、和麥寮[95]。這種現象究竟代表什麼意義呢？綜觀報上的記載，這種一口氣迎上兩三位大神，在遊行隊

---

[89]　同[80]，1920年4月26日。

[90]　同[80]，1920年5月6日。

[91]　同[80]，1920年5月7日、24日、26日。

[92]　同[80]，1920年6月7日。

[93]　同[80]，1920年5月17日。

[94]　同[80]，1920年6月16日。

[95]　霞海城隍祭典的評賞辦法，在1924年取消。理由是「惟是既均出於迎神之誠心，則等級之分，未免不妥。是故本年之祭典委員若（如）莊輝玉、陳天來、蔡根吉、葉金塗、王林木諸氏，於去六日下午六時，假莊義芳商行，邀請市內紳商四十餘人，協議結果，均謂際此今日，時勢進步，此種差別的之階級審查，理宜廢止。若至於行列陣頭之優劣，自有公道評論。何待獎賞。遂多數決定廢止。將其費用，留爲年末建醮之助。其時來會紳商、亦莫不齊聲贊成。於是衆議乃定」。《臺灣日日新報》，1924年6月10日。

伍中大作廣告的現象，不會早於一九一八年尾，到一九二四年才逐漸歸於平淡❾❻。爲什麼在這段期間有這種特殊現象呢？其答案當如追尋霞海城隍祭典起源一樣，宜從當時的社會經濟狀況來考量。

一九二〇年六月十七日《臺灣日日新報》刊登這樣的一則報導：

> 近時財界之風雲變色，日激一日，最苦者爲商家。屯積貨物，多售不出。又値銀行警戒，告貸無門。故除賤價發售，吸收財源外，別無他策。然多有不識時機，仍靳而不售者。頃者，大稻埕李金燦篸莊，揚大緊急廣告。文中有云：「將各貨減折賣出，以求現金，救濟銀關。現謀萬圓入手，至所欠用金額止。」可謂通權達變矣。是亦求人不如求己之意也。各商其速做之。

中藥、棉布、茶葉是大稻埕的三大營售項目，至今依舊如此。在中藥方面，除了李金燦篸莊在霞海城隍祭典期間，舉行大拍賣之外，中街的添籌藥行也跟進❾❼。乾元藥行❾❽、捷裕篸莊和捷茂藥行❾❾、等中藥店都在迎神行列中，推出極富廣告意味的藝閣。

棉布商也趁此機會，舉行聯合大拍賣，並附有獎贈券。獎分八

---

❾❻　《臺灣日日新報》，1920年6月25日。

❾❼　同❾❻，1920年6月21日。

❾❽　同❾❻，1920年6月25日。

❾❾　同❾❻，1920年7月1日。

等，可以抵值換購其他物品⑩。《臺灣日日新報》上所刊登的消息是
說：

> 大稻埕各棉布行，將利用此始政紀念日及大稻埕城隍祭日，地
> 方人士雲集稻市之時，共為棉布小賣之事，至來月五日乃止。
> 所賣豫想額約二十萬圓餘。此舉若成功、現下積滯之貨，自可
> 一掃而空。且以二十萬圓之資金，流於稻市，亦可挽回相當之
> 市況。其人氣必大良好云。⑩

茶商的情況也好不到那裡去。據報上所刊，「大稻埕刻下對包種
茶之交易，雖則盛行，然而烏龍茶為美國市況不佳，大宗之來購者殆
無。各茶館不得不觀望形勢。若由此推移，烏龍茶當更見輸出減退
也。烏龍茶去年輸出額三十九萬零七百六十三箱。本年二十萬箱之輸
出如何，尚屬懸念」⑩。

---

⑩　同⑯，1920年6月17日。
「大稻埕中南街二十四號棉布商及艋舺一棉布商，為祝二十五週年始政紀念，
自本日起至來月五日止，聯合減價大賣出，附有景（贈）品券，自特等至七
等，景品券總數十萬枚，金額六千五百元。小賣每二圓贈一枚，卸賣每五圓
贈一枚，現金交易，景品現場交換，其特等五本，每本金四百圓，得采者可
持該商品券，隨意到聯合各店，採取貨物。其一等二等皆分甲乙種，一等得
甲者金環一對，值價百圓，得乙者自轉車一臺，亦值價百圓，二等得甲者鳥
毛被一領，得乙者琥珀緞二丈四尺，各值價三十圓，各等則金額有差。此次
之景品，實為豐富，且價格亦公同協議，準照時價，特別降減發售，意在吸
收各方面現款，以資市面流轉。該大賣期內，二十八日即舊五月十三日為大
稻埕城隍繞境之年例，其時來觀賽會者，四方雲集，兼有此舉，市況當加一
層熱鬧也。」
⑩　同⑯，1920年6月13日。
⑩　同⑯，1920年6月18日。

　　綜觀這些現象，除了說明一九一○年代後期，臺灣的商業結構正快速朝向現代化市場結構發展，開始引進各國促銷手段之外，當時的國際貿易情勢也是值得注意的一項因素。

　　當我們逐年檢視由總督府所刊行的《臺灣貿易年表》時（見表四），就不難看出，從一九一四年到一九一八年，貿易順差連年上升。一九一八年的順差達到六百多萬圓。次年，就下跌了百分之四十左右，保有三百八十多萬圓順差。再過一年，也就是一九二○年，只剩下兩百萬圓的順差。到了一九二一年就呈現一百七十七萬圓的逆差。四年之間，整個臺灣的外貿下跌了八百二十萬圓。幅度相當驚人。究其原因，當是一次大戰之後，世界各國興起「保護主義」和「關稅壁壘」。臺灣的外銷事業受到嚴重的打擊。

表四　一九一一～一九二二臺灣外貿變動情形

年　份 year	外銷金額（圓） Export value	輸入金額（圓） Import value	差　　　　數 Balance
1911	5,847,743	6,586,215	－　　738,472
1912	7,534,043	7,844,836	－　　309,993
1913	6,780,868	6,949,694	－　　168,826
1914	8,268,367	5,152,353	＋　3,116,014
1915	7,723,046	4,532,355	＋　3,190,691
1916	6,868,142	4,145,086	＋　2,733,056
1917	5,570,669	2,724,532	＋　2,846,137
1918	9,686,856	3,269,087	＋　6,417,769
1919	9,675,339	5,865,535	＋　3,809,804
1920	8,248,192	6,240,735	＋　2,007,457
1921	3,075,281	5,477,742	－　1,772,461
1922	600,425	2,252,864	－　1,612,439

　*　Unit: Japanese Yen

**　資料來源:《臺灣貿易年表》，1933。

外銷不順暢，當然影響到那些主要通商口岸，主要是臺北、臺南、和基隆等地的地方經濟。這些地方的士紳商人藉用熱鬧的迎神賽會來振興地步，也就變得是理所當然。

大稻埕如何成為臺灣的經濟中心

從上節的敍述中，我們不難看出，二〇年代都市地區的建醮和迎神賽會，多半帶有「擴張販路」的功能。所謂擴張販路，用現代商業術語來說，就是「建立行銷管道」。商人們是如何建立他們的行銷管道呢？在這個擴張販路的過程中，大稻埕商人又居於什麼樣的角色呢？

在清代的臺灣社會，原本就有一個地方性的貨物銷售系統。那就是「行郊」系統。「郊」是一個從事進出口生意的批發店的總稱。這些大批發店，都叫「某某行」。在臺南、鹿港、新竹、澎湖、艋舺、大稻埕、宜蘭等通商口岸都有之。這些大盤批發商從大陸沿海進口貨物，銷售到腹地農村；也由臺灣各地農村蒐購貨物，運往大陸各地銷售❿。

設在各鄉鎮街市，其性質介乎生產者跟行郊之間的店鋪，叫做「辦仲」。是糖、米、茶、油等大宗物產的交易媒介。不過，這些「辦仲」，有時對於生產者具有一定的權利和義務。不像現代的「掮客」不負任何責任。因此，辦仲也可看成是大盤批發商的一種⓫。

---

❿ 詳見《臨時臺灣舊慣調查會第一部調查第三回報告書》之＜臺灣私法第三卷＞第四編第二章第四節「商人之種類」，1898:212。

⓫ 同❿，1898:213。

　　中盤批發商，叫做「割店」，也就是設在各市街，經營各種貨品批發的店鋪。通常行郎進口的貨品要經由割店，轉售給各地的小賣店（俗稱「文市」）和販仔。

　　文市亦稱「門市」或「下手」（大中盤商則稱「頂手」），開設在街頭巷尾、或市場內，羅列貨品，直接零售與消費者。其他如自購原料、製成商品銷售者，如香鋪、金銀紙店，也是文市，又叫工夫店。加工的手工業，如裁縫、染房、金銀樓等，也算門市，通稱工藝店⑩。

　　販仔是小型批發商。由店採購乾物雜貨等物，肩擔到各街莊，轉售於該地小店鋪，是一種肩挑之行商。販仔不設店鋪，偶然有薹貨寄棧，憑其信用購買商品銷售之，而後才付款給中盤割店。販仔又稱「走水仔」⑩。

　　直接售貨給消費者的是「小販仔」，一面行走，一面手搖小鼓，以招徠顧客。不用搖鼓者，則用口呼。這類小販所售者，多係日用雜貨、化妝品、針線等物，最受婦女歡迎⑩。

　　此外，還有「路擔」，是擺在路邊的攤販。其擺設地點多在廟前或城內附近路旁等人眾聚集之處，俗稱「露店」，多販售點心、乾果等食物⑩。

　　這個傳統的銷售網路可以整理成這樣的圖表：

---

⑩　同⑩，1898：214。

⑩　同⑩，1898：214。

⑩　同⑩，1898：214。

⑩　同⑩，1898：214。

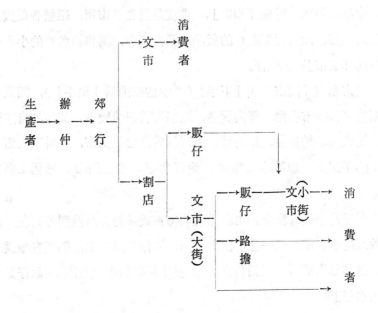

　　透過上述的行銷管道和網絡，將大陸與臺灣各地的貿易聯結在一起。就臺灣的實際情況而言，由於西部地區的河川流向大致呈平行狀態。每條河流的河口地區就形成一個港口，吞吐整個流域中所生產和所需要的貨物（圖五）。在清代，臺灣的道路系統做得很差，頂多是可通牙車的田間小路而已。以致大宗貨物的運送必須先用河運到河口港，再由海路運到別個區域的河口港。在這種情形下，整個臺灣西部可以被割分成幾個自然的經濟地理區，如圖五所示。各個經濟地理區單獨跟大陸沿海各港口從事貿易。

　　一八六〇年起，臺灣各河口港跟隨中國大陸沿海口岸一齊步入世界貿易的網絡之中。北部所產的茶為臺灣的經濟，特別是大稻埕及附近地區，立下汗馬功勞。那時的茶多半由大稻埕，出淡水港，先運往廈門加工，而後再運銷歐美市場。其他的河口港多半仍維持原狀。

圖五　臺灣西岸的河港與自然經濟區

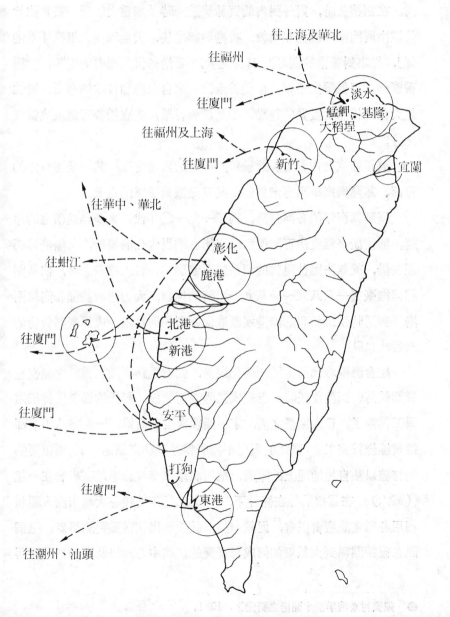

　　臺灣割讓給日本之後， 在政治上， 臺灣與大陸之間有了一條鴻溝。在割讓初時， 對外對內的貿易管道一時並無重大改變。茶葉依然是經由廈門輸往紐約和倫敦。香港興起之後， 大稻埕商人組織「香港郊」，從事對香港的貿易。 日據之後， 香港郊併入原有的廈郊， 改稱香廈郊。不但輸出茶葉， 也從香港輸入來自上海和日本的布疋。這就是大稻埕棉布批發業的起點。因是新興行業， 建立銷售管道就成當務之急。

　　眞正造成島內貿易和運輸形勢改變的因素有二: 其一是河口港的沒落、基隆與高雄兩海港興起; 其二是縱貫鐵路的完成。

　　臺灣西海岸的各河口港， 到了一九一〇年代， 大多難逃淤塞的命運。卽使淤塞程度尚可， 但水深不能容納現代化的輪船， 又無港埠碼頭設備， 就無法應付現代的貿易與運輸形勢。日人據臺之後， 依循劉銘傳撫臺（一八八五～一八九一）時的規劃， 大力建設基隆和高雄兩港。到這時候， 新興的海港逐漸取代原有的河口港， 成爲臺灣貨物的總吞吐口[109]。

　　配合海港取代河港這一變化趨勢， 就有鐵路之設。鐵路之設也起於劉銘傳。到他離任時， 已完成基隆到新竹段。繼任的邵友濂卻把這項工程停了。日人據臺之後， 才再繼續南築到高雄， 一九〇八年西部縱貫線全線完工。 鐵路的興建不僅聯繫基隆和高雄兩港， 更重要的是打破以往自然地理上的障礙， 把西海岸幾個經濟地理區串聯在一起（圖六）。 在這樣的外在條件下， 一九二〇年前後各大城市商人頻頻利用各種建醮賽會機會， 促銷商品， 就顯示出相當重要的訊息。這個訊息直接關係到大稻埕如何成爲臺灣的經濟中心， 以及當河口港沒落

---

[109]　戴寶村《清季淡水開港之研究》，1984。

圖六　縱貫鐵路將各自然經濟區串連起來

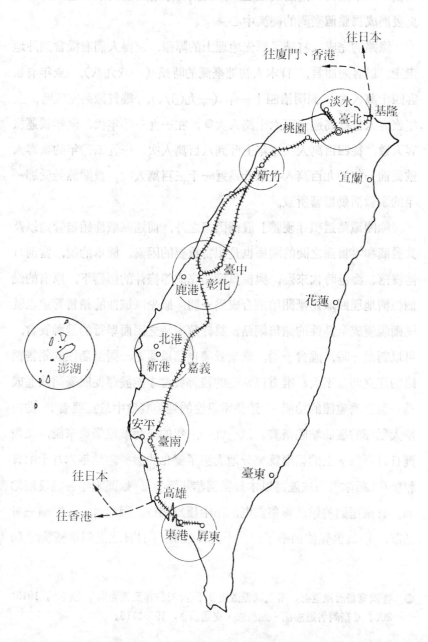

之後，原本是河口港的大稻埕又如何維持原有的經濟中心地位，甚至更發展成爲整個臺灣的經濟中心。

鐵路的完成，打破了原先地理上的障礙，使得人們有機會到外地走走。以客運而言，日本人初據臺灣的時候（一八九八），全年有旅客四十萬人次；到明治四十一年（一九〇八），縱貫鐵路完成時，全年旅客人數就高達兩百六十萬人次❿。在一九一〇年代，全年載運旅客人數，從四百萬人次逐年上升到八百萬人次。一九二〇年的載客人數從前一年的九百萬人次躍升爲近一千三百萬人次。很顯然是受那一年的宗教活動影響所致。

除開鐵路這項「硬體」設備因素之外，前述區域性銷售管道以及批發商和零售商之間的關係也是相當重要的因素。簡單的說，當河口港沒落、海港時代來臨，與縱貫鐵路完成等條件的影響下，原有的幾個經濟地理區域逐漸開始融合成爲一體，原先區域性的銷售管道也就逐漸蛻變成全島性的銷售網路。爲紓解一時之困而舉行的迎神賽會，可以刺激一時，醮會一過，繁榮景象也隨風而逝，對全島性的銷售網路的建立助益不大。唯有經常性的迎神賽會才能發揮促成臺灣演進成爲一個經濟整體的功能。這種常設性的迎神賽會中最重要者，當首推大稻埕的霞海城隍祭典。以一九一三年的霞海城隍祭典來說，《臺灣日日新報》上的報導就充分地說明了變化的形勢。是年六月十七日報載：「稻津霞海城隍將以本日循例恭迎繞境。茲聞本年各種設備尤周。日來逞邐善信，霧集雲屯，市中極爲雜沓。因此，大小商鋪一層活躍，店員俱覺忙個不了。」十九日報載：「日日北上列車滿載，稻

---

❿ 臺灣總督府鐵道部，《臺灣鐵道史》下卷，＜旅客及貨物累年比較＞，1910：206。《臺灣省通志稿‧經濟志‧交通篇》，1958：115。

艋旅館幾於無處容身，市上行人十倍百倍平日。」二十一日的報紙更詳細的分析商業情勢：

> 稻江霞海城隍賽會受所損者，乃附近之居民。最利者，唯稻江之商業。壹各商店之概況如左：
>
> 布商：各布商至賽會之際，例年收入額，較諸平日加十、八
> 　　　倍。……
>
> 籤鋪：籤鋪之賣出，非如布店之巨宗貨物。布店採買者概係遠
> 　　　客及各鄉村。籤鋪即係各商行及住家之購入，以供客
> 　　　者。前後三日間收入額比平日差有十倍。……蓋因籤鋪
> 　　　皆必需之貨物，非布帛所能比也。
>
> 雜貨：購買雜貨，非遠客，亦非在住人家，多在附近各村落。
> 　　　或者中南部之來觀者，概係購買綢緞。雜物則各地俱
> 　　　有。在住人家亦非必要時期。故購買者，均係各村人。
> 　　　各鋪收入比平日加有五倍。

根據這段報導，加上大稻埕耆老們的口述，我們約略的可以拿大稻埕，或廣泛一點的說是臺北市，為中心點，劃出三個同心圈圈來。在最內層的圈圈是以雜貨為交易主體。所謂雜貨，當係指各種日用貨品而言。在大稻埕和艋舺的居民平時就可以方便買得。但對淡水河流域，乘小船可以到達的範圍內的各村莊居民來說，平日小販所能供應的貨色有限，乘廟會之際，上一趟臺北批發市場，可以買到許多平日不易買到的日用貨品。因此，每逢霞海城隍誕辰祭典前後，淡水河流域各村莊居民都趁進香之便，到大稻埕來，採購可以貯存一些時日的日用貨品，以致「各鋪收入比平日加有五倍」。在這種情況下，臺北

（大稻埕）自然而然地成爲臺北盆地（淡水河流域）的經濟核心地帶。（圖七）

第二個圈圈是以銷售待客用品爲主，承購對象以小賣商店和一般家庭爲主。由於鐵路的開通，從新竹到臺北的旅程可以一日來回，因此，據者老們所說，前來批貨的小賣商店可以遠達新竹，所以，這個圈圈的範圍涵蓋了新竹以北的臺灣北部地區。

第三個圈圈則是以批發布匹、綢緞爲主。那時候臺灣居民對於衣著的要求相當節儉，中南部的布匹綢緞市場也不能算大，中南部的布商、綢緞商只需年進貨一次，就可以應付一整年零售所需。在這種情況下，一年一次的霞海城隍祭典對臺北的大盤批發商和中南部的中小盤零售商有特殊的貢獻。對臺北的大盤批發商說，他們從香港和日本進口布匹綢緞，從基隆由鐵路運到大稻埕，然後藉賽會之便，招待來自中南部的小賣零售商宴飲、玩樂，也做成一年一度的買賣，把零售商所批購的貨物再經由鐵路，運送到中南部各地。對中南部的零售商來說，他們反正是要上臺北批購貨物，趁祭典賽會時到臺北走一趟，既做生意，也享受大盤商所提供的宴飲和迎神賽會時所特有的歡樂氣氛。這些世俗的交易和宴飲活動都在「城隍誕辰」這項神聖象徵庇護下進行。

透過這樣世俗和神聖兩種層面的交互運作，霞海城隍祭典在短短數十年中，躍升成爲全臺灣最重要的宗教祭典。藉著鐵路的完成，打破了以前各自獨立的自然經濟地理區疆界，融合成一個新的整體。這種整體就是今天我們所熟知的「臺灣社會」。臺北（大稻埕）也就理所當然的成爲這個新社會的核心樞紐。

圖七　以臺北爲中心的三個同心商業圈

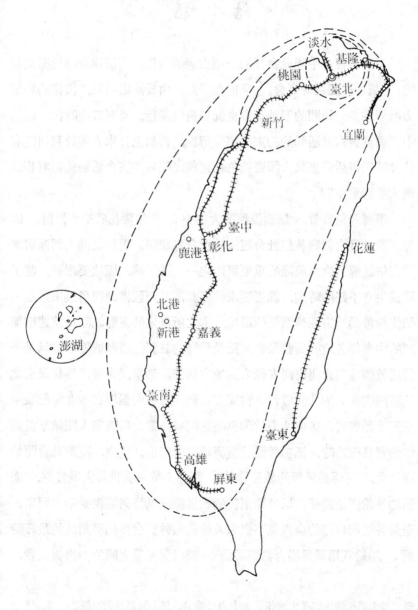

結　語

迎神賽會是中國社會裡的一項古老的習俗。明清律令雖然明文規定：「禁止民間迎神賽會。」⑩但在臺灣，由於地處邊陲，法律的約束力減弱許多，民間的迎神賽會也就相對的盛行。及至日據時代，原先中國朝廷對宗教活動的約束力完全解除。再加上日本人善於利用既有的熱鬧民俗活動來壯大節慶聲色。這種民間迎神賽會活動就擁有相當廣大的活動空間。

舉辦迎神賽會，無論規模或大或小，都需要花費不少錢財，因此，迎神賽會就與整個社會經濟狀況息息相關。更何況商人們深信神明庇佑是導致生意興隆的重要原因之一。賺了錢，固然要謝神。賠了錢或生意不好的時候，就更要求神賜福，甚至假借神明名義來創造一個能夠帶動地方經濟繁榮的環境。本文所敍述的霞海城隍以及連帶提到的中南部各地的媽祖祭典，正是最好的註腳。霞海城隍原本只是一種屬於福建省泉州府同安縣人的地方信仰，到臺灣之後，爲移民臺北地區同安商人的共同信仰。當同安人社區 —— 大稻埕在十九世紀後半期開始勃興時，這個地方信仰也隨之開展。當大稻埕商人開始享受連年的貿易順差時，把功勞歸於霞海城隍的庇佑。後來，臺灣社會開始商業化，需要拓展新的銷售管道；再加上第一次世界大戰後期，臺灣的外銷開始逆轉，以及結束後的世界經濟風暴與關稅壁壘等因素，臺灣各通商口岸的商人莫不視宗教性的迎神賽會爲拓展銷路的最好時機，紛紛利用這種場合打響廣告，或引發同業之間的一場折扣戰，

---

⑩　《大明律例》與《大清律例》中的＜禮律、禁止師邪巫術＞條。

以促進市面的繁榮。　在這種情形下，　臺灣商場界逐步邁入現代化階段。

　　當我們仔細回顧臺北市的開拓經過和霞海城隍祭典的起落興衰，就能明瞭宗教、社會、與經濟三層面之間，的確是相輔相成，共存共榮的。

（原文刊登於中央研究院歷史語言研究所集刊第六十二本第三分，頁291-
　　339，1991）。

參考書目

文　瀾　〈從臺灣茶談到稻江外商〉《臺北文物》2(3)，1953。

井出季和太　《臺灣治績志》，臺北，1937。

王世慶　〈清代臺灣的米產與外銷〉《臺灣文獻》9(1)，1958。

　　　　〈清代臺灣的米價〉《臺灣文獻》9(4)，1958。

　　　　〈海山史話〉《臺北文獻》直字37期，1976。

王榮峰　〈淡水港與臺北〉《臺北文物》6(4)，1958。

尹章義　〈臺北平原拓墾史研究 1697-1722〉《臺北文獻》第 53，54
　　　　期合刊，1-190，1981。

伊能嘉矩　《臺灣蕃政志》，東京，1903。《大日本地名辭書》，東
　　　　京，1907。

　　　　《臺灣文化誌》，東京：刀江書院，1965。臺北，古亭書
　　　　屋翻印本，1988。

朱景英　《海東札記》，臺灣銀行臺灣文獻叢刊第19種，1957。

吳逸生　〈艋舺古行號概述〉《臺北文物》9(1)，1960。

呂實強　〈偕叡理教士在艋舺初創教堂的經過〉《臺灣文獻》19(1)：
　　　　62-69，1968。

　　　　〈同治年間英商寶順行租屋案〉《臺灣文獻》19(3)：25-2，
　　　　1968。

李鹿苹　〈淡水港衰退的地理因素〉《地學彙刊》第 1 期，文化學院
　　　　地學研究所，1969。

李騰嶽　〈大稻埕茶葉今昔〉《臺北文物》2(3)，1953。

林俊勝　《臺灣寺廟的職權與功能之研究》，臺北：文史哲，1988。

林滿紅　〈茶、糖、樟腦業與晚清臺灣經濟社會之變遷〉，國立臺灣
　　　　大學碩士論文，1976。

　　　　《茶、糖、樟腦業與晚清臺灣》，臺灣研究叢刊第 115 種，
　　　　1978。

林衡道　〈關帝信仰在臺灣〉《臺灣風物》26(2):42-43，1975。

柯志明　〈據臺灣農村之商品化與小農經濟之形成〉《民族所集刊》
　　　　68:1-40，1989。

周宗賢　《臺灣的民間組織》，臺北：幼獅，1983。

周鍾瑄，陳夢林　《諸羅縣志》，1717 臺灣銀行臺灣文獻叢刊第 141
　　　　種，1972。

周憲文　《日據時代臺灣經濟史》，臺灣研究叢刊第59種，1958。

卓克華　〈清代臺灣行郊之研究〉，中國文化大學碩士論文，1982。

郁永河　《裨海紀遊》，1697臺灣銀行臺灣文獻叢刊第44種，1957。

洪敏麟　〈清代關聖帝君對臺灣政治社會之影響〉《臺灣文獻》162:
　　　　53-59，1965。

唐贊袞　《臺陽見聞錄》，臺灣銀行臺灣文獻叢刊第30種，1957。

黃叔璥　《臺海使槎錄》，臺灣銀行臺灣文獻叢刊第 4 種，1957。

黃得時　〈古往今來談臺北(一)〉《臺北文物》1，1952。

陳正祥　《臺北市誌》，臺北：敷明產業地理研究所，1957。

陳培桂　《淡水廳誌》，1820臺灣銀行臺灣文獻叢刊第172種，1973。

連溫卿　〈大稻埕的經濟發展〉《臺北文物》2(3)，1953。

連　橫　《臺灣通史》，臺灣銀行臺灣文獻叢刊第128種，1972。又，
　　　　中華叢書版，中華叢書委員會印行，1955。

莊金德　〈清初嚴禁沿海人民來臺始末〉《臺灣文獻》15(3)，15(4)

1964。

曹永和　《臺灣早期歷史研究》臺北聯經，1979。

溫振華　〈淡水開港與大稻埕中心的形成〉《師大歷史學報》6，
　　　　1978。

曾迺碩　〈清季大稻埕的茶葉〉《臺北文物》5(4)，1957。

艋舺龍山寺全誌編纂委員會《艋舺龍山寺全誌》，臺北，1951。

劉克明　《臺灣今古談》，臺北，新高堂，1929。

潘志奇　〈臺灣之社會經濟〉《日據時代臺灣經濟之特徵》，1957。

臺北市文獻會《臺北市志稿》，1965。

臺北縣文獻會《臺北縣志》，1960。

臺北廳《社寺廟宇に關する調查・臺北廳》，手稿，1915。

臺灣日日新報社《臺灣日日新報》，1898-1945。

臺灣省文獻會《臺灣省通志稿》，1958。

臺灣總督府《臺灣貿易年表》，1898-1937。

臺灣總督府殖產局特產課《臺灣の茶葉》，臺北，1937。

臺灣總督府鐵道部《臺灣鐵道史》，1910。

臺灣慣習研究會原著，臺灣省文獻會譯編《臺灣慣習記事》，1984。

薛志亮　《臺灣縣志》，臺灣銀行臺灣研究叢刊第61種，1958。

戴寶村　《清季淡水開港之研究》，臺北：師範大學歷史研究所專刊
　　　　第11種，1974。

藍鼎元　《東征集》，臺灣銀行臺灣文獻叢刊第12種，1957。

Chinese Maritime Customs Publications 1860-1948,
　　　　Shanghai Chinese Maritime Customs. 中央研究院近
　　　　代史研究所圖書館藏微卷。

Davidson, J.W. *The Island of Formosa: Past and Present.*

1903. Taipei. 蔡啟恆譯，《臺灣之過去與現在》，臺灣銀行臺灣研究叢刊第107種，1972。

Myers, Ramon H. "Taiwan Under Ch'ing Imperial Rule, 1686-1895, The Traditional Order," *Journal of the Institute of the Chinese Studies of the University of Hong Kong,* 4(2). 1971.

"Taiwan Under Ch'ing Imperial Rule, 1684-1895, The Traditional Society," *Journal of the Institute of Chinese Studies of the University of Hong Kong,* 5(2). 1972.

"Taiwan Under Ch'ing Imperial Rule, 1684-1895, The Traditional Economy," *Journal of the Institute of Chinese Studies of the University of Hong Kong,* 5(2). 1972.

Shepherd, John. "Plain Aborigines and Chinese Settlers on the Taiwan Frontier in the Seventeenth and Eighteenth Centuries," Ph. D. dissertation, Stanford University, 1981.

四十年來臺灣的宗教發展情形

前　　言

　　從民國四十年（一九五一）到民國八十年（一九九一）的四十年間，臺灣地區在宗教事務方面最主要的變化，一方面是基督教、天主教等西洋教派曾在這個時代的初期盛行一時，可是在一九六五年之後，當整個臺灣的社會與經濟逐漸邁入繁榮的時候，卻出現了持平，甚至衰退的現象。在另一方面，一向被民國以來的知識份子斥之為「迷信」的本土各種寺廟和教派，又隨著社會和經濟的好轉而日益昌盛。在這一盛一衰之間所透露出來的訊息，是民國以來某些思想前衛的知識份子所倡導的「唯科學主義」，遭到破產的命運，無論是「科學」或是「美學」都取代不了本土固有的宗教；同時，也顯示了中國的傳統宗教文化並不是不能適應新的現代社會環境，只要稍作調整，就可以有很好的適應和發展，甚至還會有意想不到的新功能。本文的主旨就是在說明這個發展趨勢，並分析它的成因。

　　有關這四十多年來各種宗教在臺灣的發展情形，一向乏人研究。到目前為止，只有中央研究院民族所的瞿海源在民國七十年時，曾主持過「三十年來臺灣地區各類宗教變遷趨勢之初步研究」計劃，是由行政院國家科學發展委員會資助的。這項計劃在天主教和基督教部份

所依靠的材料，主要是教會本身的統計資料；民間寺廟及佛道部份是利用官方的統計資料，包括臺灣省民政廳歷年所出版的《民政統計》、臺北市政府的《統計要覽》、和內政部的《內政統計提要》等。本文是以這次研究成績爲基礎，添加最近十年來的資料而成。

　　不過，有一點要項是讀者和研究者必需要注意的，那就是官方所記錄的寺廟數和實際社會上所具有的寺廟總數，有相當大的出入。原因是官方機構經常用它自己的標準來核准某些寺廟可以立案，某些寺廟則不可以；也有許多神壇根本不去登記，以致使得臺灣社會登記有案的寺廟數目要比實際上的寺廟數目少很多。登記者和未登記者的比例是1：2.5❶。由於這些未經登錄的寺廟遠多於已登錄的寺廟，官方資料就有它的先天性缺點。但是，除卻官方資料，有關民間寺廟的發展情形就沒有資料可以依據。因此，儘管官方資料有其缺陷，但是我們在討論寺廟的發展情形時，仍是不得不依靠它。

臺灣宗教的歷史背景和社會條件

　　臺灣的漢人社會是個由閩粵移民所組成的社會。它的民間信仰、宗教禮俗、乃至於風俗習慣，無不源自閩粵家鄉。這一點基本的認識在清康熙三十四年（一六九五）高拱乾所著的第一本《臺灣府志》中已經清楚的說明了❷。

---

❶　《聯合報》，民國八十年五月二十九日＜臺北要聞版＞載：「市議員卓榮泰、周柏雅指出，根據民政局綜合各區公所調查統計，目前臺北市列管有案神壇有一千零九家，是合法寺廟的兩倍半，神壇泛濫，並影響市民生活，民政局卻毫無辦法約束。」

❷　高拱乾《臺灣府志》卷7＜風土志・歲時＞條云：「凡此歲時所載，多漳泉之人流寓於臺者，故所尙，亦大概相似云。」

　　當十七、十八世紀時，西班牙人、荷蘭人、葡萄牙人相繼東來，跟中國人做生意。日本人也跟著在中國沿海及東南亞一帶做生意。閩南的漳州、泉州兩府以及粤東的嘉應州、潮州等地的人民，更熱衷於追求海上貿易的利潤。他們的海外貿易船隻絡繹不絕的穿梭往來於東海、南海、和臺灣海峽。使得這些海域實際上成為閩粤人民的內海。在這種情況下，臺灣很自然的被吸進這個海上貿易網絡中。在明朝中晚期，最先到臺灣來的閩南人是從事漁撈❸、短期的種植稻米❹、以及向平埔番族蒐購鹿皮而後轉賣到大陸和日本去❺。等到明朝覆亡，縱橫東海與南海的海上私人武裝貿易船隊搖身變成支持明朝正統的中

❸　參看曹永和＜明代臺灣漁業誌＞和＜明代臺灣漁業誌略補說＞，在氏著《臺灣早期歷史研究》，1979:71-255。

❹　曹永和＜中華民族的擴張與臺灣的開發＞一文提到：「惟其時臺灣尚屬原始的部落社會，人口收容力甚少。此類漢人多暫時性居留，漁期或狩獵期一開始就來臺，結束後卽返大陸。荷蘭人獎勵農業以後，農民尚有春間自大陸來耕種，秋收後再返大陸。屬季節性的移民，移動性高，尚未作農業定居，漢人未形成獨立的村落。」《臺灣早期歷史研究》，1979:12。

❺　明萬曆三十年，陳第《東番記》曰：「……始通中國，今則日盛。漳泉之惠民、充龍、烈嶼諸澳，往往譯其語，與貿易。以瑪瑙、磁器、布、鹽、銅簪環之類，易其鹿脯皮角。」曹永和引《巴達維亞城日誌》一六二五年四月九日條：「據傳聞，每年可獲鹿皮二十萬張，乾燥的鹿肉和魚乾亦相當的多。……在大員灣中，約有一百艘戎克船，是從中國來的，從事漁業，並收購鹿肉，輸至中國。大概每一個平埔部落中有一兩名，甚至五六名漢人進去，用米、鹽，或衣料、雜貨，以交易番人產品。」曹永和更說：「在日本應仁之亂後，進入戰國時代，群雄割據。武士的甲鎧多用鹿皮，其需甚殷。以後鹿皮並成為日本人日常生活中所常用的皮革。但日本國內所產的鹿皮不敷所需，多靠南洋供應。至是，臺灣亦是變成供應地之一。由於鹿皮變成為國際貿易的商品，於是促進了臺灣的漢番交易的興盛。許多漢人就進入土著部落，以鹿皮為主要目標，從事交易。而將鹿皮蒐集後輸至日本，以肉做成鹿脯，輸回大陸。」《臺灣早期歷史研究》1979:11。

流砥柱。臺灣於是成為這支武力的基地。漢人在臺灣的地位方告確立。那一年是清順治元年，西元一六四四年，鄭成功趕走了佔領臺灣的荷蘭人。

閩粵人士每當要揚帆出海跟外國貿易，或移居臺灣時，就會把他們的保護神 —— 主要是媽祖（天妃），或是有水仙尊王或其他神祇，供奉在船上，派一名「香公」，日夜燒香，祈求海上航行平安❻。這種求保平安的辦法並不見於航行在福建沿海或是內陸河川的船隻。它的原因可能是由於航行在臺灣海峽、東海、南海等地，氣候變化不定，常會被颱風吹翻而沉沒。當危險性增高，人們在心理上所遭受的壓力也相對的增加，於是就需要用宗教的辦法來祈求平安，消除心理上的恐懼。近海或內陸航行的危險性就相對的少了很多，人們自信有能力應付各種狀況，也就不特別需要神明的庇護了。

對十七世紀的閩粵移民來說，臺灣也是個充滿瘴癘疾病的恐怖地方。清康熙三十九年（一七〇〇）郁永河在他的《裨海紀遊》中就說，「客秋朱友龍謀不軌，總戎王公命某弁率百人戍下淡水（按係今高雄一帶），纔兩月，無一人還者；下淡水且然，況雞籠、淡水遠惡尤甚者乎？」❼「君不聞雞籠、淡水水土之惡乎？人至即病，病輒死。凡隸役聞雞籠、淡水之遣，皆欷歔悲嘆，如使絕域。水師例春秋更戍，以得生還為幸。」❽移住臺灣的人既然面對如此可怕的環境，當然也需要用超自然的辦法來安撫人心。於是在登陸臺灣之後，船上

---

❻　《淡水廳志》卷7志6＜武備志・船政＞引《赤嵌筆談》云：「南北通商，每船出海一名，即船主。……通販國外，船主一名，財副一名，……香公一名，朝夕焚香楮祀神。」

❼　郁永河《裨海紀遊》卷中，臺銀本，1959:17。

❽　郁永河《裨海妃遊》卷中，臺銀本，1959:16

所供奉的神明就被請下船來，安置在臨時搭建的草寮，或私人的住家中，供同來的鄉親好友平日燒香膜拜之用。過些年，開墾事業有了成果，大家的經濟狀況稍稍好轉，人們感謝這些年來神明的庇佑，往往就會鳩集資金和勞力，爲他們所供奉的神明建造一個永久性的磚造廟宇。以後再翻修或擴建。廟宇就會逐漸長大。這就是臺灣民間各種寺廟的最常見的發展模式。

綜觀十七世紀到十九世紀末年的三百年間，閩粤移民在臺灣的分布情形，我們大致可以這麼說：泉州人由於一向擅長海上貿易以及沿海的漁鹽之利，所以居住在有貿易及漁鹽之利的海口地區。當泉州移民進入這些地區之後，大致都由經營海上貿易的「郊商」捐資興建媽祖廟或水仙王廟，作爲鄉里的信仰中心，同時也作爲郊商的辦公和開會的公共場所。這些廟宇包括：臺南的大天后宮、水仙王宮；北港的朝天宮；鹿港的天后宮；新竹的內、外媽祖廟；臺北的龍山寺、霞海城隍廟、和慈聖宮；基隆的慶安宮等。這些廟宇因爲居於某個自然經濟區域的商業網絡的核心而雄霸一方，也因而彼此競爭，至今尤爲激烈。

移住內陸平原地區從事農墾的人是以漳州人和一部份泉州人爲主。早年當第一代祖離開家鄉時，通常都會迎請家鄉最威靈顯赫的神明，作爲保護神。到了臺灣定居以後，也是依照既定的模式，先建臨時性的草屋供奉神明，或在私宅中設立神壇。以後等到開拓有成，經濟情形好轉，同村的人們才能鳩集資金，將草屋神壇改建成磚牆瓦頂的寺廟。不同來源的人群迎奉不同的神明，例如：同安人尊奉霞海城隍；惠安人尊奉靑山尊王；安溪人尊奉淸水祖師；漳州人大多尊奉開漳聖王；而客家人則尊奉三山國王。今天，我們可以憑藉這些寺廟的分布情形來推測昔年的移民聚落的分布和遷徙情形。

中國人一向尊重地方上的山川神祇。到達某個地方，一定要祭拜當地的山神和土地。閩粵人民當然也不能例外。於是村村里里都有土地公廟。廟與廟之間有一定的疆界，反映出現實社會裡的鄰里關係❾。同時，為了防止當地的惡靈精怪作祟，而有驅邪趕鬼的「王爺信仰」和王爺廟，以及「茄苳公」、「大樹公」、「石頭公」等信仰和他們的廟宇。為了不受厲鬼作祟而有「有應公」、「大墓公」、「萬善同歸」等祠堂的設立。為了紀念為地方福祉而犧牲性命的人，於是就有了「義民廟」或「義民祠」。

　　閩粵移民藉著這些有關超自然神力的設計，建立起一個堅強的保護網，把自己的家和整個村落，甚至於更大一些的地區，置於這個保護網的保護之下。我們唯有從這樣的角度去看民間各種宗教信仰及活動，才能真正的瞭解到為什麼臺灣社會會有這麼多的廟宇，而且這些廟宇並不會因科學教育昌明而衰落。因為儘管科學如何昌明，總會有很多事情是科學無法解答的。古老的「惡靈作祟」可以由於醫藥進步而被人們淡忘，但是在工商業的社會中又有更多無法預知的在經濟與社會方面的新危機，人們在心靈上承受更多的壓力。這種危機感在本質上跟草萊初創時期的「惡靈作祟」又有什麼差別呢？

　　除了民眾自動自發所建的寺廟之外，還有官方的祠廟。按照明清的法令規定，每個州府縣都必須設立一些官方的祠廟，代表皇帝按時致祭天地、山川、社稷、先聖先賢、和孤魂野鬼，以求地方上的平靜安詳，物阜民豐。這些祠廟和祭典都屬於國家禮儀的一部份。其中最重要的是城隍廟。城隍代表天地神明鑒察民間的各種善惡功過，彙報

---

❾ Kristof M. Schipper. "Neighborhood Cult Association in Traditional Taiwan." in G. William Skinner ed. *The City in Late Imperial China.* 1977:651-677。

於天帝與閻王，有獎善懲惡的功能。城隍廟內也放置天地、山川、社稷、神農、厲鬼的牌位。隨著清代行政區域的調整和縣治的搬遷，在臺灣應該有二十多個官方的城隍廟。可是在臺灣的城隍廟卻有兩個不同的系統，一個是官設的城隍廟；另一種則是民間私設的城隍廟，常以「觀音亭」、「青山王宮」等名號出現，赫赫有名的「臺北霞海城隍廟」也是屬於此類民間私設的城隍廟。

至於佛教的和尚和道教的法師（司公），在有清一代，都是以個人身份來到臺灣，主持廟務或替人做法事，都沒有發展成超越地域宗族組織的教派。

直到清朝中葉以後，才開始有超越宗族和地域性組織的教派傳入臺灣。從中國大陸傳來的教派有龍華教、金幢教和先天教（三者在日據時代合稱「齋教」）；從西洋傳來的有天主教和基督教長老教會。

所謂的「齋教」，究其根本，實在是明末清初一連串「救世主」運動中的三個重要支派。產生這些救世主宗教運動的時代背景是晚明在政治、社會、經濟、思想、文化等方面呈現出混亂和崩解的現象 ❿，有一些有心救世的人把道家和理學家所說的宇宙起源加以神格化，稱之為「無極聖祖」、「無生父母」、「無生老母」、或其他名號。認為人都是這個宇宙源頭的「皇胎兒女」，降生在東土之後，迷戀紅塵，以致失去了本性，沉淪苦海，回不得天上家鄉。在天上的父母（或老母）不忍看到他的兒女沉淪受苦，就派遣使者（救世主）到人間來，渡化眾生，使眾生認識本來面目和回家的途徑 ⓫。在明末清初，屬於

---

❿　宋光宇＜試論無生老母宗教信仰的一些特質＞《史語所集刊》52(3)：529-590，1981。

⓫　同❿。

這種救世主運動的教派有十幾個⓬。其中傳到臺灣來的只有龍華、金幢、先天三派。

龍華教和金幢教都是源自明朝正德年間（一五〇六～一五二一）山東人羅因所創的「羅祖教」（又作「羅教」）。羅教到了後世，由於傳承譜系的關係，衍化成爲「大乘教」、「金幢教」、「老官齋教」、「無爲教」、「清茶門教」、「糍粑教」、「龍華教」等派。各教又各自發展內部的門派。這種情形宛如一個大姓中的分房現象。龍華教的「漢陽堂派」是在嘉慶二年（一七九七）從福建省興化府仙遊縣傳入臺灣。到日據初年有十三堂。但在日據時期，這一派的齋堂被日本之佛教宗派所合併，以致消沉下去。「一是堂派」也在嘉慶二年前後，自福州傳入。臺灣日據時期在臺中、新竹、桃園一帶，有六十八個齋堂。另有「復信堂派」，自「漢陽堂派」分出，在臺灣有十二個齋堂。

金幢教也是在嘉慶初年傳入臺灣，在中南部傳道。在日據時期有二十七個齋堂。

先天教則是來自另外一個源頭 —— 道教的金丹道⓭。清康熙年間江西鄱陽湖畔有金丹道的道士黃德輝改革金丹道，另立先天大道。創教後百餘年間，一直是鄱陽湖畔的小教派。嘉慶（一七九六～一八二〇）、道光（一八二〇～一八五〇）才開始宏揚光大。在清末時，先天大道分化爲「同善社」、「圓明聖道」、「歸根道」、「西乾堂」等。而西乾堂後來在光緒初年由山西傳到山東，演化成「東震堂」，再於光緒十年改名成「一貫道」，抗戰勝利之後，才傳入臺灣（詳見第六節）。原始的先天教是在咸豐年間（一八五一～一八六一）從福建傳來，到

⓬ 參看清人黃育楩《破邪詳辨》。

⓭ 林萬傳《先天大道系統研究》，1984:序4; 1.42-1.128,

了日據末年有二十個齋堂。

　　從西洋傳來的教派主要是天主教和基督教長老教會。明萬曆四十七年（一六一九）就已經有天主教的傳教士到達臺灣傳教。明末崇禎年間，天主教在基隆、淡水、宜蘭、三貂等地傳教。當荷蘭人趕走在臺灣北部的西班牙人時，天主教士也就隨之撤退。清代自康熙末年到道光年間，嚴禁天主教在中國傳教。咸豐八年（一八五八）英法聯軍攻入天津，迫清廷簽下天津條約，宣布不論天主教或基督新教，都可以到中國傳教。天主教和基督新教各派才進入臺灣傳教。民國二年，天主教成立「臺灣教區」。全島有聖堂十八座，傳道所二十一所，宣教師八名，教友三千四百三十八人❶。民國二十九年時，教友人數為九千七百三十七人。

　　英國基督教長老教會在同治四年（一八六五）傳入臺南，後移高雄，是為南部長老教會的開始。同治十年（一八七一），加拿大的甘為霖（William Campbell）和偕叡理（馬偕 Marckey）兩宣教師到高雄。次年，馬偕和李庥（Hugh Ritchie）牧師抵達淡水，是為北部長老教會的發端。光緒元年，李庥創立臺東教會。到民國十八年，全臺灣有長老教會一百六十座❶。信徒人數不詳。

　　在日本人統治的五十年中（一八九五～一九四五），對在臺漢人的宗教活動的管制是由放任而後逐漸收緊。大致說來，明治時期（一八九五～一九一一）是放任時期。日本殖民政府忙著削平反抗，無力管到宗教事務。民間也因戰亂而無力恢復清朝時的盛況。

　　大正時期（一九一二～一九二五）是繁榮時期。臺灣社會在這時

---

❶　《臺灣省通志》卷2第1冊，1971:91。
❶　《臺灣省通志》卷2第1冊，1971:140。

候已經完全安定，市面也日漸繁榮，大型的公共建設也相繼完成。各地的寺廟又開始舉辦「鬧熱」（大拜拜和迎神賽會），甚至利用「鬧熱」場合來促進地方商業的繁榮。日本當局也常利用「鬧熱」來增添公共建設落成典禮和神社祭典的歡樂氣氛⑯。同時，在大正四年由各地的公學校校長負責調查學區內的寺廟，列冊管理⑰。這就是「寺廟臺帳」的起源。丸井圭治郎據此報告寫成《臺灣宗教調查報告書》，是第一本有系統的調查報告。

昭和時期（一九二六～一九四五）是緊縮時期。前十年還算寬，後十年就因日本積極入侵中國，企圖稱霸東亞，於是就要設法切斷在臺漢人跟中國老家之間的文化臍帶關係。在「皇民化運動」中，各地寺廟神佛一齊「升天」，焚燒偶像，沒收寺廟財產，放逐或改造宗教人士，強制奉祀日本的天照大神，參拜神社⑱。漢人的傳統宗教至此大受打擊，暫時消沉。由西洋傳入的基督教也同樣受到壓迫（詳見第四、第五節）。因此，一九四五年以後的臺灣宗教發展情形，可說是一個全新的發展歷程。

四十年來的發展情形

從民國四十年到民國八十年，臺灣的社會與經濟情勢，大致可以劃分成兩個階段。前二十年是由風雨飄搖的不安狀態中逐漸安定下來；後二十年則是由安定中求發展，終臻於富裕繁榮的階段。在臺灣

---

⑯ 宋光宇〈霞海城隍祭典與臺北大稻埕商業的發展〉《史語所集刊》62,(2)：291-336，1991。

⑰ 這批資料原件塵封於中央圖書館臺灣分館，計有臺北、桃園、新竹、南投、嘉義、臺南各廳的資料。

⑱ 《臺灣省通志》卷2第4冊，1971：289-295。

這塊土地上，無論是本土的或是西洋的宗教組織和活動，他們的發展情勢，都跟外在的大環境息息相關。

　　首先讓我們來檢視一下本土宗教的發展情形。

　　余光弘曾經利用劉枝萬的寺廟調查表⑲、《臺灣省通志》中的寺廟概況⑳、仇德哉的《廟神傳》㉑、和臺北市的《寺廟概覽》㉒等資料，將民國四十九年、五十五年、六十四年、和七十年的本土各教派的寺廟總數，列成一個統計表：

表1　民國四十九年到七十年臺灣地區本土寺廟統計表

	佛 教	道 教	理 教	夏 教	軒 轅	其 他	總 計
49	838	2947	—			55	3840
55	1103	3322				351	4786
64	1231	4084	6	2		13	5338
70	1279	4229	6	2	2	21	5539

＊本表「其他」部份包括祖祠、天理教、回教、和「不詳」。

＊理教又稱「在理」，創立於明朝末年，在清末民初時，因勸人戒食鴉片而宏展於華東地區。民國三十八年時傳入臺灣。到臺灣後，因臺灣沒有什麼人吸食鴉片，以致失去原有的依靠，而告一蹶不振。

＊夏教是明萬曆時閩南人林兆恩所創，流行於閩浙一帶。清朝中葉以後傳入臺灣。目前在臺北市林森北路的小巷內附近還保留一處夏教的寺廟。

＊軒轅教是民國五十年前後王寒生在臺北新創的教派。它的儀式是揉合了一貫道和孔廟的祭典。它的信徒也與一貫道相重疊。

⑲　劉枝萬〈臺灣省寺廟教堂名稱主神地址調查表〉《臺灣文獻》11 (2):37-236,1960。

⑳　《臺灣省通志》卷2第4、5冊。

㉑　仇德哉《臺灣廟神傳》(三版)，1981。

㉒　臺北市政府民政局《臺北市寺廟概覽》，1985。

又，根據民國七十三年到七十八年的《中華民國統計年鑑》中的〈臺灣地區各宗教教務概況〉統計資料，我們得到以下這樣的一個統計表：

表2　民國七十三年到七十八年臺灣地區本土寺廟統計表

	佛　教	道　教	理教	天理	軒轅	一貫道	其他	總　計
73	1710	6955	368	101	20	—	23	9177
74	3261	7116	368	63	20	—	28	10856
75	3265	7224	368	101	20	—	27	11005
76	3265	7353	368	105	14	—	23	11128
77	3345	7461	368	105	14	—	27	11320
78	4011	7959	49	109	15	60	47	12250

＊73年到75年的「其他」項目包括回教和大同教。
＊76年和77年的「其他」項目包括回教、大同教、和天帝教(20)。
＊78年的「其他項目」包括回教、大同教、天德教(16)和天帝教(24)。
＊資料來源：民國七十四年至七十九年《中華民國統計年鑑》。

再以近年來的本土神職人員數目來說，其變化情形如下：

表3　民國七十三年至七十八年臺灣地區各教派神職人員統計表

	佛教	道教	理教	天理	軒轅	一貫道	回教	天帝	天德
73	7000	19501	66	482	154	—	8	—	—
74	5122	21405	66	87	156	—	8	—	—
75	5328	22332	66	482	156	—	8	—	—
76	5860	23430	66	494	156	—	8	1920	—
77	6360	24832	66	494	156	—	10	6	—
78	8905	27499	252	502	90	115904	10	12	169

＊資料來源：民國七十四年至七十九年《中華民國統計年鑑》表290。

　　綜合來看這三個表格，有一些矛盾的地方需要先說清楚。首先要指出，這些數字是內政部依照各教總會所填報的寺廟和信徒人數而直接刊布，並不曾做過檢覈和求證，以致有些數字自相矛盾。例如理教部份的統計數就相當不可靠。這個教派在民國六十年代筆者從事對它的研究時就已經很衰微了❷。表一清楚的顯示，在前二十年裡一直只有六間寺廟，不太可能在七十年代一下子就有三百六十八座寺廟。而且這個數字跟表3的同一時代該教的神職人員數目六十六人不能相配。

　　民國七十六年，天帝教首次登錄在官方統計資料中。他們的神職人員數目高達一千九百二十人也是不可相信的。因為往後兩年的數字就少了很多，照常理推斷，神職人員是一個教派的基本幹部，不可能一年之間就少了百分之九十九以上，否則就會面臨全面瓦解的局面。

　　一貫道在民國七十六年一月正式獲得內政部的認可。次年，一貫道報給內政部的統計數也有可議之處。表二的寺廟六十座，是指建築得像一般寺廟樣子的大型公共佛堂。在它的《一貫道簡介》（總會一九八九）中記載有可供信眾聚會的家庭式佛堂二萬間。表3所列的神職人員數高達十一萬五千人，相當驚人。事實上，一貫道內可以主持正式儀式的「點傳師」人數並不很多。把在報人數時是把可以上講壇講課的「講師」這一級也算成神職人員，才有十一萬五千人之多。有關這個教派的詳細情形參看第六節。

　　根據表1和表2，我們看到佛教和道教在民國七十年後的兩三年，

---

❷　宋光宇＜在理教──中國民間三教合一信仰的研究＞，臺大考古人類學研究所碩士論文，1974。

都出現了一種「躍昇」的現象。在佛教方面，表1所列的三個時段顯示佛寺的增加是相當緩慢。但是從民國七十年到民國七十三年，增加了四百三十一座寺廟；從七十三年到七十四年的一年之中，更一口氣增加了一千五百五十一間。其後又是呈緩慢增加的趨勢。

在道教方面，由於傳統的社區寺廟都歸入道教的勢力範圍，以致它的寺廟數量一直超過佛教很多。在表1所列的三個時段中，每一時段大致增加七百間寺廟。可是在七十年到七十三年，一下子增加了兩千七百二十六間寺廟。其後的四年間，則呈現穩定的上升狀態，一共增加了八百四十三座。佛道兩教寺廟的增加情形用曲線圖表示如圖一。

面對這樣子佛道兩教共有的「躍昇」現象，我們不禁要問：「這種『躍昇』現象究竟代表什麼意義？」在找尋這個問題的答案時，有幾方面事項需要注意。第一，建廟是件集腋成裘的事。佛教僧尼是要靠「化緣」的辦法；或是利用「趕經懺、做佛事」的辦法，來廣結善緣，慢慢的累積資財，鳩工興建。若是不能達成這個目標，就只好在大廟裡「掛單」。因此，佛寺數量增加，至少表示是有相當數量的僧尼可以獨立擁有屬於他自己的寺廟。道教寺廟的興建大都由地方上頭面人物出面號召地方父老兄弟出錢出力。頭面人物的號召力愈強，神靈愈顯赫，則所能募得的資財也就愈多。連帶的也更強化地方頭面人物的聲望和影響力。在這種情形下，一個私人神壇很容易在地方頭面人物的支持下，逐漸發展成為一座大廟。

第二、建廟是件曠日費時的事。從發起到建成需要經過一段很長的時間。七〇年代初期的寺廟劇增現象，是要靠前面十幾二十年的努力和累積。因此，要想分析這個躍昇現象，就必須要注意前面十多年的社會經濟環境。

圖一　民國四十九年至七十八年佛道寺廟之變動情形

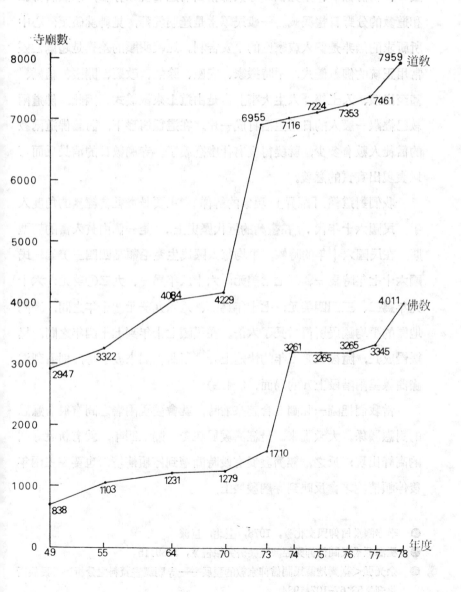

　　第三、民間有「佛道不分」的現象。研究臺灣宗教的學者如李亦園❷、瞿海源❷、余光弘❷等人都指出有這個現象存在，以致於佛教和道教的分野日趨泯滅。一般民眾常是逢廟就拜，見神就磕頭；心中所祈求的無非是個人或家庭的平安吉利。比較明顯的差異是超薦亡靈常用正統的佛教儀式，平時搬家、安座、除煞、改運、開張、結婚、甚至出殯、入土等「人生大事」常是由道士來做儀式。因此，佛道兩教已經跟一般人的日常生活打成一片。在這種情形下，討論佛道兩教的信徒人數有多少，就變得沒有什麼意義了。寺廟數目的消長反而可以表現出實質的意義。

　　我們對這種「躍昇」現象的解釋，主要是從社會經濟的角度入手。民國六十年代，在臺灣的近代歷史上，是一個由貧入富的轉型期。在民國六十年的時候，平均每人國民生產毛額是四四三美元。民國六十七年時為一、五七七美元；六十八年為一、九二〇美元；六十九年為二、三四四美元；七十年為二、六六九美元。十年之間，臺灣地區的平均國民所得增長了六倍。在民國七十年到七十四年之間，呈緩慢成長，隨後又是五年的快速上升。用曲線圖來表示時，則看到這條曲線呈兩階段上升的局面。（圖二）

　　當我們把圖一和圖二合起來看時，就會發現兩者之間有很有意思的對應關係。大致說來，是經濟發展在先，隔三四年，就有新設寺廟的高峰出現；反之，經濟發展有段時間遭到停頓情境，也要在三兩年後停頓情境才會反映到寺廟發展上。

---

❷　李亦園《信仰與文化》，1978，臺北，巨流。

❷　瞿海源《民間信仰與經濟發展研究報告》，1989:15。

❷　余光弘〈臺灣地區民間信仰宗教的發展──寺廟調查資料之分析〉《民族所集刊》53:67-107，1984。

圖二　民國六十年至七十八年平均國民所得變動趨勢

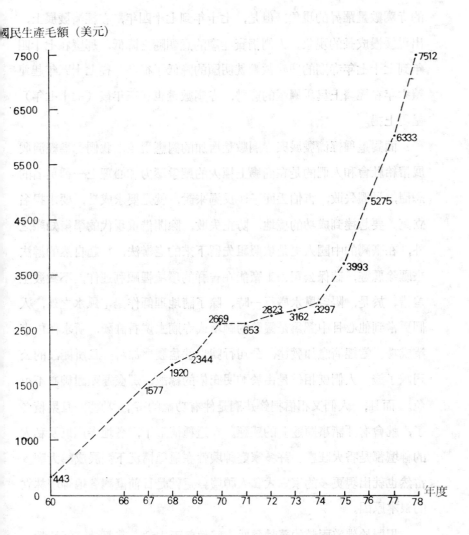

國民生產毛額（美元）

443

1577

1920　2344

2669　653

2823　3162　3297

3993

5275

6333

7512

60　66　67　68　69　70　71　72　73　74　75　76　77　78　年度

* 資料來源：民國七十九年《中華民國統計年鑑》

民國六十年代，臺灣的經濟發展迅速，使得人們有足夠的財力去建廟。這些寺廟在民國七十年前後相繼落成，造成七十至七十四年間的寺廟數量躍昇的現象。但是，七十年到七十四年，在經濟發展上，出現緩慢成長的現象。人們捐資建廟的意願隨之降低，那麼在七十四年到七十七年寺廟的興建數量就明顯的降低了很多。從七十五年起連續六年在經濟上呈現飆漲的態勢，寺廟數量也在三年後（七十七年）呈現上揚。

面對這種經濟發展與寺廟數量增加的對應現象，我們認為經濟發展帶給社會和人們的是在商場上極大的競爭壓力和心理上一種莫名的恐懼，恐懼失敗，害怕丟面子；反過來說，就是要求成功，要求揚名立萬。要想達到成功的境地，防止失敗，除開借重現代的學術知識之外，在臺灣的中國人更是依照祖先留下來的老辦法，用超自然的辦法來驅除惡靈，確保公司、工廠能在吉祥的環境裡順利運作，不致發生差錯。於是，陽宅風水盛行一時。除了請地理師作陽宅風水之外，人們更常到他心目中認為是靈驗的神壇或寺廟去燒香許願，祈求保佑事業成功。當經濟愈加發達，公司行號也就益發增加。一旦所開設的公司賺了錢，人們就相信是由於神明庇佑的緣故，那麼還願謝神必不可免。而且，人們又相信捐錢造廟是件有功德的事，功德一旦累積多了，就會有「諸事順遂」的感應。在這種情形下，各地寺廟以及私人的神壇都是香火旺盛。許多家庭神壇就在這種情況下發展成為大廟。當然也就出現更多的家庭式私人神壇。這就是目前臺灣各地神壇林立的根本原因。

相對於佛道兩教的蓬勃發展，回教、天主教、基督教、軒轅教、理教等在這四十年中的發展就顯得「相形見絀」。回教一直是一個相當封閉的宗教社會。他們的信徒絕大多數是民國三十八年前後從大陸

來臺灣的。四十年來，回教一直維持五個清眞寺，信徒人數在五萬上下[27]。

天主教方面，根據 Swanson（一九八〇／八一）和瞿海源（一九八一）的研究，在光緒二十一年（一八九五）有信徒一千三百人左右；到了民國二十七年（昭和十四年，一九三八），增至九千人。根據民國三十四年（一九四五）的統計，全臺灣有天主教堂，連布道所在內，共有五十二處，傳教士二十人，教友約有一萬零九百人。

當臺灣在民國三十四年回歸中國版圖之後，天主教開始有相當快速的發展。民國三十七年，教友人數增加到一萬三千人。次年，開始劃分原先的臺灣宗座監牧區爲臺北和高雄兩個監牧區。民國四十年，增加臺中監牧區。民國四十一年，由於信徒人數增加到兩萬人，於是教區又重新分配，劃分爲五個監牧區。從四十一年起，到民國五十八年，天主教在臺灣的發展可說是「突飛猛進」。民國四十五年有教友八萬人，到了五十八年，達到三十萬五千七百九十三人。是爲最高峰。隨後就往下降。民國七十三年到七十八年，天主教的教友人數維持一個持平的狀態，如表4所示。

表4　民國七十三年至七十八年天主教概況

年　　代	教　友　人　數	教　堂　數	神　職　人　員
73	291,598	848	1,173
74	326,676	442	2,031
75	291,592	859	1,925
76	291,592	859	1,921
77	289,231	818	2,043
78	289,303	1,151	2,471

＊ 資料來源：民國七十四至七十九年《中華民國統計年鑑》。

[27]　《中華民國統計年鑑》民國79年版，表290。

基督教在這四十年裡的發展模式跟天主教的模式差不多。根據《臺灣省通志》（一九七一）所記載的資料，臺灣地區在一九四五年以前，有基督教堂二百三十八座。隨後，每五年的成長狀況如下：

表5　一九四六至一九六四每五年基督教堂增加情形

成　立　年　代	教　堂　數　目
1946　～　1950	130
1951　～　1955	314
1956　～　1960	358
1961　～　1964	108

＊資料來源：〈人民志宗教篇〉《臺灣省通志》卷二。

瞿海源根據《臺灣基督教長老會總會年鑑》（一九六三）、《眞耶穌教會臺灣傳道三十週年紀念刊》（一九六五）、《臺灣省通志》（一九七一）、《臺灣聖教會年鑑》（一九七六）、《華人基督教會名錄》（一九八〇）、以及 Swanson 的《臺灣教會面面觀》(The Church in Taiwan, 一九八一) 等資料，整理出民國三十八年、五十三年、和六十七年等三個年代臺灣地區的教會實際數目。他指出：在從三十八年到六十七年的三十年間，基督教呈現出「先盛後弱」的趨勢[28]。「就教堂總數而言，在三十八年時，全臺灣約有三百五十個教堂，平均每萬人約有半個教堂。到了五十三年的時候，全臺灣有一千七百九十六個教堂，每萬人平均約有一個半教堂。但是，到了六十七年時，每萬人教堂數略為下降至一點三個，教堂總數雖增加到二千三百零三個。

---

[28] Swanson, *The Church in Taiwan: Profile 1980*. South Pasadena, CA: William Carey Library. 1981.

這個教堂總數的增加情形說明了三十八年至五十三年間，基督教教堂的興建有實質性的增加，而五十四年以後，卻有減少的趨勢。」[29]

　　民國八十年出版的《中華民國統計年鑑》上所刊列的從七十三年到七十八年之間的基督教統計數字，顯示基督教在這五年裡的起伏情形：

表6　民國七十三年至七十八年全臺灣基督教發展情形

年　份	教　　　堂	神 職 人 員	信　　　徒
73	2,403	2,236	253,030
74	2,403	2,236	476,059
75	2,285	2,355	477,650
76	2,346	2,252	417,519
77	2,422	2,399	421,605
78	2,437	2,939	428,162

＊ 資料來源：民國七十四年至七十九年《中華民國統計年鑑》。

　　在臺灣光復初期，日本的基督教會撤走，只剩下天主教和來自英國和加拿大的基督教長老會。及至國民政府遷臺，大陸上的基督新教各派也隨之來臺。後來在臺灣又有許多新創的以「耶穌基督」為名的教派產生。使得「基督教」這個陣營變得相當複雜。民國七十六年，董芳苑統計「基督教」陣營有八十六個支派[30]。民國八十年五月時，他認為已經不止八十六個，而是應該在一百個以上。這一百多個教派共同擁有四十多萬信徒。其中，長老教會佔去將近一半，約二十二

---

[29]　瞿海源＜臺灣地區天主教發展趨勢之研究＞《民族所集刊》51:129-154，1981。

[30]　瞿海源＜三十年來我國基督教發展趨勢的初步探討＞《中國社會學刊》6:15-28，1982。

萬。那麼，整個基督教陣營中，應該有一半以上的支派是人數很少的。

綜合以上所說關於佛教、道教、天主教、和基督教在這四十年中的發展情況，我們可以清楚的看到，本土的佛道兩教隨著經濟的發展而日益昌盛；外來的天主教和基督教在臺灣經濟最困難的民國四十年代有長足的進展，可是當社會經濟逐漸好轉時，他們卻遭遇到發展上的瓶頸，不能像本土宗教那樣，與經濟起飛共舞。

事實上，天主教和基督教在這四十年裡的際遇要比佛教、道教、一貫道等本土教派好得太多。知識份子把天主教和基督教當成是「進步、理性、和現代化」的象徵；主政者也有相當大的比例是基督徒；在民國五十、六十年代，外國有名的佈道家絡繹來臺灣開佈道大會，政府還出經費補助他們，電視臺並作實況錄影轉播。這些禮遇措施是本土宗教根本得不到的。當時中國佛教會要想爭取同樣的上電視機會，卻不得其門而入。本土各教派往往有意無意的被看成是迷信和落伍的象徵，是「端正社會禮俗」的改革對象。一貫道更是被詆毀成「邪教」。今天，我們回過頭來重新檢討這段歷史，卻看到本土教派一片欣欣向榮，而曾經備受禮遇的外來教派卻顯得萎靡不振，箇中原因就值得我們深入研究。以下四節，我們分別以基督教長老會、天主教、一貫道、和佛教的慈濟功德會為實例，來一探究竟。

基督教長老教會：緩慢成長的例子

基督教長老教會在臺灣已經有一百三十年的歷史，其信徒人數，在二十世紀的臺灣社會裡，始終只佔總人口的百分之一上下，在民國四十七年時，這個教會已有十五萬人；在民國八十年，它的信徒人數

不超過二十萬。　在這三十年裡，　臺灣的人口數從八百萬成長到兩千萬。把人口增長的因數考慮進去，則長老教會在這三十年中，呈現負成長的局面。表7顯示長老教會在臺灣的教徒人數變動情形：

表7　長老教會在二十世紀臺灣的發展情形

年　份	教 徒 人 數	全臺灣人口數	百分比	資　料　來　源
1912	約30,000			省通志2(2):139
1914	25,791	3,213,217	0.8%	百年史1965:490
1934	43,858	4,932,433	0.88%	百年史1965:492
1944	58,043			省通志2(2):147
1952	56,591	7,831,799	0.72%	百年史1965:342
1964	179,916	12,992,763	1.4%	百年史1965:494
1972	154,640	14,994,823	1%＋	百廿年鑑1985:9
1984	190,205	19,012,512	1%	百廿年鑑1985:9

　　根據《臺灣省通志人民誌宗教篇》和《基督教長老會百年史》上的記載，長老教會在臺灣的歷史大致可以劃分成五個時期。第一個時期是從一八六五年到一九〇〇年，涵蓋整個清朝末年和日據時期的前五年。英國的長老教會總會以廈門爲基地，派遣甘爲霖、馬雅各、李庥、偕叡理（馬偕）等宣教師到臺灣來宣教，並且建立教會。開始的時候是以平埔族人爲主要宣教對象；不過，在漢人社會也獲得相當的成就。一八六五年建立南部教會，一八七二年成立北部教會，一八七三年成立宜蘭教會，一八七五年成立臺東教會，一八九〇年成立花蓮教會。從一八七〇年起向山地原住民族傳教。在一八九六年成立第一個「中會」，其下管轄四十四個教會。這個時期的傳道工作是靠替人治病，來爭取民眾的信任，以及向民眾傳道的機會。於是成立了幾處著名的醫院，如慕德醫院（一八六五）、二老口舊樓醫院（一八六九）、

淡水馬偕醫館（一八七九）、大社醫院（一八九〇）、彰化醫院（一八
九六）、新樓醫院（一九〇〇）等。為了培養本地教會人才，成立了
臺南神學院（一八七六）和臺灣神學院（一八八二）；同時也興辦學
校，教育民眾。這些學校計有：在臺南的長榮中學（一八八五）和長
榮女中（一八八七），在淡水的北部女學堂（一八八五）。

第二個時期是從一九〇一年到一九三〇年。傳道事業已經初具規
模，醫療傳道成為教會發展的最佳利器。馬偕紀念醫院在一九一二年
成立。一九二七年戴仁壽牧師開始門診當時視為絕症的痲瘋病，並於
一九三一年創設專門收容痲瘋病患的樂山園。在傳道事業方面，在這
個時期的末尾，有太魯閣泰雅族婦人芝宛到淡水婦女學校接受神學教
育，成為「山地信仰之母」。兩年後，有第一批山地青年學生進入臺
灣神學院。

這個時期，在日據時代是個宗教上的放任時期。漢人社會各種原
有的迎神賽會爭奇鬥豔，有關的消息充斥《臺灣日日新報》；可是我
們卻很少在當時的報紙上看到有關長老教會活動的消息，只是偶爾才
會有長老教會開佈道大會的簡短消息。

第三個時期是從一九三一年到一九四五年。在長老教會史上是個
受壓迫的時期。不僅長老教會遭到這種命運，其他所有原本不是日本
文化的產物的教派都遭遇到相同的命運。日本人在這時期為了雄霸東
亞，侵略中國，就要全面加緊控制臺灣的漢人，消除漢文化的影響。
長老教會雖是由英美人士所主持，日本殖民政府還是要把他置於日本
基督教會的控制之下。《百年史》對這段歷史有相當沉痛的記述。英
美傳教士被迫離開，教會改由本地人士接手。日本殖民政府利用神社
參拜問題來干涉長老教會所經營的教會學校。一九三五年在臺南的長
榮中學和長榮女中因而改組，而北部的淡水中學和女校為日本人所接

管。一九三八年起，日人強迫在一切聚會及禮拜式之前，都得舉行唱日本國歌、遙拜皇宮等所謂的「國民禮儀」儀式。同時也不准用臺語做禮拜、講道、及教學❸。以後隨著戰事的變化，日本警察不斷的加強對長老教會的監視。許多教會幹部被徵調到南洋參戰，以至於面臨教務難以爲繼的困境。

第四個時期是從一九四五年到一九六五年。臺灣光復，日本人撤走。在戰爭末期所組織的日本基督教臺灣教團解散。長老教會又回復到以前的狀態。一方面由本地教友接管教會和財產，恢復各所由教會興辦的學校。一方面與英國母會取得聯繫。

在這個階段，長老教會在發展上面臨一些前所未有的挑戰。第一是經濟困難。「因爲戰後的不景氣，又遇到通貨膨脹，教會便陷入困境。農村青年因爲從軍，缺乏勞動人力，以致減產。都市的教會從疏散地回來，忙於修築被炸毀的房屋而重建家園；加之貨幣的價值一直降低，以致買賣時不以紙幣的數量，乃以重量論值。因爲教會遭遇經濟困難，迫使有些傳教者完全離開傳教的崗位，或兼任政府及其他學校、機關的工作，教會因此而遭遇人才缺乏的困難。」❸ 教會就只好設法增加傳道人員的薪水，直到民國三十九年的幣制改革爲止。

第二項挑戰是面臨教派泛濫的局面。在戰前的臺灣基督教陣營中，除了長老教會之外，還有本地人的眞耶穌教會、聖潔教會；日本人的基督教長老會、聖公會、組合教會、衛理公會、和救世軍。戰爭結束後，日本人都被遣送回國，他們的禮拜堂都被本地人的長老教會所接收。原先參加日本教會活動的本省教徒大半歸入長老教會。使得光復

---

❸　同❸。

❸　董芳苑<臺灣新興宗教概觀>《認識臺灣民間信仰》，1986:319-344，臺北，長靑。

初期的長老教會有獨霸臺灣的架式。

但是臺灣光復後不久，就有許多教會從中國大陸、歐美各地傳入臺灣。尤其是在大陸變色之後，從前在大陸傳教的各教會都將他們的人力財力轉到臺灣來。一時之間形成教派雲集的場面。在光復之初，有一些從大陸來的基督徒，都到長老教會做禮拜，後來因語言的關係，就另訂時間，分開來做禮拜。等到大陸淪陷，有很多基督徒跟著政府來到臺灣。從大陸來的教會招集他們自己教派的信徒，成立自己的教會。這樣一來，對長老教會打擊很大。這些教派分成四大類：一、自己不設教會，只與臺灣長老教會合作的，計有美南長老教會、美國聯合長老教會、美國歸正教會。二、自己設教會，也願意與臺灣長老教會合作的，如聖公會、衛理公會、信義會等，自設教會，但是在神學教育、醫療傳道、文字傳道的方面，積極與長老教會合作。三、自己設教會，不願與其他教會合作的，主要是一些自稱是純信仰的小教派。如教會聚會所、耶穌基督末世聖徒教會（又稱摩門教）。四、自己不設教會，純粹協助他人的，如中國內地會、遠東歸主協會等❸。這些戰後才進來的各基督教派，除極小部份之外，都以外省人為主要傳道對象。

民國四十幾年時，臺灣的局勢極不穩定，許多人入教的動機並不單純，有人藉此想領救濟物資，也有人想藉教會的力量到美國去。更有為數不少的知識份子把基督教當成是進步的象徵，心理上歡迎歐美事物，連帶的也就歡迎基督教。國家的政要也有許多人是基督徒。在社會上、政府機關、甚至軍隊裡，都可以自由的傳教❹。

另外一件大事是所謂的「倍加運動」。日據時代末期，日本人就

---

❸ 《臺灣基督長老教會百年史》第7章，1965:243-272。

❹ 同❸，頁292。

曾設法讓南北兩教會合而爲一，成立臺灣總會。這個努力隨著日本戰敗而終止。到了民國三十九年十月，這個構想又被教會中人士提出，得到很好的回應，而有「南北合一基本方案」。這個方案經過南北兩大會通過，終於在民國四十年三月七日正式成立臺灣基督教總會。總會既立，就有人提出強化總會的各種方案。其中成果較著的是宣教百週年紀念的「教會倍加運動」。這個運動的著眼點，如發起人黃武東在《臺灣宣教》報告書中指出：「臺灣全省三二四市鄉鎮中，尚有一六一鄉鎮未設教會。就人口而言，當時（民國四十一年）臺灣全省人口爲七、八三一、七九九人，信徒數有五六、五一九人，僅佔全人口之百分之零點七二。過去九十年間之傳道，其進度如此之遲慢，凡有心者，自不得袖手旁觀。」❸⑤聽了這份宣教報告書的人都產生「非傳不可」的決心。其實，這時候正是基督教其他各宗派紛紛成立，不但召回原先依附在長老教會中的信徒，更拉走一部份原本信奉長老教會的人士。使得長老教會面臨到生死存亡的關口。這項倍加運動先從南部大會做起，到民國四十八年方才成爲總會主持的運動。到民國五十三年，平地教會增加了四萬三千四百七十二人，山地教會的人數則上升爲七萬六千多人。整個會的人數增爲十七萬九千九百十六人，在臺灣全人口中的比例上升到百分之一點四，比之運動初起時的百分之零點七二，整整增加了一倍。

從民國五十四年到今天又可劃分成一個時期。這時期的最大特色是教會的成長緩慢下來，同時積極的參與到政治運動中去，在反對派陣營中扮演相當重要的角色。長老會在民國六十年發表了頗具爭議性的「國是聲明」，主張在臺灣建立一個「新而獨立的國家」。這項聲明

---

❸⑤　同❸❸，頁292-296。

引起執政當局的不滿，政府與長老教會的關係趨於緊張，而教會也跟臺灣獨立運動之間有相當曖昧的關係。民國六十四年長老教會發表「我們的呼籲」，六十六年發表「人權宣言」。民國六十九年，教會的高俊明牧師因庇護「美麗島事件」的要角而被捕入獄。政教衝突到達最高峰。民國七十三年八月十五日，高俊明減刑出獄。次年，長老教會發表「臺灣基督教信仰告白」，七十五年有「教會牧函」，七十七年有「對五二〇事件之聲明」，七十八年又發表了「對二二八事件受難家屬的道歉」，八十年的二月二十八日更爲這一事件舉行平安禮拜，政府高層政要都出席了這次禮拜活動。

從教會的立場來說，他們會涉入世俗政治運動如此之深，是出於他們一貫的「社會關懷」。臺灣神學院的董芳苑就說過：「臺灣基督教長老教會除了宣揚耶穌基督的福音外，也是一個最關懷社會品質與政治品質的教會。因爲這個教團的走向受德國神學家潘霍華 (Dietrich Bonhoeffer, 一九〇六～一九四五) 的「基督教世俗主義」(Christian secularism) 的影響，就是強調「信仰基督就是跟隨基督及實踐他的教訓。因爲基督的福音眞理是於世俗社會中行出來的，而不是在禮拜堂裡信出來的。」[36] 也有人試著從舊約聖經之中探討「教會」與「國家」的互動關係，國家的統治力量「如一條恐龍貪得而不厭地搜括人民的資源」[37]，於是人民就要起而反抗，而教會則是要站在「先知」的立場，介在兩者之間，來傳達上帝的旨意[38]。

這些解釋多少有些牽強附會，因爲都沒有顧及長老教會本身的特

---

[36] 董芳苑〈臺灣基督長老教會之認識〉，1988:31。

[37] 王成章〈從聖經看「教會」與「國家」〉《臺灣神學論刊》12:3-16，1990，臺灣神學院。

[38] 同[37]。

質。長老教會的源頭是十六世紀歐洲宗教改革三大派中的喀爾文教派 (Calvinism)。喀爾文教派主張完全廢掉天主教那套教會官僚體系，把最基層的「牧師教區」(parish) 改變成由信徒組成的一個宗教單位。這個宗教單位的組成，是由信徒們本著上帝的精神和兄弟般的情誼，簽訂一項「聖約」(covenent)，來維繫內部的團結合作。共同推舉這個宗教單位之中，宗教操守最好，行政能力最強，經營能力最好的人為「長老」。這位長老在宗教方面是領導大家的祭司，在行政上是 governor (譯成「總督」或「州長」)，在經濟方面是成功的大企業家。這個宗教單位和所擁有的眼前這塊土地是最值得關懷愛護的。單位與單位之間靠相互簽署協議來聯繫，結合成更大的政治單位。

　　由於改革的主張過於激烈，喀爾文教徒在當時的歐洲無法立足，只好出奔到北美洲，建立起像波士頓、麻塞諸塞、康涅狄克、羅德島、哈德福等「新英格蘭」殖民地。喀爾文派信徒在北美洲主要形成長老教會 (Presbyterian) 和公理教會 (Congregationalism)。因為以前在歐洲的痛苦經驗和「熱愛」自己目前所擁有的這塊土地上的一切權益，在一七七四年不惜跟母國（英國）兵戎相見。激進派的喀爾文教徒建立了美利堅合眾國，保守派的喀爾文教徒仍奉英國為正朔，成立了加拿大。此派教徒在歐洲大陸所建立的國家則是瑞士。

　　我們今天看臺灣基督教會在最近二十多年之所作所為，以之跟十七世紀長老教會初起時的經歷相對比，不難發現有許多雷同的地方。他們所說「要建立新而獨立的國家」實在是緣自十七世紀的經驗，只顧眼前的這塊土地，不顧目前管不到的土地，以致使他們「關懷臺灣」的口號和說詞跟「臺灣獨立運動」關係曖昧。

　　無論是倍加運動，或是一連串的政治運動，其實都是為了擴張教

會勢力，要想在激烈的爭取信徒活動中，求得一席之地。長老教會所能憑藉的是回過頭去從過去的經驗中找尋訴求賣點。在過去的歐美，長老教會是有很強的政治參與傾向；在今天的臺灣，他們捲入政治風暴中，不正是理所當然的事嗎？當我們再深一層去探索這些熱鬧又激烈的政治活動的深層意義時，不難看出，長老教會一直奉歐美的喀爾文派教義為正統信仰，並以此為準則，來激烈的批判它所面對的臺灣社會及其文化，形成了這個教會始終不能與臺灣社會及文化相調和的現象。在清代和日據時代，這個教會曾大力批判臺灣的民俗，又如前所述，跟臺灣社會幾乎不發生關係；及至現代，這個教會仍如往昔，處於封閉、孤立的狀態，又囿於己見，拿在外國的政治經驗來大力批判本國的政治環境，給人一種「化外之民」的感覺。

天主教：由盛而衰的例子

在第三節的末尾，已經約略提過天主教在臺灣的發展情形，在此就不再贅述。本節就直接討論天主教在這四十年，由盛而衰的關鍵問題。

依照 Swanson（一九七〇）和瞿海源（一九八一）的研究，天主教在這四十年裡，可以分成快速成長時期（民國三十八～五十二年）、停滯時期（五十三～五十八年）、以及衰退時期（五十九年至現在）。在快速成長時期，每年的信徒成長率都在百分之十以上。五十二年以後，這個成長率就明顯的往下降，很少有超過百分之十的記錄。民國五十九年以後則呈現負成長的局面。

據瞿海源的分析，造成早期快速成長的原因，大致有以下幾點：(一)有利的政治因素，政府單位禮遇天主教士，幫助他們推展傳教工

作；（二）大陸教徒的移入；（三）社會經濟狀況不穩定；（四）原住民之大量皈依；（五）大量神職人員自大陸轉來臺灣。至於導致後來停滯發展的原因則是（一）社會經濟狀況的改善，導致宗教需求的下降；（二）中國文化持續性的抵制西方宗教；（三）根深蒂固的民間信仰的抵制；（四）遷徙上的損失❸。今天，我們綜論這四十年來臺灣宗教的發展情形，把本土宗教和外來宗教放在一起評估，就發覺瞿海源所提出的這些解釋，有很多點是值得推敲。

就「社會經濟狀況不安定」這一點來說，是所有當時在臺灣的各種教派都面臨的難題，不好說是天主教獨享的「優勢」。事實上應該說是「跟隨政府逃難到臺灣的大陸人士為數頗眾，這些人的社會經濟狀況不佳。」瞿海源也指出，天主教的傳教對象是一直是以外省人士為主。他的解釋是說：大陸籍同胞由於離鄉背井，遷徙頻繁，不再接受傳統的民間信仰力量的約束，而佛道又偏重出世精神，不能幫助人們適應變動的環境❹。這種解釋不合乎事實。因為在臺灣，正統的佛教和一貫道都是由來自大陸的人士所領導，在這四十年中有非常良好的發展，信徒包括本省人和外省人。可見來自大陸的人士可以接受傳統的民間信仰，佛道兩教也能幫助人們適應變動的環境。

事實應該是這樣的，當時天主教的最主要傳教對象是由大陸人士組成的軍眷區，而眷區的收入低，生活苦，天主教會為了照顧這些貧苦的軍眷，就發放麵粉、舊衣服等來自外國的救濟物資而得到快速的發展。民國五十三年以後，軍人的待遇逐漸好轉，領救濟物資的誘因就逐漸失去吸引力，天主教的發展也就碰上了瓶頸。民國六十年以後，眷村發生了變化。許多軍眷因退伍改業而搬離眷村，跟所屬的天

---

❸　瞿海源，1981:140-141。

❹　同❸。

主教堂逐漸失去連繫。民國七十年以後，眷村因老舊殘破而有改建計劃軍方跟地方政府合作，將許多眷村改建成國民住宅。原先的軍眷在改建期間全數搬遷，散居各地；建成後，原來的軍眷分到一戶房子，其餘的房子由地方政府處理，公開發售給一般社會大眾。由於產權屬於私人所有，轉賣情形相當普遍。眷村不再是以前的眷村，而是一般人都可以住的普通社區。眷村的星散實是天主教在臺灣傳道事業的致命傷。這就是瞿海源所說的「遷徙上的損失」。

至於「傳統中國文化抵制西方宗教」，也是與事實不符。中華文化向來以包容性著稱，很少有「抵制」外來文化的事。倒是這些外來的西方宗教在十九世紀中葉，挾著西方「船堅砲利」的優勢，叩開中國的大門後，一直不願與中華文化調和，而是處在「對立」和「批判」的立場。上一節所談的長老教會就是如此，一直想用西方的那套理念來改造臺灣社會。天主教原先也是站在批判中華文化的立場，但是到了民國六十年以後，轉而企圖調和基督教與儒家思想。

如第三節所述，天主教在民國五十八年時達到最高峰。而後就逐漸下降。面對這種局勢，天主教當局也採取一些因應措施。那就是企圖與儒家文化相結合。從另一個角度來說，天主教是認識到「現在世界各國的教會都在仔細研究傳教的新途徑，那就是根據自己國家的環境和國情，認同這個文化，進而運用這些文化條件來達到傳教的目的。」[41]民國五十一年十月十一日起在梵蒂岡所舉行的第二屆大公會議上，就決定允許中國教徒採取中國傳統的禮儀[42]。

從民國六十年春節起，當時的于斌樞機主教就倡導祭拜祖先；把儒家經典中所說的「上帝」，解釋成就是天主教所說的「主」和「上

---

[41] 詹明勝〈天主教祭祖運動之探討〉，臺南神學院畢業論文，1978:2。

[42] 同[41]，頁16-18。

帝」。天主教的文獻刊物上也出現大量談中國文化的文章。 可是這些因應方法似乎都不怎麼成功，擋不住日漸消沉的趨勢。十八世紀初，爲了不許中國教徒祭祖，羅馬教皇撤走了當時在華的傳教士; 而今，「祭祖」卻成了天主教在臺灣要想挽回頹勢的祕密武器。不禁使人感嘆:「歷史有時是會捉弄人的。」

　　至於「因社會經濟的好轉而減低了對宗教的需求」的說法也不對。下面兩節所談的例子，就完全否定了這項說法。在天主教這個案例來說，恰當的說法是: 社會經濟的發展和繁榮，使得社會上對於教會所發放的救濟物資的依賴大爲減小。筆者曾經調查過由滇緬邊區撤回來的游擊隊及其眷屬，安頓在中部橫貫公路上的清境農場。當他們生活困苦的時候就接受教會的物資濟助，等到溫帶水果種植成功，帶來大筆財富的時候，他們就不再到教堂去做禮拜，而是全社區的人捐錢蓋了座土地廟，演戲謝神❸。這個例子說明中國人對教會的基本態度是如何。當人們不再稀罕教會所發放的救濟物資時，教會的發展立刻停頓下來。

一貫道: 突破逆境的例子

　　就臺灣社會來說,一貫道是一個四十五年前才從中國大陸的上海、寧波、東北、天津傳進來的新教派❹。但是，目前它所擁有的信徒人數，卻高達一百二十萬。這個數字是民國八十年一貫道總會報給內政部的信徒總數。臺灣的人口總共才兩千萬，而一貫道信徒就佔了百分之六。

---

❸　宋光宇〈清境與吉祥〉《史語所集刊》53(4):747-794,1982。

❹　《一貫道簡介》，1988:53-54。

從民國三十四年（一九四五）臺灣光復起，到民國三十八年（一九四九）國民政府播遷臺灣爲止，由大陸傳進臺灣的教派相當多，除開前述基督教各派之外，在本土宗教方面，有一貫道、大同教、道院、紅卍字會、同善社、悟善社、天德教、在理教等❹。使得臺灣在一時之間呈現地狹、人稠、教派密的局面。各教派爲了生存，彼此之間的競爭，在所難免。在「優勝劣敗，適者生存」的基本生存法則下，有些教派像道院、同善社、悟善社、在理教等教派，幾乎已經銷聲匿跡。基督新舊各派在民國四十年代曾一度蓬勃發展，民國五十四年是爲頂峰，以後持平了一段時日，到了六十四年以後就開始走下坡。相比之下，一貫道可說是唯一的一個在這四十多年來能夠發展成功的移植教派。正因如此，我們就更需要仔細的分析討論促使一貫道能夠成功的種種原因。

現在我們看到的一貫道教團，是抗戰時期在北平、天津、和上海等地發展起來的❻。抗戰末期以及勝利以後，上海的信徒更是大力向華南、雲貴、四川、以及海外各地傳播道務。臺灣的一貫道就是在這種情況下逐步開展的。

第一波到臺灣傳道的人馬是來自浙江寧波寶光壇的陳文祥夫婦。他們是臺灣人。抗戰時，被日本人拉去當日軍的翻譯官，在寧波求了道。抗戰勝利後，就回臺北傳道，並設立佛堂。成爲今天臺灣寶光崇正組。接著又有好幾批自上海、溫州來等地的寶光壇、基礎壇、文化壇的道親，進入臺灣。他們各秉師承，各自因緣發展，設傳道壇，分別成爲今天的寶光、基礎、文化等組（在教團內部，則稱「支線」）。

---

❹ 董芳苑〈臺灣新興宗教概觀〉《認識臺灣民間信仰》1986:319-344，臺北，長青。

❻ 宋光宇《一貫道調查報告》，臺北，元佑，1983。

時間是在民國三十五年初。

民國三十六、七年時，東北已經淪於共黨手中。原先在哈爾濱、長春、四平街、安東等地的一些一貫道信徒，逃抵臺灣。是為今日興毅、天祥、與安東三組的起源。

民國三十八年時，大陸局勢動盪不安。天津、上海、南京等地的一貫道信徒陸續隨逃難人潮，抵達臺灣。來自天津的道親成為今日發一組和浩然組的起源。其他道親或者依歸同一路的佛堂，或者獨立辦道，成為今日各小支線的起源。

民國三十五年初，臺灣一貫道的人數可說是從零開始。到了民國五十二年，臺灣警備總部強迫一貫道停止活動，並解散組織的時候，警總宣稱一貫道有五萬信徒。這是我們對於這時候一貫道在臺人數可以得到的唯一數字。不論這個數字正確與否，只能姑且採信之。在這個時期，一貫道教團在臺灣的成長是從零到五萬人。❼

一貫道的活動並沒有因警備總部的取締而停止。到了民國七十年，筆者開始實地訪問一貫道的各大支線時，曾與幾位領導人估算當時幾大支線的信徒人數，得到的數字是這樣的：基礎組大約是五萬人；法一組大約是十萬人；寶光組七個支線大約也有十萬人；興毅組則分三十個單位，其中超過十萬人的有四個單位，最小的一個單位有兩萬人，而這組在海外有十七萬五千人。❽估算的依據是各支線所屬各佛堂每年報上來的求道人數和所上繳的「功德費」（求道入教時所繳的入會費，新臺幣一百元）。可是這個數字卻很難為其他研究一貫道的學者所接受，紛紛詰難這些數字的正確性，而有他們的估計數字。董

---

❼　宋光宇《天道鉤沉》1982：27。

❽　同上，頁183。

芳苑估計有三十五萬人[49]，林本炫估計爲五十萬人[50]。瞿海源利用民國七十四年的《臺灣地區社會變遷基本調查報告》估算民眾崇拜「無生老母」的人約有二十三萬人。他所說的「無生老母崇拜」包括了一貫道、儒宗神教、慈惠堂等。一貫道的人數就更少[51]。形成這種差異的原因是在那查禁一貫道的時代，求道者大多不願正式承認自己是一貫道信徒，以免惹來無謂的麻煩。

本文由於旨在討論一貫道能在臺灣生存發展的原因，「民眾願意參加求道」是個重要的指標，於是採用比較寬鬆的標準，以一貫道領導人所說的數字爲準。民國七十六年，一貫道正式成爲政府承認的宗教團體，並且成立一貫道總會。但是，在一貫道內部有一股很強的抵制「合法化運動」的力量，認爲以前在大陸時期就沒有向政府登記，爲什麼現在要違背這個傳統呢？也有人難忘以前屢遭取締的經驗，懷疑這是治安單位的陰謀。所以並不是所有的一貫道支派都參加了總會。大概只有一半的支線加入總會。當總會成立時，統計各支線共有家庭佛堂兩萬兩千間，大型公共佛堂一百七十一所[52]。總會向內政部申報的信徒人數是八十九萬人[53]。由於上述原因，總會能實際掌握的人數就少得多。再過四年，加入總會的支線增多了。民國八十年，總會報給內政部的信徒總數爲一百二十萬人。實際人數當不止於此。

我們以民國三十五年、五十二年、七十年、七十八年和八十年做

---

[49] 董芳苑＜一貫道──一個最受非議的秘密宗教＞《臺灣神學論刊》2:85-131，1980。

[50] 林本炫《臺灣的政教衝突》，1990，臺北，稻香。

[51] 瞿海源＜臺灣地區民眾的宗教信仰與宗教態度＞《變遷中的臺灣社會》1988：239-276。臺北，中研院民族所。

[52] 《一貫道簡介》1988:54-63。

[53] 《中華民國統計年鑑》民國79年版，表290。

為橫座標線上的五個分期基點。在縱座標上，則是以十萬人做一個刻度。三十五年時是為零，五十二年時是五萬。七十年時少算一點，就以六十萬人為準。七十八年時是八十九萬人。八十年時是一百二十萬。就可以得出一個呈急劇上升的曲線圖。看了這樣的曲線圖，我們一定會問：「是什麼樣的原因造成這樣的陡峭走勢？」

根據這個時間表，我們可以很清楚的把一貫道在臺灣的歷史劃分成三個階段。從民國三十五年到五十二年是為第一階段，我們稱之為「初創時期」。從民國五十二年到七十年是第二階段，稱之為「發展時期」。從民國七十年到今天民國八十年是「宏展時期」。以下就這三個時期的一般經歷，來討論各時期的特色。

在「初創階段」的十七年裡，一貫道的發展對象是鄉村地區的農民、勞工、以及小商販，也吸收不少小學老師。這時期能夠迅速發展的原因大致有以下幾點：

第一，一貫道的信徒有很強的「傳道」動機。這跟求道入教時的許願有關。每位信徒都秉持「渡人有功德」的信念，認為渡滿六十四人才算功德圓滿，因為他們的師尊就只達到這個數字，以後成為定則。這種積極的傳道方式，在中國本土宗教界是絕無僅有的事。法國漢學家施舟人（Kristof Schipper）曾對筆者表示，二十多年前他在臺南實地調查並學習道教時，只有兩種人會對他傳道。一種人是基督教的傳教士，企圖抓回他這隻迷途的羔羊；另一種人就是一貫道的信徒，要渡化他這位有緣人。臺灣原有的寺廟大都是由某一個地域團體所組成，信徒的資格是與生俱來的，也就不需要有「傳道」這回事。當人一旦脫離他原屬的地域團體後，寺廟也不會積極主動的與他保持聯繫。一貫道正好反其道而行，不但允許皈依者可以參與原來的寺廟活動，更會主動的照顧離鄉外出的人。這種特色使得一貫道在第二階

圖三　臺灣區歷年一貫道信徒人數曲線圖

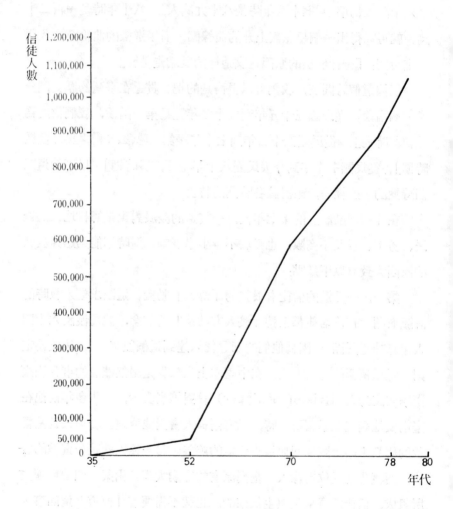

段呈現飛躍的成長。

第二，一貫道的末法時代救世理論，在它未來到之前，在臺灣就已經廣爲人們所熟知。一貫道不是全新設計、與眾不同的教派，而是明清以來，以「無生老母」爲信仰核心的「救世主」運動中，比較晚起的一支。在清代嘉慶、道光年間，就已經有它的先驅支派，如先天、金幢、龍華等三派齋教，先後傳入臺灣。光緒年間又有性質相近，而來源不清楚的「鸞堂」，從福建泉州傳入。這些教派著書立說，使得「三期末刧」的救世理論早已傳遍臺灣。

第三，一貫道簡化了相關的儀式，並提出「先得後修」的理念，一反先驅支派強調「苦修難得」的理念。以先天派爲例，一個信徒從入門到正式「得道」，大概需要花費二十年以上的時間，不斷的苦功修持。一般人大多俗事纏身，很難做得到。一貫道則大開方便之門，強調在入門求道時，經過特定的儀式和點傳師的點化，就算已經「得道」。至於以後的果位則端看個人的修持。如此一來，頗得一般民眾的喜愛。而且，日常的禮拜禮儀也大爲簡化。

這時期的臺灣，無論是在社會、政治、經濟等方面，都處於動盪不安、甚至可說是神經過敏的階段。執政當局對於任何民間集會結社都不敢掉以輕心。當一貫道信徒日漸增多，法會頻頻舉行之際，警察就會過來查看究竟。民眾一看到警察，就一哄而散。同時，信徒們也自認爲是在辦「上天大事」，怎可讓世俗的警察來過問。於是一場又一場捉迷藏遊戲就一直玩下去。直到警備總部強力對付一貫道時，一貫道就不得不表示順從。這就是民國五十二年的解散聲明。第一階段的草創時期也就隨之結束。

一貫道在第二階段「發展時期」裡，傳道的對象從原先的鄉村地區轉移到都市地區，以工廠作業員、工廠老闆、和大專學生爲主要傳

道對象。結果使得一貫道的性質爲之改變，成爲「紳商宗教」。

　　臺灣從民國五十年起，工業的發展逐漸超過農業。大規模的加工出口區陸續在西部各大都市周圍設立。農村的青壯勞力就不斷的被吸出去，造成農村人口不斷的向都市流動。鄉下的孩子在完成義務教育之後，往往就在親友或職業介紹掮客的引介下，進入陌生的工廠工作。他們內心的徬徨恐慌，家長的惦念掛慮，是可想而知的事。這時，一貫道各地的佛堂就適時提供服務，使佛堂成爲離家遊子相互慰藉的場所。加工出口區各工廠的人事主管都知道，工廠的伙食必需要有三分之一的席次是準備素席，否則吃素的一貫道信徒就會離職。下鄉招募員工時，必需要明確表示，工廠備有素食，否則很可能會招不到足夠所需的作業員。

　　有些老闆也皈依了一貫道，以謙遜、眞情關懷的方式對待員工，共同開創事業。在這方面最有名的例子就是長榮海運公司。從一家只有六名員工的小公司，二十年時間，發展成爲世界最大的貨櫃航運公司。臺灣六十萬家中小企業中，一貫道信徒所開設的企業不在少數[54]。

　　開設企業公司，對於一貫道的內部法會和對國外的傳道事業都有莫大的幫助。在工廠內建禮堂，就可以員工訓練爲藉口，堂而皇之的開法會。以赴海外考察業務爲由，到海外設立據點和傳道。公司的營運收益就成爲支應道場開銷的主要來源。這種變化的確爲中國宗教史開創了「商教合一」的新模式。

　　一貫道原本是鄉下人的宗教，在民國五十五年以後，這種情形發生了重大的改變。在民國五十、六十年代，臺灣城鄉之間的教育水準

---

[54]　宋光宇〈從一貫道談當前臺灣的一些宗教文化〉《九州學刊》5:59-70,1987。

差異相當大。中南部的學生能夠考上大學的人大都集中在排名較後的私立大學或專科學校，如逢甲學院、中原理工學院、實踐家政專科學校、銘傳商業專科學校等。這些私立大專院校學雜費昂貴，學生因遠離家庭又必須住校，或在學校附近租房子住，生活費也是很大的一筆費用。鄉下人家爲了支持子弟讀大學，往往要賣掉幾分田地。於是，節儉過日子就成了這些來自農村的學生共同的生活要求。參加一貫道，不但可以住在佛堂，生活上有個照應；而且大夥成立伙食團，輪流動手做素菜，可以節省下相當可觀的生活費用。這種情形最先是民國五十七年發生在臺中的逢甲學院。在第二年的暑假過後，這種學生素食伙食團向南傳到臺南的省立成功大學，向北傳入中壢的中原理工，臺北的實踐家專、銘傳商專、文化學院。從民國六十一年到六十八年，是一貫道在各大專院校發展，紛紛設立伙食團的全盛時期。像發源地逢甲學院，在最盛的時候，伙食團有兩百多人參加，每餐席開二十多桌。

　　商教並重的現象主要是發生在由何宗浩所領導的興毅組和呂樹根所領導的寶光建德組。學生伙食團則發生在由陳鴻珍所領導的發一崇德組。其他各支線或多或少也都有大專學生和企業人士加入。這兩種現象都使一貫道的成員素質爲之提升。舊有的只靠「扶乩」和「仙佛顯化」吸引信徒，以及講師只憑一個題目就可以講遍南北道場的現象，逐漸不能滿足知識程度日益提高的信徒們的實際需要。因而基礎、興毅、寶光、發一等組先後都發生了信心上的危機。「扶乩」、「顯化」這些宣示人神之間溝通的辦法遭到質疑，連帶的使多年辛苦經營起來的道場，在一夕之間化爲烏有。

　　歷經了多次這種慘痛的教訓，這些支線的領導人痛定思痛，決定放棄扶乩，回歸傳統的三教經典。他們認爲：聖哲仙佛俱往矣，所留

給後世的是經典，唯有從經典中去尋，才能眞正體認「聖人之心」，從而達到修道的最高境界。他們最常用的經典是《論語》、《大學》、《中庸》、《孟子》、《孝經》、《道德經》、《莊子》、《清靜經》、《心經》、《金剛經》、和《六祖壇經》。

這種改變大致在民國六十年代末期陸續完成。當筆者在民國七十年初開始接觸研究一貫道時，已經看到各大支線致力於研習四書，並嘗試舉辦「國學研習班」，藉以吸引有志研究四書及其他傳統國學的青年學生和社會人士。因此，我們以民國七十年做爲第二個階段的結束，和第三階段的開始。

一貫道在臺灣的第二階段是急速成長時期，也是個蛻變的時期。民國七十年以後的第三階段，則是化暗爲明，大展宏圖的時期。

民國六十年代後期的臺灣在經濟上的成就光輝燦爛，舉世同欽。臺灣人不再是侷限在海角一隅，而是走到世界這個大舞臺上，逐漸扮演起有份量的角色。這種轉變使得每一個住在臺灣的人都面臨到一個「自我認同」的問題。「我」究竟是什麼？是要做假洋鬼子呢？還是要擡頭挺胸，做一個器宇非凡的中國人呢？這些問題使很多原本非常洋化的人幡然悔悟，毅然放棄熟悉的西洋玩意，投身到中華文化之中去找尋失落的自我。於是，有一股文化尋根運動在民國七十年代初期在臺灣社會蓬勃的展開。

隨著臺灣在經濟上的飛躍成長，世界上的經濟學家和漢學家們重新肯定儒家思想對經濟發展的正面功能❻。這項肯定更助長了以振興傳統儒家文化爲主要旗幟的文化尋根運動。

但是，臺灣正規的學校教育在「唯科學主義」和民初以來「反宗

---

❺ 余英時，1987；侯家駒，1990；韓格理，1988。

教」「以科學（或美育）取代宗教」的指導原則下， 可說是完全漠視當時社會與文化上的實際需求。雖然在高中的國文課程有《論語》和《孟子》的選讀，可是在一貫道遭到取締的六十年代， 學生私下研習四書往往成爲學校處分參加一貫道學生的主要藉口。到了七十年代，一貫道的國學研習班正好滿足社會大眾的實際需求 。 以發一崇德組說，在民國七十六年正式合法化之後，每年臺北地區各大專院校參加經典研習，完成九個月課程者， 多達六千人。 其它各組也都有長足的發展。

到了民國七十年代， 一貫道也已經是世界規模的大教派了，在美國、日本、東南亞、中南美洲、南非等地， 都有他們的信徒和佛堂。不能再背負以前遭人誣蔑所得的惡名，要求能夠正大光明的從事宣教活動的呼聲也就逐漸增加， 終而有「正名運動」（又叫「合法化」）的產生。在興毅、寶光、基礎、和發一四大組的通力合作下， 協助政府推行社會教育工作，在選舉時，與執政黨通力合作，盡力化解以前的隔閡和誤會，爭取瞭解和同情。正名運動終於在民國七十六年一月得到成功。一貫道總會正式成立。總會成立了，但是還是有相當多的支線抱持觀望或排斥的態度。這跟以前所受到的壓迫有關。在受壓迫時期， 爲了維持信徒的信心， 發展出一套說詞， 強調「道」的尊貴性，不該受世俗法律的約束。這套說詞早已根深蒂固，一時之間， 難以改變。

在第三階段，一貫道各支線先後都碰上世代交替的關鍵時刻。每當一位領導前人歸空， 若是沒有立下良好的傳承制度， 很可能發生「崩盤」現象。一貫道中規模最大的興毅組，在何宗浩、薛福三兩位領導前人相繼歸空之後，三十一個單位分裂成幾群。有三個單位加入了總會，另有十八個單位把名號改成「興義」， 形同獨立。剩下的十

個單位也自成一派這種現象對研究中國宗教史的人來說，正好說明爲什麼明淸以來民間教派層出不窮的實際原因。但是，對剛過世的領導前人來說，這個現象未免太冷酷無情，畢生心血，怎堪轉眼成空？於是「制度化」問題就成了這一階段一貫道各支線不敢面對，卻又不能不面對的難題。

四十五年來，一貫道的數十位領導前人各自因緣發展，形成各自的教團。各教團在組織結構上彼此不同，在實際上也相互競爭。終而發展成爲當今臺灣最大的教派。它的成功爲一向模糊不淸的中國民間教派史提供了最好的實證材料，它的崩盤也爲明淸以降教派林立現象做了淸楚的說明。可是，我們並不希望看到辛苦建立的道場毀於一旦。一貫道成立總會意味著它將跟天主教的羅馬教廷，基督教各大門派的世界總會一樣，立下大家都能遵守的組織規則。若能做到這個地步，則一貫道終將會成爲唯一以中國爲發源地的世界性教派。

佛教慈濟功德會：宏圖大展的例子

臺灣原本沒有正統的中國佛教。在淸末，只有少數閩南的和尚到臺灣來主持廟務，談不上有什麼發展。在日據時代，「日本佛教會」是日本殖民政府用來宰制臺灣各地寺廟的工具。直到光復以後，才開始有受過正規中國佛學院教育的和尚來到臺灣。

這四十年裡，佛教在臺灣的發展，除了少數大廟之外，一般佛寺都缺乏足夠的廟產，以致替施主「唸經懺、做功德」成爲賺取生活之所需和維持寺院的日常開銷的必要手段。一般人碰到親人過世也常用佛教的儀式來超渡亡靈，更助長「趕唸經懺」的風氣。不過也有一些僧尼對這種買賣式的唸經活動深深不以爲然，終而有各種改革舉動出

現，爲今日臺灣佛教界帶來新的生命。

　　環顧這四十年臺灣佛教發展史，有三位大師特別值得一提。他們是印順法師、星雲法師和證嚴法師。他們三位都主張自立更生，把佛教和現代社會結合，以期實現「人間佛教」的理想，扭轉一般人認爲佛教是「消極出世」的刻板印象。可是由於各人的學養不同，形成三個不同的典範。其中，印順法師是證嚴法師的師父。

　　印順法師可說是傳統的「儒僧」的典範。清光緒三十二年（一九〇六）出生在浙江省海寧縣。出家之前曾當過八年小學老師。二十五歲在普陀山出家。次年，入廈門閩南佛學院研究。三十一歲把整部大藏經看過一遍。他私淑民國初年佛教領袖太虛大師，在民國三十八年至四十二年從中國大陸避居香港時，完成編輯《太虛大師全集》四十冊。四十二年來臺灣，住在新竹青草湖畔的福嚴精舍，專研中國禪宗。民國六十二年，印順法師以他所著的《中國禪宗史》得到日本大正大學頒給的博士學位，遂成爲中國佛教界達此成就的第一人。印順法師一向不主張憑藉趕唸經懺來維持寺廟和僧尼的生活。因爲他認爲經懺儀式端賴眞心誠意，而不可以當作商品買賣，用來換取生活所需。他以學問和修養來贏得信眾的尊敬。他也爲臺灣的佛教界奠下知識的基礎。但是由於健康關係，印順法師很少在外活動。他的「人間佛教」的理想則是透過證嚴法師的慈濟功德會來實現。

　　星雲法師則是把佛教生活化，將「死人的宗教」轉變成「人間的佛教」。他一改佛教的修持方式，從深山古剎中的苦修，轉變成滾滾紅塵中的樂修；在他的領導下，佛教不再是以自了漢爲滿足，而是以傳播喜樂、淨化社會爲職志。因此，他特別注重講經說法，而且注重講經說法時的氣氛；他的講經內容也不再是佛經的章句訓詁，而是採用淺顯的例證來闡釋佛教的眞諦。在另一方面，他又把原本耗費不貲

的水陸道場等大型儀式普及化，在特定的時間爲前來登記的信眾做法事，信眾只要付出少數的金錢卽可參加以前只能夢想的儀式。他創建的佛光山寺二十年來已成爲中外聞名的觀光勝地。不僅如此，他更出錢買電視臺的時段，開闢「星雲禪話」節目。這是民國五十幾年時佛教界不能辦到的事。其他如青年、青少年佛學夏令營等活動，則是往下紮根的工作。星雲的成功爲傳統保守的佛教界開創出一條新路，帶動今天佛教在臺灣的蓬勃發展。

印順法師是活動力不強的儒僧；星雲法師則是交遊滿天下，是位蜚聲國際的佛教領袖。他們兩人都不容易用具體的數字來說明他們的成長；相反地，證嚴法師的慈濟功德會卻可以透過統計數字，來顯示佛教在這幾十年中的發展和變化。

證嚴法師是臺灣清水人，民國二十六年生。民國四十九年秋天她開始出家，先在臺東鹿野的一間日本神社改成的「王母廟」掛單修行；後來爲母親尋獲，但堅持不回去；年底轉到花蓮，因緣到秀林鄉的普明寺住下。後來普明寺成爲證嚴法師的根基地。民國五十二年，她北上想參加臺北臨濟寺的開壇傳戒，但是由於沒有師承而遭拒絕。她在失望之餘，到當時印順法師駐錫的慧日講堂購買《太虛大師全集》，剛好碰到印順法師，就央求收她做弟子，好讓她參加受戒。印順法師收容了她，並爲她起法名「證嚴」；就在報名截止前一小時辦好手續，使她成爲正式的尼師❺。

證嚴法師起初並不見容於地方人士，而被視之爲「妖魔」，只好離開花蓮秀林鄉的普明寺；直到民國五十三年秋天才再被請回去。這時她帶著幾位女弟子在殿後結伴修行。由於她們一不趕經懺，二不做

---

❺ 陳慧劍《證嚴法師的慈濟世界：花蓮慈濟功德會的緣起與成長》，1981，1990，臺北，佛教慈濟文化志業中心。

法會，三不化緣，生活就相當清苦。她們完全靠自力更生——或是到毛衣工廠去拿原料來加工打毛衣；或是把水泥袋改裝成小型紙袋充當飼料袋；或是做小孩的布鞋等來維持生活❺❼。

民國五十五年，有一次證嚴法師到花蓮鳳林的一家私人診所，探視一位因胃出血而住院開刀的信徒，當她從病房出來，看到地上有一灘血，但沒看到人。經詢問旁邊的人，得到的答案竟是：「豐濱的山上有一個山胞婦女小產，由她的家人擡了八個小時，到這裡求醫，人已經昏迷了。醫生說，要八千元醫療費，才能爲她動手術。可是山地人的錢不夠，醫院又不肯免費，所以他們只好把病人又擡走了。」❺❽法師聽到人間竟然仍有如此冷酷的事，就決心要設法積錢來救人。

不久，又有三位天主教的修女要去拯救她這位迷途的羔羊。相談之下，大家的基本觀念頗爲接近。不過修女們認爲佛教對社會缺乏具體的表現，至少是花蓮的佛教界沒有具體的作爲。「如果不做，像鳳林醫院那個女人的悲劇，不知道還要有多少？」這個刺激促使證嚴法師開始著手進行捐募工作❺❾。

《證嚴法師的慈濟世界》一書中對「慈濟功德會」的源起，有相當詳細的記述。本來五十五年那年，證嚴法師想離開花蓮，去嘉義的妙雲蘭若。地方上的信徒不願意讓她走，由兩位老太太領頭，集合了三十位信眾，聯名寫信挽留她。證嚴法師表示：如果能讓她做一些具體的社會事業，她就不離開花蓮。於是就把「救世工作」的初步構想提出來：「寺裡有六個人，做嬰兒鞋，每人每天增產一雙，每雙可賣臺幣四元，六個人可多賺二十四元，一個月多出七百二十元，全年可

---

❺❼　同❺❻，頁25-27。

❺❽　同❺❻，頁28。

❺❾　同❺❻，頁29。

多出臺幣八千六百四十元。有了這筆錢，就可以拯救像鳳林那家醫院小產昏迷的山地女人一命了。」這個構想得到三十位信徒的一致支持。除此之外，法師又要那三十位不讓她走的信徒（都是家庭主婦們），每天到市場買菜之前，先省五角錢下來，投入竹筒。如此，一個月可以省下四百五十元，加上增產嬰兒鞋的每月七百二十元二個月就可得一千一百七十元。這三十位家庭主婦就成爲以後慈濟功德會的最早成員。

主婦們出門買菜前先丟五毛錢在竹筒裡的消息，很快的在花蓮各菜市場傳開來。從民國五十五年二月十九日起，在市場裡輾轉相傳，如火如荼，參加的人愈來愈多。同年三月二十四日，正式成立「佛教克難慈濟功德會」。收集到的基金存入「功德會」的名下，與證嚴法師的生活用費分開。

證嚴法師原本不收任何出家弟子，也不接受在家人皈依。但是，功德會成立後，有許多參加功德會的會員要求皈依；法師爲了功德會的因緣只好破例，並訂下兩項規矩：第一、凡皈依者必須要做慈濟功德會的會員；第二、凡皈依者必須實際負起慈濟功德會的社會救濟工作，不可徒托空言。如此一來，慈濟功德會有了組織核心，俗家弟子大爲增加，在同一組織的參與感和榮譽感的驅策下，功德會的工作獲得大幅的成長。

民國五十六年秋天，法師的母親爲她買下四千五百坪土地，其中一千五百坪用來起造「靜思精舍」。大殿只有五十坪，其餘是辦公室和常住寮房。而今，這座精舍成爲慈濟功德會的象徵。

同年七月，開辦《慈濟月刊》，這份刊物除了報導會務，刊載佛學論文之外，最主要的篇幅是以「帳目徵信」爲主。到七十九年底，這份刊物的發行量已達十三萬份以上。同時也因帳目公開，使得慈濟

功德會信譽卓著。

　　民國六十八年，趁印順法師到花蓮來避暑，證嚴法師提出籌建「佛教慈濟綜合醫院」的構想。籌建醫院的基本理由是：

　　一、花蓮臺東一帶缺少一間完善的醫院。東部同胞一旦有重病，因當地醫療設備不夠，只有往臺北送。許多人因此而延誤時間，致使病情惡化，回天乏術。

　　二、一般人都要送到基督教醫院或省立醫院醫治，病癒出院後卻得不到妥善的休養。而功德會也只能救人於一時，不能救到底，因此佛教需要辦一間醫院來辦理全部的濟助作業。

　　三、為功德會本身，也需要有像醫院這樣的常設機構。將來醫院完成可以解決經濟枯竭的困境，不再需要外援。

　　這個消息得到印順法師的支持，披露在《慈濟月刊》後，立刻獲得廣大的回響。大學教授、政府官員、民意代表、商人、工人、家庭主婦都起而響應。民國七十五年八月十七日，耗資八億元新臺幣的慈濟綜合醫院落成。由前臺大醫院院長杜詩綿出任院長，醫師多半也是來自臺大醫學院。再過兩年，慈濟護理專科學校落成，由前臺大醫學院院長楊思標出任校長。招收一百零七位學生。

　　慈濟功德會經過二十五年（民國五十五～八十年）的歲月，以下的一些統計數字正可以說明它的成長情形：五十五年最初成立的時候，只有三十個基本會員；七十七年時，有會員近三十萬人，委員一千三百人[60]。到八十年三月，有會員一百二十萬人，委員三千多人[61]。每個月以六萬到七萬人的速度增加中[62]。臺北市有五十萬人，臺

---

[60]　證嚴法師《慈善與人生》，1988:27。

[61]　證嚴法師《愛的詮釋》，1991:27。

[62]　證嚴法師《七月原是吉祥月》，1990:22。

中市有十二萬人，臺南市有兩萬兩千人，高雄市有七萬人❻。卽連離島澎湖，如今在六萬人口中，就有一萬人是會員❻。會員是採取開放式，任何人不分其宗教信仰爲何，只要肯發善心，都可以加入。委員則都是皈依佛門的女弟子。問她們是什麼信念支持她們如此投入，以及去勸說別人慷慨解囊，共襄盛舉？她們的回答是「勸大家一起來種福田」。

五十五年度善款的收入只有新臺幣二萬八千七百六十八元；七十八年度的善款收入高達新臺幣三億二千二百餘萬元。二十三年來，累計總額達十二億四千多萬元❻。

以委員的家庭背景來說，根據《慈濟道侶》上的刊載，絕大多數是三十多歲，受過中上教育，家境富裕的家庭主婦。她們的主要工作就是訪問貧苦家庭，作成報告，給予適當的濟助；輪班到慈濟醫院做義工，安慰及開導病人；收集各方善心人士的捐款。其中，更有九十七位選做「懿德媽媽」，教慈濟護專的第二屆學生如何爲人處世（第一屆有三十六位懿德媽媽）。慈濟的委員完全是義務工作，與歐美所流行的義工制度，頗有異曲同工之妙。其所累積的正面價值，有賴我們繼續觀察。

通常我們都把佛教看成是「消極出世」的宗教。可是，慈濟功德會的例子讓我們看到佛教也可以積極入世的一面。證嚴法師自己就明白的表示過，她很欽佩創立馬偕醫院的基督教長老會的馬偕博士❻。

---

❻ 證嚴法師《用慈施悲，用喜施捨》，1990:22,27,58。

❻ 此條資料承史語所助理郭長城先生告知。郭先生是澎湖人，家中有人參加慈濟功德會，因此得知慈濟在澎湖的一般情形。

❻ 陳慧劍《證嚴法師的慈濟世界》，1990:46。

❻ 證嚴法師《愛心的眞意》，1990:25。

慈濟所表現的型態，其實就是把基督教長老教會的「醫療傳道」吸收過來，把「傳道」拿掉，加上一份眞誠的關懷。次就她吸引信徒的方式而言，前述集腋成裘的過程，是一種打破社會既有的組織，而鼓勵全體社會共同參與這個社會救濟運動。這個特點不容我們等閒視之。

結 論

綜合以上所舉的四個實例，我們可以用下面這個座標來區隔這四個教派。甲項橫座標是教會本身對新文化因素的接納程度，乙項縱座標是與本土中華文化的調和程度。那麼，基督長老教會是最堅持自己的教義，並且希圖用他們的信念去批判甚至改革臺灣社會，對中華文化的認同最差，是站在「非批判不可」的立場。其次是天主教。它對基本的教義是緊守不放，但是在宣教的策略上，稍做調整，放鬆對「祭祖」的排斥態度，也企圖借用儒家的經典來詮釋聖經。再其次是一貫道。它是本土的產物，可是對一般常見的敲打唸唱經懺儀式不以爲然，主張全部丟棄那些「迷信的東西」，改行簡單樸素的儀式；強調「天時緊急」，先得救，再修道；而修道則是主張人人必需正己化人，實踐某些經過調整的傳統道德，來挽回世道人心。最後，是慈濟功德會。它接納了一個全新的文化因素 —— 醫療傳道，配合上傳統的「種福田」的觀念，要求信徒各盡所能從事社會救濟。同時在理論上，又能跟傳統的佛教理論有良好的配合。

對中華文化的調和程度

檢討這四個教派在臺灣這四十年的發展情形，已經可以回答另一個更高一層次的問題：為什麼佛教在臺灣可以很成功的現代化，而基督教卻一直不能有良好的發展？無論佛教也好，一貫道也好，是從本土文化為出發點，或者改革固有的文化，使之現代化；或者接納一個新的文化，調和到自身原有的體系中，都不是一件困難的事，因此可以宏圖大展。反過來看天主教和長老教會，是立足於外來文化，來向中國社會挑戰。天主教想找出某些中華文化項目來加以利用，而長老教會則完全不理會中華文化，甚至激烈的批判中華文化。在這種情形下，這兩個教派在這四十年中走得步履蹣跚，是其來有自的。

（原刊載於《臺灣經驗㈡──社會文化篇》，頁 175-224，1984，臺北東大圖書公司）

參 考 書 目

一貫道總會　《一貫道簡介》臺北，一貫道總會，1988。

王成章　〈從聖經看「教會」與「國家」〉《臺灣神學論刊》12:3-16，1990，臺灣神學院。

仇德哉　《臺灣廟神傳》(三版)，斗六，信通書局，1981。

余光弘　〈臺灣地區民間信仰宗教的發展 —— 寺廟調查資料之分析〉《民族所集刊》53:67-107，1982。

余英時　《中國近世宗教倫理與商人精神》，臺北，聯經，1987。

李亦園　《信仰與文化》，臺北，巨流，1978。

李善修　《天主教中國化之探討》，臺中，光啓，1976。

宋光宇　〈在理教 —— 中國民間三教合一信仰的研究〉，臺大考古人類學研究所碩士論文，1974。

　　　　〈試論無生老母宗教現象的一些特質〉《史語所集刊》52:559-590，1981。

　　　　〈清境與吉祥〉《史語所集刊》53(4):747-794，1982。

　　　　《天道鉤沉》臺北，元祐，1983。

　　　　〈從一貫道談當前臺灣的一些宗教文化〉《九州學刊》5:59-70，1987。

　　　　〈霞海城隍祭典與臺北大稻埕商業的發展〉《史語所集刊》62，排印中，1991。

林本炫　《臺灣的政教衝突》臺北，稻香，1990。

林萬傳　《先天大道系統研究》，臺南，天巨書局，1984。

周長耀　《教會中國化之我見》，臺中，光啓出版社，1969。

郁永河　《裨海紀遊》，1700，臺灣銀行臺灣研究叢刊第44種，1959。

侯家駒　〈臺灣經濟發展與儒家思想〉《臺灣銀行季刊》，41(2):19-38,1990。

高明成　〈臺灣基督長老教會「人權宣言」的背景及神學意義之探討〉，臺南神學院畢業論文，1979。

高拱乾　《臺灣府志》，1695，臺灣銀行臺灣研究叢刊第65種，1960。

曹永和　《臺灣早期歷史研究》，臺北，聯經，1979。

陳培桂　《淡水廳志》，1871，臺灣銀行臺灣研究叢刊第172種，1963。

陳慧劍　《證嚴法師的慈濟世界；花蓮慈濟功德會的緣起與成長》，臺北，佛教慈濟文化志業中心。1990年第三次修訂本，1981。

詹明勝　〈天主教祭祖運動之探討〉，臺南神學院畢業論文，1978。

董芳苑　〈一貫道：一個最受非議的祕密宗教〉《臺灣神學論刊》2:85-131。又收入氏著《臺灣民間信仰之認識》1983:229-290。臺北，永望，1980。

　　　　〈臺灣新興宗教概觀〉《認識臺灣民間信仰》頁319-344，臺北，長青，1986。

　　　　〈臺灣基督長老教會之認識〉《臺灣神學院教牧研習會手冊》，臺灣神學院教務處，1988。

劉枝萬　〈臺灣省寺廟教堂名稱主神地址調查表〉《臺灣文獻》11(2):37-236,1960。

鍾子時　《基督教臺灣宣教百週年紀念教會倍加運動》，臺灣基督長老教會總會宣教處印行，1963。

臺北市政府民政局　《臺北市寺廟概覽》，1985。

臺灣基督長老教會總會歷史委員會　《臺灣基督長老教會百年史》，
　　　　臺灣基督長老教會，1965。

臺灣基督長老教會年鑑編輯小組　《臺灣基督長老教會設教一百二十
　　　　週年年鑑》，臺灣基督長老教會總會，1985。

臺灣省文獻會　《臺灣省通志》，1971。

瞿海源　〈臺灣地區天主教發展趨勢之研究〉《民族所集刊》51:129-
　　　　154,1981。

　　　　〈三十年來我國基督教發展趨勢的初步探討〉《中國社會學
　　　　刊》6:15-28,1982。

　　　　〈我國宗教變遷的社會學分析〉《我國社會的變遷與發展》，
　　　　頁357-395,1984。

　　　　〈臺灣地區民眾的宗教信仰與宗教態度〉《變遷中的臺灣社
　　　　會》，頁239-276。臺北，中研院民族所，1988。

　　　　《民間信仰與經濟發展研究報告》，臺灣省民政廳委託研究，
　　　　1989。

證嚴法師　《慈善與人生》，佛教慈濟基金會，1988。
　　　　《慈濟精神淨化人心》，佛教慈濟基金會，1990a。
　　　　《快樂的慈濟人》，佛教慈濟基金會，1990b。
　　　　《愛心的真意》，佛教慈濟基金會，1990c。
　　　　《用慈施悲，用喜施捨》，佛教慈濟基金會，1990d。
　　　　《七月原是吉祥月》，佛教慈濟文化志業中心，1990e。
　　　　《愛的詮釋》，行政院勞工委員會，1991。

韓格理　(Hamilton, Gary G.) 著，張維安、陳介玄、翟本瑞譯
　　　　《中國社會與經濟》臺北，聯經，1990。

Skinner, G. William ed.. *The City In Late Imperial China.*

Stanford University Press. 1977.

Swanson, Allen J. *The Church In Taiwan: Profile 1980*,
South Pasadena, CA: William Carey Library. 1981.

當前臺灣民間信仰的發展趨勢

前　言

　　每當我們到臺灣各地走動參觀的時候，都會看到有漂亮壯觀的廟宇聳立在風景名勝區中，或是夾雜在都市屋宇當中。只要我們稍加留意，不難發現在尋常的公寓住宅區裡，不知從何時起，又多了一間神壇。這些現象正顯示出目前在臺灣地區的民間宗教信仰呈現出蓬勃發展的趨勢。在臺灣，究竟有多少廟宇和神壇，從來沒有正確的統計數字。據臺灣省政府民政廳宗教禮俗科前任科長廖福本的統計：

在本省（指臺灣省）登記有案的宗教，有：佛教、道教、天主教、基督教、回教、天理教、軒轅教、大同教、理教等九大教派。已登記之寺廟、教堂，計有：佛教有一千三百六十四座，道教三千九百九十八座，天主教六百九十三座，基督教一千四百六十七座，回教三座，天理教三座，合計七千五百一十八座。另有未登記之寺廟神壇合計約有四千餘座。已超過本省之村里數六千二百一十八。平均每三點一〇二平方公里就有一座寺廟或教堂。由此可見，臺灣地區信仰之熾烈。❶

---

❶　廖福本＜臺灣宗教現況及展望＞，刊於《民間信仰與社會研討會論文集》1982，頁42。

另外, 根據臺北市政府所發佈的資料❷, 臺北市計有十一種教派。除了以上所舉的九種教派之外, 增加了猶太教和夏教。民國七十一年時, 臺北市共有寺廟教堂四百七十八座。

官方資料對於目前整個臺灣地區的寺廟教堂總數和各種教派的掌握並不完整。就教派方面來說, 有許多新興教派沒有列入。這些新興教派包括了: 大原靈教、新儒教、天父崇拜教、天德教、天帝教、一貫道、儒宗神教、紅卍字會、道德社、慈惠堂、道院等等❸。至於寺廟教堂方面, 由於法令規章的僵化以及其他原因, 這些新興教派的寺廟或佛堂, 就無法得到官方的認可。它們或是假託於道教會的名義之下, 或是成爲名副其實的「地下宗教 (寺廟或佛堂)」。況且, 托庇於道教會也不一定能夠獲得官方的承認。像一貫道基礎組的總壇先天道院, 是道教會名下一個非常重要的廟宇, 它管轄的佛堂有三百八十多間, 形成道教會所謂的「先天廟群」。但是在臺北市政府所編的《臺北市寺廟名册》中, 就找不到先天道院的資料。這些現象益加使得目前臺灣地區的宗教概況變得錯綜複雜。

人類學上對於臺灣宗教活動的研究, 曾經沉寂了一段很長的時間, 直到最近幾年方才有蓬勃發展之勢。這是可喜的現象。對於當前臺灣社會宗教活動現況, 陸續有一些很不錯的論文發表。諸如: 李師亦園的〈傳統民間信仰與現代生活〉❹、〈臺灣民俗信仰的發展趨勢〉

---

❷ 臺北市政府主計處編印《臺北市七十一年度統計要覽》19節〈社會福利〉, 表199「臺北市宗教概況」, 頁578。

❸ 董芳苑〈臺灣新興宗教概觀〉刊於《民間信仰與社會研討會論文集》, 頁21-39, 1982。

❹ 李亦園〈傳統民間信仰與現代生活〉, 刊於《傳統文化與現代生活研討會論文集》, 頁421-433, 1982。

❺；瞿海源的〈臺灣基督教發展趨勢之初步分析〉❻、〈臺灣地區天主教發展趨勢之研究〉❼； 余光弘的〈臺灣地區民間宗教的發展〉❽；董芳苑的〈臺灣新興宗教概觀〉❾、〈就對臺灣民間信仰之認識論基督教宣教的場合化〉❿ 等等。

　　本文寫作的目的， 就是以這些已有的研究成績作爲基礎， 配合上個人近幾年來從事民間宗教調查與研究所得到的經驗與資料， 綜合分析當前臺灣地區民間宗教活動的一些發展趨勢。取材範圍是限定在「民間信仰」這個範疇之內， 外來的宗教不在討論之列。本文的內容分成三部份。第一部份討論民間信仰的一些基本概念。一般學者都相信， 中國人的民間信仰偏重在儀式的操作， 鮮有理論基礎。筆者認爲這種看法是不對的。民間信仰有它既定的宗教理論， 只是一般學者不注意它罷了。本文試著將它作系統的說明。第二部份試圖說明當前臺灣各地的寺廟是如何經營。並以高雄縣大樹鄉的佛光山爲例， 說明什麼是企業化經營寺廟。第三部份則綜覽臺灣地區民間宗教發展情形， 檢討有什麼特殊現象， 這些特殊現象又契合那些社會、經濟條件？希望透過這樣的分析與說明， 能讓我們對當前臺灣地區的民間信仰有正

────────

❺　李亦園〈臺灣民俗信仰發展的趨勢〉， 刊於《民間信仰與社會研討會論文集》，頁89-101，1982。

❻　瞿海源〈臺灣基督教發展趨勢之初步分析〉，刊於《中國社會學刊》，1981：6。

❼　瞿海源〈臺灣地區天主教發展趨勢之研究〉， 刊於中央研究院《民族所集刊》，1981：51，頁129-154。

❽　余光弘〈臺灣地區民間宗教的發展〉， 刊於中央研究院《民族所集刊》，1983：53，頁67-105。

❾　同❸，頁21-50。

❿　董芳苑〈就對臺灣民間信仰之認識論基督教宣教的場合化〉，刊於《臺灣神學論刊》1981：3，頁31-66。

確詳實的認識。

臺灣民間信仰發展趨勢之分析

　　臺灣民間信仰一如傳統的中國宗教，是錯綜複雜的。德國的社會學家 Max Weber 在研究中國人的宗教時，形容它是 a chaotic mass functional gods（一大堆亂七八糟有所能爲的神祇）**⓫**。不管情況是如何的複雜，我們只要肯下功夫去作冷靜的觀察和分析，還是可以得到一些有利的線索。在這方面，李師亦園和董芳苑兩人已有相當重要的見解和論文**⓬**。本文綜合李、董兩位先生的意見，加上個人對當前臺灣宗教現況的觀察和研究心得，將臺灣民間信仰的發展趨勢，分成基本概念、寺廟經營、和宗教與社會三個方面來討論之。

(一)基本概念方面

1. 新的神格不斷出現

　　臺灣民間信仰的基礎是原先流傳於福建省泉州、漳州、汀州、興化，廣東省的潮州、惠州、嘉應州等地的地方信仰。這些地方的居民漂洋過海來到臺灣，也就把家鄉的信仰神祇帶到臺灣，建立寺廟，加以奉祀。但是，來到臺灣之後，基於實際的需要，一方面對媽祖、王爺等具有保護作用的神明特別尊崇，另一方面，又根據「英雄崇拜」和「精靈崇拜」的原則，對於英雄人物和精靈（如：樹木、石頭、孤魂野鬼等）也加以膜拜，於是形成了新神格不斷出現的現象。董芳苑

⓫　轉引自楊慶堃 (C.K. Yang), "The Religion in Chinese Society" 1961, p.20。

⓬　參看李亦園同**❹**、**❺**，董芳苑**❾**、**❿**。

就新神格不斷出現方面曾指出五點⓭：

(1)有應公崇拜：偶爾發現或者是廢棄墳墓中的無主骸骨，人們就將它納入甕中，建一小廟供奉，叫做「有應公」或「金斗公」。集體埋葬者，叫「大墓公」、「萬善同歸」、「萬善爺」、「男女共同」或「大眾爺」。供奉無名水流屍者，男的叫「水流公」，女的叫「水流媽」。這類小廟（大墓）遍佈於臺灣各地。有些還香火鼎盛。

(2)義民爺崇拜：清代協助官軍抵禦革命運動而戰死的人，集體埋葬後，民眾建廟以供奉者，稱作「義民爺」。最有名的是新竹新埔的義民廟。每年農曆七月廿日有大規模的祭祀活動。

(3)吳鳳崇拜：為紀念清代阿里山通事吳鳳殉難的一種英雄崇拜。

(4)廖添丁崇拜：廖添丁是日據初期專門和日本警察作對的「義賊」，是位傳奇性的人物。在臺北八里鄉建有「漢民祠」，專門奉祀他。

(5)李勇崇拜：這是個奇特的例子。自從中華電視臺播出電視連續劇「嘉慶君遊臺灣」後，劇中的英雄李勇頓成家喻戶曉的人物。在嘉義竹山鄉（原先已有）的「李勇廟」，順勢成為香火鼎盛的觀光勝地。這是電視影響民間信仰的最佳例證。事實上，有清一代從來沒有一位皇子身份的貴族來過臺灣。「嘉慶君遊臺灣」只是虛構的故事。可是，這種虛構的故事搬上電視螢光幕，卻被大眾接受且信以為眞，因而產生「李勇」這個新的神格。（按：在電視播出之前，已有李勇廟，可是「李勇」原本只是民間信仰傳說中籍籍無名的小神。電視連續劇播出之後，李勇的聲名大噪。因此，改說成「電視節目打響了李勇這個神格的知名度，以嶄新的面貌出現」也許更為恰當。）

⓭　同⓾。

　　董芳苑所提出的五項情形，並不能完全概括「新神格出現」這個範疇。本省民間對於精靈崇拜有相當濃厚的興趣。像在中研院附近有一座「茄苳公廟」，奉祀一顆巨大的茄苳樹，香火還相當旺盛。在中研院後面麗山里的山區中，最近（民國七十二年十一月）有人在路旁的一塊大石頭上懸掛了紅布條，布條上寫著「有求必應」，石頭前方有香燭金箔焚化的痕跡。顯然，一個新的「大石公」崇拜誕生了。只要我們稍為留意，不難發現在我們的身邊就有精靈崇拜的例子存在。

　　在英雄崇拜方面，所涉及的範圍更為廣泛。舉凡對國家民族、地方社會、家族、以及宗教團體有貢獻，在他死後，就有可能成為人們膜拜崇拜的對象。例如：對鄭成功的崇拜（開臺聖王）就是一種新神格。宜蘭地區對最早率眾進入蘭陽平原從事開墾的吳沙，也有類似的崇拜活動。筆者在從事一貫道調查工作時，從他們的儀式活動和書籍之中，看到他們的領導前人和資深道親，死後到佛堂降鸞結緣批訓時，會說他們因生前的功德而受上天封為「景德元君」、「清閑大仙」、「大德真君」……等。一貫道的道親們於是就將這些名號列入日常膜拜的神明行列中。蔡懋棠在〈臺灣現行的善書〉❿一文的附錄二，表列他從各種善書、降鸞詩文、偈示、話旨等作品所抄錄出來的各種仙佛名號，共有三百一十六種。其中大半是名不見經傳的。我想，這些籍籍無名的神祇也許就是像一貫道那樣，是某個宗教團體尊奉他們逝去的道友而設的，有關的資料流傳出去後，反而湮沒了事實，徒剩空名。從這些資料看來，「英雄崇拜」在本省民間信仰之中也扮演相當重要的角色，它會不斷的創造出新的神明，豐富民間信仰的神明行列。

---

❿　蔡懋棠〈臺灣現行的善書〉，刊於《臺灣風物》29(3):21-93,1979。

2.「一神論」傾向明顯

一般學者論及中國人的宗教信仰時，都說它是「多神論」。殊不知道在中國民間信仰的宗教哲學體系中，有「一神論」的傾向，且由來已久。李師亦園和董芳苑都不曾提及這一點。

中國民間信仰中的「一神論」，並不是「除上帝之外，別無他神」的那種「絕對一神論」(exclusive monotheism)，而是認爲在宇宙中有各種神明，其中有一位神明特別重要，統領其他的神明，稱之爲「有選擇的一神論」(henotheism)。

目前在臺灣的民間信仰中，「老母」和「老祖」是相當普遍的「有選擇的一神論」。尤以「老母」爲重要。它化作許多不同的名號，例如：無生老母、無極老母、無極瑤池老母、瑤池老母、瑤池王母、瑤池金母、西王母……等。

老母信仰的主要內容是說天地萬物和人類都來自一個共同的源頭，這個源頭先天地而生，無形無像。因其孕育了天地萬物，所以是天地萬物之母，是爲無生老母。人類都是這位無生老母的子女，稱之爲「九六原人」（九、六是借用《易經》九爲乾、六爲坤的概念）。人類降世之後，經不起各種物質、慾望的誘惑，而沉溺其中，以致迷失了本性，也因而認不得回家鄉見老母的路徑。在「眞空家鄉」的無生老母日夜思念陷在紅塵中的子女，淚汸汸的聲聲呼喚。於是，屢派使者下凡救渡世人，甚至是親身下凡，渡化世人❶。

這種老母信仰是強調有一個主神，統領著其他的神明，使之成爲主神的使者。目前在臺灣的民間信仰中，關聖帝君、濟公活佛和南極

---

❶　參看周作人〈無生老母的訊息〉，見《知堂乙酉文編》，1945:28-41。宋光宇〈試論無生老母宗教信仰的一些特質〉，中央研究院《歷史語言研究所集刊》，52(3):559-590,1981。

仙翁最常扮演這種使者角色。這種救世訊息都是藉著扶鸞的方式傳達給世人。

筆者在〈試論無生老母宗教信仰的一些特質〉**⓰** 一文中曾經指出，無生老母信仰的成立，深受宋明理學和道教的影響。它所著重的一個問題是「人的靈魂從那裡來？」引申開去就會觸及像是「宇宙天地是怎樣形成的？」「天界的組織又是如何？」等問題。在中國古代的哲學和宗教思想中，只有道教和道家有這方面的概念。

《道德經》在一開始就說：「道可道，非常道。名可名，非常名。無名，天地之始。有名，萬物之母。」可看成是中國人探討天地源起的重要作品之一。後人僞作的《太上清靜經》**⓱** 〈無極品〉第一亦云：

> 老君曰：大道無形，生育天地。大道無情，運行日月。大道無名，長養萬物。吾不知其名，強名曰「道」。

更是清楚的勾勒出中國人對天地起源的基本看法。而且，隋唐之際的道士更依據這種概念，創造了一個先天地而生的大神元始天尊。《隋書‧經籍志》云：

> 道經者云有元始天尊，生於太元之先，稟自然之氣，沖虛凝遠，莫知其極……天尊之體常存不滅，每至天地初開，或在玉

⓰ 宋光宇〈試論無生老母宗教信仰的一些特質〉，《史語所集刊》，52(3)：559-590，1981。

⓱ 《太上清靜經》的作者及著作年代均不詳，從文例來看，有可能是隋唐時代的作品。

京之上，或在窮桑之野，授以秘道，謂之開劫渡人。⑱

　　《隋書》修纂於唐代初年。這時，六朝以來所編造的道教經籍，大致出現完整的系統。道士們創造了一個宇宙最古老的根源大神——元始天尊。元始天尊又名上上太一、玉皇上帝等。唐代因皇帝姓李之故，特別推崇老子（又名太上老君）。宋代以後，則尊崇玉皇上帝（又作玉皇大帝）。天上群仙的官僚體系一如人世，玉皇大帝高高在上，統領群仙。

　　無論元始天尊或玉皇大帝，在他的基本母題上，只是講述一個宇宙的起源而已。他對人類的關係是間接的，借助於仙界的官僚體系來對人類的行善作惡做獎賞或懲罰。後世更弄出《玉歷寶鈔》（宋代）、《功過格》（明代）之類作品，明白揭示何者爲善，什麼是惡，使一般百姓能夠有所遵循。

　　起自明朝中葉的無生老母信仰，以家庭關係取代了先前的「統治者與被統治者關係」，拉近了人神之間的關係。直言人類是無生老母的子女，老母非常思念在紅塵中受苦受難的子女。

　　目前在臺灣，有將元始天尊、玉皇大帝、無生老母等信仰相混的傾向。玉皇大帝和元始天尊也開始思念紅塵世人。像民國六十七年方始成書的《地獄遊記》，在一開頭序言部份，就刊載了一篇玉皇大帝的詔書。詔書的開頭就明言：

　　朕居靈霄，心懷世道。觀紅塵黃沙彌天，人間倫常墮地。男不忠孝，女少節淨。言仙佛爲空說，視鬼神若虛物。以致社會風

氣衰敗，人情義理淪亡。朕心大悲，不忍坐視蒼生墮落幽冥而不救。

讓我們再舉一段無生老母思子之作，就可看出其中相似之處。《家鄉書信》云：

> 老母天宮放悲聲，淚流不止濕雲裳。皆為佛子迷世上，九六皇胎不還鄉。差你臨凡治世界，講明三綱與五常。三從四德教婦女，溫柔謙雅要端莊。那知迷了假色像，貪戀妻子日夜忙。酒色財氣是羅網，九六佛子裡邊亡……。
> 世人皆是我兒女，兒女遭刧娘悲傷。差下仙佛臨凡世，設立大道化八方。老娘哭得肝腸斷，何法喚兒回家鄉。

　　這種「有選擇性的一神論」，由於強調天地之間有一個最大最主要的神，其他的神都歸他統領，因此，表現出一種包容的特性。無論是佛教或是道教的神明，甚至是其他外來宗教的神明，在這種包容原則的運作下，比較容易融合成一體。為「三教合一」或「五教合一」等概念增添一份助力。

　　同時，無生老母信仰也可看成是中國宗教除開儒、釋、道之外的第四個傳統，它的基本內容是揉合儒、釋、道三教哲理而成。成為自明代中葉（十四世紀）以降中國民間信仰的主流之一。目前臺灣以此信仰為主的教派有一貫道、慈惠堂、鸞堂以及現已衰微不振的龍華派、金幢派和先天派的齋教。從他們的活動、人數與出版品數量等方面來看，筆者認為無生老母信仰方才是現今臺灣民間信仰的核心。

3.佛道不分的混合型態

　　如上一節所說，兼採三教的無生老母信仰是當前臺灣信仰的基本核心，因而使得臺灣民間信仰在基本理念上，就呈現出佛道不分的混合型態。

　　再者，從行為層次上來看，也可看出這種混合型態。

　　一般民眾到寺廟去燒香、祈禱，主要的目的是在祈求各位法力無邊、神通廣大、無所不能的神佛保佑他和他的家人能夠平安、健康、聰明、發財……等。在這種情形下，這些神明究竟屬於那個教派，變得不重要。重要的是每一個寺廟中必須要有一個或多個具有人的形像的神像，作為讓一般民眾頂禮膜拜的對象。寺廟之中也有需要有杯筊、籤詩、甚至靈媒（乩童），以作為人神之間直接溝通的工具。在這種情形下，人們到寺廟去燒香禮拜的動機，可說是世俗的、功利的。也就不會嚴格的區分佛道之別。他們逢廟燒香，見神就拜。凡是被大家公認具有靈驗效力的神明和廟宇，香火也就旺盛。一個人可能只到某個特定的廟宇去燒香、許願和祈禱；也可能到幾座不同的寺廟；更有可能只是「拿香隨拜」，沒有特定的廟宇[19]。

　　而且，寺廟隸屬於佛教會或道教會的混亂現象，也足以顯示佛道不分的混合型態。余光弘曾以清水祖師廟的歸屬情形來說明之。他說[20]：

　　　　民間此種忽視教派、佛道不分的現象，可從清水祖師的教派所
　　　　屬認定上看出來。民間一般供奉的清水祖師神像造型，是著袈
　　　　裟、戴僧帽（若未戴帽則為光頭）、盤腿而坐，座下有僧鞋一
　　　　雙。但在道教的文獻中，卻稱清水祖師原奉道教，為抗元兵之

────────────

[19]　余光弘＜臺灣地區民間信仰的發展＞刊於《民族所集刊》，53:78，1983。

[20]　同[19]。

入侵，乃改著僧裝，勸化國人反元。故認定其為道教之神。

表1（顯示出）清水祖師被認為是亦佛亦道的神明。雖然越來越多的寺廟被歸入道教，此種混同現象仍可看出。

表1　清水祖師的教派歸屬變易情形

教　　派 ＼ 資料年代	55	64	70
佛　　　　教	67	17	16
道　　　　教	6	66	68

除開余光弘所舉的證據外，我們還可以看到臺北市附近的一些著名廟宇，如木柵指南宮、臺北市的行天宮、汐止拱北殿等，在佛教會和道教會都登記為會員。道教色彩較為濃厚的媽祖廟，如淡水媽祖廟、大甲鎮瀾宮、北港天后宮等，有尼姑和尚誦經和入住情事。筆者也曾翻查軒轅教的登記名冊，發現有一些供奉「太子爺」、「王爺」、「臨水夫人」等神明的廟宇也列名其中。筆者調查一貫道時，也發現有一部份一貫道支派寄託在軒轅教名下。一貫道在這三十多年裡，一直是處於遭到禁制的教派。民國五十二年，政府大舉取締一貫道，而道教會亦於此時成立。民國五十三年六月道教會曾在《中央日報》刊登啓事，招納一貫道信徒前往登記[21]。從此，一貫道成為道教會重要的支持者。從這個角度來思索佛道混合型態和佛道兩教會的功能，問題就變得異常複雜。

整個問題的癥結在於執政當局沿襲明清以來的一貫政策，只承認

---

[21] 見民國五十三年六月十四日《中央日報》。並參看宋光宇《天道鉤沉》，134：36-37，1983。

佛教和道教爲兩個合法的本土宗教，不承認新興的民間信仰教派[22]。所有的寺廟都需要參加佛教會或道教會，以取得資格證明。但又不曾禁止同時參加兩個教會。也未曾明確的規定什麼神應該隸屬何教。聽憑各廟宇隨緣參加某個教會。於是，佛教會、道教會、軒轅教會等掌握可以核發寺廟身份證明的大權（沒有資格證明，寺廟卽屬違章建築，有隨時遭到拆除，不能享受地價稅、房捐稅等減免，以及其他種種不方便之處），以教會本身的利益爲出發點，各自爭取寺廟前來登記，使得佛道之分盆加混亂。

　　基於民間信仰本身的特質和政府政策的催化作用，使得刻意區分佛道兩教，成爲多餘之舉。因此，中外學者在論及臺灣本土的宗教信仰時，往往不注重教派的區別，而是籠總稱之爲「民間信仰」。

(二)寺廟經營方面

1.寺廟建設觀光化

　　董芳苑指出[23]，戰後三十多年來，臺灣各地的寺廟建設如雨後春筍。不但舊廟宇翻新改建，新廟宇也在各地紛紛落成。據前臺灣省文獻委員會主任委員林衡道的估計，到民國六十九年底，全省有大小廟宇一萬兩千座以上[24]。這個數字遠比政府所公布的資料多得多。

　　董芳苑也指出[25]，臺灣各地常常建造相當富麗堂皇的廟宇，建廟的人都刻意使廟宇成爲國人觀光旅遊的對象，以吸引眾多的香客。我

---

[22]　唯有軒轅教是個例外，敎主王寒生是立法委員，於民國四十年創敎，得到當時內政部長王德溥的支持而立案，後來王德溥於民國六十年前後也創天德敎，但未能正式立案。

[23]　同[10]。

[24]　轉引自[10]。

[25]　同[10]。

們知道，寺廟本身不事生產，而全省各地的廟宇紛紛翻新或改建，那麼，我們不禁要問：「錢從那裡來？」寺廟建設觀光化正是這個問題的最佳答案。

寺廟本身僅僅是個消費單位，日常的一切開支都仰賴他人供應。以前，在中國大陸上，寺廟往往有專屬的「香火地」。地上所生產的莊稼作物都歸該寺廟所有，成為那個寺廟生活開支的基本來源。為一般信眾起建佛事，拜懺念經，以賺取酬勞，則是次要的營生手段。至於像金山寺、少林寺之類的大叢林，更是自成一個經濟單位，供應整個叢林僧眾的日常所需❷。

但是在臺灣，除了少數寺廟，如臺北的龍山寺等，有自己專屬的香火地之外，絕大多數的寺廟都沒有香火地，也就失去了主要的經濟來源。為了維持生活所需，就必須完全仰賴香客遊客來廟裡燒香遊玩所捐助的「香油錢」和為施主做佛事賺取酬勞這兩條財路。於是乎將寺廟裝點得富麗堂皇，設立可容納數百人的禪房和餐廳，甚至設置許多遊樂設施，就成為當前臺灣地區寺廟開闢財路的最佳途徑。位於高雄縣大樹鄉的佛光山，是這方面的最佳例證。

佛光山的創辦人是星雲法師，他於民國三十八年初來臺灣。當時沒有那個寺廟肯收容他，讓他掛單。後來輾轉流浪到新竹元光寺，住持妙果法師收留了他和他的同伴。星雲就在元光寺做雜工，也教寺中僧尼讀書（因為星雲畢業於揚州金山佛學院，受過良好的佛學教育。金山寺是清末民初禪門臨濟宗的重鎮。而當時臺灣僧尼大都是師徒相傳，沒有受過正規的佛學教育）。星雲在元光寺住了兩年，轉到新竹

---

❷ 南懷瑾《禪宗叢林制度與中國社會》，1964。並請參看陶希聖編校《唐代寺院經濟》的序言部份。

青草湖佛學院教書。民國四十一年，他到宜蘭雷音寺。在此，前後住了十二年。十二年中，他用講經和教書的辦法，吸收了一批女弟子，後來大都出家爲尼，成爲今日佛光山的得力幹部。民國五十七年，他買下高雄縣大樹鄉高屏溪畔的一片麻竹園山地。星雲帶領他的信衆一鏟一鍬、一筐一擔的從事建廟工程。而今，佛光山已經成爲馳名中外的佛教觀光勝地。

我曾在〈星雲法師的禮佛歷程〉[27]一文中，分析過星雲法師成功的原因。當時我說：

> 臺灣佛寺由於不成古刹叢林，在經濟活動方面就更著重信徒的捐輸。信徒多，香火就旺，廟宇也就昌盛繁榮。星雲法師的做法正是契合這種情勢。當然，星雲也有他自己的一套看法：「一般人多半不注重小錢。目前的社會，每個人拿出個三百五百塊錢，甚至上千元，根本不當回事。不會想到他出了這筆錢，就要來過問甚至控制寺務。所以，我要廣結善緣。緣結得愈多，來佛光山的人也就愈多，佛光山所能得到的小額捐款也就愈多。」

星雲法師用來廣結善緣的辦法，大約有以下幾項[28]：

(1)每週舉辦「佛光山朝山團」，由佛光山臺北別院主辦。行程爲

---

[27]　宋光宇〈從佛光初現到佛光普照──星雲法師的禮佛歷程〉，《民生報》副刊，1981年11月24日～12月2日。

[28]　參看盧月玲〈臺灣佛寺的現代功能──佛光山田野研究〉，臺大人類學研究所碩士論文，1981；何弘〈看佛光山如何企業化〉，《聯合月刊》第7期，1982年2月，頁72-76；宋光宇，同[27]。

兩宿五餐，收費極爲低廉。這項朝山活動給予北部地區想到佛光山進香朝聖的人莫大的方便。他們到佛光山之後，絕不會白吃白喝，多多少少會捐助一些香油錢（或云「添油香」），以爲功德。也就達成了星雲法師廣結善緣的目的。參加過朝山團的人大都對佛光山留下良好的印象，回到臺北之後，很自然的就成爲佛光山的助緣人，自動爲它宣傳。於是佛光山的名聲也就愈來愈響。

（2）興建萬佛城和萬佛殿，以及羅漢塑像。在佛教的教義中，塑造佛像一直被認爲是件相當重要的事。中國北魏時代的雲崗石窟藝術、隋唐時代的敦煌石洞藝術，都是在這種信念下發展出來的。生長在臺灣的人，只聽說過或者在書本上看過這些偉大藝術成就，卻是無緣親身體驗那種周遭都是佛像的莊嚴氣氛。星雲法師興建五百羅漢塑像、萬佛城和萬佛殿，就是針對這種心理而設計的。讓到佛光山進香的信眾們，有機會親身感受一下萬佛雲集的宗教氣氛。也讓信女善男們一了藉塑造佛像以求種福田、得佛祖庇佑的心願。佛光山的正門旁邊設立一座高有三丈的接引大佛。大佛的四周設立高六尺的金身羅漢四百八十尊。大悲殿四周牆壁上設置六千個佛龕，供奉六千尊觀世音菩薩，大雄寶殿有一萬四千八百尊釋迦牟尼佛像。總共兩萬一千二百八十一尊佛像，完全由信徒們捐獻建造。價格從數千元到數十萬元不等，依佛像的尺寸大小而定。在每尊佛像前面都按上捐獻者的名牌。

（3）設置光明燈和平安燈。依照佛經所記，在佛像前面點燈，也算是件有功德、可得佛佑的事。在萬佛殿建成之後，在每一尊佛像前面，裝設一盞小電燈，謂之「光明燈」。由前來朝山進香的善男信女登記點燈，一年收取三百元或五百元的費用（依佛像大小而定）。尼姑們總是以點佛前的光明燈之後，每天早誦、午供、晚課的時候，都會在佛前迴向祈福，可爲父母、本身、子女消災延壽爲理由，大力勸

說香客們出錢點燈。在每年元宵節時，舉辦平安燈。在整個佛光山的觀光遊覽區普遍架設平安燈。每一盞燈也都由信眾捐款認點。入夜後，繁燈點點，把佛光山點綴得花團錦簇。

(4)舉辦萬緣法會。最初舉辦萬緣法會是爲了慶祝大智殿的落成、接引大佛的開光、和大雄寶殿的奠基。參加結緣的人都出結緣功德費兩百元。結緣者都名列榜示，每天在上供「普佛」之後迴向功德，以消災祈福。後來就成了常設活動。在每年的秋季舉行。這時候臺灣南部很少下雨，氣候乾爽。而且又碰上十月份觀光旺季，到佛光山去的香客遊客相當多。佛光山的萬緣法會每年都有八、九千人參加。

(5)改良傳統做佛事的型態，特別是有關「拜梁皇懺」的部份。捨棄原有的固定壇主方式,改採每天由不同的施主出任壇主的方便辦法。自宋代以降，中國民間一直盛行藉用盛大莊嚴的宗教儀式來祈福和超薦亡魂。現今，臺灣民間依舊盛行這種風尙。尤其是當近些年社會經濟繁榮之後，希望用盛大的佛教儀式來超薦父母亡靈的大有人在。最常爲人們採用的是梁皇懺。目前，一個人要舉行一次爲期七天的梁皇懺以超薦祖先，大約要花費新臺幣二十萬到二十五萬元。這個價碼是一般信仰虔誠而經濟能力普通的信眾所無法負擔的。星雲法師洞悉這種情事，爲了讓這些信眾也有參加梁皇懺的機會，就改良參加辦法。在每年農曆七月，舉行一個月的梁皇懺，只要邀集到二十個人到三十個人，甚至更多，每人出資三千元，就可以有一天參加梁皇懺的機會。在形式上，那一天梁皇儀式就專屬於那幾十人，滿足了他們日夜祈盼的心願。自從佛光山推出這種變通辦法之後，反應相當熱烈。每當有這種法會推出，信眾們都熱烈的報名參加。甚至幾個月前就有人預約登記。

在星雲法師精心策劃下，佛光山的各項儀式活動精確的掌握住目

前社會上「花些小錢不在乎」、「講求方便」以及「湊熱鬧」等特性，讓佛光山成爲當前「寺廟觀光化」、「寺廟企業化」的最佳典範。星雲法師實在很瞭解中國民間信仰的功利特質和側重儀式的傳統，把傳統佛教經懺儀式運用到出神入化的境地，堪稱「佛教儀式現代化企業經營的開山祖」。星雲的成功讓佛教、道教和民間宗教界人士感到羨慕，遂群起仿效。可是，到目前爲止，能夠做得跟星雲的成績可堪匹敵者，尙無一人。（原文是1983年寫的，從1984到1994的十年間，佛教界出現幾個重要的道場：如臺北縣貢寮鄉的靈鷲山無生道場，臺北縣萬里鄉的法鼓山寺，高雄市民權路上的文殊講堂，臺北永和的彌陀精舍，都深得星雲法師經營手法的精髓。）

佛光山的興盛代表著民間普遍喜好用儀式行爲來達到宗教目的。而寺廟觀光化企業化的影響，更使得民間信仰益發注重儀式活動，把原本已經很熱鬧的儀式裝飾點綴得更加花團錦簇。甚至更發明新奇的道具，如電動尼姑[29]、電動抽籤機等，以吸引香客。寺廟的社會教育功能，特別是在宣揚教義方面，愈來愈不受重視。於是，臺灣民間信仰的本質，在這種潮流下，變得更加「功利化」。

2.寺廟巡禮熱鬧且認眞

所謂寺廟巡禮，指的就是一般人所說的「朝山進香」或「朝聖」等情事。從基本定義上來說，無論是寺廟巡禮、朝山進香，或者是朝聖，都是要求信徒暫時放下繁瑣的日常生活，騰出一段時間完全從事「聖事」，親身到聖地去體會感受一下宗教的神聖氣氛。在過程中，也許是很舒適的，也可能是要忍受種種施之於肉體上的折磨，藉以考驗個人的意志力和虔誠心。當通過這次巡禮或朝聖之後，會讓信徒自認爲在他的宗教修爲功夫上又加深了一層。

---

[29] 參看民國72年（1983）11月5日《聯合報》。

上一節所說，到佛光山去進香，事實上，就是一種宗教巡禮。

目前在臺灣最有名的宗教巡禮活動，首推一年一度的大甲鎮瀾宮媽祖回北港朝天宮的遊行活動。從臺中縣大甲鎮到雲林縣北港鎮，開汽車只需兩小時，但是一次徒步的巡禮活動，需要走上八天七夜。所走的都是鄉間小路。沿途所經過的大小寺廟都列入致敬參駕的名單中㉚。

在「大甲媽祖回娘家」巡禮活動中，有不少信徒以徒步朝聖的方式來「還願」，他們或擔任「探子報馬」，或參加「綉旗隊」，或者只是跟著隊伍走。黃美英在報導大甲媽祖回娘家時，曾專欄討論這個現象㉛。茲略舉部份資料如下：

（1）「報馬仔」就是「探子馬」。據說古時各地交通及訊息往來不便，天上聖母（媽祖）蒞臨各鄉鎮，報馬仔遙遙領先，捷足先抵。一來開路察探，二來為聖駕到臨通風報訊。聞說曾有一位信徒，因腳得瘡，行走時苦不堪言，抓過無數草藥，屢醫不瘉，遂求乞媽祖，瘉後當義務充當報馬仔以作答謝。日後果然痊瘉，遂為答願做探子馬。後人沿襲他清朝百姓的衣著穿戴，以及瘡腳之態。……出現在鎮瀾宮前的這位報馬仔，是從北港來的陳萬得。十年前，母親病重，求訴媽祖後病瘉。後又因其子身體羸弱，他一則為母還願，二來為兒子求福，不辭路遠充當報馬仔。

（2）「我相信如果有一個目標，心靈有寄託，就能一直走下去！」年輕的李世宏不願讓母親失望，也為了答謝媽祖。當兵時遣戍外島，

㉚　參看黃美英〈大甲媽祖回娘家〉，《民生報》民國71年5月13日～6月4日；〈大甲媽祖進香記〉《民俗曲藝》第25期。民國72年5月，頁23-60。王嵩山〈從進香活動看民間信仰與儀式〉《民俗曲藝》第25期（民國72年5月），頁61-90。

㉛　同㉚。

李世宏的母親憂心忡忡的在媽祖前「下願」，只要能保佑兒子平安歸里，就讓兒子徒步進香來還願。「有一就有二，無三不成禮。通常都是連續走三年。但也可以在數年內，間隔的走完三次。總之，如果曾發願說要走路進香來答謝媽祖的庇佑，在這一生中就要做到。」李世宏說。

(3)服務於臺中縣政府的黃金水，在參加升等考試前來拜媽祖，祈求幫助。果眞讓他順利通過，今年特地前來還願。

(4)遠從臺南市復興路來的蕭老師，她的父親在六十九歲那年長了「蜂巢瘻」，已呈腫爛，開刀後，卻由於年老，肌肉組織衰退，創口無法癒合，醫生宣佈無望。女兒卻不能眼睜睜的看著父親待斃，四處奔走，求神問卜。聽說大甲媽十分靈驗，專程北上到鎮瀾宮求媽祖。……蕭老師發願說：「如果媽祖婆能讓父親痊癒，願走八天進香。」拜完回家，兩個月後，眼看父親奄奄一息，蕭老師都絕望了，心想大甲媽也不過是「徒具虛名」罷了。有一天，她弟弟騎摩托車被人撞倒受傷。肇禍的人拿藥到蕭家，見其父重創未癒，又特地取藥來治。沒想到傷口竟然好了。如今蕭老師的父親已經七十三歲，平安健康。蕭老師決定終生進香，答謝救父大恩。

在中國民間信仰中，「求神保佑」、「在神前訴願」和事成之後的「還願」一直被認爲是很重要的項目。認爲神明是不可以欺騙的，在神前許下的誓願，必須要還。在巡禮行列或是廟宇之中，還願的人愈多，愈能表示這位神明的靈驗。

再往深的一層去看，中國人的宗教行爲是以「功利」爲基本的出發點，在神前祈求平安，身體健康，事業發達，考試如意等等，往往都會開出交換條件。這種條件就是「願」。既然許了願，那麼就要設法還願。徒步到北港朝天宮參拜媽祖娘，就成了還願方式的一種。願

的產生，主要原因是個人在生命歷程中出現了危機，冀求能順利的渡過此危機，而借助於超自然力量。目前臺灣的工商業社會，競爭激烈，生活緊張，這種求神庇佑的現象有增無減。連帶的使得祈福與還願，尤其是以宗教巡禮方式來祈福與還願，趨於多樣性，造成宗教巡禮熱鬧非凡。

　目前，除了像「大甲媽祖回娘家」這種宗教氣息濃厚的進香活動之外，民間還盛行旅遊氣氛較濃的進香活動。這種進香活動或由某個廟宇發起，或由地方的鄰里長發起，排定行程，包租幾輛遊覽車，浩浩蕩蕩的到外縣市的著名廟宇去進香，一趟下來總會拜訪七八個廟宇。

　造成這一類型的巡禮活動熱鬧興盛的原因，除了宗教條件之外，跟當前社會的經濟富裕、交通及旅遊事業發達等條件有很密切的關係。這種旅遊性質的巡禮活動，使得一般原先難得外出遠行的阿公阿婆、家庭主婦等也能花費有限的金錢和時間，到外地走走。

　當然，巡禮風氣的盛行也和寺廟建設觀光化有互為表裡的關係。董芳苑指出[32]：在臺灣各地的名勝地區都建有相當富麗堂皇的廟宇，建設者都有意使所建的廟宇成為觀光的對象，以吸引遊客。有些廟宇興建巨大的佛像，例如：高雄旗山鳳山寺有一尊大濟公像；彰化八卦山大佛寺有一尊高大的釋迦牟尼佛像；新竹的普天宮有一尊高十二丈的關公神像；臺中寶覺寺有一尊大彌勒佛像；基隆大佛禪寺有一尊高十二丈的觀音佛像；高雄佛光山有接引大佛及其他兩萬多個大小佛像等。這些廟宇都名列在各地觀光旅遊手冊中。而且都附帶有各項遊樂和販售物品的部門。

　也有許多廟宇設置可以容納數百人的禪房和餐廳，以供給絡繹前

---

[32]　同[10]。

來的大批香客在飲食和住宿方面的需要。例如：臺北市關渡宮於民國
七十一年才完成擴建住宿房間，可供四百人住宿；臺北木柵的指南宮
原本就有供信徒住宿祈夢用的禪房；臺北土城的承天禪寺從民國六十
五年起開始增建禪房與餐廳，目前可以容納三百人；臺南麻豆的代天
府，有可容五百人同時用餐的大餐廳和禪房，現今正在興造一條巨
龍，腹內做十殿地獄塑像；臺南玉井寶光聖堂有一座可以容納八百人
的香客大樓，於民國七十一年落成；佛光山也有可以容納六百人左右
的香客大廈。

　　臺灣寺廟巡禮風氣的盛行，根據以上的探討，我們可以說，它是
跟整個社會的經濟狀況，對旅遊的需要，以及寺廟藉此廣闢財源等條
件，緊密的結合在一起，形成一項重大的特色。

3.金錢收益與社會關懷

　　在中國人的宗教信念中，「布施」、「供養」或「奉獻」是非常重
要的活動。在佛教經典中，「布施」被認為是六種修行法門之一。佛
經將布施分成「財施」、「法施」和「財法雙施」三種。其中，「法施」
需要有很好的修為，對於經典有很深的造詣，才能辦得到，一般人不
容易辦到。於是，「財施」就成為一般世人追求累積功德的最佳途徑。
對寺廟來說，信徒們的財施是他們最重要的經濟來源。

　　先以北港朝天宮為例來說明寺廟的收益情形。民國六十八年北港
朝天宮做過財產估計，主要的項目包括❸：(1)現金存款五千六百六
十四萬元，(2)綜合醫院土地值三百四十萬元（三點八二公頃），(3)
工程款七千九百二十三萬元，(4)股票八萬二千元，(5)金牌三百零九
兩值七百七十三萬元，(6)寺廟土地值九百六十八萬元，(7)房屋及設

---

❸　華宜均＜在神佛面前賽錢＞，《聯合月刊》1982:12，頁62-65。

備一千四百九十八萬元，合計一億七千五百萬元左右。

這個數字有偏於低估的嫌疑。像醫院土地面積有三・八二公頃，市價在新臺幣一億元以上，但是只估了三百四十萬元。

北港朝天宮是本省香火最旺盛的寺廟之一。平時香客絡繹不絕，添油香、捐金牌大有人在。逢年過節更是人潮洶湧。相對的，朝天宮的收益也大爲增加。民國七十二年春節的五天時間內，朝天宮所收的香油錢高達四百二十萬元❸。由此可見一斑。

大甲鎭瀾宮也很富有。民國七十年九月鎭瀾宮宣布，從民國六十年起，到民國七十年爲止，一共收到金牌五千四百塊左右，金冠三頂，總重二百八十九兩二錢多，價值新臺幣五百五十萬元。每年的油香收入達新臺幣五千多萬元。銀行的存款有三千三百多萬元，土地價值約爲二千一百多萬元。房屋及設備價值一千五百萬元。鎭瀾宮的財產估計爲新臺幣七千七百七十多萬元❸。

朝天宮和鎭瀾宮是少數公布財產的寺廟。大多數的寺廟從來不公佈他們的財產情況。至於民間私設的「神壇」的財務情形，由於未曾向政府登記立案，也就更無法得知他們的收益情形了。

寺廟有錢之後，派什麼用場呢？大抵不脫離「修建廟宇」和「社會慈善救助」兩方面。

民國七十年代初，臺灣各地的廟宇大都進行翻修或擴建。用在這方面的金錢相當驚人。以一向財政貧窮的澎湖縣來說，全縣有寺廟一百四十七座。這些廟宇這些年來大都以發展觀光爲藉口，大肆改建廟宇，蓋得金碧輝煌。形成了所謂「建廟比賽」的情勢。有人估計，每

---

❸　同❸。

❸　同❸。

一座廟平均耗資新臺幣兩千萬元，則這幾年來澎湖人已經花費了新臺幣三十億元在蓋廟上面❸。這個數字遠超過澎湖縣全年經費預算。

　　我想，推動這種建廟風氣的動力，很可能是「動工建廟乃有錢可收」。因爲蓋廟是件集腋成裘的事。要大家捐錢，總得有個藉口，而蓋廟正是最好的藉口。對於出錢的人來說，總認爲捐錢蓋廟是件有功德的事。於是，雙方一拍卽合。而且，在一般人的印象中，靈驗的廟去的人一定多；人多，廟也就大。反過來說，一座建築宏偉、堂皇氣派的大廟又很自然的吸引人們前去燒香或遊覽，於是乎，蓋廟的風氣就愈演愈盛。位於臺南市鹿耳門的天后宮可能是到目前爲止耗資最多的一間廟。它的建築經費高達新臺幣十億元，這個數字的確驚人。

　　寺廟經費的另一項重大用途，是從事社會慈善救助。依據臺灣省政府所公佈的統計資料，在民國六十七、六十八、六十九等三個年度，全省寺廟的慈善捐款分別是新臺幣一億元、兩億元和四億四千多萬元❸。成績最佳的縣市是臺南縣、臺南市和雲林縣。依臺灣省各縣市的財務狀況來說，雲林縣是個窮縣，建設經費泰半仰賴省府補助。雲林縣在寺廟捐助社會福利事業方面能夠有良好的成績，主要是靠北港朝天宮的旺盛香火。民國六十八年，北港朝天宮捐出了新臺幣三千九百二十三萬元，佔當年全省寺廟捐款總額的五分之一❸。

　　平常一般寺廟或多或少會做一些社會慈善活動。從報紙上零星刊登的有關各地寺廟從事社會公益事業的消息來看，所做的項目計有：幼兒教育、撫育孤兒、濟助低收入貧戶、急難救助、清寒獎學金、自

❸　同❸。

❸　范國廣＜輔導寺廟活動＞，刊於《社會建設》，1981，頁227-254，臺灣省政府新聞處發行。范係民政廳宗教禮俗科的股長。

❸　同❸。

強愛國捐獻、興辦養老院等等。有一些由宗教人士所發起的社會慈善活動，更引發擴大的回響，得到政府的褒揚。例如：女尼證嚴法師發起「花蓮慈濟功德會」以籌募新臺幣十億元爲目標，要在臺灣東部設立一座醫院，解決偏遠地區貧苦大眾的醫療問題。嘉義的「行善團」，由一貫道的寶光和發一兩支線數萬道親所組成，每人每月捐助新臺幣兩百元，作爲購買建築材料的經費，以義務工作方式，到各地修建橋樑和道路。

　　從經濟運作的角度來看，社會大眾捐錢給寺廟，是一種經濟上的「聚集」現象。當寺廟把所收集到的財物拿出來，從事社會慈善救助事業，則又形成了一種「再分配」現象。一般來說，寺廟本身，特別是臺灣的寺廟，都不是直接從事經濟生產活動，要靠廣大眾多信徒的捐輸，才能生存。實質上就成爲社會的「寄生者」。那麼，當社會寺廟愈多，「社會的寄生者」也就愈多，社會大眾的負擔也就相對的變得沉重。陶希聖研究唐宋寺院經濟時，就曾說過：「寺院多一分人力與富力，政府便少一分稅田稅戶或稅丁。」[39]中國的寺廟從唐末起，漸漸的從「對抗國家」的地位轉變成「受國家管理」的地位[40]。而今在臺灣的寺廟完全受到國家的管理[41]。政府當然不會希望寺廟成爲社會的寄生者，而是希望寺廟也能負起一部分社會責任，把所收到的錢財本乎「取之於大眾，用之爲大眾」的原則，拿來做一番慈善事業。從臺灣省政府新聞處所發布的一些寺廟捐款資料[42]來看，政府在這方

---

[39]　陶希聖《唐宋寺院經濟》，序言，頁12，食貨出版社，1937。

[40]　同[39]，頁14。

[41]　今日臺灣的寺廟都受制於民國十八年所制定的＜寺廟管理條例＞，而教堂不在管理之列。

[42]　同[37]，並請參看附錄資料。

面所做的努力得到適度的回報。寺廟主持人也能瞭解這方面工作的重要性。只是目前的成績還不夠理想。用於建廟的經費遠超過用於慈善救助的經費。或許等到寺廟建設到某個程度時，會改變這一形勢。讓寺廟發揮更多更大的「經濟再分配」與「社會福利」方面的功能。

(三)宗教運動與社會方面

1.靈媒與神壇不斷增加

在臺灣的民間信仰中，原本就存在著「紅頭司公」、「烏頭司公」、「尪姨」……之類的巫師，扮演人神溝通的媒介 —— 「靈媒」這個角色，爲人治病、解答一些人們所遭逢的困境，以及驅邪趕鬼等等。作爲一個靈媒，必須拜一個老巫爲師，選定一個或多個神明作爲主神，並且要歷經很艱苦的一段訓練時期。一旦訓練成功，就成爲能夠通靈的人，就開始執行靈媒應有的任務。日子長久之後，靈驗的名聲逐漸傳播開去，就會吸引許多善男信女前去占卜問事，改運消災。

也有一些靈媒不經過正規的訓練程序，忽然就會做出一些通靈的動作，引起旁人的注意而有人前來問事占卜。例如：臺北市溫州街正宗書畫壇的李壽者老先生，早年是名軍醫，後來有很長一段時間無法睡覺，感覺煩躁不安，最後成爲通靈的人。臺北市新生南路尙德善書公司張老闆的八歲女兒自言能與神明交談，能做某些預言，引來不少人士前去問卜。張老闆還爲此出了本書❸，記述這段經歷。

這一類靈媒把民間信仰帶到一種神秘境界。許多知識份子以科學爲信念依據而斥這些靈媒活動爲迷信。政府和大眾傳播媒體也一再呼籲社會大眾要保持理智，不要迷信。我們的教育更是以破除迷信爲職

---

❸　孟佳（張宏源）《與祂一同回去》，尙德善書公司出版，1983。

志。可是，在目前我們的社會上卻是充斥著各式各樣的靈媒，爲人們解答迷津。靈媒能活躍於現代文明社會，就是個值得研究的問題。

李師亦園先生把這種靈媒眾多的現象，解釋成「功利主義盛行的緣故」。他說❹：

> 童乩的私人儀式則主要是爲了個人治療疾病以及解決各種疑難未決問題。童乩爲人治病最主要的特徵之一，是以符咒、香灰及一些無關緊要的草藥給病人服用。……但是童乩的私人儀式，無論如何都是爲了滿足個人物質及形體的需要而行。所以其表現功利主義的色彩則是甚明顯的。
> 其實，在當前的社會裡，童乩並非唯一爲人解決各種困境的宗教執行者，其他類似的人，如卜卦、算命、摸骨、收驚、安斗、改運等，莫不大行其道。這些都同樣表現出民俗信仰中的功利主義傾向。

基本上，我是贊同李先生的意見。以下我想就這個論點再作更進一步的闡述。

我認爲，宗教方面的功利主義盛行是和臺灣經濟的迅速發展有密切的關係。臺灣經濟發展腳步加快的時限，一般學者都同意訂在民國五十年代末期和六十年代初期。換句話說，民國五十年代以「工業取代農業」的經濟發展策略，在五十年代末期就有良好的成效。臺灣憑著廉價的勞工促成勞力密集工業的長足發展。設於各地的加工出口區成爲民國六十年代的主要經濟支柱。從民國六十年到六十五年，大體

---

❹ 同❺。

上說來是個相當繁盛的時代，其中曾碰到阿拉伯產油國以石油爲武器
對抗以色列所造成的石油危機。民國六十五年至六十六年，引發第二
次石油危機。對臺灣的經濟發展造成莫大的震撼。自民國六十七年起
又碰上長期的全球經濟衰退風潮，迫使臺灣經濟發展跌落谷底，公司
工廠倒閉者眾。直到民國七十二年方始呈現復甦現象。

　　工商業發達的結果，是導致農村人口大量外流，流向大都會區討
生活。這些人（大多數是年輕人）離開家鄉時都懷著創造自己未來事
業的憧憬。換個角度來說，傳統的社會品評人物標準，諸如：要求外
出的人能夠成功成名，創立一番事業，以顯親揚名，光耀門楣等，就
加諸出外謀職者的身上。這些年輕人在都市中努力工作，以期能實現
當初的願望。

　　商場上的競爭需要各種專業的知識，良好的人際關係，優良的生
產技術等等。除了這些有能力控制的條件之外，「機運」這項條件就
很難捉摸掌握。而每一個競爭者都希望能有好運氣。在此情況下，
民間信仰就發揮它的功能。商人很自然的會去考慮如何掌握或開創一
個良好的「運道」。他們相信公司的名稱筆劃要大吉大利，印章也要
能除凶化吉，公司的方位和內部的擺設要合乎陰陽五行相生相剋的道
理，合夥人的生辰八字要能相生，而不能相剋。這些信念就使得易經
卜卦、姓名筆劃、刻印開運、陽宅風水等占卜行爲大行其道。

　　碰到經濟不景氣的時候，這些超自然方法又會被用來挽救面臨破
敗的公司。人們會請來風水先生或乩童，看看陽宅風水有什麼地方犯
沖犯煞，需要改動一下，圖個吉利。名字不好，就改個大吉大利的新
名字。到各地寺廟祈禱占卜，更是常見的事。

　　同時，在激烈的工商競爭中，人們難免會碰到各種挫折和不如意
的事，對身心產生了「焦慮」現象。宗教信仰正好能對這種心理焦慮

現象發揮「療傷止痛」的功能。讓人們藉祈禱、許願及其他宗教儀式，得以解脫焦慮現象，能夠有足夠的勇氣面對未來的挑戰。

根據以上的分析，我們清楚的看到臺灣民間信仰之中具有一種「功利思想」。這種功利思想一方面促使人們有足夠的勇氣爲自己未來的事業奮鬥，一方面也使得童乩、算命、風水等大行其道，形成靈媒與神壇不斷增加的現象。

乩童作法時，需要有一個法壇，最起碼也要有個案桌。算命的看風水的人多半也會擺個香爐，以便燃香祝禱神明。起初也許只是一個臨時性的設置，等到「生意」逐漸作開，求卜的人日漸增加之後，就會設立一個固定的神桌，以供日常作法之用。一個神壇就如此誕生了。

這種神壇多半設在一般民宅中，神壇往往也就是乩童的住宅，是乩童的私產。這些條件都不符合民政單位允許寺廟登記的基本條件——要有獨立家屋，要有信徒組成的財團法人組織，要有明確的教義經典等，以致神壇不能向政府立案登記，成爲名實相符的「法外之民」。也形成了臺灣民間信仰中最複雜混亂的一環。而學術界對於神壇的調查與研究工作也做得最少，亟待更多有心人士投入研究與調查行列。

2.道德復振教派急速擴張

李師亦園先生在討論當前民間信仰發展趨勢時，曾指出「在功利主義趨勢之下，民間宗教出現了一種相反的活動，那便是富有道德復振色彩教派的興起。」[45]李先生把道德復振教派分成兩大類型[46]：第一類型是有固定的信徒，並且有組織性的教派，以一貫道和慈惠堂爲

---

[45]　同[44]。

[46]　同[44]。

代表。第二類型則是沒有明顯的信徒組織，而是以寺廟爲中心，以「恩主公崇拜叢」爲代表。（編者按:「恩主公崇拜叢」事實上就是本書第一章所談的「鸞堂」信仰，下一章也是談到鸞堂信仰。）

　　道德復振教派的基本內容，就是在討論擇一神論時所提到的無生老母信仰。無論是一貫道、慈惠堂，或是恩主公崇拜叢，都深受無生老母信仰的影響。強調人生間的各種社會不安現象都起因於道德和良知的淪喪，必須要喚醒人們，看破紅塵，重振道德，方才能夠「達本還原」，同登大同之境，這裡所指的各種社會不安現象，究其肇造之因，依照他們的說法，是由於人們有貪瞋痴心。也就是上一節所說的「功利思想」。人們爲了掙得功成名就，光宗耀祖的美譽，莫不竭力參與社會上的各種競爭活動，常常爲了達成目的而不擇手段。這種社會競爭現象發展到極點的時候，整個社會就會處於動盪不安的局面。於是，在它還沒達到極點的時候，需要有一股相反的力量來加以制衡。

　　在激烈的競爭中，有些人會冷靜下來思考這樣的激烈競爭其價值究竟安在？這時道家所說的「寡欲」、「無常」、「知足常樂」等概念；佛家所說「空」、「因果報應」等概念，很自然的就會浮現出來。這些概念告訴人們，人生的富貴榮華只不過是過眼煙雲而已，唯有本性的修持才是根本大事。無生老母信仰更進一步的指出，唯有修持本性才能返回天上家鄉。

　　道德復振教派不僅在哲學理念上提出一套既成的說法，呼籲世人要能看穿繁華，以期達本還原；更在社會與個人行爲上，發揮強大的約束力。這些教派都要求信徒，生活簡樸、儀容端莊、待人誠信、樂於助人、遵守傳統行爲規範的約束。整個教派的內部組織很注重傳統人際關係，講究尊卑長幼有序，接物處事彬彬有禮。對目前臺灣急速

變遷的社會環境來說，這種強調身體力行傳統行爲規範的團體，是很能吸引那些習慣於舊有農業社會生活方式，而不太能適應或習慣現今工商業社會那種緊張忙碌、人際關係冷漠淡薄現象的人們。民國六十年代的臺灣社會正是由農業社會型態急速轉變成工商業社會型態。大批農村子弟離開家鄉到都市謀生。他們對於緊張忙碌、人情較淡薄的都市生活一時不容易適應。內心眷戀昔日農業社會的傳統生活方式。一旦有機會接觸到這些強調傳統生活方式的宗教組織，就很容易加入，以謀求心靈上的安慰與生活上的實質照顧。我曾在臺北市抽樣訪問一貫道的佛堂，在六七十人或更多的與會聽講的人當中，在臺北市土生土長的人大多只有三兩位而已，其他的人都是來自外縣市。問他們爲何要參加？答案也都是說道場給他們一種親切感，或看不慣都市燈紅酒綠、緊張忙碌的生活，而渴望追求內心的安靜。因此，我們有理由說，民國六十年代是道德復振教派急速擴張的時代。

　　目前，在臺灣，可以歸入道德復振教派陣營的民間信仰團體，大抵有齋教 —— 奉無生老母爲主神分成龍華、金幢、先天三派；鸞堂 —— 也就是恩主公信仰叢；一貫道 —— 先天派齋教的後起支派；慈惠堂 —— 無生老母信仰的一支。

　　齋教三派分別於清乾隆、嘉慶年間先後傳入臺灣，以臺南爲中心，分佈於西部各地。日據時期曾遭日本人大力破壞，強迫併入日本佛教系統。光復後，順勢爲中國佛教會所接收。在民國五十年代，由於後繼乏人，各地齋堂紛紛改成佛寺。齋教名存實亡。但齋教在臺灣宗教社會結構上的地位，並非由佛教填補，而是由與它性質相近的鸞堂和一貫道所取代❹。

　　鸞堂，也就是恩主公崇拜叢。清同治三年自福建泉州傳入澎湖馬

---

❹　宋光宇：〈一貫道與齋教的關係〉《天道鉤沉》第 3 章，1983，頁19-24。

公，以後再傳入臺灣本島❽，以扶鸞著述爲宗旨。像臺北行天宮、指南宮、臺中聖賢堂、聖德堂等都是這個系統中最負盛名的。全臺灣的鸞堂總數向來沒有正確統計，臺中聖賢堂的執事先生估計全省有三千間，而民政廳宗教禮俗科估計有一千間。

一貫道在傳承系統上，與齋教先天派是共奉九祖黃德輝、十祖吳紫祥、十一祖何了苦、十二祖袁退安、十三祖楊還虛、徐還無、和「先天五老」❹。因此，算是先天派的一個兄弟支派。於民國十九年，他們的十八祖張天然方始以濟南爲根據地向外傳教。抗戰時盛行於華北、華中、東北各地。民國三十五年初，方始傳入臺灣❺。民國五十二年曾遭禁，當時估計有五萬信眾。民國七十二年筆者調查統計有一百二十萬信眾。堪稱國內第一大教派。並且傳到世界上二十七個國家❺。

慈惠堂興起於民國三十七年八月，有苑裡人張煙帶妻兒到花蓮謀生，不久亡故，張妻請算命先生來作「落陰關」儀式，求問亡夫死後魂歸何處。不料作法之後，張家房客蘇列東居然爲西王母所附。在場眾人驚駭，焚香禮拜。相傳看病行醫很靈驗，於是信徒日多。至民國

---

❽ 《鸞堂聖典》云：「臺灣省之鸞務，以澎湖最早。……傳自福建泉州公善社。當時地方之文人學士爲禱天消除災患與匡正人心計，乃於同治3年癸丑 (1864) 6月初3日在馬公先開普勸社，崇拜南天文衡聖帝關及太醫院慈濟眞君許二位恩主，初設沙盤水筆，……至光緒辛卯 (1890) 正月13日，賜號『一新社』，繼設樂善堂。」此書是臺中聖賢堂編印，1979年。

❹ 所謂「先天五老」是指陳祖火精，四川成都府人；宋祖木成，湖南長沙人；安祖土道，湖南長沙人；彭祖水德，湖北沔陽人；林祖金泌，四川隆昌人。林金泌生於嘉慶九年，卒於同治二十年。是五人中唯一有生辰年月記錄的。

❺ 宋光宇《天道鉤沉》1983，第2章＜三十年來處境＞，第15章＜一貫眞傳＞，第16章＜現況＞。

❺ 宋光宇＜現況＞《天道鉤沉》，第16章，1983，頁137-192。

六十八年，全省設有分壇二百一十二所，其中包括日本、沖繩各一處
[52]。

3.新舊教派競爭激烈

　　從臺灣地區整個宗教市場態勢來看，可說是新舊教派雜陳並處，
呈現出「地狹教稠，競爭激烈」的現象。舊教派極力設法鞏固既有的
勢力，新興教派則致力擴張教團組織。於是性質越相近的教派之間衝
突與摩擦的情形也愈嚴重，甚至不惜惡言相向，攀誣中傷，完全不顧
宗教家所標榜的慈悲和博愛。

　　在臺灣究竟有多少個教派呢？依據董芳苑的統計[53]，目前在臺灣
有九十多個大小教派，其中有八十個教派是屬於基督教。信仰基督教
的人口總數，據瞿海源非正式的估計，天主教與基督教新教各派共有
九十萬人，佔臺灣人口總數的百分之五。剩下來百分之九十五的人口
是屬民間信仰者、無宗教信仰者和其他宗教信仰者。

　　臺灣現有一千八百萬人口。我們假設其中有一半是未成年人，無
自主行為能力，姑且不算。剩下九百萬成年人當中，先扣掉十分之一
的人信奉基督教，還有八百萬左右。我們再假定無宗教信仰的佔剩下
來總數的一半，約四百萬。而回教、天理教、大同教等由於人數不
多，暫且略而不計。那麼，最後剩下來的四百萬人，或者更多一些，
就成為佛教、道教、一貫道、慈惠堂、恩主公信仰，以及其他民間信
仰等教派所努力爭取的目標。

　　在前面提到過，政府秉承明清以來的宗教政策，只承認佛教和道
教是合法的本土宗教，不承認新興教派的法律地位。迫使各個新興教

[52]　鄭青萍〈臺灣的西王母崇拜——花蓮慈惠堂的宗教現象〉，刊於董芳苑編，
《臺灣民間信仰的認識》一書，永芳文化公司出版，1983，頁181-201。

[53]　同[3]。

派只能依附或託庇於佛教會或道教會。使得兩個教會的性質不若天主教會那樣單純而且有系統，而是像由許多性質相近而又彼此不相統屬的教派與寺廟所組成的「同業公會」。

前面也提到過，臺灣本土宗教信仰的特色之一，就是佛道不分。一般民眾也不重視佛道之分。每當被詢問「信奉什麼宗教」時，往往回答說：「我拜佛，當然是信佛教。」可是，這裡所說的「佛」是泛指民間信仰中所崇奉的各種神明。因而使得「我信佛教」這個答案不具實質意義。楊惠南稱這種形式的「佛教徒」為「不知佛是什麼的佛教徒」❺❹。邢福泉研究臺灣的佛教，謂佛教擁有信徒五百七十萬❺❺，實失之於誇大。他沒有考慮到泛信者與虔信者的差別。

據我個人的觀察，把民間信仰籠統的歸入佛教或者是道教，主要是為了管理上的方便。佛教會和道教會所扮演的角色也僅止於「政府設定的管理寺廟的機構」而已。在日據時期，日本人為了消滅臺灣同胞的漢族文化，曾大力破壞各地的寺廟，對於帶有祕密會社色彩的齋教和鸞堂破壞尤甚，同時，儘量設法將臺灣各地的寺廟納入日本佛教系統，以便管理❺❻。政府遷臺之後，沿用日據時代的老辦法，成立「中國佛教會」以取代日本的佛教會。於是，臺灣各地的寺廟就順勢登記在佛教會的名義下。換個角度來看，在臺灣的中國佛教會是民國四十年代統領各個寺廟的盟主。

不久，佛教會的盟主地位就受到挑戰。挑戰來自新興教派一貫道。一貫道自民國三十五年初至三十八年底的四年時間，陸續從上

---

❺❹ 楊惠南〈我所知道的一貫道〉，《聯合月刊》，1981：7。

❺❺ 邢福泉《臺灣的佛教與佛寺》，臺灣商務印書館印行，1981，頁6。

❺❻ 余光弘〈臺灣地區民間宗教的發展〉，《民族所集刊》1982：53，頁83-85。《鸞堂聖典》臺中聖賢堂編印，1979，頁8。

海、天津和東北各地來了十多支傳道人員，他們憑著一股宗教狂熱，配合上原先由齋教和鸞堂已經開拓了的基礎，得以迅速擴張。在另一方面，齋教因與設在福州的總壇失去聯絡，而在臺灣的領導人又不曾獲得任命後進的授權，以致後繼無人而告衰落。一貫道是齋教先天派的兄弟支派，也就填補齋教遺留下來的空缺。一貫道又與中國佛教會沒有任何淵源，自然也就不會登記在中國佛教會名下。於是，一貫道快速的發展擾亂了原有的社會宗教結構，威脅到中國佛教會的盟主地位。這就種下了雙方無法化解的怨恨。民國五十二年，一貫道遭政府取締。主要的理由是說他們的傳道活動以家庭為主，而不是以寺廟為主，「隱密詭異」，有治安上的顧慮。但是，一貫道中三十多年來一直負責對外聯絡交涉的張培成先生則說是佛教會運用影響力，假手政府以清除異己。這幾年，我致力於一貫道現況的調查，發現任何忠實報導一貫道現況的文章，都會引來佛教會的激烈抗議，而佛教會也出版十一本攻訐一貫道的小冊子❺。中國國民黨中央黨部社會工作會也表示，他們在處理一貫道合法登記這個問題時，中國佛教會給他們的壓力很大，反對給予合法地位。我也曾於民國七十年十二月二十四日下午三點跟隨楊惠南到中國佛教會出席他們的「護國衛教破邪顯正行動委員會」，旁聽和尚們商討如何設計陷害一貫道❺。佛教與一貫道之間的衝突，似乎找不出可以化解的辦法。這種衝突正顯示舊教派極力

---

❺　佛教會所出攻擊一貫道的書籍計有：釋回明的《暗路明燈》，1947；釋宏妙的《天道眞傳》，1975；施文塗的《我怎樣脫離一貫道》，1978；佛教出版社的《天道指南》，1980；釋大凡的《歧路指歸》，1979；不知撰人的《回頭是岸》；鄭燦的《中國邪教禍源考》，1978（此書是中國孔學會所出佛教會代銷）；東方白（鄭燦）的《天道玄旨》，1981；戎文蔚（鄭燦與釋廣定）的《正誼呼聲》，1981；喬立人（鄭燦）的《天參道同契》，1982。

❺　參看宋光宇《天道鉤沉》，1983，頁34。

維護既得的利益而反對新興教派的獨立。（編者按：民國七十六年三月，一貫道總會正式成立，並沒有對佛教會產生什麼影響，可見以前的爭鬥陷害，是出於一種勢力範圍的爭奪。）

一貫道遭禁之後不久，臺灣省道教會於民國五十三年六月十四日在《新生報》刊登啓事，呼籲一貫道信徒參加道教會。一貫道的張先生更與張天師、立法委員趙家焯及幾位退役將領籌組中國道教會。自此以後，中國佛教會和中國道教會便瓜分了臺灣民間信仰市場。有僧尼住持的寺廟歸中國佛教會，沒有僧尼住持的寺廟則歸中國道教會。

余光弘曾經統計過從民國四十五年到六十九年臺灣地區寺廟教堂數目變化消長情形❺。從圖一，我們可以清楚的看出，道教寺廟數在民國五十二年、六十一年、六十八年有明顯的增多，而佛教的寺廟數在這三年都呈下降現象。而且，從民國五十年起，凡是道教寺廟增多的時候，佛教寺廟就減少。道教增加得多，佛教也就減少得多。這種現象充分顯示兩教會之間的競爭也相當激烈。

目前，（民國七十年代初）。道教會也不願意讓一貫道獨立出去。所以當一貫道的一個小支派企圖以中華聖教名義登記立案時，佛教會和道教會聯名向有關單位控告一貫道❻。

在我沒有從事宗教研究之前，總以爲宗教界應該是祥和敦睦，出家人應該是與世無爭的。等到我親眼觀察臺灣民間信仰的發展情形之後，才相信宗教界的生存競爭不亞於商場上的競爭。爲了己身的利益，往往不擇手段。達爾文所揭櫫「生存競爭，優勝劣敗、適者生存」原則，依然支配著臺灣民間宗教的發展。

❺　余光弘＜臺灣地區民間信仰的發展＞，《民族所集刊》1982：53，頁72。

❻　參看宋光宇《天道鉤沉》，附錄七。

圖一　臺灣區歷年寺廟教堂數升降趨勢圖

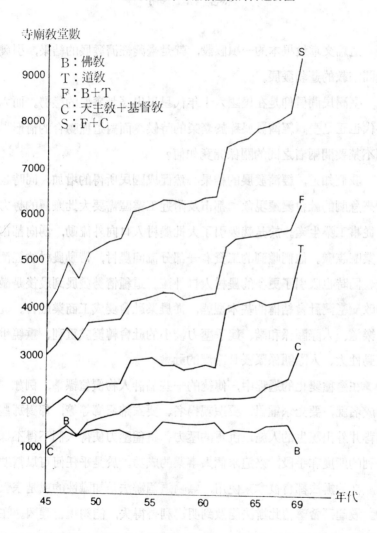

寺廟教堂數

B：佛教
T：道教
F：B＋T
C：天主教＋基督教
S：F＋C

9000
8000
7000
6000
5000
4000
3000
2000
1000

45　50　55　60　65　69　　年代

結　論

　　這篇文章最根本的一項假設，就是臺灣經濟發展的結果，引發了民間宗教的蓬勃發展。

　　臺灣民間信仰是在民國六十年代呈現出蓬勃發展的態勢。而六十年代也正是臺灣經濟發展臻於繁榮的時候。面對這種吻合的情形，我們不禁要問兩者之間的關係究竟如何？

　　我們知道，經濟發展的結果必然促成國民所得的增加，同時也會帶來急劇的社會變遷現象。都市及附近工業區需要大批廉價的勞力，以從事工業生產。於是就吸引了大批農村人口向外流動，湧向都市和工業區謀職。他們賺到的工資有一部分流回農村，帶動農村的經濟繁榮。同時也吸引了更多的農村人口外流。這種情勢發展到最後是徹底的改變臺灣社會結構的基本型態，從農業社會變成工商業社會。從安貧樂道、人際關係和諧、競爭壓力較小的社會轉變成重利、重競爭、流動性大、人際關係緊張且冷漠的社會。

　　在這種變化的過程中，傳統的一些品評人物價值標準，例如：要功成名就，要光宗耀祖，要顯親揚名、要衣錦還鄉等等，都對那些離鄉背井外出謀生的人施以沉重的壓力。這種壓力使得人們不得不採取功利的態度和手段，來追求個人事業的成功。於是乎任何可以幫助事業成功的辦法都會被拿來使用，無論這個辦法是知識性的或是宗教性的。最起碼希望藉此辦法能做到明辨利害得失，能夠趨吉避凶。在這種情形下，宗教上的各種祈福避禍的辦法很自然的爲社會大眾所樂意採用。於是，像易理算命、紫微斗數、陽宅風水、鎮邪避凶等方法大受歡迎。同時，一旦傳出某某廟或某某乩童（俗稱「法師」）很靈

驗，就會吸引很多人前往膜拜、祈禱和許願。

在神前許了願，必須要還願才算完滿。整個社會經濟發展的結果，必然讓較多的人享受事業上的成功。那些曾經在神像前祈求保佑而許過願，如今事業成功的人，會想到今日的成就是受到神明保佑所致。在感謝神明恩德之際，就會到廟中還願。最常見的還願方式就是照原先許下的還願方式去做，或爲神掛金牌、換神袍等，更隆重的就是重建廟宇，重塑金身佛像等。這些還願的舉動又成爲其他信徒的仿效對象。因而使得到寺廟去進香的人絡繹不絕，廟裡的香火也就興旺。

人們也要求能夠掌握或洞悉在冥冥之中控制人類命運的那股超自然力量，因而需要各種占卜的辦法，也使得那些算命卜卦、看陽宅風水的人忙碌不堪。

社會競爭愈激烈，人們所承受的心理壓力也就愈大。有許多人因承受不住這種無形又巨大的壓力而有精神異常現象出現。乩童作法就是針對這種現象來發揮它的民俗醫療功效。

和尚道士雖說是「方外之人，與世無爭」，但處在這個注重競爭的時代裡，也不由得他們不爲自己的宗教事業而努力奮鬥。藉用佛家所言，建造佛像、佛寺和布施佛寺與僧人是有功德的觀念，多方鼓勵一般善男信女慷慨解囊，出資建廟。同時，也掌握住民間信仰「只重儀式不重經義」的特質，啓建各種儀式活動，增加收入。佛光山是這方面做得最成功的例子。

至此，我們可以說，在民間信仰中有一套功利的設計，幫助人們致力於競爭。但是，在競爭的過程中，免不了有失意者，也免不了有厭惡競爭的心理出現。這時就需要有另外一套能夠安慰心靈的宗教概念，來充當調和劑。這套概念大體上承襲千百年來所形成的傳統信

念，把人生看成是虛幻空無，眼前的榮華富貴都只是過眼煙雲，人生最重要的事就是「明心見性，達本還源」。這就是道德復振教派的基本主張。

從社會的角度來看，道德復振教派的急速擴張是跟經濟發展所引起的人口流動有密切的關係。外出的人一方面是脫離了家鄉的宗教活動，進入一個陌生的地方；另一方面，又因是外來的陌生客，無法參加外出所在地當地的宗教活動。形成了兩頭落空的現象。道德復振教派的基本主張，與原先流傳於農村的宗教信念相去不遠，所著重的人際關係又是以傳統的人際關係為主，而且它又超越地域限制。於是成為外出的人參加宗教活動時所選擇的重要對象。流風所及，透過外出人口回鄉宣揚，道德復振教派也因而盛行於農村。

總之，宗教活動是社會文化的一環，處處受其他文化項目影響。中國民間信仰沒有特定獨立的經典和儀式，而是和日常生活混合在一起。一旦日常生活起了變化，產生各種需求和壓力時，民間信仰就會提供應付或疏解的辦法。換句話說，中國人的民間信仰是因應外界社會環境的變化而變化，它並不會成為主導社會變化的力量。

（本文承李世瑜先生、何大安先生賜讀一過，斧正諸多舛誤，特此致謝。）

（原刊載於《漢學研究》2卷1期，頁 199–234，1984）

附錄　臺灣省六十六年度寺廟捐資興辦公益或慈善事業成果統計表

1寺廟數，2金額（元）

	未滿1萬元	1萬元以上 未滿5萬元	5萬元以上 未滿10萬元	10萬元以上 未滿20萬元
合　計 1	679	270	76	45
2	1,986,574	6,054,913	5,182,655	6,122,845
基 隆 市	2	3	3	1
	8,669	76,800	182,900	182,921
臺 中 市	11	11	2	4
	65,850	224,486	166,673	456,062
臺 南 市	22	6	3	4
	514,800	433,030	358,725	817,928
高 雄 市	2	6	3	2
	16,200	97,040	190,738	297,140
宜 蘭 縣	5	13	10	5
	14,000	319,542	611,650	472,828
臺 北 縣	30	5	6	1
	111,800	111,320	497,989	106,520
桃 園 縣	5	6	2	1
	32,880	121,170	126,125	113,000
新 竹 縣	5	1	2	—
	28,100	10,000	155,373	—
苗 栗 縣	53	20	4	2
	196,955	406,427	233,961	308,010
臺 中 縣	11	9	2	1
	40,600	227,080	138,650	162,000
南 投 縣	38	24	6	3
	107,156	580,576	431,957	402,243
彰 化 縣	52	23	3	2
	188,097	500,316	242,609	261,000
雲 林 縣	63	22	3	1
	160,900	531,647	136,724	121,392
嘉 義 縣	45	18	5	4
	119,287	447,722	322,677	538,273
臺 南 縣	52	15	3	6
	212,164	322,484	204,400	956,835
高 雄 縣	8	17	6	2
	41,000	395,160	384,294	270,000
屏 東 縣	273	38	4	2
	548,420	794,395	243,100	356,948
臺 東 縣	7	3	2	1
	18,300	78,830	159,879	102,420
花 蓮 縣	13	2	—	1
	60,240	50,680	—	198,348
澎 湖 縣	4	12	4	3
	15,936	244,438	319,886	458,180

附錄　臺灣省六十六年度寺廟捐資興辦公益或慈善事業成果統計表

1寺廟數，2金額（元）

	20萬元以上未滿50萬元	50萬元以上未滿100萬元	100萬元以上未滿200萬元	200萬元以上	合　計
合　計 1	41	12	11	2	1,143
2	12,274,734	8,523,440	14,451,625	5,799,875	60,396,661
基隆市	—	—	—	1	10
				2,308,000	2,759,310
臺中市	—	—	—	—	28
					913,071
臺南市	—	—	—	—	35
					2,124,483
高雄市	4	—	—	—	17
	1,051,008				1,652,126
宜蘭縣	—	1	1	—	35
		741,000	1,212,000		3,371,020
臺北縣	3	—	1	—	46
	743,800		1,304,000		2,875,429
桃園縣	1	—	—	—	15
	304,230				697,445
新竹縣	2	1	—	—	11
	451,235	751,165			1,395,873
苗栗縣	2	1	1	—	83
	716,007	666,100	1,033,355		3,560,815
臺中縣	—	1	1	—	25
		855,597	1,426,457		2,850,348
南投縣	1	3	1	—	76
	452,830	2,335,892	1,162,410		5,473,064
彰化縣	1	—	—	—	81
	208,468				1,400,490
雲林縣	5	2	—	—	96
	1,521,956	1,312,801			3,785,420
嘉義縣	6	1	1	—	80
	2,171,917	528,610	1,320,000		5,448,486
臺南縣	7	—	2	—	85
	2,168,291		2,623,293		6,487,467
高雄縣	1	1	1	—	36
	261,724	760,500	1,585,000		3,697,678
屏東縣	3	—	—	—	320
	1,175,340				3,118,203
臺東縣	—	1	1	—	15
		571,775	1,645,000		2,576,204
花蓮縣	—	—	—	1	17
				3,491,875	3,801,143
澎湖縣	1	—	1	—	25
	230,000		1,140,110		2,408,550

從最近十幾年來的鸞作遊記式善書
談中國民間信仰裡的價值觀

前　　言

　　無論那一種形式的宗教都蘊藏著一套道德和社會價值觀念，作爲信奉者的行爲準則。但是，「宗教」從外表上可以粗略的區分成「制度化的宗教」(institutional religion) 和「散漫化的宗教」(diffused religion) 兩大類。在「制度化的宗教」裡，有關的道德和社會價值觀念早已記載在經典裡，人們可以清楚的瞭解那是怎麼一回事。散漫化的宗教則不然。由於沒有既定的經典可資依據，它所蘊含的道德和社會價值觀念透過不同的傳播工具與管道，傳遞給影響所及的社會大眾。由於所借用的管道既多且雜，我們若是不特別留意，往往就會忽略了它的存在。中國民間信仰是典型的散漫化宗教，沒有既定的標準本經典，但有爲數眾多的「善書」（勸人爲善的書册）；沒有特定的祭司，任何虔誠、有宗教修持的信徒都可以充任祭司。中國民間信仰所包容的道德和社會價值觀念就是透過這些善書與信徒之間的口耳相傳傳播開去。

　　本文選用最近十幾年來，由一些鸞堂（以飛鸞扶乩作爲主要宗教活動的神壇）相繼撰作的遊記式善書作爲主要素材。這些善書廣泛流傳於各地寺廟、善書中心、以及車站、醫院等公共場所，供

人免費取閱。　我們不但要分析其中所蘊含的道德和社會價值觀念，也要討論這些觀念的歷史背景以及跟當前種種社會問題之間的互動情形。

近十幾年來臺灣所流行的遊記式善書

扶乩，也叫「飛鸞」或「扶鸞」，是中國的一項古老的道術。自宋代以降，扶乩常被人們用來做爲人神之間的溝通工具。儘管明清法律明文規定禁止百姓「扶鸞禱聖」，但是它依舊盛行於民間。

臺灣的鸞堂是傳自福建泉州的「公善社」。清同治三年（一八六四），澎湖的地方人士到泉州公善社學乩，而後在馬公設立普勸社，以關聖帝君和慈濟眞君兩位「恩主」爲主神。主要的闡教方式是以扶乩方式撰作乩文和宣講各種善書，來勸化世道人心（聖賢堂1979：15）。清光緒十三年（一八八七），又在馬公設立樂善堂。清光緒十七年（一八九一），普勸社編纂《覺悟選新》八卷，是臺灣最早集成的鸞作善書。

光緒年間，中國社會受鴉片的毒害甚深。在臺灣和澎湖，有一些有志改革這種不良社會風氣的人士，就假借恩主公的飛鸞顯化，從事勸戒煙毒的工作。日本學者伊能嘉矩在《臺灣文化志》一書中，曾提到光緒二十年（一八九四）時，淡水縣轄下的一處鸞堂行忠堂，曾經用扶乩方式，撰文勸人戒除煙毒。乩文內容摘錄如下：

且夫洋煙之貽害也，遍於中華矣。男女老幼見此而迷情，士農工商因斯而廢棄，吁呼痛哉。……世之人何自惹其罪之魁哉。
吾（按：可能是關聖帝君，未見伊能記錄是何方神聖）今下

界，登鸞降筆，願爾世人，共相勸勉。此物貽害匪輕。有犯
者，作速回頭醒悟。未蹈者，切勿自貽伊戚焉可矣。　(1965:
中，319)

　　光緒二十七年（一九〇一），那時臺灣和澎湖已經割讓給日本六
年，澎湖當地的幾處鸞堂有恩公主公顯化，「以清水化丹濟世，改除
鴉片煙毒之陋，救起沉痾無數。」(伊能1965: 中，319)

　　臺灣本島的鸞堂是在光緒年間，由澎湖傳入臺北和宜蘭。最早的
鸞堂計有淡水的屯山古廟（仙公廟）行忠堂，宜蘭的碧霞宮，頭城的
喚醒堂等。以後再從這幾個基點向中南部和東部傳播開去。臺灣本島
早期的鸞作善書有行忠堂的《忠孝集》，碧霞宮的《治世金針》和喚
醒堂的《渡世慈帆》等，伊能所摘錄的那段扶文就是出自《忠孝集》
這本書，成書年代是光緒二十二年。臺灣的這些鸞作善書大致可以分
成兩大類。一類是純粹道德上的教訓；另一類是對現世社會問題的批
判，前面所舉的片段扶文就是屬於這一大類的作品。

　　鸞堂在日據時期頗受日本殖民政府的壓抑，但是民間私下奉祀的
風氣依然存在，在山洞或深居私宅中舉行飛鸞活動。日據晚期的一些
家庭式鸞堂，在光復之後，逐漸發展成為大廟。著名的例子就是臺北
市民權東路的行天宮和三峽鎮白雞山的行天宮，它們都是由日據時代
末期位於臺北市五常街的一處家庭鸞壇發展而來的。(張燕秋，1972)

　　光復以後，臺灣各地的鸞堂逐漸增多，依臺中聖賢堂所編《鸞堂
聖典》上所載，以民國六十八年為準，全臺灣共有鸞堂五百餘處，撰
作的經典善書有三四百種，免費印贈各界閱讀。並且興辦施醫、救
貧、村里建設等社會公益事業。(聖賢堂1979: 14-16)

　　從民國六十七年起，臺灣各地的鸞堂掀起一陣以飛鸞方式，撰作

天堂、地獄、人間、或其他地方的遊記的風潮，迄今未衰。這種遊記的基本形式是乩手（徒弟）的靈魂在某一位仙佛（老師）的帶引下，遊歷天堂或地獄，師徒兩人對他們沿途所看到的各種享福或受刑的現象，相互討論其中的果報關係，或者是直接訪問在地獄受刑的罪魂，是因什麼緣故來此受苦。在師徒相互討論及採訪問答之間，對臺灣當前種種社會問題，做了道德上的批判。

這種以飛鸞方式對社會問題做道德上批判的風潮，是以臺中聖賢堂的《地獄遊記》為發軔。從民國六十五年中秋開始，臺中聖賢堂每逢三、六、九日，晚上七時開始，有扶乩活動。乩手在濟公活佛的帶引下去遊地獄。在沙盤上寫下行程中的一切所見所聞和師徒相互討論的意見。旁邊有唱鸞生逐字逐句讀出，由紀錄生謄錄。原作陸續刊行於《聖賢雜誌》第十期（民國六十五年八月）到第五十五期（民國六十七年八月）。這本雜誌在當時是旬刊，每逢農曆的初十、二十，和月底發行。從民國六十五年中秋算起，連續五年時間，每期印行十八萬本。民國七十年以後才降為一期十五萬本。《地獄遊記》是在民國六十七年中秋完工，集合成單行本。第一版發行十萬冊，分送各地寺廟及公共場所，供人免費取閱。到民國七十一年九月筆者初次訪問聖賢堂時，堂主邱垂港表示他們已經印了一百五十萬冊。善男信女發心助印時，每冊收工本費新臺幣十五元。由於歡迎翻印，各地的善書局也都大量翻印。在同一時段內，各善書局也印了相等數量的《地獄遊記》。邱垂港所蒐集到的版本就有十多種，不僅臺灣的善書局印行這本書，香港、新加坡、菲律賓、日本等地也有華僑在當地印行。日本華僑更把這本書翻譯成日文。民國七十年以後，雖然熱潮稍減，但是聖賢堂每個月至少還是要印五千冊，才夠應付。九年下來，大概又印了將近一百萬冊。

　　由於《地獄遊記》造成一時的轟動，遂使得各地的鸞堂起而仿傚。中央研究院臺灣史田野工作室、民族學研究所圖書室、以及筆者所蒐集到的這類善書，就有二十六種。嘉義師範學院的鄭志明曾在民國七十五年著錄過這類善書十九種。(1986; 1988: 417-417) 兩者相加，扣掉重覆部份，計有三十八種。就其撰做成書的年代來說，以民國七十二年、七十四年、和七十五年爲最多，各有六種，已佔全部收藏總數的一半以上。地點也以臺中市及其附近爲最多，有廿七種，幾佔全部蒐藏的四分之三。這是一個很特殊的現象，有待進一步的了解。

　　由於這些已經蒐集到的遊記式善書，是研究人員做田野調查時順便帶回來的，並不是有系統有計劃的蒐集，因此，掛一漏萬，在所難免，應該還有許多這類善書沒有被研究人員看到而加以收錄。也就是說，這十多年裡，遊記式善書的實際撰作數目當不止三十八種。我們也不能遽下結論，認定這是臺中地區特有的現象。茲表列這三十八種遊記式善書如下：（見右頁）

　　以上這三十八種遊記式鸞作善書，依其內容來說，還是可以分成道德教誨和社會問題批判兩大類。大凡講天堂和人間享樂狀況的善書都是在闡揚道德上的實踐和宗教上的修鍊。凡是在講地獄和畜道裡受苦情形的善書則以批判社會問題爲主。以下就以批判社會問題爲重的善書作爲素材，來討論它們所表達出來的道德和社會價值觀。

社會問題與價值觀念

　　由於《地獄遊記》是這一連串遊記式善書中的濫觴，發行量大，影響也大，所以我們以它做爲討論的主軸，在相關的題材上，旁及其他的善書，殊不至於在討論時失之零散。

編號	書　　名	堂　　名	地　　點	撰作年代
1	天界傳眞記	聖賢堂	臺中市	1975
2	地獄遊記	聖賢堂	臺中市	1976
3	冥遊記	聖恩堂	臺北樹林	1979
4	代天寶鑑	代天宮	彰化員林	1979
5	三曹成道捷徑史傳	天聖明賢堂	臺中市	1980
6	珠子遊堂	武聖廟明正堂	臺中市	1981
7	靈遊記	武聖廟明正堂	臺中市	1981
8	陽間善惡遊記	聖靈宮隱星護法堂	高雄市	1981
9	天界透視記	聚星宮護法堂	高雄市	1982
10	畜道輪迴遊記	聖賢堂	臺中市	1982
11	因果池聖記	慈善堂	高雄市	1982
12	瑤池濟遊誌	明德堂	臺中市	1982
13	道陽關記	武廟重生堂	彰化員林	1982
14	九人間遊記	聖明堂	臺中市	1982
15	水宮遊記	重聖武廟	臺中市	1983
16	天晶宮遊記	明正堂	臺中市	1983
17	人佛院記	喚佛堂	臺中大里	1983
18	達摩指玄錄	佛德堂	臺中市	1984
19	阿鼻地獄遊記	聖天德堂	臺中市	1984
20	極樂世界旅遊記	天德堂	臺中市	1984
21	聖道道程記	聖賢堂	臺中市	1985
22	聖靈園遊奇	賢生堂	臺中市	1985
23	原靈與遊玄	聖重三宮	臺中市	1985
24	正道眞案記	靈佛院	臺中烏日	1985
25	南天傳審記	鎮安宮	南投埔里	1985
26	地府國遊記	無極明正堂	臺中市	1985
27	蓮花佛天遊記	武重廟	臺南市	1986
28	三十三天記	鎮安宮	南投埔里	1986
29	警世求道記	無極聖德堂	臺中市	1986
30	雲山高眞殿	聖德堂	臺中市	1986
31	遊三界寶殿（上）	無極心佛院	屏東內埔	1986
32	道程眞理	屏東瑤池聖母院武廟	臺中市	1986
33	無極瑤訊	聖明德堂	臺中市	1987
34	因果律鑑	聖德堂	臺中大里	1988
35	覺化寶記	無極慈靈堂	臺中龍井	1988
36	人間地獄記	聖極堂	臺北市	1988
37	＊遊地獄十殿法庭	天官財神廟靈聖堂	嘉義市	1989
38	現代仙佛感應錄	重生堂	臺中	年代不詳

＊這本善書是根據北宋時道士淡癡以「入冥」（可能是「扶乩」的一種）方式所作的《玉歷寶鈔》（又做《玉歷鈔傳》或《玉歷》），用現代白話文改寫而成。在此之前，已有《白話玉歷》流傳，譯者是蕭學良，年代是民國五十三年，地點是臺北永和。此書是依照蕭本重新排版而成。

　　就內容而言，這些善書所顯示出來的道德與價值觀是相當保守的。討論最多的社會問題是「色情」和「為富不仁」，其次是「詐欺背信」和「貪官污吏」，至於「不孝」、「吸食毒品」、「教唆興訟」、「偷工減料」、「參加不良幫派，打架滋事」、「酒後駕車以致出車禍，傷及人命」、「賭博」、「好打小報告」、「不敬師長」、「拐誘良家婦女」等我們通常都認為不好的行為，都列入批判的對象內。更提到各種教派之間的鬥爭。以下就幾項重要社會問題進行討論。

1. 色情問題

　　在《地獄遊記》中，談色情問題的篇幅大約佔了全書的五分之一左右，份量可說是相當吃重。這種情形反映出民間具有高度宗教情操的人士最憂心的社會問題，就是傳統的貞潔日趨淡泊，淫佚風氣日漸盛行。全書有十九處提到這個問題：

　　(1)世上的娼妓專賺皮肉髒錢；拐誘良家婦女，迫入娼寮，出賣靈肉；喜歡嫖妓，淫樂不節。（第十一回）

　　(2)地獄所刑者，男為在世藉跳舞以玩樂，並非為健身，只是沉迷女色；女為交際花，任人擁抱而賺取金錢，舞後又有所謂「帶出場」，另行色情交易。或是不聽父母教訓，到不正當場所活動，荒淫不節。（第十三回）

　　(3) a.開設娼館，收買良家婦女、山地姑娘、逃學少女，令其每日接客。如不服從，就加以軟禁，或叫保鏢痛打修理。當其要求贖身時，便獅子大開口，要求巨額贖金。

　　　　b.參加歌舞團，表演脫衣舞，後來轉做應召女郎，最後與富商同居。（第十四回）

　　(4)性喜漁色，常偷看鄰居少女洗澡、看黃色電影，在旅社中召妓作樂。喜好看黃色小說、春宮圖片等。（第十六回）

(5)調戲少女，穢言穢語。在暗處偷襲少女，強姦少女。（第十七回）

(6)引誘少女成姦，並同居，再引誘少女的寡母成姦。（第十八回）

(7)富家子弟常恃富淫人妻女，以姦處女爲樂。（第廿一回）

(8)歌壇表演亂開黃腔，或表演下流動作。（第廿五回）

(9)計程車司機在車內裝置黃色錄音帶，對單身女客播放，挑逗引誘。或載女客到荒郊，以刀威脅而強姦之。（第三四回）

(10)嫁夫後依舊水性楊花，紅杏出牆。（第三五回）

(11) a.皈依聖門修道，持齋清口，後來因心性難以把持，與女同道發生曖昧關係，而破戒律。

　　b.受惡友引誘，到風化場所嫖妓。

　　c.已婚男女通姦。

　　d.亂倫。

　　e.輪姦。（第三七回）

(12)女人憑外貌美豔，結交男友，婚後不改習性。與富有之人成姦，將其金錢拐騙一空，然後惡言相向，卒使男友含憤自殺。（第三九回）

(13)在賭場及風化場所充當保鏢，收取地盤費，吃喝玩樂。（第四十回）

(14)虐待養女。及其長大後，見她姿色美麗，強迫入煙花巷賺錢。（第四四回）

(15)教師利用學生教學上的方便，半誘半脅而姦淫女學生。（第四五回）

(16) a.老鴇一生專門經營拐誘及收買女孩，賺取皮肉錢行業。

　　b.生前學會道法，受人錢財，用邪符作法，使人精神錯亂，家宅不安；或拆散他人婚姻。並用邪符迷昏女性心神，而姦淫之。（第四六回）

　　(17)姦淫不孝。（第四九回）

　　(18)凡是著作淫書，拍攝春宮照片、流傳春方、製造春藥、代爲印刷淫書、或書攤代爲販售，罪業同擔。（第五二回）

　　(19) a.白晝宣淫，露天交合，不畏三光，不忌人見。

　　　　b.專門賣色賺錢，出口無非穢語。

　　　　c.貪淫過度，採花不上。

　　　　d.喜食穢物，以爲補益身體。這種惡補是邪門中人。（第六一回）

　　民國七十一年成書的《畜道輪迴記》，只有兩處涉及色情問題。一處是勒索風化場所，並逼良爲娼。一處是「性好漁色，愛色騙錢，整天酒地，所花所用都是女人的錢。」

　　民國七十七年刊行的《因果律訓》，六十篇中，涉及色情問題的有十四篇，佔全書的五分之一強。這十四篇的內容可分成以下幾類：

編　號	類　　別	分　　　　　　布
1	邪　淫　亂　倫	第24篇、第28篇、第35篇
2	性　好　漁　色	第27篇、第36篇、第37篇
3	喜　新　厭　舊	第25篇、第26篇
4	淫　人　妻　女	第31篇、第34篇
5	販　賣　淫　具	第32篇、第33篇
6	強　姦　殺　人	第30篇
7	爭　風　吃　醋	第29篇

以上所舉各種有關色情的敘述，幾乎都是我們經常在報端雜誌上可以看到的事跡。中國人利用這種宗教善書來達到「戒淫」的目的，是有它的歷史根源。像《地獄遊記》這種以地獄罪報來警世的善書，其濫觴應該是北宋太宗太平興國年間（九七六～九八三）道士淡癡以「入冥」方式而作的《玉歷寶鈔》。

《玉歷寶鈔》中有關「色情」一項的記錄不多，只有「男子行強，圖姦婦女」、「男子淫毒婦女、婦人貪淫悍妒」、「煉食紅鉛陰棗人胞」、「吸臍氣、耗童精、畫春宮、作淫書」等項。上面所列《地獄遊記》有關色情的第十八項和第十九項的d就跟《玉歷寶鈔》的條目相同。

在宋朝時，另外還有《太上感應篇》此文僅僅提到「見他美色，起心私之」、「淫慾過度」等語。明代末年用扶乩辦法寫成的《文昌帝君陰騭文》也僅提到「勿破人之婚姻，勿淫人妻女」而已。

但是到了明朝萬曆年間，袁黃（了凡居士）作《功過格》時，就有「遏邪」一節，專門講戒淫功過。袁黃的另一本著作《延壽錄》更是詳細的講解應當如何戒淫，並從因果報應的立場來解說為什麼要戒淫。這些說法就成了後世戒淫理論的張本。到了清朝末年，又有「文昌帝君戒淫文」問世。民國七年，四川有一處鸞壇，叫普化壇，也以扶鸞方式作《關聖帝君戒淫經》。以上所舉的各種戒淫書籍，目前在臺灣各處寺廟和善書局都能拿到。

為什麼自明末以來，「戒淫」成為民間信仰裡的一大要項？就成了一個值得探討的題目。大體上說來，明末清初的時候，江南和東南沿海一帶，發生過好幾波宗教改革運動。包括雲棲袾宏（一五三五～一六一五）等明末四僧對當時的佛教所做的改革（Yu, 1982）、

三一教主林兆恩（一五一七～一五九八）在福建以三教經典教人等（Berling, 1981）。袁了凡在江浙一帶宣揚功過格（Brokaw, 1987），當然也可以算是其中的一波宗教改革運動。而「戒淫」及後面所提到的各種道德批判，諸如：戒殺、放生、減少口業等，就是這些宗教改革運動的共同信念。

這些宗教改革運動的訴求重點既是一般人的日常生活，那麼我們要問：「究竟當時的社會發生了什麼樣的變化和問題，才導致這些改革運動的出現？」

明末時，江南和東南沿海一帶，由於國際貿易盛行的緣故，中國的特產絲、瓷器、鐵器、和其他日用品，在呂宋島、馬尼拉，與西班牙人交換產自中南美洲的白銀。日本人、荷蘭人、和葡萄牙人相繼加入這個貿易圈（全漢昇1968, 1969, 1971, 1987）。其結果造成東南沿海一帶經濟富庶。富裕以後，人們常會「飽暖思淫慾」，色情問題也就難以避免。在明朝末年，像《金瓶梅》、《杏花天》、《繡榻野史》之類地的言情小說所描寫的淫蕩生活，就是明末江南社會的寫照。從這個角度來看，不難明白為什麼明末宗教界人士會特別強調「戒淫」的重要，是有其時代的意義。這些道德條目和價值觀念在有清一代，在地方督撫和士紳的大力提倡下，廣泛的流傳到全國各個角落。

臺灣在民國六十年以後，經濟狀況也逐漸好轉。工商業發達的結果，交際應酬隨之增加，再加上手頭寬裕和原本就有上酒家召妓狎淫取樂的習俗，臺灣社會上的色情問題就不斷的推陳出新。民國六十年左右，主要的色情問題是歌舞團穿插暴露猥褻動作、電影院加映黃色鏡頭、以及推養女入火坑、販賣少女入娼寮等。民國七十年代不理髮的觀光理髮廳、牛肉場、暗藏春色的賓館、酒吧酒廊、泰國浴、各種應召站、午夜牛郎、馬殺雞等色情行業有如雨後春筍。某些報紙更

是每天有半版或更多的版面刊載各種色情廣告。結果是造成臺灣社會「春城無處不飛花」的局面。

面對這樣的局面，民間的宗教界人士感到痛心疾首，藉著仙佛的飛鸞顯化，對各種色情勾當做嚴厲批判，就順勢產生。他們不但自己身體力行，並且利用各種場合宣講有關色情的因果報應，也印成小冊子，到處散發，希望影響更多的人，知所警惕。

2.為富不仁問題

在《地獄遊記》中，有關「為富不仁」的批判是第二多的題材。民間常把「經濟犯罪」也當成是「為富不仁」，因為同是「黑心肝」的緣故。所以我們在這裡採取跟民間人士一樣寬鬆的界定標準，把兩者相同對待。

《地獄遊記》所提到的「為富不仁」項目有:

(1)招人合會而倒會，經商故意倒閉。為官收取回扣。建屋偷工減料。不腳踏實地，做事花言巧語，騙人錢財。(第十一回)

(2)生意人吃穿富足，一擲千金，毫不吝惜，對乞丐或困苦之人，全無半點憐憫之心。暴殄天物，不惜五穀，有錢只管自己享用，不布施給貧困之人或作公益事業。男人有錢便棄糟糠，另築香巢。女歌星鬧桃色新聞。(第十二回)

(3)侵吞他人財物。(第十四回)

(4)假扮乞丐，博得他人同情而解囊，晚上換上新衣，到酒家買醉淫樂。(第十七回)

(5)製造及販賣假藥與迷幻藥。(第廿三回)

(6)用空頭支票詐買大批貨物而後逃之夭夭。(第廿四回)

(7)假祖傳祕方之名販售假藥。(第廿五回)

(8)在稱錘上作手腳，偷斤減兩。(第廿六回)

(9)侵吞代收之各地善男信女所捐的助印善書款項。（第廿七回）

(10)侵吞各方所捐建廟款項和香油錢。（第廿八回）

(11)乩童假借神名斂財。江湖相士鼓如簧之舌，詐言某人將有災難，使人信以為真，藉此詐騙錢財。（第廿九回）

(12)官員利用職權上方便，收取不法賄賂，或共謀炒地皮，爭取暴利。農人出售剛噴過農藥的蔬菜。（第四四回）

民國七十一年的《畜道輪迴記》只在第七回中提到「賣菜偷斤減兩」和「倒會」兩種經濟犯罪例子。民國七十七年成書的《人間地獄記》提到「高利貸」和「買賣不實」。同年成書的《因果律訓》則批判了「昧心貪財致人死」、「監守自盜」、「見利忘義」、「重富輕貧」、「藉神騙財」等項。

以上所舉出的各項批判在《玉歷寶鈔》也有許多類似的記載，例如：「指下不明醫藥取利」、「應愛繼與人為子嗣，曾受恩惠，及得財產，負良歸宗歸支」、「夥伴負財東業主」、「揑造契議書札，收回錢糧券據」、「不註不掣，套描花押圖記」、「添改帳目」等。

《太上感應篇》則提到：「強取強奪，好侵好奪，擄掠致富，巧詐求遷」、「苟富而驕」、「見他富有，願他破散；負他財貨，願他身死；干求不遂，便咒他死」、「貪冒於財，欺罔於上」、「短尺狹度，輕升小秤，以偽雜真，採取姦利」等項。

《玉歷寶鈔》和《感應篇》只是提出一些原則性的批判，並沒有什麼實證資料，這種情形正好給後世有心人一個廣大的自由空間可資發揮。譬如說，民國十三年雲南洱源縣的同善社鸞堂所作的《洞冥寶記》，在第十二回就提到「本獄（刮脂獄）之犯乃是貪官污吏、衙役皂隸、士豪劣紳、奸商滑賈、盜賊兵丁，以及大斗小秤市井貪利之徒」。「本獄（鏟皮獄）之犯誠複雜矣。如居官者，刻薄於民，括盡

脂膏；吏胥狐假虎威，敲骨打髓；豪紳假公濟私，魚肉鄉里；商賈盤剝重利，算盡錙銖；……至市井之徒，大斗小秤，欺負鄉民，種種不法，一言難盡，故不能不以嚴刑對待之」。第十三回提到：「（斷筋剔骨獄）監刑官曰：『此等人在生，利心極重，專以盤算窮民，用重秤大稱，大斗小升，出輕入重。又放重利，息上起息。凡人家之田產房屋，悉被謀算，甚至令人鬻妻妾子女，填償不足，則又以身充傭工，歷數十年，僅償其息，而本猶欠，縱一身充當奴隸，終無了結之期。因彼居心最忍，故以極刑報之。』」第十五回更是針對清朝末事官場種種貪污現象，大肆批判。例如：「尤可駭者，當今時局，與洋交通，或購機器軍械，而二八四六抽成；或私鐵路，而十萬百萬入己（私囊）。只圖肥家，不計誤國。如是者屢屢見之。清時盛宣懷、端方等輩賣國肥家，可誅可殺。今日則更多矣，可不悲哉。」

　　從以上所列舉的資料，「為富不仁」，是從第十世紀以來，中國民間信仰中的一個大項。千年來，大體上是沿襲《玉歷》所揭櫫的基本原則，只是在陳述在實際內容上，會隨著時代而有所變化。

3.家庭倫理

　　在傳統的中國社會裡，「家庭倫理」是非常要緊的一項社會問題。無論是正統的儒家倫理，或是民間所流傳的宗教觀念，都有很大的篇幅來談家庭中的種種問題。但是，這十幾年裡所出現的遊記式善書卻較少涉及家庭倫理。這是個值得探討的社會現象。首先，我們還是看看《地獄遊記》在說些什麼：

　　(1)過繼給叔父，卻暗中侵奪叔父財產，移至生父家，害叔父因而家破人亡。（第十八回）

　　(2)家庭主婦忘卻齊家責任，沉迷賭博，家庭常起勃谿。（第二十六回）

（3）（望鄉臺上）老翁因生前犯孽，故來地府受刑，至今刑期完滿，到此一觀，看其子孫並無一點悲傷情形，有者正在廳堂看電視。有者正在庭內玩耍，根本無念及祖先。心想生前為伊做牛做馬，實不值得。

（另一亡魂）在生心性善良，亦入道修持，但是功果不大。剛死不久，現時其看子孫尚在靈前跪拜，孝心使其感動，因他對人生甚為看破，雖然功果不大，但自覺生死難免，故不悲哀。（第三十回）

（4）因信基督教而毀棄祖先牌位。（第三十二回）（下一節再行討論）

（5）（濟佛）寄語世人，行孝及時，生前孝敬雙親一粒米，勝過死後用一壺酒奉敬。設若雙親亡故，更應勵行道德，多印善書、經典勸世，此善舉感動仙佛冥官最易，亦不失報答親恩，超脫苦海之一種方法，盡可行之。（第四十二回）

（6）罪魂云：「生前犯不孝之罪。平時遊手好閒，如伸手要不到錢，就破口大罵雙親，有時還拳打腳踢，一生不盡孝道。死後經各殿刑罰，又被判入『阿鼻地獄』，永不超生。」（第五十四回）

總括來說，這六條資料只表達四個訊息：「人生空幻，兒女子孫亦是空幻」、「出繼他支而負良歸宗」、「婦女不顧家庭」、「虐待父母」。跟我們所熟知「中國人最重視家庭倫理」的說法有很大的出入。在內容上，也跟以前留下的《玉歷》、《功過格》之類的善書大不相同。（詳下）。

當我們逐本檢視其他各本講地獄罪報的新作的善書，也發現有類似的現象。《畜道輪迴記》記道：

（1）生性暴烈，一遇不順意之事，便破口大罵，不管是父母、長上、親友。（第四回）

（2）受妻子慫恿，起貪妄之心，侵奪原本應該分給弟弟的財產，

使骨肉斷絕往來。（第六回）

(3)做生意太狠，昧著良心賺錢，但兒子忤逆不孝，被活活氣死。（第七回）

(4)a.對父母惡言相向，離家出走。

　　b.與後母勾搭成姦。（第十一回）

除了以上所舉的五件有關家庭倫理的資料外，《畜道輪迴記》其他部份所談的問題是以「戒淫」和「戒殺」兩主項為主。《人間地獄記》全書沒有任何一回涉及家庭倫理。《因果遊記》則提到:

(1)貧家方能出孝子。（第三回）

(2)遊手好閒，惹事生非，沒錢就向父母拿，如不給，就暗中叫人打父母。（第九回）

(3)自幼遊蕩懶學，不求上進。父親時常嚴加管教，不但不聽，反而出口傷人，忤逆不孝。又開賭場，與風塵女子同居。後來父母相繼被他氣死。（第十回）

(4)貧家孝子終能成佛。（第十四回）

(5)強調三綱五常是修道的基本法則。（第十六回）

這本善書其餘部份所談的主要是「色情淫佚」和「昧心賺錢」等社會問題。也強調人人要修善積德。

《因果律訓》在六十回當中，談到家庭倫理的只有七回，所佔僅全書的十分之一。這七回的內容如下。

(1)第一回:親不養。

(2)第二回:未經繼父母同意，變賣繼父財產，使繼父輾轉哀號於破厝。

(3)第三回:家中行「吃伙頭」，虐待雙親。

(4)第四回:戰亂時，只顧自己逃生，棄老父於不顧。

(5)第五回：惡媳隨意百般刁難夫家。

(6)第八回：後母虐前妻所遺子女。

(7)第廿二回：為爭財產，竟斷手足之情。

綜合以上這幾本善書所載有關「家庭倫理」的事項，我們可以看出，「不聽父母教訓，成年子女向父母伸手要錢，稍不如意，就拳腳相向」是各書共同批判的對象。其他的家庭人際關係，在相比之下，就顯得不是那麼重要。整個有關「家庭倫理」的批判跟有關「色情問題」的批判相比，也顯得份量輕了許多。

當我們把這些有關「家庭倫理」的事項拿來跟《玉歷》、《感應篇》、《陰騭文》、《功過格》等傳統善書相比，就會看到其中的差距實不可以道里計算。就拿《玉歷》和《感應篇》來說，有關「家庭倫理」的條目，在全文中，是佔很大的部份。《玉歷》所提到的條目如下：

(1)第一殿：如有世人，不思天地生人，父母養身，非同容易，四恩未報，不奉勾帖，擅自輕生，自刎自縊、服毒投水等類尋死者。子除忠孝節義殉難為神之外，……即解入本殿……。

(2)第二殿：凡議姻親，貪圖財勢，隱匿年歲，他家說合未定之先，確知或男或女實有惡疾姦盜等項，含糊不以實言，誤人終身者。查核事犯多寡，年分深淺，有無延害變端，即令猙獰赤髮等鬼推入大獄。

(3)第三殿：夫不義，妻不順。應愛繼與人為子嗣，曾受恩惠，及得過財產，負良歸宗歸支者。奴僕負家主。……如犯講究風水，阻止殯葬。……遺失宗親墳墓，……寫作匿名揭帖退婚字據，……查對事犯輕重。使大力鬼役推入大獄。

(4)第五殿：疏防家丁，失火延燒居鄰，……隔牆壁拋擲瓦石傷

人，……拆牆更灶，私僭官衙，……如犯前項等事者，發入「叫喚大地獄」。……除殺害生命，近邪悖謬，男子淫毒婦女，婦女貪淫悍妒，損害他人名節者，……概不輕減。

(5)第七殿：離散他人至戚，將養媳賣與他人為婢妾，任妻溺女、悶心私孩。……拷打門徒婢僕致令暗傷得病。魚肉鄉里。裝醉違背尊長，枉口嚼舌，尖酸搬鬥，變生事端者，逐細查明，在此熱惱大地獄提出。

(6)第八殿：世人若不知孝，親存不養，親歿不葬，使父母翁姑有驚懼愁悶煩惱等心者，……灶神先將此等男女記名上奏，減除衣祿，聽任邪鬼隨身作祟。死後受過前殿諸刑，解到本殿，牛頭馬面各卒倒拖鬼犯，擲入大獄受苦。

《玉歷》總共只有十回，除開第十回講投胎轉世之外，其餘九回之中，有六回是以家庭人倫等關係為主，可見古人是如何重視這方面的問題。同一時期的《太上感應》和《陰騭文》也都如此。《感應篇》對於「善」、「惡」的分際有清楚的說明。有關「善」的部份，大體上是以人倫關係為主：

> 太上曰：「禍福無門，惟人自召。善惡之報，如影隨形。是以天地有司過之神，依人所犯輕重，以奪人算。算減則貧耗，多逢憂患，人皆惡之，刑禍隨之，吉慶避之，惡星災之，算盡則死。……凡人有過，大則奪紀，小則奪算。其過大小有數百事，欲求長生者，需先避之。是道則進，非道則退。不履邪徑，不欺暗室，積德累功，慈心於物。忠孝友悌，正己化人，矜孤恤寡，敬老懷幼。……宜憫人之凶，樂人之善，濟人之危，救人之急。見人之得，如己之得，見人之失，如己之失。

> 不彰人短，不衒己長，遏惡揚善，推多取少。受辱不怨，受寵
> 若驚。施恩不求報，與人不追悔。所謂善人，天道佑之，福祿
> 隨之，眾邪遠之，神靈衛之，所作必成，神仙可冀。……」

至於「惡」的部份也提到許多人倫關係:

> ……暗侮君親，慢其先生……攻訐宗親……凌孤逼寡，……離
> 人骨肉，……牴觸父兄，……用妻妾語，牽違父母訓，得新忘
> 故，……骨肉忿爭。男不忠良，女不柔順，不和其室，不敬其
> 夫。每好矜誇，常行妒忌。無行於妻子，失禮於舅姑，輕慢先
> 靈，違逆上帝，……如是等罪。

　　明朝末年袁了凡作《功過格》時，　更是以家庭人倫關係為主。
《功過格》共分成「敦倫格」、「修身格」、「勸化格」、「救濟格」四大
項。每項下面再條列許多相關的道德條目。總共有六百五十六條，其
中與家庭人倫相關的條目有三百七十一條，佔百分之五十六點五。份
量不可謂不重。

　　比較了新舊善書之後，　我們當然要問:「為什麼傳統的家庭人倫
關係，到了現代新作的善書裡，就比較不那麼重要呢?」可能的答案
之一是說: 傳統的舊社會重視聚族而居，外界的社會流動性也不大，
如何維持家庭與家族內部的和諧關係，就成了人們最關心的社會問題
之一; 現代臺灣社會則是工商業發達，交通便利，鄉下的人大量湧入
各都會地區就學或就業，也就在都市裡住了下來，甚至更有許多人移
居海外。在這種情形下，家中幾房兄弟往往就分住幾個地方。平日各
人忙各人的生活，只有到了逢年過節，或家中婚喪喜慶時，才可能全

員到齊。接觸少，人與人之間的摩擦也就相對的減少。其中唯一不變的是父母跟各個子女之間的垂直關係。因此，在這些年新出的善書中，只有有關父母——子女之間的家庭問題被保留了下來，至於跟其他兄弟、族人、師友之間的問題都被省略掉了。

4.教派鬥爭

在《玉歷》、《感應篇》、《陰騭文》、《功過格》等舊善書中，從來沒有所謂「教派鬥爭」這回事。可是在某些新作的善書中就提到這個問題。《地獄遊記》第三十二回：

> 罪魂曰：「因受洗禮後，心想家鄉拜神敬佛，已不合時代潮流，都是拜偶像迷信之徒。我在暑假回鄉，便決心改變家中信仰。開始對父母遊說，趕快除去敬拜偶像。因父母固執已深，堅不接受。我一時憤怒，便將祖先神主牌位拿下，丟在地上，父母一看，青筋暴怒，拿椅子向我打之。我受此刺激，便不回家。……死時，我主基督耶穌並未前來招喚榮歸天堂，卻被二位惡鬼押來地獄，經閻王之判罪，關在『誅心地獄』。……」
>
> 冥王曰：「信仰宗教本無居區域，任何宗教皆可信仰之。然你忘本，毀壞祖先神主牌，像你這種信仰方法，如何教化世人飲水思源？……毀壞神主牌，如斷祖德，試問你之身體何來？你姓何姓？一切皆是祖先所賜，上天為『大上帝』，祖先為『小上帝』，你忘本欺祖，原非上帝意旨，故天堂不納，只好墮入地獄。……」
>
> 濟佛曰：「信仰宗教乃在修心養性，非是庸人自擾，互相排斥，自稱為是。天律已定，排斥他教之非，自鳴己教之是者，已生分別之心，慈悲博愛之心已失，不能證道。如果此種人證道，

> 則神聖有私心，看人信仰何教才護庇，財神仙聖真會發生摩擦
> 糾紛，天堂變成戰場，如何稱為清淨極樂世界？」

這是典型文化衝突的例子。自一八六〇年中法黃埔條約中訂定西
洋天主教、基督教可以在中國自由傳教之後，「洋教案」層出不窮。
民間對於基督教徒要毀棄家中祖先神位這件事一直耿耿於懷。民國十
三年的《洞冥寶記》第十六回曾大力批評信奉洋教者：

> 真君曰：「此獄內之犯人，約有數萬。師弟以為何如人？乃卽
> 不遵傳孔教之教民也。只因他在生誤信伊教靈魂昇天之說，遂
> 背孔子之教，而奉彼教，毀自家之祖宗，把靈位木主都拋棄
> 了，使先靈立斬禋祀。雖有子孫，如同絕嗣一般，已犯大不孝
> 之罪。且反闢我中國之聖賢仙佛為虛無，為不足尊敬。言之深
> 堪痛恨。更有一等狙詐黠慧之徒，或因訴訟大案，勢不獲己，
> 卽投彼教，作逋逃藪，恃為護符，使官府不敢聲張，差隸不敢
> 捕緝，任聽彼魚肉鄉里，貽害閭閻，啓釁生端，往往惹起國際
> 交涉。而彼司鐸者，恆受彼之蒙蔽，反從而袒庇之。究竟揆諸
> 事理，匪惟中國法律所不容，且與彼教傳教之初心，亦大相
> 反。故此等人罪惡猶深重也。」

這段批判文字是代表了民國初年時一般社會大眾對西洋基督教的
看法。七十年後的今天臺灣社會，基督教與俗民大眾的衝突已經不
是那麼激烈，可是一般「拿香拜拜」的人至今還是不能接受信教者
「不拜祖先」的舉動。這也顯示基督教至今仍與臺灣俗民社會格格不
入。

　　新作的善書同時也批判了佛教與一般拜拜者之間的衝突，以及本土教派之間的衝突。《地獄遊記》第三十三回：

　　罪魂曰：「我生前爲皈依佛門弟子，是在家修道之居士。因讀不少經書，認爲我佛以外皆是邪師外道，遇有信他教者，都以輕視眼光視之。如道教信徒，我便對其曰：『你所拜爲外道低級神鬼，將來不能超昇。』有人送我鸞堂扶鸞經書，我不屑一顧，言曰：『魔鬼附身，鸞筆是假，不要信那邪教！』一生極盡毀謗他教之能事，以爲自己得悟佛理，無上高超。誰知死後西方無路，地獄卻直達。……冥王不悅，叱曰：『你爲佛陀叛徒，無一點慈悲之心。雖身受戒，心存怨嗔，胡亂毀謗他教，不悟佛法平等，門門有路，道道是理。只要修行積德，不作違法惡事，皆是正教，你以爲佛法無邊，那知他教亦神通廣大。何必打人嘴巴，自稱高明呢？』只怪生前固執偏見，貢高自恃，沉迷自我，致生毀謗之心，謗法、謗道、謗教，佛性已昧，而遭此下場！寄望佛門同道，勿學我造下罪業，枉費生前一番苦心。」

　　臺灣地窄人稠教也密，除開外來的基督教之外，本土的教派也是名目眾多，有正統佛教，八十六個道士派別，幾百個以扶鸞爲主的家庭神壇和寺廟，以及具有教派形式的一貫道（又分成五、六十個支派）、慈惠堂、天德教、天帝教、軒轅教、龍華教、金幢教、先天教、夏教等。這些教派乍看之下都很相像。而臺灣民間又習慣上把「拿香拜拜的人」叫做「佛教徒」，於是，正統佛教和這些民間教派之間就牽扯不清。各教派之間競相拓展勢力時，衝突就在所難免。站

在鸞堂的立場，則是希望維持一個和平共處的局面。

結　　論

　　日本學者酒井忠夫（一九四九）在《中國的善書》一書中，把像袁了凡的《功過格》以及《陰騭文》之類的明代善書，看成是明朝官府教化政策下的產物。徵諸這些善書常為地方督撫率同地方仕紳捐錢刊刻流布這個事實，酒井的說法大致可以成立。但是民國肇造以後，特別是民國八年的五四運動之後，政府已經失去傳統的「社會教化」功能，而正規的學校教育更是力行「唯科學主義」，直斥這些講因果報應的善書為「迷信」。今天臺灣的學校教育依然秉承這個傳統。當我們檢視學校教育的實際功效時，看到今天臺灣的教育只是在教學生一些謀生的技能而已，有關如何為人處世、道德修業可說是付諸闕如。既然政府已不再擔負社會教化的責任，正規教育體制也不講求如何為人處世，於是傳統上有關為人處世的各種觀念就流落到民間去。這些民間的鸞堂或其他教派，不僅藉飛鸞的「神跡顯化」來達到宣化人心的目的；同時，更有「講師」或「宣講生」負責把這些乩文講給一般社會大眾聽，以達到共同身體力行的境界。

　　從這個角度來說，美國學者焦大衞（David K. Jordan）和歐大年（Daniel L. Overmyer）（一九八六）在分析一貫道、慈惠堂、萬法堂的乩文時的解說，就有可以商榷的地方。他們兩人認為，乩文所透露出來的訊息，是俗民大眾這個「小傳統」藉此方式參與到知識份子的「大傳統」中去。我們的看法則剛好相反，是「大傳統」放棄了對俗民大眾的教化責任，民間有心人士就自動自發的把這個責任接了過去。

　　有了這樣的認識，我們就可以對第三節中所提到的幾種現象做全盤的詮釋。俗民大眾所關心的是他周遭的社會問題，這些社會問題是會隨著社會經濟環境的變化而有所不同。比較新舊善書之間的差異，我們可以指出：「家庭人倫在傳統社會是相當重要的，但是到了現在，它的重要性卻已經降低了很多；色情淫佚在傳統社會裡，並不成爲嚴重的社會問題，可是在今天的臺灣社會中，卻是首要的社會問題。」有關家庭人倫消長的原因前面已經討論過，在此不再贅述。

　　臺灣社會風氣崇尚豪奢，早已見諸清人的記錄。康熙五十六年（一七一七）周鍾瑄作《諸羅縣志》時，在〈風俗志〉中記著：

> 大抵諸羅之俗：其一，功利誇詐近於齊，高富下貧，好訾毀，以賭蕩爲豪俠，嫁娶送死侈靡。……今佃田之客裸體而來，譬之饑鷹，飽則颺去，積糶數歲，復其邦族。而土著之民室無居積，秋冬之儲，春夏罄之；習尚既傴，出糶金錢，入手卽盡。

乾隆五十九年（一七九三）朱景英的《海東札記》在〈記習氣〉一節中也有相似的記載：

> 海外百貨叢集，然直倍中土。俗尚華侈，雖備販葷徒跣載道，顧非紗帛不袴。

光緒十七年（一八九一）臺南知府唐贊袞在《臺陽見聞錄》也提到臺地風俗狃淫，他記道：

> 臺地賭風，甲於他處。寶攤、牌九，不一其名。抱布貿絲者，

> 人肆問津，無不傾囊而出。更有曲房祕室，銀燭高燒，豔妓列
> 於前，俊僕隨於後，呼盧喝雉，一擲千金。大為風俗人心之
> 害，宜嚴禁之。

　　這些片段資料，可窺知清代臺灣的習俗已經相當奢靡。日據時代
又把日本的藝妓陪酒的風氣帶進臺灣。成為現代臺灣社會奢靡淫佚風
氣的基礎。民國六十年以後，臺灣漸漸邁入經濟繁榮階段。燈紅酒
綠、聲色犬馬成為普遍流行的社會風氣，而且花樣不斷翻新，終至形
成「春城無處不飛花」的局面。衛道人士莫不引以為憂。這十多年
來，新出的鸞作善書會大力批判各種色情淫佚現象，可說是這些衛道
人士的具體反映。

　　鸞作善書是以因果報應和地獄刑罰做為立論的基礎，希冀對相信
者產生心理上的壓力，再配合上宣講和團體的力量，讓信徒在行為
上有所約束。這種社會約束力量隨著臺灣社會工商業的發展而與日俱
增。民國七十年代的臺灣社會是相當混亂的時代，民間各寺廟競相以
扶鸞辦法批判社會風氣，可以說是傳統社會教化力量的具體應用。

　　近兩三年來，大眾傳播媒體慢慢有所謂「新保守主義」擡頭的說
法。新保守主義的特色之一，就是傳統的宗教力量擡頭，成為社會的
主流。綜觀鸞作善書在臺灣的發展情形，我們可以說，這股力量早已
默默的在進行，只是我們囿於「唯科學主義」，故意忽略它罷了。

（原刊於漢學研究中心主辦之《中國人的價值觀國際研討會論文集》，
　1992:741-760）

參 考 書 目

全漢昇　〈明季中國與菲律賓之間的貿易〉，1968，收入《中國經濟
　　　　史論叢》，1972，頁417-434。

　　　　〈明清間美洲白銀的輸入中國〉，1969，收入《中國經濟史
　　　　論叢》，1972，頁435-450。

　　　　〈自明季至清中葉西屬美洲的中國絲貨貿易〉，1971，收入
　　　　《中國經濟史論叢》，1972，頁551-574。

　　　　〈明清間中國絲綢的輸出貿易及影響〉，刊於《陶希聖先生
　　　　九秩榮慶祝壽論文集: 國史釋論》，1987，頁231-237。

朱景英　《海東札記》，1793，《臺灣文獻叢刊》第19種，1958。

林永根　〈臺灣的鸞堂: 一個蓬勃發展的民間信仰與傳統宗教〉，
　　　　《臺灣風物》，34(1):71-78,1984。

宋光宇　〈「地獄遊記」所顯示的當前社會問題〉，《民間信仰與社會
　　　　研討會論文集》，臺中，東海大學與臺灣省政府民政廳。
　　　　1982，頁116-139。

　　　　〈中國地獄罪報觀念的形成〉，《臺灣省立博物館年刊》，
　　　　26:1-36,1983。

　　　　〈從玉歷寶鈔談中國俗民的宗教道德觀念〉，《臺灣省立博
　　　　物館年刊》，27:1-15,1984。

周鍾瑄　《諸羅縣志》，1717，《臺灣文獻叢刊》第141種，1962。

唐贊袞　《臺陽見聞錄》，1881，《臺灣文獻叢刊》第30種，1958。

張燕秋　〈臺北行天宮的調查〉，臺大考古人類學系學士論文,1972。

鄒文海　〈從冥律看我國的公道觀念〉，《鄒文海先生政治科學文集》，1967，頁76-107。

聖賢堂　《鸞堂聖典》，臺中，1979。

鄭志明　〈遊記類鸞書所顯示之宗教新趨勢〉，《民族所集刊》，61：105-128，1986。

　　　　《中國善書與宗教》，臺北：學生書局，1988。

蔡懋棠　〈臺灣現行的善書〉，《臺灣風物》24(4):86-113,1974。

伊能嘉矩　《臺灣文化志》，東京：刀江書院，1965。

酒井中夫　《中國善書の研究》，東京：國書刊行會，1961。

澤田瑞穗作，蔡懋棠譯，〈玉歷鈔傳〉，《臺灣風物》26(1):72-75，1976。

Berling, Judith. *The Syncretic Religion of Lin Chao-En.* New York: Columbia University Press, 1981.

Brokaw, Cynthia "Yüan Huang (1533-1606) and the Ledgers of Merit and Demerit". *Harvard Journal of Asiatic Studies*, 47(1), 1987, pp.137-195.

Jordan, David K. and Overmyer, Daniel L. *The Flying Phoenix: Aspects of Chinese Sectarianism in Taiwan.* Princeton: Princeton University Press, 1986.

Yü, Chun-fang. *The Renewal of Buddhism in China: Chu-Hung and the Late Ming Synthesis.* New York: Columbia University Press, 1982.

重利與顯親

——有關「臺灣經驗」
各家理論的檢討和新觀點的提出

　　所謂「臺灣經驗」，從廣義的角度來說，應該是指從一九五〇年起，持續四十年以上，在中華民國臺灣地區，由於在經濟方面表現出快速成長和繁榮，導致在社會、文化方面發生一連串多元化連鎖反應，達到均富的理想，並導致政治結構的重建和政治權力的重新分配。

　　這項經驗的原動力是在於經濟發展，先是發展農業，然後再發展工業，隨後再擴張貿易網絡，遍及全球；在短短的二、三十年中，把臺灣建設成一個可以比擬歐美資本主義工業化社會的現代社會。因此，狹義的「臺灣經驗」是指從一九五〇年到目前為止，臺灣在經濟方面的傑出表現。一般學者討論「臺灣經驗」時，多半注重在經濟方面的特殊表現。本文為方便起見，把討論的焦點也放在狹義的層面上，檢討各家理論的優劣得失，並提出新的看法。

　　有關「臺灣經驗」的討論，基本上，是承襲二十世紀初歐洲人探討「為什麼歐洲會發展出資本主義社會」這個命題而來。學者在討論這個命題時是以歐美為討論的中心。從這個中心出發，去探討中國能不能夠也發展出類似歐美資本主義社會的現代社會來。這種想法在不同的時代，隨著中國國勢的變化，而有不同的假設命題和解釋。

　　在十九世紀末、二十世紀初期，歐美國家掌握天下的霸權，亞洲國家成為他們侵略的對象。當時的歐洲學者，如韋伯(Max Weber,

一八六四～一九二○），就會問為什麼資本主義社會只出現在歐洲？其他的古文明，如中國、印度、巴勒斯坦等，為什麼發展不出同樣的資本主義文明？

從二次大戰結束到七○年代，研究東亞的學者們看到「日本強，中國弱」這個事實，不禁問道：「為什麼日本能而中國卻不能？」在此同時，南美洲的阿根廷、巴西等國在美國的影響下，呈現出經濟快速成長的現象。學者們為了解釋這個現象，以馬克思主義為根底，發展出所謂的「依賴理論」和「世界政治經濟理論」。

到了八○年代，臺灣、南韓、香港、新加坡等所謂「亞洲四小龍」崛起，學者們大量套用「依賴理論」來解釋亞洲四小龍為什麼會發展出資本主義式的工業化社會。一九八五年之後才開始有學者依照韋伯所立下的模式，從歷史文化方面來探討個中原因，但是成績有限。

本文一方面要檢討直接套用「依賴理論」或「世界政治經濟理論」的不足之處，另一方面也要指出目前利用歷史文化模式所得之研究成績的偏差之點，然後試著從本土的角度來看所謂的「臺灣經驗」，建立起屬於中國社會的歷史文化理論。

我們首先要回顧臺灣漢人社會在過去一、兩百年裡是否曾經有過類似今天的「經濟奇蹟」。答案是「有過類似的經驗」。而後再追溯那個經驗的歷史根源到十七、十八世紀的明末清初。從這幾次經驗中，我們再歸納出一些共同特徵 —— 新產品或新技術的引進、國際與國內貿易網路的開展、女工的興起、加工出口、商業團體的崛起等，是四百年來東南沿海地區共同享有的歷史文化因素。今天的「臺灣經驗」實導源於這個文化傳統，並以「集大成」的姿態出現。

有關「臺灣經驗」的各家理論

(一)古典的「中國不能」理論

　　本章所要討論的，是屬於比較「古典」的一些作品。這些作品的基本論點都認定中國社會已經是「病入膏肓，無藥可救」。因爲這些作者認爲中國社會有很大、很重的「墮性」，不會自動自發的發展出像西歐那樣積極進取、充滿活力的資本主義社會。當中國社會在二十世紀不得不面對西洋現代工業文明的挑釁時，才顢頇地表現出「受一下刺激，才會動一下」的態勢。這種負面的論調，在二十世紀初期，以韋伯 (Max Weber) 作爲代表，一九六〇、七〇年代則以巴倫 (Paul A. Baran)、賴世和 (Edwin O. Reischauer)、費正清 (John King Fairbank)、克列格 (Albert M. Craig)、莫德 (Frances V. Moulder) 等人爲代表。

1.韋伯的「中國不能」理論

　　在十九世紀末、二十世紀初社會學逐漸開始成形之際，歐洲的學者就已經偏好從社會及其歷史文化的角度，來探討某些社會現象。例如，社會學的奠基者之一，法國的涂爾幹 (Émile Durkheim，一八五一～一九一七) 就從歷史及社會文化的角度，去探討諸如「社會分工」（一八九三）「自殺」（一八九七）「宗教」（一九一二）等現象。德國的韋伯也是從這個角度去探討「爲什麼西歐會出現資本主義，而其他的古文明卻辦不到?」

　　韋伯所處的時代正是工業革命以雷霆萬鈞之勢橫掃歐美的時候。工業革命狂潮徹底改變了歐洲人的生活方式，把西歐社會推到現代世

界在權勢、財富、和聲望等方面的頂峰。英、德、法、意等國憑著強權在世界各地建立起他們的殖民地。歐洲人更出現了所謂的「白種人的優越感」。 在這種情勢下， 有識之士很自然地會去考慮，是什麼樣的原因促成這場巨變； 在工業革命冷酷無情又無孔不入的影響之下，人類社會的命運將會怎樣?

馬克思主義是重要的解題方法之一。它不僅解釋了這場工業革命的起源，同時也指出它的發展和衰敗的法則。韋伯的立論則是對於理性的中產階級所發展出來的資本主義的興起，以及它對社會、經濟、和政治等方面的衝擊，有無比深遠的影響。韋伯跟馬克思最大的不同點，是韋伯強調心靈意識（卽唯心論），而馬克思則採取唯物論的立場，側重經濟因素。

韋伯在《新教倫理與資本主義精神》(1958:91) 一書中指出，在十六、十七世紀，正當大規模的理性資本主義逐漸形成的時候，西歐社會就已經流行一股強烈的新教倫理，而這套倫理促成了日後的資本主義精神。這種精神， 或云「心靈境界」， 導致資本主義經濟的種種特徵。這些特徵包括以下幾點: (Weber, 1947:278-279; Parsons, 1961:503-507)

第一、資本主義的企業是以「獲利」作爲唯一的目標。利潤是企業能否成功，或者能否生存下去的唯一判別標準。

第二、追求利潤是要仰賴理性、持續、和道德上的驅策。

第三、基層勞工是一群合法的、自由受雇的受薪階級，跟擁有生產工具的技藝工匠有所不同。

第四、這些自由勞工在行政部門的管轄之下組織起來，成爲最有效率的組織，以執行非關個人的種種功能。

第五、運用各種現代科技，例如各種新式的生產技術、交換與分

配的技術、以及應付市場競爭的訂定價位策略。

伴隨這些資本主義經濟特徵的文化項目，是一套價值觀念和行為，形成所謂的「資本主義精神」。這種精神包括以下各項：(Weber, 1958:54-67; Bendix, 1962:51-55)

第一、將本求利是唯一的目標，而不是其他的目的，更不是一種罪惡。

第二、追求利潤的手段是不受任何的限制，既不受生活標準的限制，也不受傳統「知足常樂」信念的約束。

第三、賺錢方法是沒有任何神聖特性，因而可以隨時更換或是加以改進。

第四、努力工作是一種義務，也是道德上的責任。

第五、重視訓練和控制，以及在經濟獲利方面所作各種持續的、理性的、正直的工作。

在資本主義與起前夕的各種基督新教教義中，韋伯選擇了喀爾文教派的教義，作為可以導致產生資本主義精神的文化條件。喀爾文教派的教義是以「命運前定論」為基礎。這套理論是說這個世界萬事萬物的次序，以及每一個人所能得到的恩寵，都是由全能的主（或云「神」、「上帝」）所安排決定的，人是不能憑藉他的信仰或意志去改變這個決定。再者，上帝是處於絕對強勢的地位，超越所有人類的懇求和理解。人在上帝面前顯得孤單渺小。(Bendix, 1962:59) 在這種情況下，人只能是上帝的馴服的工具，忠實地去執行上帝的意旨，在「天職」(calling) 的召喚下，要在人世間建立上帝的王國。

這些喀爾文派的教義意味著，實際的生活跟資本主義經濟的特質和資本主義精神密切相關。排斥任何人神之間的神秘玄想，特別強調為了要在人世間為神服務，就會表現得實實在在做事、禁慾、和注重

今生今世。 根據這一派的教義， 人們在「天職」的召喚下不停的工作， 對個人來說， 就是眞理的一項訊息 —— 相信自己已經是上帝所選定的選民了。 接下去， 克竟事功就被解釋成爲上帝的恩寵和得到救贖的表徵， 而財富就成爲「忠實執行上帝所交付之任務的酬勞。」 (Bendix, 1962:62)

在《新教倫理》一書中， 韋伯試圖證明新教倫理是促成現代資本主義產生的唯一因素。首先， 韋伯證明在資本主義企業， 以及受過有關科學、技術、和商業等方面訓練的人員中， 新教徒所佔的人數， 要比天主教徒多得多。第二， 韋伯分析證明新教倫理跟資本主義精神之間的緊密關係。他以時間的先後次序來說明， 先有新教倫理， 而後才有資本主義精神和實際的資本主義結構。第三， 韋伯再從新教的著作中， 探索「無限貪得」宗教情操是如何形成的。(Yang, 1961:xviii) 寫到這裡， 韋伯碰到另一個重要的問題：「爲什麼現代中產階級資本主義只出現在現代的西方社會？爲什麼別的古文明社會產生不了這樣子的資本主義？」於是韋伯又去研究儒家和道家， 佛教和印度教， 以及古代的猶太教， 看看這些古文明的社會與宗教是否也具備可以導致類似西方中產階級資本主義出現的可能。結果是證明唯有新教倫理可以直接促成現代資本主義社會的出現。

這一系列比較研究， 由美國的社會學家帕森斯 (Talcott Parsons) 英譯成三卷《世界宗教的經濟倫理》。 其中， 有關中國部份的儒教和道教再由Hans H. Gerth編成《中國的宗教》(*The Religion of China*, 1961)， 並由華裔社會學家楊慶堃作導言。

韋伯花了相當大的篇幅來討論外在的社會（物質）條件。他以西方社會形成資本主義的條件 —— 城市和 guilds （相當於明清時代的「會館」或「行郊」）和貨幣制度 —— 爲基準， 來看中國社會。在韋

伯的眼光中，貨幣可以擴張經濟交易的範圍，有利於財富的獲得與累積，並且提供一個可以衡量物品和服務的價位的標準，如此才能使商人可以算得出是賺是賠。韋伯認為中國自古以來就沒有這樣有效的貨幣制度，以致妨礙了大規模理性資本主義的出現。他同時也指出，十八世紀白銀的流入，使中國有可能發展資本主義，但是結果並沒有發生。

在西方，城市是導致資本主義出現的溫床；然而在中國，城市並沒有發揮同樣的功能。因為中國的城市缺乏在政治上和軍事上的自主權，也沒有法人組織，而這些卻是西方社會發展中產階級資本主義企業不可或缺的條件。韋伯強調guilds的重要性，不過他也指出，缺乏法律的保障使得中國的「行郊」不能夠發展出像西方那樣的 guilds 來 (Weber, 1961:13、15、16、20)。

韋伯在討論中國官僚體系的時候指出，中國的官吏是透過科舉考試，以致官員地位既非與生俱來，也不具備上帝恩賜的神聖性。這個條件是有利於官僚體系的理性化。但是，流官制度和迴避本籍的辦法，使得官僚系統不能跟地方利益結合在一起，以免危害到中央的權力。這套辦法削弱了行政統治和地方人士之間的聯繫，中央的權威也妨礙到地方行政制度的理性化 (Weber, 1961:48-50)。賦稅定額辦法使得官吏可以有公私不分、上下其手的機會 (Weber, 1961:48、56-62、64-75) 儒家所說「君子不器」的觀念，使得官員不能專業化。為官者都只是「通才」，把專業工作放給手下的師爺和幕僚去做 (Yang, 1961:xxii)。再加上帝國的幅員廣大，又沒有良好的交通設施，中央對地方的控制大為削弱。這種情形在經濟活動上所顯示的意義就是，在地方上正正式式的社會政治力量薄弱，資本主義企業所賴以發展的法治基礎也就不發達 (Yang, 1961:xxii)。

韋伯也不欣賞中國的家族親屬制度。他認爲，中國家族最重要的獲利辦法，就是讓家中子弟去考科舉功名，出任官職，然後去斂聚財產。這個樣子的投資辦法是產生不了理性的資本主義經濟。家族的力量是如此龐大，以致產生不了獨立性和個人主義（Weber, 1961: 86-97）。再加上族長講話有「一言九鼎」的力量，村莊的自治力量強大，正式的行政力量侷限在縣城裡面等條件，使得在廣袤土地上自由往來貿易的法律保障和秩序蕩然不存。家族保護個人，對外來者予以歧視待遇，更是阻礙了現代企業必需的職業訓練和自由招募工人的條件（Weber, 1961:97）。

雖然韋伯挑了中國社會一大堆妨礙資本主義經濟出現的毛病，不過也指出某些有利的因素，諸如：沒有與生俱來的身份地位、可以自由的遷徙、可以自由選擇職業、沒有強制性的學校教育和服兵役義務、沒有對放高利貸和貿易的限制等等。「純從經濟的觀點來看，（中國）是可以產生純正的工業化資本主義。」（Weber, 1961:100)至於中國之所以不能產生資本主義，是因爲缺乏像新教倫理那樣的「精神力量」。

韋伯認爲是由於儒家和道家的思想，妨礙了資本主義在中國這塊土地上出現。他指出，儒家和道家的核心是「道」。在此觀念指引下，宇宙和人類社會的基礎是永恆不變的和諧、安靜、和均衡。儒家所重的是人對終極的宇宙和社會秩序要能做理性的判斷。「儒家理性主義是指對世界做理性的調適，而基督新教徒是要理性的征服這個世界。」（Weber, 1961:248）這一點差異，使得韋伯認定儒家和道家是無法推動社會經濟次序的改變，當然也就產生不了類似西歐那樣的資本主義經濟了。

楊慶堃在《中國的宗教》這本書的導言部份，曾總結韋伯論中國

社會與宗教的三個步驟：第一步，先點出在中國社會的「物質」基礎方面，包含有利的和不利的因素在內。因此，社會結構條件並不能決定中國為什麼無法發展出理性的資本主義經濟；第二步，再論到作為中國社會最終價值標準的儒家思想，是相當保守的，只追求如何去適應這個既存的世界，而不鼓勵去試著改變它；第三步則以道家來陪襯，由於道家（事實上是指道教）含有太多的巫術成份，以致無法改變儒家的傳統觀念。(Yang, 1961:xxxvi)

韋伯並不懂中文，他的研究完全依靠二手資料。那時候，西洋人對中國社會與文化的研究相當稀少，而且還充滿了偏見和誤解。韋伯憑藉這種扭曲了的資料來推論中國社會文化，當然就會有所偏差。更何況那時的中國的確是積弱不振。一直要到最近三十年，學術界對中國社會與文化的研究累積了相當多的認識；而且臺灣、香港、新加坡等華人社會在世界經濟體系中逐漸嶄露頭角，學者們才會再回過頭去，依照韋伯所提示的辦法，重新檢視中國社會與文化的優缺點，於是乎就會看到，以前韋伯認為是有礙於現代經濟發展的某些因素，事實上是發揮了正面積極的功效。家族制度就是很好的例子。西方社會著重個人，以致韋伯的命題可以概括的說：「如何用事功來證明自己已經得到上帝的青睞，從而證明自己已經得到救贖 (salvation)？」

中國社會側重家族，個人所追求的是如何建立一番事業，以維護，甚至提升整個家族在社會上的地位，從而在自己家族中享有永恆不朽的地位。因此，當我們若要套用韋伯式的命題，則應該是說：「中國人如何憑藉事功來建立自己在家族裡永恆不朽的地位？」

在韋伯的命題中，有一個大家通常不會去注意的地方，那就是喀爾文教派的「命運前定論」對於信徒的心理所產生的莫大壓力。在這股強大的心理壓力下，個人必須努力求取在事業功業上的傑出表現，

來證明自己確實能夠在最後審判時，能夠得到救贖，達到永生的境地。對中國人來說，可以有相同心理壓力的條件，就是個人對家族的一份責任。一個理想中的賢孝子孫就是要能振興衰敗不振的家族，或是維繫家族於不墜；否則就會被看成是罪大惡極的「敗家子」、「不孝子孫」。自宋代以降，無論是家訓、聖諭、或是善書，都一再強調這一點。再者，近代人類學對臺灣農村社會的研究也顯示，曾經替家族建立一番基業，留有財產給後世子孫的祖宗，才有子孫每年按時祭祀。否則就歸入「列祖列宗」這個共用神位之中，不再享有個別的祭祀。唯有從這個角度去討論中華文化中的「經濟倫理」，我們才有可能建立起一套可以跟韋伯之說相匹比的理論，並且糾正韋伯對於中國社會的錯誤認識。這種見解是學者們對於中國社會有了較深入的研究與瞭解之後才有的。

2.「日本能，中國不能」說法

在一九六〇年代，環顧東亞各國，只有日本一個國家算得上是達到工業化國家的地步。那時的中國大陸正關起門來鬧文化大革命，處於一種自我封閉、與世隔絕的狀態。臺灣的經濟實力還微不足道，香港、新加坡、南韓也都處在剛剛要起步的階段。學者們面對這樣的局勢，當然要問：「為什麼日本可以接受西方資本主義式的工業化，而中國卻辦不到？」

對於這個問題的答案大致依循當時世界上盛行一時的「依賴理論」和「傳統社會理論」兩個模式進行。

到了一九六〇年代，由於南美洲的巴西和阿根廷，中美洲的墨西哥等國，表現出快速地工業化的現象。一時之間，解釋這種工業化現象的理論大量出現，主要可分成兩大類型：一種是從馬克思主義衍生出來的「世界政治經濟理論」（強調「核心國家」和「邊陲國家」的

兩極對抗）和「依附理論」（詳見第二章第一節）；　另一種是承襲韋伯、涂爾幹的歷史文化觀點而來的「傳統社會理論」。

　　採行世界經濟理論模式找尋「何以日本能而中國不能」的學者，可以巴倫 (Paul A. Baran) 作爲代表。在他的大作《成長的政治經濟》(*The Political Economy of Growth,* 1957) 一書中，巴倫認爲：日本之所以能夠工業化，是因爲在第三世界中，日本是唯一躲過淪爲西方列強殖民地這一劫的國家。爲什麼日本得以逃過這一劫呢？

　　巴倫認爲有兩點理由。第一、在十九世紀時，資本主義國家的商人出現在東亞之後，是先從印度下手，依序佔領東南亞和中國。當他們的勢力抵達日本時，已經是強弩之末；而且那時的歐洲人正忙著在歐洲以外的地區相互爭戰，也就不能全力對付日本。第二、在一八五〇年以後，歐洲各國在東亞展開激烈的競爭，互不相讓，以致使日本漁翁得利，沒有成爲任何一個列強的殖民地，而中國卻淪於英國人之手。

　　巴倫指出，正因爲日本不曾淪爲殖民地，使得他得以建立一個以資本主義爲主的政府，來推動工業化。國家經濟的盈餘是控制在國家和資本家的手上，用來大力發展工業。再者，沒有大批西方的商人、冒險家、和傳教士湧入，日本也就不曾發生極端排外的情緒和大規模反抗西洋一切事物的情事。這種憎恨西洋的情緒是有害於工業化的發展。中國就發生過巫術性的反抗運動：一九〇〇年的義和團事件。

　　巴倫知道中日兩國在社會結構上的差異情形。可是他有意忽略這種差異。他的論點是屬於單線進化論式的，認爲無論是西方或非西方在工業化發生之前的社會都是「封建社會」，都要歷經一系列的轉換程序，走向「資本主義社會」。這些轉換程序包括：增加農產品的輸

出、加深階級對立、最貧窮的農人轉換成基層工人、市鎮成長、出現商人和工匠、富商和富農開始累積資本等。世界各地封建社會的結構並不完全相同。日本的封建社會不同於中國、印度、或其他地方的封建社會。無論如何， 日本之所以與眾不同， 並不是由於他特殊的社會結構，而是由於他在十九世紀時能夠置身於資本主義列強的勢力之外。

巴倫的理論有相當多的缺點。第一、中國並不是英國一個國家的殖民地，而是處於國際列強瓜分的局面。國父孫中山先生稱這種局面為「次殖民地」。第二、中國跟日本都曾經受列強之壓迫而開闢「通商口岸」， 允許歐洲人居住在通商口岸的租界裡； 關稅也掌握在外國人的手中， 有利於歐美貨物的大量傾銷； 領事裁判權也使得外國人可以規避本國法律的制裁。第三、文化論者指出，中日兩國在社會文化方面的差異相當大，怎能輕率的用「封建」一辭來概括中日兩國的舊社會。更何況社會制度分歧多變，我們又如何相信中日兩國在與世界各地交往時，他們的社會結構不發生任何變化？

既然世界經濟理論模式流於空疏，那麼傳統社會理論模式又說些什麼呢？傳統社會理論模式注重各個社會本身的特殊文化和它對外來衝擊的獨特反應。

所謂「傳統社會理論」是說，那些非工業化國家所以能夠達到工業化地步，是因為那個社會具有促進工業化的社會文化條件；其不能發展，則解釋為那個社會裡的社會文化條件不利於工業化發展。試詳釋之如下。

對於那些可以達到工業化標準的非西方國家來說，西方工業國家對於他們提供了一些可以刺激經濟發展的誘因。譬如說： 提供一些有關經濟發展的先決條件， 像是從西方傳入資本和技術、 為傳統貨物

創造出新的市場、建立各種有關經濟發展的基層結構 —— 例如修築鐵路、建設各種公共設施、建立銀行體系等; 或者出現如埃森斯塔 (S. N. Eisenstadt) 所說的「現代化精英」(modernizing elite), 大力模倣工業先進國家的企業家和政治家 (Eisenstadt, 1966:55ff)。羅斯陶 (W. W. Rostow) 也曾指出, 會出現「能夠應付變局的民族主義」(reactive nationalism), 在先進國家的強大壓迫下, 當地的政治和軍事上的精英份子會採取必需要的步驟來改變傳統的社會, 以致使得「改革」成爲一種常規 (Rostow, 1962:314-316)。

　　至於那些不能發展現代化工業的國家, 則是由於他們都忽略了這些先決條件。換句話說, 就是這些社會不能夠對來自西方國家的「刺激」作充份的反應。這是因爲這些國家很傳統、很不注重或不鼓勵有任何的改變或創新。這些國家的社會結構, 例如: 種姓制度、家族制度、行會制度、或者地域觀念等, 都能限制住人們自由選擇職業、運用人力、與社會地位的流動, 以致妨礙了經濟的成長; 或者是手握大權又貪污腐敗的官吏因向人民攤派重稅、施展巧取豪奪的本領、甚至政出多門、朝令夕改, 阻礙了社會上正常的生意買賣 (Moulder, 1977:3)。

　　這一派學者所主張的傳統社會理論, 所討論的是第三世界國家由於不能對西方工業國家所帶來的「刺激」, 做全面的開放反應, 以致不能有良好的工業發展。另外, 也有一派學者特別注重東亞各國本身的特殊文化條件。賴世和和費正清曾經指出:

　　　　對於在過去一個世紀中,東亞各國在面對西方國家所作的反應,
　　　　無論是在速度或是本質方面, 都有極大的差異。……這種差異
　　　　實導因於東亞傳統社會的複雜分歧。唯有這種理由才能解釋爲

什麼基本相同的一種刺激，會有不同的反應。小小的日本可以在很短的期間內成為世界強權之一，而龐大的中國卻況淪為世界的頭痛問題。(Reischauer and Fairbank, 1958:670)

賴世和、費正清、和克列格對於「日本能而中國不能」的論點有相當令人驚訝的說法。他們說：日本是由於在開始時受到比較溫和的衝擊，所以能有比較大的反應；中國是受到比較嚴重的衝擊，以致反應也就比較小。他們說：

> 跟中國的經驗比起來，日本在十九世紀中葉初次接觸到西洋時所受到的衝擊，是相當溫和的。沒有戰爭、沒有走私、沒有喪失領土。……日本的反應是要比中國來得大、來得快。……這是一個令人驚訝的矛盾論點——日本因受比中國小的衝擊卻有比中國大的反應。是什麼樣的原因造成這種矛盾現象？答案很清楚，十九世紀的日本，儘管它的文化有很大一部份是源自中國，實際上是一個完全不同的國家，所以有能力對來自西方的衝擊作不同的反應。(Reischauer、Fairbank and Craig, 1965:12)

賴、費、克等文化論者，把日本得以發展工業化歸因於：島國、封建社會的忠誠和報恩的觀念、宗教、追求目標、實用思想、統治階層的軍人特質、國土小、社會結構的多元化、相當進步的傳統經濟、以及傳統階級結構的崩解 (Reischauer、Fairbank and Craig, 1965)。

另外，如貝拉 (R. Bellah) 這位專門從社會文化角度來探討日

本工業化的原因的學者指出：儒家思想對日本的經濟發展有重大的影響 (Bellah, 1957、1985)。他以《孟子・滕文公》上所說：「民之爲道也，有恆產者有恆心，無恆產者無恆心。」來證明儒家思想並不妨礙經濟的發展。更指出王陽明的「心學」、「士」的身份地位、傳統儒家的「忠孝」觀念等都對日本的近代工業文明有正面積極的作用 (Bellah, 1985:108-117)。

　　莫德 (Frances V. Moulder) 則提出另外一種解釋。她指出，當十九世紀西洋人來到日本的時候，日本社會已經是具備有利的社會制度和價值觀念，可以促進現代資本主義式工業經濟的成長。而中國的社會就是缺少這些條件，以致阻礙了工業化的腳步。她認爲：日本之所以能夠發展，並不是由於它擁有獨特的傳統社會，而是因爲它在十九世紀的世界經濟體系內，擁有一個獨立自主的地位。中國之所以不能發展，則是因爲中國在十九、二十世紀時，深深地涉入西方列強的經濟體制之中，失去自主地位，以致於無法自拔 (Moulder, 1977:1-5)。

　　簡單的瀏覽了一九六〇年代幾種有關「日本能而中國不能」的理論，我們不難看出，那個時代的大陸和臺灣在世界經濟的舞臺上都是微不足道，學者們一向是就現象論現象，當然只能七嘴八舌的分析日本是怎樣成功的，而中國又是怎麼會不能發展。等到臺灣、香港、新加坡、與南韓，所謂「東亞四小龍」，在七〇年代末期和八〇年代，展現無比經濟活力時，學者們的討論焦點自然而然的轉換成爲「爲什麼中國人也能發展出現代化的工業文明？」前述兩種理論模式都先後派上用場。

(二)依賴理論在「臺灣經驗」上的運用

二次大戰之後，南美洲國家（尤其是巴西、阿根廷）在美國的大力扶植下，迅速走上工業化途徑，成為現今我們所熟知的「新興工業化國家」的濫觴。但是，好景不常。到了一九七〇年代以後，巴西、阿根廷等國家莫不債臺高築，積欠美國與歐洲各國天文數字的巨額債務。於是，就有人來仔細的分析箇中道理。其中以「依賴理論」最具影響。從一九六〇年代末期開始，這套理論席捲美國的學術界。重要的代表人物有法蘭克（A. G. Frank, 一九六七）、Samir Amin（一九七六）、I. Wallerstein（一九七四）、F. H. Cardoso and E. Faletto（一九七九）、Peter Evans（一九七九）。

一九六五年當時任教於墨西哥大學的兩位教授法蘭克（A. G. Frank）和波里拉（Arturo Bonilla），在一次會議上，起草一份報告，當時就有一百多位與會的教授簽名和討論。這份報告後來成為拉丁美洲國家經濟發展方面教學改革的一項宣言。這項宣言開宗明義的指出，對於拉丁美洲的經濟研究不能再臣服於盎格魯‧撒克遜國家的觀點。他們認為拉丁美洲經濟發展的主要障礙，不是因為資源的匱乏，而是因為用錯了地方，把大量的資源運用到奢侈的消費上去。國際收支不平衡，其實也是外國（指英美等國）直接投資的不良結果，外國的投資不僅使拉丁美洲國家的外貿畸型發展，也形成壟斷性的競爭，妨礙了本地企業的生機和發展。

巴西、阿根廷等南美洲國家的經濟條件是自然資源豐富、人力充沛、但缺乏資金和技術；相對的，歐美國家大多急需各種資源和半成品，人工也不夠，所多的則是資金和技術。於是，雙方一拍即合。歐美國家向南美國家投入大筆資金和技術，運用當地豐沛廉價勞力，將

自然資源做成半成品，銷回歐美。造成巴西、阿根廷等南美國家有
「工業欣欣向榮」的假象。

南美國家一方面長期低價賣出自然資源，賺取微薄的勞力工錢；
另一方面這些國家的人們無論在工業上或日常生活上，對歐美國家的
依靠是日益加深，以致形成長年累月的低價輸出原料或半成品，高價
輸入各種機器設備和民生用品的局面，終至入不敷出而債臺高築，根
本無法擺脫歐美工業國家的控制，變相淪為附庸。換而言之，歐美資
本主義國家是處於「核心國家」的地位，而南美的巴西、阿根廷等國
是處於「邊陲國家」的地位。邊陲國家向核心國家輸出寶貴的自然資
源和人力資源，所換得的只是曇花一現般的經濟繁榮，當盛況一旦過
去，這些邊陲國家就陷入債臺高築的困境。

法蘭克的理論就是以「核心」(metropolis) 和「衛星」(satel-
lite) 作為核心概念，來說明發達的資本主義國家和落後國家之間的
經濟關係。他認為作為衛星的國家或殖民地，不可能靠獨立的發展，
來擺脫貧窮困境，而且還必需要仰賴來自「核心國家」的資本、制
度、價值觀念等。在衛星國家內，城鄉之間也形成類似「中心」與
「衛星」的關係，環環相扣，最後連成一條從歐美資本主義核心國
家，一直貫串到落後國家邊陲鄉村的一連串環鏈。

陳玉璽的《臺灣的依附型發展：依附型發展及其社會政治後果：
臺灣個案研究》（一九九二）一書，是應用依賴理論來解釋臺灣經驗
的典型，強調「依賴」這一方面。他認為臺灣與資本主義核心國家之
間的關係並非對等，而是有上下之分。他指出，在第二次世界大戰之
後，臺灣是仰賴「新的依賴關係」，才有今天的局面。這種新的依賴
關係包括以下三種：

第一、核心國家對邊陲國家的統制關係，由美援總署代理，並開

始爲私人企業鋪路。最後形成跨國企業與本地資本聯合，形成富有生機的私營部門。

第二、邊陲國家對核心國家的「內化關係」，亦卽核心國家在邊陲國家建立起與其合作的機構，是由美援運用委員會、農復會、以及一些技術官僚代理，並由此發展出各項經濟建設計劃、設立加工出口區等措施。

第三、補償性的整合關係，則是透過以上兩方面的種種關聯和十九點改革計劃，將臺灣開放給私人資本與跨國公司，並且由於臺灣的外貿經濟集中在美國市場，使得「臺灣的工業生產與勞動力，被整合成美國經濟的一部分，也就是說，臺灣與日本、美國的經濟形成『互補性的整合』」（陳1992:89）。

乍看之下這種論點似乎有道理，但是仔細推敲之後，就會發現其中有不少可議之處。最大的問題是一九六〇年代是美國國力的頂峰，美國市場是對全世界開放，接受美援的國家有一百多個，爲什麼只有臺灣、南韓等少數第三世界國家在美國的幫助下，得以成功的發展經濟，而其他大多數第三世界國家仍然處於低度開發的階段？面對這樣的問題，依賴理論就有詞窮之慨。很顯然，除了外來的因素之外，臺灣社會本身應該具備某些獨到的社會文化條件，才得以致之。

陳玉璽還指出，臺灣的經濟發展完全受制於資本主義國家，雖然經濟是成長了，相對的也付出了相當大的代價，那就是農業的萎縮和農村人口的外流。可是臺灣並沒有出現像拉丁美洲那種強化威權式政體的現象，反而建立一個可以削弱執政黨威權式統治的社會經濟基礎（陳，1992:155-160,175）。陳玉璽認爲臺灣經濟的發展，有一部份原因是在政治上受排斥的人轉而投身經濟事務；促成中產階級的興起，這批新興的中產階級逐步要求政治權力（陳，1992:172）終致削

弱國民黨的統治基礎。

高棣民 (Thomas Gold, 1981, 1986) 對臺灣的研究也是套用依賴理論。 他與陳玉璽不同的地方， 是高棣民著重研究國家、 本地資本、 與外地資本之間的三邊關係， 而陳玉璽著重在依賴關係與政治結果。

高棣民的研究問題是: 爲什麼臺灣的發展經驗會是如此的不同於其他第三世界國家? 他的辦法是把臺灣經驗和巴西經驗等量齊觀， 然後從國家、 本地資本和外來資本三方面入手， 探討這三邊條件是如何運作。高棣民指出， 臺灣跟巴西一樣， 有一個「古典依賴時期」—— 日本殖民時代。 這一時期的經濟與社會發展， 爲往後的依賴發展奠下基礎。 然後， 他一一探討本地資本、 外來資本、 和國家三者之間的互動關係。

本地資本家的崛起， 可以追溯到日據時代的五大家族: 林本源家族、 顏雲年家族、 陳中和家族、 辜顯榮家族、 以及林獻堂家族。 他們在土地改革之後， 成功的轉變成爲企業家。 在一九五○年代進口替代時期， 紡織業和食品加工業也在國家的保護之下， 形成資本家。 到了一九六○年代出口業盛行之後， 國家又幫助這些原已稍具規模的企業與外資合作， 發展塑膠、 電子等工業。 這些企業集團大部份受惠於進口替代時期的保護政策， 它們的產品主要在國內市場。 六○年代以加工外銷爲主的私人企業尚在中小型階段。

外資可分成僑資、 日資、 和美資三部份。 僑資通常不是爲了全球性的擴張， 而是投資在與本地資本競爭的項目， 如紡織、 食品加工等業。 日資通常是將日本淘汰或不能用的機器與技術拿來臺灣生產， 其產品在本地市場出售。 美資則通常是爲了全球性擴張， 或是爲保護其本國內的市場而來。 美方跨國公司的投資主要在利用臺灣的廉價勞

力，降低成本，以有利於美國國內的市場競爭。總括來說，除了僑資以外，日資和美資所投資的項目與本地資本並不衝突，反而有分工的現象。高棣民認為，這種現象可能是由於跨國公司在臺灣的歷史不長，本地仍未形成代理人，國家因此仍有能力駕馭它們。

在高棣民的理論中，「國家」一直居於主導的地位。第一點，日本殖民政府所遺留下來的大量財產與企業，由國民政府所接收。第二點，運用大量的美援來重建本地的基本建設與人力資源。換言之，在六〇年代之前，臺灣一方面以國營企業為主，另一方面由美方資助，積極的為「投資環境」作準備。事實上，國民政府所推動的幾個經濟建設計劃與後來的十大建設都是有意要創造良好的投資環境。這些投資使得國營企業在臺灣顯得無比龐大。高棣民認為，國營企業是國民黨的一個生命支柱，它控制住臺灣工業的命脈，加上對銀行金融體系的壟斷，國營企業不只具有經濟上的意義，更具有政治上的涵義。因此，國家的角色在臺灣的發展史上是全面的。它有自己的財力基礎（雖然背後有一隻隱形的美國手），一方面扶植本地資本家，另一方面，由於本地資本形成率高，國家與外資的合作，並非為了資本，而是為了技術和市場，所以受外資控制的機率也就小了些。

高棣民的論點著重在「國家」這一點上。純就理論的技術層次來說，他是很成功的運用伊凡斯（Peter Evans, 1979）的三邊聯合模型。這篇論文也很成功的證明新古典學派經濟學家的「神話」——臺灣的成功是由於自由放任的經濟政策——是錯的（王振寰，1988：127）。但是，這篇論文有一個隱藏的缺點，那就是完全忽略了「人民」的重要性（王振寰用在介紹高棣民的大作時「社會」一詞來替代「人民」）。照高棣民的說法，國營企業和少數財團是那樣的重要，那麼國營企業和少數的財團在臺灣整個生產事業的比例，應該像南韓那樣

高達百分之八、九十以上才對，而不是他所說的百分之三十。在臺灣生長的人都知道， 臺灣經濟的真正生命力是在中小企業， 絕非大企業。研究臺灣的經濟發展不該只看經濟結構的最上層，而是要做全面的省察。再者，高棣民所舉的五大家族中，至少林本源家族、陳中和家族、和林獻堂家族在清代就已經很有勢力了。辜顯榮家族在日據初期開始發跡。顏雲年家族則晚至日據時代後期因九份、金瓜石的採金業鼎盛而崛起。這五大家族的形成時間先後有別，不能混爲一談。

法蘭克等人對於東亞四小龍的經濟發展當然知道，也有所評論。他們的態度基本上是把臺灣當成特例（殷惠民， 1990:182）。香港的殷惠民在分析比較之後指出：

> 的確臺灣並沒有出現國際收支的危機，臺灣的外滙也有巨額結存，無需向外借貸，臺灣在經濟發展過程中，雖不能免除農村凋弊和城市工人在景氣低迷時的失業問題，但在程度上並不如世界其他地區那樣嚴重，在工業上，技術升級的前景也遠較其他地區樂觀，當然，這並不表示臺灣今日所面臨的問題，很容易解決，或不值得重視，然而卻足以說明臺灣的情況，並不能印證「依賴理論」的適用性。

綜合說來，用「依賴理論」來解釋臺灣的經濟發展，只是在套公式而已，把臺灣經驗的資料套到西方現成的理論架構中去，成爲西方理論的一個注腳。它所探討的內容也相當有限，頂多觸及到臺灣經驗的某一面，並沒有涵蓋全部。因此，我們需要從歷史、社會、文化的角度，進行探索，以彌補缺陷。

(三)東亞儒家文化圈理論

　　到了一九八五年，才開始有學者從歷史文化的角度，探索造成現代臺灣經濟奇蹟中的文化因素。這方面的開路先鋒是美國耶魯大學的費景漢教授和余英時教授。一九八五年十一月，費景漢在「美國中國研究學會」的年會上，發表了〈傳統中國文化價值和現代經濟發展之關係〉(Economic Development and Traditional Chinese Cultural Values) 一文。此文是以顧志耐 (Simon Kuznets) 所講的「現代經濟成長時代」(epoch of modern economic growth) 的「轉換過程」為理論架構，討論傳統中國文化中的「文化民族主義」、「世俗主義」和「理性的平均主義」對於現代化經濟發展的功用。費教授指出：

> 戰後「東亞四條龍」經濟發展的奇蹟，使人自然想到一個問題：為什麼這些自然資源貧乏的國家，經濟發展會這樣的成功？一個合理的解釋，是他們有極為優秀的人力資源，包括工人、農人、企業家、和政府官員，足以彌補其自然資源的不足。進一步說，他們地理位置鄰近中國大陸，適足以說明他們優秀的人力資源。也許和「中國傳統文化」大有關聯。因為這四條龍都處於中國文化影響所及的地區。(Fei, 1986：123-124)

　　費教授在這篇文章中，完全肯定中國傳統文化對於現代化經濟發展所能發揮的正面作用，並且對於在此以前那些鄙棄中華傳統文化的態度大加撻伐。他說：

我們現在實在應當重新評估自六十年前「五四運動」以來，一直被中國人自己所「自貶自瀆」的傳統文化。由戰後經濟發展的經驗顯示，在和平的情況下，中國傳統文化價值，整體而言，並不足以構成現代化經濟發展的阻力。從另一個角度來看，中國大陸在一九四九年到一九七八年之間，橫暴地壓制中國傳統文化，帶來了三十年的經濟停滯。這個事實也支持了本文討論的主題：中國傳統文化的某些構成成分，可能非常適合現代化經濟生活和經濟發展的要求；而壓制傳統中國文化，就會付出經濟發展停滯的代價。(Fei, 1986:124)

費教授在文中，將有利於經濟發展的一些傳統文化特質，做了提綱契領式的說明 (Fei, 1986:133-136)。他指出：中華文化重視「歷史延續性」，慎終追遠的祭祖和道統觀念是這方面具體的表現；相信「勤儉」是人活下去的基本條件，使得整個社會充滿了動力，「永遠有前進和向前衝的力量，非常適合現代化快步調的城市經濟生活」(Fei, 1986:134)。特別注重「理性的平均主義」，每一個人的天賦能力雖然有所不同，可是可以享有公平的競爭機會，科舉制度就是這方面的最佳例證。理性的平均主義所歌頌的道德是一種「堅強」的氣質和要求「獨立」的願望。費教授特別指出，「中國理性平均主義所鼓勵的一些人類行為，如勤、儉、教育，都可以說是現代經濟發展所不可缺乏的條件。」(Fei, 1986:134)

費景漢認為傳統中國文化中的「文化民族主義」、「入世的世俗主義」和「理性的平均主義」三項是造成戰後東亞地區經濟奇蹟的文化因素。在他的結語中再三強調：

本文對中國文化的過意高估，雖或許「矯枉過正」，倒也有意對過去受了委屈的中國文化，還它個公道，給它個「文化平反」，安撫它受到的傷痕。我們必須瞭解，在社會政治動盪不安的情況下，不管「傳統文化力量」多麼博大精深，現代化的經濟也是不可能的。兩次世界大戰之間的年代，在內戰外戰連年不斷的情況下，經濟發展不能起飛，實在不足以證明傳統中國文化價值是現代經濟發展的阻力。東亞四條龍的成功經驗，足以證明中國傳統文化，並沒有對不起當代的中國人。問題是「文化自瀆」是不是對得起傳統中國文化？

費教授這篇文章是站在中國本位的立場，爲中國傳統文化的現代價值做最強力的辯護，指出中國社會不是不能現代化，是一連串大小內戰妨礙了中國社會的正常運作。費教授的立論也印證了外國學者所提古典的「中國不能」和「日本能，中國不能」理論是有偏差的。費教授的文章很短，當然也就不可能詳細的分析箇中細微之處。余英時教授爲此文作跋時，就指出：「如果他（指費教授）能把韋伯有關新教倫理和這學說在東亞的適用性也考慮在內，那麼費教授的文章可以更豐富、完整、充實。」（Yu, 1986:136）因此，余教授仿照韋伯的研究方式，寫了〈中國近世宗教倫理與商人精神〉一文，發表在《知識份子》第二卷第二期（一九八六年冬季號）。次年，在臺北才有單行本發行。

余教授在此文的上篇仔細的檢討了佛教和道教的入世轉向。佛教的經濟活動，在印度是主張不勞動，完全以乞討和靠他人布施而過活。但是佛教傳入中國以後，由於中國是個農業社會，僧衆想要完全不事生產是辦不到的事，就必須要調整原先的經濟行爲，以適應中國

的社會環境。從四世紀開始，就有佛教僧眾自力營生的記載。《弘明集》卷六就記載，東晉時的沙門「或墾殖田圃，或與農夫齊流，或商旅博易，與眾人爭利。」唐朝安史之亂以後，貴族富人的施捨能力大不如從前，佛教僧侶便不能不設法自食其力了。百丈懷海的清規和叢林制度便是在這種情況下發展出來的。〈百丈清規〉的特點就是強調節儉和勤勞，正是禪宗新經濟倫理的兩大支柱（余英時，1986:8）。從〈百丈清規〉出現以來，「一日不做，一日不食」這句話就成了家喻戶曉的名言。百丈懷海所創立的新宗教倫理，到了宋代，已經傳布到整個中國社會（余英時，1986:9）。

余教授指出，百丈懷海所訂下的「入世苦行」新宗教倫理，對於同時代的道教和儒家都產生相當大的影響（余英時，1986:9）。流行於遼金元及南宋的全真教，就是模仿〈百丈清規〉的修訂本〈禪苑清規〉而立，強調「鑿井耕田，自食其力；垂慈接物，以期化俗」，完全是採入世修行的態度。其他如真大教、太一教、淨明教等，也都採取同樣的新宗教倫理。

余教授在中篇詳細的討論儒家倫理的新發展（余英時，1986:14-26）。他指出，宋明理學是繼承新禪宗的入世精神而發展出來的，到了明代王陽明學說興起，才使得新儒家（理學）倫理可以直通社會大眾。（余，1986:21）新儒家經濟倫理的要旨，大體類似新禪宗和新道教，強調勤勞做事（敬貫動靜），要以天下為己任，余教授以之與韋伯所說喀爾文教派的「選民前定論」做對比：

> 新儒家並沒有「選民」的觀念，更不承認世界上大多數人是命中註定要永遠沉淪的。但是從另一個角度去看，新儒家也未嘗沒有與喀爾文教派共同之處。這便是他們對社會的使命感。新

> 儒家不是「替上帝行道」， 而是「替天行道」； 他們要建立的
> 不是「神聖的社群」， 而是「天下有道」的社會； 他們自己不
> 是「選民」，而是「天民之先覺」；芸芸眾生也不是永遠沉淪的
> 罪人， 而是「後覺」或「未覺」。 正是在這種思想的支配下，
> 新儒家才自覺他們必須「自認以天下之重」（朱子語）。（余，
> 1986:21）

　　余教授把宋明理學看成是可以跟新教倫理相匹比的一套倫理觀
念。這套強調勤儉、替天行道的倫理觀念，在王陽明手中，才完全普
及到中下層社會（余，1986:21）。余教授認為，王陽明學說使中國民
間信仰不再為佛道兩教所完全操縱， 產生了三教合一的運動（余，
1986:21-22）。在中下層社會裡， 首先承接這套新儒家倫理的人是商
人（余，1986:21）。因為在明代，「治生」在士人階層已經成為一個
嚴重的問題。許多讀書人轉而從商，使得明清時代的商人別樹一格。
因此，余教授在文章的下篇，專門討論明清時代的商人精神。

　　根據余教授的分析，明清時代的商人受儒學的影響很深，也受三
教合一民間信仰的影響。他們重視「勤儉」，強調要「誠信不欺」，把
所創立的一種事業當成是具有莊嚴意義和客觀價值的東西，不但可以
「及身享用」，更可以「傳之久遠」。而且，商人的「睦婣任邮之風」
使得他們取代了大部份以前屬於「士大夫」的功能，成為國家重要的
支柱。

　　費教授和余教授的這兩篇文章，都肯定中國傳統文化中的某些文
化要素， 對於中國社會的現代化經濟發展， 可以發揮積極的正面功
能。我們在細讀余教授的大作之後，感到有一些論點尚待仔細推敲。
這些疑點如下：

第一，韋伯所說的新教倫理是十九世紀歐洲新教徒奉行不渝的日常生活準則。這些新教徒不是出家的僧侶，只是在家的俗人。余教授所講的新道教和新禪宗，都是出家的僧侶。這兩家在十九世紀的中國社會裡，已經相當衰微不振，如何能發生影響力？而且，出家人自成一個經濟單位，跟俗家人的經濟活動，基本上是兩碼事。為了印證韋伯的論點，把出家人的一些經濟觀念牽強附會到俗家人的身上，是不是應該多加斟酌？

第二，韋伯命題的根本要點，是在強調「選民前定論」對喀爾文派信徒所產生的心理壓力，迫使這一派的信徒汲汲營營於世俗的事功，以期能證明自己的確是上帝所垂憐的選民。相對於這一點，中國社會中能夠與之相比的，應該是每人個人對自己家庭、家族的天生責任，要用事功去提升家庭和家族的社會聲望與地位，並因此而得到在家族中永恆不朽的地位。這一點卻為余教授所忽略了。

第三點，中國的三教合一現象可以上溯到唐代的「三教講論」，而不是新道教、新儒家、新禪宗形成以後的產物。新道教的全真教以儒家的《孝經》、佛家的《心經》和道家的《清靜經》教導流俗，那不就是典型的「三教合一」嗎？而且，余教授所說三教合一以後所產生的「民間信仰」是個很不清楚的對象。如果說是指各種教派，則這些教派大體上都帶有濃厚的出世思想和救世主再臨的信念，跟經濟發展沒有直接的關係。如果余教授所說的「民間信仰」是指一般俗民大眾的拜拜活動，則這些拜拜活動是相當功利主義的，許願以求佛祖保佑平安發財，還願以酬謝神明的庇佑。純粹是一種「契約式」的行為，它的背後並沒有像喀爾文教派那樣嚴謹的神學理論。

第四點，「勤」和「儉」是很古老的觀念，《論語》、《孟子》、以及晉代的《顏氏家訓》中多有提及。不必等到新禪宗、新道教形成

之後，方才成爲國人共同擁有的道德理念。

　　基於以上的一些疑惑，我們認爲，要想確切的瞭解「臺灣經驗」中的歷史文化因素唯有從十七世紀以降，中國東南沿海地區實際的社會經濟發展狀況去探索，才有可能找到比較合理的解釋。

　　同一時期，還有其他海外的華裔學者討論「儒家思想與經濟發展」這個題目。例如，蕭欣義討論在當今世界各文化交互影響下，儒家思想是否能夠調整思想導向，對經濟發展有所貢獻（蕭欣義，1986）。孫中興的〈從新教倫理到儒家倫理〉一文，一方面探討韋伯理論的眞諦，一方面也批評學者們在討論「儒家倫理」時，對韋伯學說的誤解和誤用（孫中興，1986）。楊君實的〈儒家倫理、韋伯命題和意識形態〉一文，則是從韋伯命題在歷史學和宗教學上所引起的爭論，來探討韋伯的「比較歷史」研究取向所涉及的方法論問題，並分析這個研究取向應用在解釋中國歷史時所遭遇的困難，以及「韋伯命題」作爲一個參考點的價值所在（楊君實，1986）。這些文章都不涉及中國社會本身，而是在咬文嚼字的討論什麼才是眞正的韋伯論點。在討論「儒家思想和經濟發展」這個大題目時，頂多具有一些陪襯作用。

　　大陸上的包遵信則是依循五四運動以來的「反儒家」傳統以及馬克思主義懷疑，甚至全盤否定儒家思想對中國社會的現代化有所貢獻（包遵信，1987）。他的文章只是純粹做文辭上的爭辯，沒有注意實際的社會狀況。

　　臺灣的陳其南和黃光國兩位教授也曾討論過這方面問題。陳教授在〈明淸徽州商人的職業觀和家族主義：兼論韋伯理論與儒家倫理〉（一九八七）一文指出，明淸時代的徽州商人就已經發展出一套類似新教倫理的職業觀，這種觀念導源於徽州商人對於家族的一份責任。此文正可彌補一些余教授大作所留下來的一部份缺憾。

　　黃光國教授在他的《儒家思想與東亞現代化》一書中，首先檢討韋伯對中國人的宗教究竟有多少瞭解。黃教授指出：「韋伯並未對儒家思想作過有系統的分析。他既不瞭解儒家思想的眞義，也沒有看出儒家思想中充沛蓬勃的生命力。」（黃光國，1988:20）然後以八章的篇幅來分析儒家思想。黃光國指出：「儒家思想和東亞現代化不僅涉及到哲學方面的思辯，而且也關乎社會及行爲科學方面的事實。要瞭解儒家和東亞現代化之間的關係，不僅要從哲學分析上建構學理，而且還要用社會及行爲科學的研究方法，搜集實證資料，來支持這種論證。」（黃光國，1988:20）隨後，他舉了一些臺灣的例子來證明他的立論。由於黃教授是位心理學家，能夠有這樣敏銳的觀察和分析，已屬不易，不當再苛責他對歷史知識方面的缺憾。本文的第二部份就是在彌補這個缺憾。

　　總括說來，在討論「臺灣經驗」的歷史文化條件時，美籍華裔學者率先從文化和哲學的層面，提出正面肯定傳統文化的立論。大陸的學者緊緊抱住馬克思教條和五四運動以來糟蹋中華傳統文化的作風，繼續否定傳統文化的生命力。臺灣本地學者對臺灣經驗的感受最深，陳黃兩人分別從人類學和心理學的立場來討論這個課題。唯獨歷史學家仍在作壁上觀，未曾認眞的參與這方面的討論。其實研究明清社會經濟史及臺灣史的歷史學家們是最有資格在這個課題上發表意見的，因爲在最近四百年來中國東南沿海的歷史中，有相當多的材料，可以證明「臺灣經驗」是這段歷史發展的必然結果。

(四)臺灣經濟學家的看法

　　臺灣既然身爲新興工業化國家的龍頭，當然也應該有它自己的看法。官方的看法幾乎是透過經濟學家們的文章表達出來。

王作榮教授的論點可說是古典的「自由經濟論」加上「唯國家論」。他在《我們如何創造了經濟奇蹟》這本書的〈開場白〉部份，就明白的說:「臺灣的經濟發展最合於正統經濟理論的模型。正統經濟理論強調自由市場的機能，強調國際分工與資源的適當分配。這種理論應用到經濟發展上，便是農工平衡發展，便是勞力密集產業的優先，便是穩定中求進步，而這些正是過去三十年來臺灣經濟發展的基本政策。」(王作榮，1989:4)

他的基本論點是說臺灣地區在中華民國政府的正確領導下，配合上人民的勤奮工作，才創造出這個以自由經濟爲基礎的經濟奇蹟局面。政府是居於主導的地位，人民是居於配合的地位。同時，王作榮也駁斥了「日本殖民時代奠下基礎」的說法和「依賴美援」的說法。他承認兩者是具有貢獻，但貢獻是有限度的。「在此（日據時代）的五十年中，日本確曾在臺灣從事了若干基本建設，使我們在發展臺灣經濟的過程中，節省了一些時間與金錢，但僅此而已。這不過是在起步時，輕輕推了我們一把，與以後的長程賽跑不能說沒有關係，但關係的輕微讓人感覺不出來。也誠然，我們自一九五〇年至一九六五年，接受了爲數約十五億美金的美援。這對我們經濟的穩定與發展確有重大助力。但能否善用這些美援，達成穩定與發展的目標，關鍵仍在中華民國政府和人民。是中華民國政府與人民有能力運用這筆美援，也願意善用這批美援，才使得這十五億發生效果的。不然，美國直接間接援助落後國家的金額以數百億美元計，收到效果的國家有幾個國家？收到的效果又在那裡？」(王作榮，1988:5)

于宗先教授也有相同的意見。他認爲臺灣經濟奇蹟的形成來自三大主力: 政府把握了正確的基本發展策略、工業界人士掌握住有利的投資機會、勤奮的勞工投入生產行列。(于宗先，1990)

施建生教授也強調政府在經濟發展中所發揮的作用。他指出，回顧經濟奇蹟的發展過程，其關鍵主要在於政府能認清當時的處境而確實適應。不好高騖遠，不崇尚空談，能實事求是地推動漸進的發展策略。(施建生，1990)

葉萬安則認為：促成臺灣經濟計劃之順利推行，從制度與意識形態層面來說，政府除了作必要的干預，透過計劃執行，引導資源流向外，還相當尊重市場價格機能；另一關鍵是民間部門勤勞努力，並且支持政策。從技術層面看，促成經建計劃成功亦有兩個關鍵，其一，是掌握經濟發展的有利條件，如充沛的勞力、頗具規模的農業基礎，以及有限的基本設施，再利用這些條件進行農地改革、發展勞力密集工業、鼓勵儲蓄、增加投資、創造出投資與生產的有利條件。其二，是適時提供經濟誘因，例如用耕者有其田鼓勵農業增產、用租稅減免、低利融資等方式獎勵出口、投資與儲蓄。(葉萬安，1990)

經濟學家們的著眼點是政府的政策和它的角色，對於一般人民的角色與功能則很少提及，只說有勤勞的人民能夠配合政策而已。至於臺灣人民究竟如何勤勞，究竟秉承怎樣的文化傳統而有如此的勤勞，是經濟學家們無法回答的。

今天，我們探討臺灣經驗，一方面是要向世人說明這份成就是如何得來的，另一方面也是要向中國大陸推銷「臺灣經驗」，就不能過份強調臺灣經驗的獨特性。比較合理的辦法就是把臺灣這四十年的經濟發展經驗，放進中國歷史這個大架構中，看看是否也曾經有過類似的經驗。如果有類似的經驗，則「臺灣經驗」在中國歷史過程上，是一個循環出現的現象，那就具有真正的推廣價值了。以下兩章就分別檢視從十七世紀到十九世紀的臺灣和十七、十八世紀的東南沿海一帶可曾有過類似的發展經驗。

新的觀點──中國東南沿海的歷史文化論

在第一部份的討論中，我們可以清楚的看到社會學家和經濟學家們大抵是從「國家」的角度去探討什麼是臺灣經驗。只有費景漢、余英時兩位先生是從「文化」的角度去討論這個問題。只可惜他們所討論的題材泛指整個中華文化，而沒能扣緊直接跟「臺灣經驗」有關的歷史文化因素。在第二部份中，我們試著探索那些與臺灣經驗有直接關聯的歷史文化因素。在這樣的歷史文化背景中，「國家」所扮演的角色就顯得不太重要。一直要到最近四十年，「國家」才有機會發揮如同社會學家、經濟學家們所說的那種主動的角色。我們相信，今天的「臺灣經驗」是由「國家」和「歷史文化」兩方面因素共同促成的。前人已經花費不少的心力在「國家」這個層面上，不需再多費筆墨。現在就讓我們一起來看看，締造「臺灣經驗」的歷史文化背景究竟如何。

(一)臺灣的開拓與重利風氣

臺灣的開拓，在基本上，是自十六世紀以來，閩南漢人在東海、南海地區強盛的海上貿易活動的一部份成果。

對於閩南人到海外謀利的動機，傳統的說法是說因為閩南地狹人稠，耕地不敷使用，人們不得已才進行海上活動，來彌補農耕之不足。像明朝萬曆年間的福建巡撫許孚遠在〈疏通海禁疏〉中就說：

> 其地濱於斥鹵，表裡皆山，即思秉耒耜而力耕，常苦無一夫之畝，以是涉風濤而遠販，聊以贍八口之供。(許孚遠，1594)

　　造成耕地少的原因不外是基於兩個主要的原因。其一是山多平原狹小，可以開闢的田地到了明朝末年，都已經開闢了，這種現象在謝肇淛的《五雜俎》卷四地部就有很好的形容：

> 閩中自高山至平地，截截為田，遠望如梯，真昔人所云：「水無涓滴不為用，山到崔嵬盡力耕」者，可謂無遺地矣，而人尚什五遊食於外。

另一個原因是土地過份集中於豪室富家。《五雜俎》卷四地部記載：

> （閩中）仕宦富室，貪官勢族，有吟喜熙遍於鄰境者。至於連疆之產，羅而取之；無主之業，囑而丐之；寺觀香火之奉，強而寇之。黃雲遍野，玉粒盈艘，十九皆大姓。

　　這種論點又為大陸學者，如傅衣凌（一九五六）所承繼，強調閩南人從事海上貿易活動，是被當地的自然和社會環境所「逼出去」的。不過，羅友枝 (Evelyn S. Rawski) 研究福建和湖南在十八世紀的商業活動時，卻發現閩南人外出，從事遠洋貿易，是因為有利可圖 (Rawski, 1972)。因而有了「拉出去」的論點。當我們仔細翻看有關清初閩南人開拓臺灣的各種相關史料之後，就可以看出，這段開拓史原本就帶有濃厚的商業氣息（溫振華，1981）。從而印證了羅友枝的論點。以下，我們就蔗糖、米、茶等項分別討論之。

　　臺灣南部在荷蘭時期就以蔗糖為主要的外銷產品，行銷歐洲和東南亞各地。清廷領臺之後，蔗糖依然是一種主要的經濟作物，由閩南商人運銷長江三角洲和浙閩一帶。康熙末年成書的《臺灣府志》、

《鳳山縣志》，和《諸羅縣志》，在〈物產篇〉，都有相同的記載：
「糖，煮蔗而成，有黃白二種。又有冰糖，用白糖再煮，如堅冰。比
內地較白，而甜遜之。」這些早期的方志並沒有記載有關糖的製作方
法和過程。

乾隆年間的重修版和續修版《臺灣府志》就有了較為詳細的記
載。乾隆三十九年的《續修臺灣府志》卷十七〈物產・貨幣〉引《赤
嵌筆記》和《東寧政事集》中有關糖的產銷情形，讓我們知道十八世
紀臺灣製糖業的梗概。

通常在五、六月間種植蔗苗，到第二年十二月、正月間，就開始
採收，直到初夏。在十月間，蔗農就開始建造糖廍（製糖的工場），
募請製糖師傅，開始榨蔗製糖。

每一糖廍要牛十八條。十二條牛用來牽磨，日夜不停的榨蔗汁。
四條牛負責拉牛車，載運甘蔗到工場。兩條牛負責運送甘蔗葉、甘蔗
尾給其他的牛隻當草料。

蔗田以四甲為一園。每園現種兩甲，留空兩甲，逐年輪種。一條
牛負責搬運四甲或三甲半地的甘蔗。

工場的人力配置是：糖師兩人；煮蔗汁的火工兩人；把甘蔗放入
石車榨汁的車工兩人；趕牛榨汁的女工（牛婆）兩人；砍蔗、去皮、
去尾的「剝蔗」七人；收集蔗尾以飼牛的工人一人；看牛工一人。
「工價逐月七十金」，是相當不錯的收入。只可惜《續修臺灣府志》
以及其他的方志都沒有記載這是什麼樣工人的收入。

煎糖必須要召請有經驗的「糖師」。他必須要「精土脈、精火候、
用灰（湯大沸時，撒牡蠣灰止之）、和用油（在將成糖時，灑篦麻油，
恰中其節）」。糖煎成後，放貯在糖槽內，用木棍頻頻攪拌，直到冷
透，便是「烏糖」。顏色暗紅而鬆的烏糖，賣到蘇州這種繁華的大都

市；若糖的成色不好，潮濕色黑，則賣到上海、寧波、鎮江等次一級的都市去。

至於白糖的製作過程，就比較複雜。在蔗汁熬成糖的時候，裝入糖碥內，封存半個月，浸出糖水，名爲「頭水」。將頭水再裝入碥內，用泥封之。半個月後，成爲「二水」。用同樣的辦法處理二水，成爲「三水」。三水就成白色。曬乾後，用杵舂打成粉末，裝入糖簍。剩下的糖膏可以用來釀酒。每碥可以生產白糖五十餘斤。倘若土質不好，蔗質不佳，或糖師的手藝不佳時，做出來的不是上等白糖，就賣不了好價錢。

乾隆時代的臺灣、鳳山、諸羅三縣，每年可以產糖六十多萬簍，每簍重一百七、八十斤。烏糖每一百斤售價銀八、九錢；白糖每一百斤值銀一兩三、四錢，是臺灣最重要的經濟作物。《赤嵌筆談》云：

> 全臺仰望資生，四方奔走圖息，莫此爲甚。糖斤未出，客人先行定買。糖一入手，卽便裝載。每簍到蘇（州），船價二錢有零。

十八世紀時，臺灣蔗糖銷售大陸沿海各地，由郊行定下規則，聯合運輸，結果卻是彼此牽延，耗費時日。而且，船隻要先到廈門，再轉運到大陸其他港埠。幾翻周折下來，造成「一船所經，兩處護送，八次掛驗，俱不無費，是以船難卽行，腳價貴而糖價賤」的現象。

不論如何，十八世紀的臺灣已經有相當規模的蔗糖工業和一個可以涵蓋大陸沿海港埠在內的貿易網。同樣的情形也出現在臺灣北部的開拓和「米」的產銷事業方面。

臺灣北部（自新竹至臺北）的開拓，據近人的研究（尹章義，

1980；溫振華，1981；莊英章與陳運棟， 1982）， 原本就帶有濃厚的
謀利和冒險的企業精神。 莊英章和陳運棟指出， 清代頭份地區的開
拓是透過宗親的關係來聚集勞力和資本，以從事開墾謀利的工作（莊
英章和陳運棟，1981:28）。臺北地區的開拓也是以「股份有限公司」
（清代稱之爲「墾號」或「墾戶」）型式爲主。籌設墾戶的主要目的
是在生產稻米，銷往福建。

　　福建地方缺米的情形，在南宋時代就已經出現。據眞德秀於〈申
樞密院乞修沿海軍政〉中指出：

> 福（州）、泉（州）、興（化）三郡， 全仰廣（東）米以贍軍
> 民。賊船在海，米船不至，軍民便已乏食，糴價翔貴，公私病
> 之。（《眞文忠公全集》卷十五，頁四上）

眞德秀又於〈申尚書省乞措置收捕海盜〉中說：

> 福、興（化）、漳、泉四郡，全靠廣米以給民食。

　　從這兩條資料，我們大略知道，在南宋時代，福建本地所產的米
糧已經不敷軍需民食之用，必須要從廣東進口食米。在閩廣之間的海
上有了海盜，糧船運輸受阻，福建的米價立刻受到影響而告上揚。雖
然史載不足，我們無法得知當時每年究竟有多少廣東米糧運往福建，
不過，粵米在福建成爲一種商品，卻是不爭的事實。

　　到了明末的隆慶（一五六七～一五七二）、萬曆（一五七三～一
六二〇）年間以後，沿海的泉州一帶缺米的情形相當嚴重。何喬遠的
《閩書》卷三十八〈風俗志〉就說：「仰粟於外，上吳越而下廣東。」

形成這種欠缺米糧的原因除開自然環境不良這項因素之外，還有一項重要的經濟因素，那就是經濟作物發達。這些經濟作物包括甘蔗、茶葉、苧麻、藍靛、煙草、和水果等。清初郭起元在〈論閩省務本節用書〉中說，以福建之地，「力耕之，原足給全閩之食，無如始闢地者多植茶、蠟、麻苧、糖蔗、藍靛、離支（荔枝）、柑橘、青子（橄欖）、荔奴（龍眼）之屬，耕地已三分之一，其物猶足供食用也。今則煙草之植，耕地十分之六七。……如此閩田既去七八，所種秈稻菽麥亦寥寥耳」。廣種經濟作物的結果，必然佔去不少耕地，使得稻作面積減少。

十八世紀時，為了要解決福建當地米糧不足這個問題，閩南人所採取的對應辦法，不外是從事海外貿易、走私運米、和移民拓殖臺灣與南洋三項。

乾隆三十四年四月至三十七年四月（一七六九～一七七二）出任臺灣海防同知的朱景英在他的《海東札記》一書中，就提到當時臺灣北部私梟運米猖獗的情事：

> 中港而上，皆可泊巨舟，八里坌港尤彩。大半笨港、海豐、三林三港，為油糖所出。鹿仔港以北，則販米粟者私越其間。屢經查禁，近亦稍稍斂跡矣。（朱景英，1958:8）

這種私運米糧到大陸販賣的習氣，在康熙末年就已經存在。王世慶在研究清代臺灣米價變動情形時曾指出：

> 康熙四十一年至康熙末年，疊際凶荒，每冬遇飢。且每遇青黃不接、內地米價高昂時，輒有營哨商船偷運臺米出口，資濟內

地。(王世慶，1958)

在這種盛行走私米穀到福建去銷售的經濟條件下，就會有人籌組「墾號」，向官府申請到當時尚是草萊未闢的臺北平原來開墾水田，以生產稻米，運銷福建。

康熙三十六年（一六九七），郁永河到臺北平原時，看到一望無際的大湖面，只遇到少數幾個漢人。康熙四十七年（一七○八），有「陳賴章」墾號，得到官府的許可，在臺北大湖沿岸從事開墾工作。根據尹章義在新莊所發現的〈大佳臘墾荒告示〉，我們得知，在當時的臺北平原從事開墾工作的墾戶不止「陳賴章」一家，還有「陳國起」和「戴天樞」兩家墾戶。這份文件的起頭清清楚楚的寫著：

> 同立合約戴歧伯、陳逢春、賴永和、陳天章，因請墾上淡水大佳臘地方荒埔壹所：東至雷厘、秀朗，西至八里坌，干脰外，南至興直山腳內，北至大浪泵溝，立「陳賴章」名字。
> 又，請墾淡水港荒埔壹所：東至干脰口，西至長頸溪南，南至山，北至滬尾，立「陳國起」名字。
> 又，請墾北路麻少翁社東勢荒埔壹所：東至大山，西至港，南至大浪泵溝，北至麻少翁溪，立「戴天樞」名字。（尹章義，1981：53，54，61-62）

接下去說，這三家墾戶都在康熙四十八年七月得到官府的允許，核發墾荒執照。鑒於墾荒需要大筆資金，三個墾戶的股東們於是「玆相商，既已通同請墾，應共合夥招耕，議作五股公業，實為友五人起

見」。這五股公業，除了前述的戴歧伯、陳逢春、賴永和、陳天章四股外，增加陳憲伯一股。

　　由於早期的開墾需要大筆的資金和勞力，再加上土著的騷擾，冒險性可說是相當大。為了湊足資金，以合股方式鳩集資金是相當普遍的情形。不僅墾首以合股的方式進行，佃農也以此方式向墾首承租土地。像這樣子的「墾戶」，是具有濃厚的謀利精神（溫振華，1981：116）。這些墾戶的「墾首」們往往住在城市中，把他們名下的土地租給佃農去耕作，或是把墾務交給他們聘請的管理人去經營。他們將收入（主要為租息）與支出（開圳水費、供粟、公費）計算後，盈餘部份則按股均分，若有不足，則依股攤出。溫振華指出，這種合股組織，無疑具有企業經神，與現代企業組織中的合夥或公司組織有類似之點（溫振華，1981：118）。

　　當墾戶的股東因本身財力不足或其他的原因是可以轉讓他所持有的股份。《臺北縣志》卷五〈開闢志〉所收錄的「海山、北投、坑仔口開墾古契」就是最好的例證。茲抄錄文契的重要部份如下：

　　　　立賣契人鄧旋其，緣鄭珍、王謨、賴科、朱焜侯等，於康熙五十二年合墾淡水堡海山庄、內北投、坑仔口三處草地。公議俱立戶名「陳合議」，作四股均分，在諸邑作三處請墾，俱有單示，四至俱載在各墾戶告示單內，明白為界。至雍正二年，鄧旋其憑中承買王、朱二股，歷掌無異。現在年徵供粟四十三石四斗七升零。今因田地乏水，無力開圳灌溉，以致失收缺欠，供粟及公費等項無出，旋愿將應分承買王、朱二股，抽出一股，托中引就，招賣與胡宅，出頭承買。三面言議，時價銀三百兩番廣，其銀卽日憑中交訖。一股之業，隨卽對佃，踏明界

址，付契營業。

十八世紀時，漢人開拓臺灣西部平原地區，都是沿用這種企業經營的辦法。主要的目的是爲了增加稻米的產量，以供應家鄉米糧的不足（王世慶，1958；王業鍵，1986；林麗月，1987）。當移民日漸增加之後，就需要從大陸家鄉輸入日常生活必需品，和上好的建築材料；同時也需要把臺灣的產品銷售到大陸各地去，於是在西部沿海各個港口就有「郊行」的出現，負起運輸貿易的責任。所謂「郊」是指從事與大陸各港口做生意的商號的一種聯合組織，統一規定搬運費率、港口捐費、標準的度量衡，並且處理地方上的公共事務，維持地方上的秩序。這些郊行或依貿易地區的不同，而有「大北」（指到寧波、上海、青島、天津等地做貿易的商號）、「小北」（指到溫州、福州做生意的商號）、「泉郊」（到泉州做生意）、以及「廈郊」（到廈門做生意）之；或者依貨品性質而分「糖郊」、「米郊」、「布郊」、「油郊」等。

像這樣的商業型態到了十九世紀下半期，西方列強憑著船堅炮利，強迫清廷開通商口岸之後，有進一步的發展。淡水是通商口岸之一。原有的郊商貿易網跟外國洋行之間形成既合作又競爭的局面。

一八六六年，英國商人德克（John Dodd）從廈門到臺北盆地採購樟腦，意外的發現臺北盆地四周山丘上所種的茶品質不錯，可以外銷倫敦。翌年，德克從福建省泉州府安溪縣引進一批茶枝，分給臺北的茶農去種植，並且貸款給農民，教茶農新的烘焙技術。一八六八年，德克在大稻埕設立「寶順洋行」，就試銷一批新法焙製的「烏龍茶」，經廈門、澳門，到倫敦去。由於品質不錯，銷路很好。德克再接再厲的推廣茶園面積，把烏龍茶銷到紐約去。大稻埕的商人本來就

組織郊行，設立船隊，經營跟大陸各地的貿易。他們碰到這個賺錢的好機會，莫不紛紛跟進，設立茶園、茶廠，招募男女工人前來工作。在輸出方面，更成立茶郊，以「法主公廟」爲茶郊的辦公處。從一八七〇年起，茶逐漸成爲臺灣全島外銷商品中的要角。（陳慈玉，1986；宋光宇，1990）

大稻埕始建於清咸豐三年（一八五三）。三十年後，其聲勢與商況已臨駕在艋舺之上。六十年後，成爲全臺灣最重要的經濟核心。舉凡社會、文化、經貿、商業莫不匯萃於此。

一八八三年，臺灣建省，省會設在臺北。首任巡撫劉銘傳爲了獎勵外商，在當時最繁華的大稻埕靠淡水河邊上起建樓房，供外商使用，而名爲「千秋街」（今之千秋里，路名貴德街）。一時之間，六大洋行雲集，圍繞著洋行的是一百多家大大小小的本地茶廠茶商，或供應洋行之所需，或自行運銷南洋各地，形成一個規模不算太小的外銷加工出口區。

中國商人有鑑於當時從閩粵各地到南洋打工的人愈來愈多，而他們不喜歡西洋人的重發酵茶，於是就改製發酵程度較輕的茶，名爲「包種茶」，專銷南洋，供華僑飲用。這就是新產品的研究與發展。

臺北茶葉外銷的勃興，在短短七年之內，就改變了淡水港的輸出輸入結構，從早先的入超轉變成爲出超，貿易順差情形呈急劇擴張現象，且持續了十八年之久，直到一八九五年臺灣割讓給日本爲止（見表1）。而茶在整個臺灣每年輸出品總金額中所佔的比重也大幅上升，最高的時候曾佔到總金額的百分之五、六十（見表2）。

表 1　一八六八年至一八九五年淡水港進出口情形

年　份	輸出金額（兩）	輸入金額（兩）	差　　　　額
1868	510,000	270,000	－ 240,000
1869	490,000	250,000	－ 240,000
1870	560,000	400,000	－ 160,000
1871	700,000	510,000	－ 190,000
1872	720,000	770,000	＋ 50,000
1873	890,000	550,000	－ 340,000
1874	910,000	610,000	－ 300,000
1875	1,020,000	730,000	－ 290,000
1876	1,190,000	1,210,000	＋ 20,000
1877	1,320,000	1,430,000	＋ 110,000
1878	1,300,000	1,670,000	＋ 370,000
1879	1,550,000	2,090,000	＋ 540,000
1880	1,600,000	2,310,000	＋ 710,000
1881	1,730,000	2,410,000	＋ 640,000
1882	1,450,000	2,530,000	＋ 1,080,000
1883	1,200,000	2,340,000	＋ 1,140,000
1884	1,230,000	2,400,000	＋ 1,170,000
1885	1,760,000	2,740,000	＋ 980,000
1886	2,030,000	3,380,000	＋ 1,350,000
1887	2,230,000	3,370,000	＋ 1,140,000
1888	2,610,000	3,060,000	＋ 450,000
1889	2,180,000	3,090,000	＋ 910,000
1890	2,220,000	3,300,000	＋ 1,080,000
1891	2,200,000	3,100,000	＋ 900,000
1892	2,350,000	3,430,000	＋ 1,080,000
1893	3,090,000	4,770,000	＋ 1,680,000
1894	3,420,000	4,880,000	＋ 1,460,000
1895	1,900,000	1,880,000	－ 20,000

資料來源: *Chinese Maritime Publications,* 1860～1945, 淡水港
部份

表 2　一八六八年至一八九五年茶葉在清臺灣外銷中的比例

年　份	臺灣外銷總額(兩)	淡水茶的外銷額(兩)	百　分　比
1868	882,752	64,732	7.33%
1869	976,004	89,376	9.16%
1870	1,655,309	177,403	10.27%
1871	1,693,925	301,118	17.78%
1872	1,965,210	582,872	29.66%
1873	1,472,482	353,455	23.97%
1874	1,812,181	477,329	26.34%
1875	1,815,255	620,067	34.16%
1976	2,628,980	1,060,209	40.33%
1877	2,757,717	1,253,232	45.45%
1878	2,788,673	1,502,685	53.89%
1879	4,125,126	1,947,381	47.21%
1880	4,874,355	2,156,373	44.24%
1881	4,160,960	2,231,896	53.64%
1882	4,050,154	2,402,428	59.32%
1883	4,113,833	2,235,179	54.32%
1884	4,165,314	2,330,920	55.96%
1885	3,819,763	2,711,803	70.99%
1886	4,449,825	3,333,052	74.90%
1887	4,562,478	3,286,972	72.04%
1888	4,543,406	2,914,921	64.16%
1889	4,411,069	2,873,075	65.13%
1890	5,255,880	3,083,879	58.67%
1891	4,735,628	2,712,776	57.28%
1892	4,959,830	2,929,435	59.03%
1893	6,336,580	4,050,980	63.93%
1894	7,245,035	4,083,265	56.36%
1895	3,423,792	1,552,798	45.35%
合　計	99,683,590	53,319,692	53.49%

資料來源: *Chinese Maritime Publication*, 1860~1895, 淡水港
部份

　　從這個例子我們可以歸納出以下幾點特徵：

　　1.新產品的引進與開發：英人德克引進新的茶苗和烘焙技術，發展出「烏龍茶」。本地商人再根據國人的飲茶習慣，改良「烏龍茶」而成「包種茶」。

　　2.外資的介入：德克貸款與茶農及洋行的設立。

　　3.本地商人的跟進。

　　4.國際貿易網路的建立：洋行專門運銷烏龍茶到倫敦、紐約去銷售；本國商人則運銷包種茶到南洋各地。

　　5.專業區的設立：千秋里一帶製茶廠林立。

　　6.女工的介入：舉凡撿茶、烘茶、包裝等工作多半由女工擔任。每日工資約五、六十文，對一般家庭的生計大有助益。

　　7.長年的貿易順差：連續十八年的貿易順差，帶動地方上各行各業的繁榮。再加上西部鐵路幹線於一九〇八年全線通車，大稻埕商人更把他們的批發網路隨著鐵路而擴大到中南部，使大稻埕成為二十世紀全臺灣的經濟重心。

　　這個歷史事實，至少說明高棣民等人所主張「日本殖民時代奠下日後臺灣經濟發展基礎」的說法有偏差之處。在日本人尚未佔領臺灣之前，臺灣的商人就已經活躍於世界貿易的大舞臺上。只要有新產品、新技術、和足夠的資金，臺灣商人就可以進入國際市場，展現驚人的實力。同時，也補充了臺灣經濟學家們的官方說法。光是有政府的正確領導也不足成事，必須要有全民的配合才能克竟其功。即使政府不管，在不妨礙其運作的條件下，民間也能做得很好。

(二)十六至十八世紀閩南人的海上貿易

　　臺北的居民泰半是閩南移民的後裔。艋舺是泉州府的晉江、惠

安、南安三縣人士（稱「三邑人」）爲主幹；大稻埕是泉州府同安縣人爲主，兼有部份漳州人；新店木柵一帶多爲泉州府安溪縣人；其他各鄉鎭爲漳泉雜居。既然大稻埕的同安人能夠創出前述經濟發展經驗，那麼在閩南過去的歷史上，有沒有類似的經驗呢？答案是「有過類似的經驗」。

漢人對閩南的開拓始於唐代武后時期。唐末五代泉州已經成爲一個國際商港，阿拉伯商船停泊於此。宋元時代，泉州依舊繁盛。近代世界經濟體系的形成肇始於歐洲人的地理大發現。那麼，要討論中國如何跟這個現代經濟體系發生關係，就要把時間的上限訂到十七世紀西班牙人、葡萄牙人、荷蘭人相繼到東亞來佔領殖民地的時候。

我們可以這麼說，十七世紀時，西洋人跟閩南人之間的國際貿易，是閩南人國內貿易的延伸。因此先從閩南的國內貿易說起。

在十一世紀的時候，就有一種生長季短的早熟種稻自占城（今之越南）傳入閩南，使得當地的稻作可以一年收成兩次，糧食爲之充足。《泉州府志》卷十九〈物產〉記載：

> 占城稻，耐旱，白、赤、斑三種。自種至穫，僅五十餘日。五邑俱有。〈湘山野錄〉宋真宗以福建田多高仰，聞占城稻耐旱，遣使求其種，得一十石，以遺其民，使蒔之。

當西班牙人於一五六五年佔領呂宋島以後，南美洲的甘藷、玉米、馬鈴薯等作物也相繼從呂宋傳入閩南。這些作物抗旱性強，可以在貧瘠土地上生長，又不怕蟲害，使得原先不毛之地和山坡地都得以開闢成農田。糧食爲之增產。（何炳棣，1976；Ng, 1983）

又有許多經濟作物的傳入，諸如：甘蔗、棉花、靛青、煙草等。

甘蔗是相當重要的經濟作物。在宋代時，福建北部地區就已經開始種植甘蔗。到了十六世紀時，閩南各地也已經普遍種植甘蔗（吳振強，1972）。在十六世紀末期，泉州所生產的靛青，據說是全中國最好的貨色（王世懋，1585）。煙草在十七世紀時，也成爲漳泉地區相當普遍的經濟作物。（中國人民大學，1957）清代政權成立之後，閩南地區的經濟作物繼續推廣。據乾隆時人郭起元在〈論閩南務本節用書〉（一七六二）一文所載，甘蔗、靛青、水果、和煙草，在福建各地隨處可見，其中以煙草是種植最廣的經濟作物。以漳州所出產的煙草最爲有名。

棉花也是一項重要的經濟作物。在清初，閩南婦人可以靠著在家裡紡紗織布和做些針滑女紅，所得的收入足以養家活口。乾隆廿七年（一七六二）的《龍溪縣志》卷十八〈列女〉就記載許多條有關節婦憑紡績而能養家的資料，例如：

> 蔡氏，年十八，嫁施日姃。姑病，禱天，願以身代，割股食之。姑愈而夫旋亡。矢志撫孤，紡績度日。變簪珥，延師教子，子福，歷歲貢，授廣文。
>
> 黃氏，鄭宗炳妻，年二十一，夫亡，遺孤二歲，又遺腹四月，生男。日夜紡績，撫養二孤。事翁姑，以孝聞。
>
> 李氏團娘，適王夏天。年二十七而寡。紡績奉舅姑。
>
> 張氏，方應時妻。應時卒，於湆，孤生未週月，含哀茹苦，篝燈針紉以自給。
>
> 周氏起娘，適諸生陳之曦。夫卒，家貧，紡績育孤，以延夫嗣。苦守四十年。
>
> 林氏，年十六歸吳應驥。應驥卒，針紉紡績以育孤。

這類資料在其他方志中，多得不勝枚舉。同時，還出現大型的紡織工場，召募男工從事工作。《龍溪縣志》卷十〈風俗〉云：

> 邑工號最樸，近則紗絨之利不脛而走。機杼軋軋之聲相聞，非盡出女手也。

閩南所出產的布匹不僅花色繁多，而且品質甚佳。泉州商人則駕著船到大陸沿海各地去推銷「閩布」和其他物品。十七、十八世紀時的蘇州城裡，外地來的商人雲集。其中的三分之一是「閩商」。蘇州是江南的水運中心。透過大運河及長江便利的水運，長江三角洲與福建地區的產品運銷大陸各地方。

經濟作物既然如此繁盛，國內外貿易以及手工業也就隨之興盛。日人斯波義信（1960:485-98）指出，福建地區的商業在宋代就已經相當發達。從那時候起，福建商人的足跡遍及全中國各省，同時也揚帆海外。所謂「閩賈」、「閩商」、「閩船」，在中國各省都有他們的蹤影（斯波，1960:485）。福建商人由於擅長海上貿易，也因此被稱爲「海商」（斯波，1960:494）。

泉州商人控制了海上的國外貿易，而福州和建寧的商人則主導了福建的國內貿易（斯波，1960:494-498）。在十三、十四世紀裡，泉州是中國最大的對外通商口岸，它的規模超越了歷來以對外貿易著稱的廣州。不過，到了十五世紀，泉州開始沒落。十六世紀時，閩南的對外貿易再度勃興，其中心不再是泉州，而是南移到漳州的月港（海澄）。這種變化使得漳泉兩府的居民或多或少地跟海外貿易沾上一點關係。到了十七、十八世紀，這種趨勢依然不變（吳振強，1983:12）。

　　根據萬曆《泉州府志》（1763年成書）和《八閩通志》（1490年成書）的記載，在一五〇〇年以前，閩南大部份的內陸縣份，如：南安、永春、長平、龍巖、長泰、南靖等，幾乎無人知曉海外貿易是怎麼一回事。海外貿易爲沿海的少數商人所獨佔（吳振強，1972,1983：12）。但是到了一六〇〇年以後，海外貿易不再由沿海少數商人所獨佔，內陸居民開始投入海上貿易活動。明末清初人謝肇淛在他的《五雜俎》卷四中提到，大約在明末萬曆時（卽一六〇〇年以後），福建地方有一半以上的人口離鄉背井，到海外去討生活。這種變化跟西班牙人於一五七二年佔領呂宋島，跟中國人交易日用品和絲綢，有密切的關係。

　　當西班牙人佔領中南美洲之後不久，就在祕魯和墨西哥境內發現豐富的銀鑛。西班牙因而富甲天下，馬德里的生活和物價也隨之上升。及至一五七二年佔領呂宋島以後，爲方便起見，就近跟閩南人交易。兩邊物價相差懸殊，對西班牙人來說，中國貨便宜到幾乎不要錢的地步。同時又發現中國的絲綢正是馬德里貴族社會最需要的東西。在航程遙遠、運費不貲的條件下，西班牙人專挑質輕、量多、價高的東西來從事貿易。於是中南美洲的白銀和中國長江三角洲所產的絲綢就成了符合條件的商品。一場絲綢與白銀的交易隨之展開。對中國方面來說，明朝的貨幣是以銀爲主，銅錢爲輔。但銀鑛卻日益枯竭，致使銀價日昂，銅錢日貶的通貨膨脹局面。西班牙人用白銀來交易絲綢正好投其所需（全漢昇，1948、1972）。

　　在這場絲對銀的交易過程中，閩南一直扮演居中轉運的角色。長江三角洲所產的絲先經海路運到月港，再由月港轉到馬尼拉，交易西班牙人手上的白銀。這些運往馬尼拉的絲貨，在菲島的輸入華貨總值中佔有最大的比例。例如一五八八年及以前，菲律賓每年自中國輸入

總值二十萬披索（pesos，西班牙貨幣單位）的貨物中，各種食物如麵粉、糖、餅、奶油、香燈、水果、醃豬肉、火腿等，一共只值一萬多披索，其餘絕大部份是絲綢，貨色包括花緞、黑色及帶有彩色的緞子、金銀線織成的浮花錦緞，以及其他絲織品。各種生絲和絲織品的售價，從有的是銀子的西班牙人來看，可說是價格非常低廉。但對中國商人來說，他們經營絲貨貿易，經常獲利在百分之一百以上，有時更高達百分之兩百。由於利潤優厚，中國商人把賺到的白銀運回本國之數量，多到一位西班牙上將在一六三八年說：「中國國王（按應作「皇帝」）能夠用來自祕魯的白銀蓋一座宮殿！」（全漢昇，1972）

當西班牙人剛抵菲律賓不久的時候，中國商人已經把絲貨運往那裡出售。初期時所運過去的貨色，並不如運往麻六甲的那麼好、那麼多。後來，發現西班牙買主有得是銀子，購買力非常之大，才把品質優良的產品大量運過去銷售。貨樣繁多，生絲方面就有精、有粗、有白色的、也有彩色的。織品方面有各種天鵝絨、錦、緞、綾、綢，及其他。為了要迎合西班牙主顧們的消費習尚，中國商人把西班牙產品的圖樣帶回國內，讓產地各工場很巧妙的仿製。仿製品的外表看起來跟西班牙南部織造的不分軒輊。而其中有一種織品，據說白到連雪也沒有它那麼白，品質之好，為歐洲製品望塵莫及。

由於跟西班牙人交易絲綢利潤豐厚，不但閩南商人積極投入，連長江三角洲絲產地的浙江、江蘇、安徽絲客也都參與。廣東及福建其他地區的絲織業，因地利之便，也隨之發達起來。

張彬村在〈十六至十八世紀華人在東亞水域的貿易優勢〉（1988：353-355）一文中指出，十六至十八世紀，正當世界各地廣開大門，讓歐洲人自由地發展國際貿易時，中國政府卻始終緊閉其門戶。歐洲人或者根本不能到中國來做買賣；或者卽使可來，也必須受制於中國

政府所指派的官商。對歐洲人來說，中國市場是封閉的。相形之下，中國的海商從十六世紀下半葉起，就可以自由的進出中國的港埠，去推展他們在東亞水域的貿易。華商在貿易的成本與效益方面，比起歐洲人來說，當然是處於絕對有利的地位。跟荷蘭東印度公司相比，中國的「閉關自守」政策，是為中國創造了一個無形的壟斷公司，由中國海商壟斷中國市場。

張彬村又指出中國市場在當時東亞國際貿易上所佔的比重是相當可觀的。「在東亞水域裡，中國是最大的生產中心和最大的消費市場。歐洲人來到遠東貿易，必須仰賴中國的生產與消費，才能擴大亞洲內部的區間貿易，以及歐亞之間的洲際貿易。就東亞水域的區間貿易而言，在十六至十八世紀之間，海商基本上是以日本的銀、銅，西班牙人運抵馬尼拉的白銀，以及東南亞的胡椒、蘇木、香料、和藥材等物品，運銷中國市場，而把中國生產的絲、瓷、糖、和其他日用品，運銷東亞各地。葡萄牙人、西班牙人、荷蘭人、英國人都是這種區間貿易的要角，但是最重要的主角當然是中國人。在歐亞洲際貿易方面，歐洲人帶來了白銀，蒐購中國的絲、瓷、糖、和茶葉。十八世紀初，歐洲人飲茶習慣養成時，中國的茶葉，沖茶用的瓷器茶具，以及加入茶水中的蔗糖等物品的消費量更是大幅增加。」(張彬村，1988:354)

在歐洲人來到東亞之前，中國人在這個水域已經隱然形成一個廣大的貿易網。在東南亞各地都已經有華商的蹤跡。一五七二年西班牙人佔領馬尼拉時，他們很容易就找到華人來幫忙築城，並船運各種日用品來兜售。一六一九年荷蘭人佔領雅加達時，他們發現已經有許多華人在那裡經營小買賣，鑄有中國皇帝年號的銅錢是當地市場上的主要通貨。幾乎在東亞水域的各個港口，歐洲人都看到有華人在那兒經營各種買賣，並且是市場上的主要商人。這個散置的貿易網在歐洲人

來到遠東之後，隨著海貿幅度的擴大，而變得更大更密。這樣的貿易網爲中國海商奠定一個良好的商業基礎結構。這種情形是歐洲人辦不到的。（張彬村，1988:356-358）

歐洲人到東亞經商通常都採用「壟斷」的策略，以謀取暴利。可是歐洲人在東亞市場很難有效的維持壟斷的局面。十六世紀葡萄牙人從亞洲的壟斷貿易所得到的利潤，和出售「保護」之所得，恆不足以支付派在亞洲的駐軍、行政人員、船舶、水手等的開銷。十七世紀荷蘭東印度公司的香料群島實行丁香、荳蔻、胡椒等產品的獨佔生意，結果由於警力開支增加和走私不絕而失敗。東印度公司發現，在那裡的華商總有辦法找到腐敗的公司職員做爲走私的合夥人。（張彬村，1988:361）

張彬村指出，中國的海商貿易完全是小本經營。他們沒有正式的組織，完全是個人照顧各自的買賣。他們在中國各自向船東租借貨艙，親自押貨到海外從事交易。每一艘帆船就這樣搭載了數以百計的中國小商人，彷彿像是個百貨公司一樣，各人照顧自己的櫃臺。帆船一抵達港埠，這些商人就各自散開去尋找各自的買主，化整爲零。回船時又各自辦貨，定期聚合搭船，化零爲整。當時的人形容中國海商的貿易是「萍聚霧散，莫可蹤跡」（張燮，1618；周凱，1839；吳振強，1983:153-162）。

不過在十七世紀時，閩南的海上貿易者曾經組成強大的海上私人武裝艦隊，其領導人先有李旦、顏思齊，後有鄭芝龍、鄭成功父子。其活動的範圍，北起日本長崎，沿著琉球、臺灣、呂宋、婆羅洲、蘇門答臘、馬來亞、暹羅、以迄安南。東海成爲閩南人的內海。南海則與西班牙人、荷蘭人、葡萄牙人所共享。荷蘭人能否跟福建通商，全看鄭氏的臉色而定。在明末，中原板蕩之際，鄭氏私人武力更搖身變

為支持明朝於既倒的唯一力量。鄭氏在實際需要下，從荷蘭人手上把臺灣拿過來。臺灣原本是亞洲陸塊的一部分，先史時代華南的原住居民走到臺灣來。後來地球氣溫轉暖，海面上升，臺灣海峽方始形成。距今四千年到三千年前時，臺灣西部的居民與海峽對岸的居民有密切的往來。因為考古資料顯示了兩邊文化的相同性。三千年以前，中原鐵器文明快速南伸，閩粵土著文化被這股強大的鐵器文明所吸走，臺灣才與閩粵分開，孤懸海上。及至鄭氏拿下臺灣，臺灣才再度與閩粵緊密相連。

總結十七世紀閩南人海上貿易的經驗，可以得到以下幾點結論：

1. 新產品的引進與開發：棉花、靛青等經濟作物的引入，發展出泉州的紡織業。西班牙絲織圖樣的引進，發展出代客加工的 OEM 做法（也有可能是仿冒）。

2. 外資的介入方面是大筆西班牙白銀的流入。

3. 本地商人佔有海貿優勢地位。

4. 國際貿易網路的建立：中國的絲從長江三角洲輸出，經泉州、馬尼拉、墨西哥的阿卡普魯可（Acapulco）、到西班牙首都馬德里。西班牙的白銀從祕魯出發，經過阿卡普魯可、馬尼拉、以至於泉州、湖州、蘇州、和中國其他地方。

5. 以個人為經營的主體，獨立攬貨，各自銷售，減低成本。

6. 女工的介入：紡織向來是家庭婦女的工作。絲織業鼎盛時，連男人也得加入工作，才能應付所需。

7. 長期的貿易順差：十六、七、八世紀間，每年由美洲運往菲律賓的銀子，最多可達四百萬披索，最少一百萬披索。但以兩、三百萬披索為多。這些銀子結果通通流入中國。使東南沿海和長江三角洲日益富庶。長江三角洲且成為全中國的經濟中心。

　　自十六至十八世紀的閩南人海貿經驗，跟十九、二十世紀的臺灣人從事國際貿易的經驗相比照，我們不難看出，其中有許多近似之處。例如，十七世紀的閩南商人單身帶貨走天下，跟現代臺灣商人慣用的攜帶一隻皮箱闖天下的情形，不是很像嗎？因此，我們有理由相信，十六至十八世紀閩南人的海貿經驗的確是今天臺灣經驗的歷史文化源頭。

　　看了臺灣和閩南的經濟發展經驗之後，我們不禁要問：「是什麼樣的文化力量促使人們如此做？」這股文化動力應該是人們對自己家族的一份責任，而不是儒釋道三教經典。

(三)文化上的動力：揚名顯親

　　「揚名顯親」觀念源出自《孝經》。《孝經》對於「孝」的看法是把「身體髮膚，受之父母，不敢毀傷。」當成是人們遵行孝道的開始；把「揚名顯親」看成是孝道的終極表現。《孝經》從漢朝以降，一直都是儒家必讀的經典之一，書中所闡揚的「孝道」觀念當然也就成為中國人共同的信念之一種。這種孝道觀念是跟中國社會的基本結構——家族——有著密不可分的關係。

　　在前面我們曾經約略提到過，中國社會的重心是家族。對中國人來講，人一生下來就確定要與某個「家」發生永久的關係。這種關係並不會因形體的消滅而消失，只是轉化成為牌位上的列祖列宗而已。男人一直是父親家系中的一員。女人的身份地位則建立在她的婚姻關係之上，透過正式的婚姻取得在夫家的正式地位。在這種情況下，人生的最重要責任就是在如何提昇，或者是維護整個家族的名聲、社會地位、以及財產。能夠做到這項要求，就被認為是孝子賢孫；若是個人的行為玷污了家族的名譽，折損了家族的產業，甚至危害到家族的

生存，就成爲罪大惡極的不肖子孫。通常，孝子賢孫是大家都想達成的，而不肖子孫是人人要避免的。

孔邁隆 (Myron Cohen，一九七六) 在研究臺灣南部的客家村莊 —— 美濃鎭時，發現只有有財產和事業留給後世子孫的祖先，才能享有子孫特別祭祀的權利。一般沒沒無聞之輩，在兩三代之後就歸入列祖列宗的行列，逢年過節才會享受一次祭祀，而他的名字早已被子孫淡忘了。Emily Ahern (一九七二) 在三峽的研究也有類似的意見。這種實證的例子顯示，凡是對家族有大貢獻者，都可以享受後代子孫的祭祀，否則就會被後代子孫遺忘掉。因此，「如何建立在自己家系上的特定地位？」就成了中國人在人生旅程上的最大挑戰。中國人爲了應付這項挑戰，在心理上和文化上形成莫大的壓力。爲了要做一名「孝子」，就必須要努力追求事功。科舉功名是第一選擇，經營致富是第二選擇。這種觀念在明淸時代的家訓中表達得很淸楚。

在明淸兩代的家訓中，「祖宗」所扮演的角色有如基督教所說的「上帝」一般，隨時隨地監視著子孫們的一切作爲，獎善懲惡，降禍賜福。在爲數眾多的明淸時代的家訓中，把祖宗的角色描寫得生動活潑，能夠公正公平地獎善懲惡者，當推明嘉靖八年 (一五五三) 南京禮部侍郎霍韜所寫的《霍渭崖家訓》。在這本家訓中，「家」是一個同居共產的經濟單位。家長代替祖宗來教化及領導全體家人。在歲首元旦，全體族人在家長的率領下，齊集於祠堂，向祖宗報告這一年的耕作和經商的成績。上功者有賞，連續三年無功者，就要處罰。《霍渭崖家訓·貨殖第三》云：

> 居家生理，食貨爲急。聚百口以聯居，仰賞於人，豈可也？冠婚喪祭，義理供需，非貨財不給。叙貨殖第三。

凡年終租入，歲費贏餘，別儲一庫。司貨者掌之、會計之，以知家之虛實。

凡石灣窰冶，佛山炭鐵，登州木植，可以便民同利者，司貨者掌之。年一人司冶窰，一人司炭鐵，一人司木植。歲入利市，報於司貨者。司貨者歲終咨稟家長，以知功最。（司窰冶者猶兼治田，非謂只司窰冶而已。蓋本可以兼末，事末不可廢本也。司木司鐵亦然。）

凡弟姪歲報功最，元旦謁祠堂畢，參家長畢，衆兄弟子姪相參拜畢。乃各陳其歲功於堂下。凡歲報功最，設祖考神位（於）中堂，家長側立，衆兄弟以次序立兩廊。以次升堂，各報歲功。報畢，趨兩廊序立。

凡歲報功最，以田五畝，銀三十兩，為上最。田三畝，銀十五兩，為中最。田一畝，銀五兩，為下最。報上最，家長舉酒祝於祖考曰：「某最上，乃慶。」上最者跪，俯伏，興，乃啐酒二爵。家長侑飲一爵，上最者又啐一爵。

凡歲報功最，田過五畝，銀過三十兩者，計其積餘。十賞分之一，為其私，俾益其婚嫁之奩。（如報田十畝，以五畝為正績，餘五畝，賞五分。報銀百兩，以三十兩為正績，餘七十兩，賞七兩。）

凡歲報功最，中最下最無賞無罰。若無一田，無銀一兩，名曰「無庸」。司貨者執無庸者跪之堂下，告於祖考曰：「某某無庸，請罰。」家長跪告於祖考曰：「請宥之。」無庸者叩謝祖考，乃退。明年又無庸。司貨者執無庸者跪之堂下，告於祖考曰：「某某今年又無庸，請罰。」家長跪告於祖考曰：「請再宥之。」無庸者叩謝祖考，乃退。明年又無庸，司貨者執無庸

者跪之堂下，　告於祖考曰：「某某三歲無庸，　請必司。」家長
乃跪告於祖考曰：「某某三歲無庸，　請罪。」乃司無庸者荊二
十。仍令之曰：「爾無庸，不得私蓄僕婢以崇爾私，用圖爾後
功。」

　　明清的家訓大體上都秉持「祖宗能禍福子孫」這個傳統的原則。
在這個原則下，祖先的角色就很像韋伯所稱指新教倫理中的上帝。從
《霍渭崖家訓》所記述的內容來看，經營山林、礦產、和田地是家族
的大事，並沒有像韋伯所說，家族依賴科舉功名去搜刮財產，反而是
刻意淡化科舉的重要性。

　　十八世紀時，家訓成為普遍流傳的家庭教育教材。更有人把歷代
有名的家訓編纂起來，公開發售。而今中央研究院歷史語言研究所傅
斯年圖書館尚藏有康熙四十六年（一七〇七）石成金所輯的《傳家寶
全集》三十二卷，乾隆七年（一七四二）陳宏謀所編的《訓俗遺規》
四卷，乾隆十年（一七四五）張又渠編輯的《課子隨筆抄》六卷等家
訓集子。這些家訓集子共同強調「德行」的重要。這些德行包括勤、
儉、忠、孝等項。像是明萬曆二年中進士的呂坤在《孝睦房訓辭》就
明白的說：

傳家兩字曰讀與耕，興家兩字曰勤與儉，安家兩字曰讓與忍，
防家兩字曰盜與奸，亡家兩字曰淫與暴。……子孫不患少而患
不才，產業不患貧而患難守，門戶不患衰而患無志，交遊不
患寡而患從邪。不肖子孫眼底無幾句詩書，胸中無一段道理，
神昏如醉，體懶如癱，意縱如狂，行卑如丐，敗祖宗成業，辱
父母家聲。是人也，鄉黨為之羞，妻子為之泣，豈可入吾祠，

莽吾塋乎？戒石具在，朝夕誦思。（在《課子隨筆抄》卷二，
頁18）

明朝人何倫在《何氏家訓》中提到：

> 勤儉為成家之本。男婦各有所司。男子要以治生為急，於農商
> 工賈之間，務執一業。精其器具，薄其利心。為長久之計，逐
> 日所用，亦宜節省。量入為出，以適其宜。……婦人夙興夜
> 寐，毘勉同心。執麻枲，治絲繭，織組紃，以供衣服。不事浮
> 華，惟甘雅潔。（在《課子隨筆抄》卷二，頁17）

清康熙年間，安徽桐城張家的《張文端公聰訓齋語》也說：

> 況父祖經營多年，田廬別業。身則勞於王事，不獲安享。為子
> 孫者，生而受其福，乃又不思安享，而妄想忘行，寧不大可惜
> 耶？思盡人子之責，報父祖之恩，致鄉里之譽，貽後人之澤，
> 惟有四事，一曰立品、二曰讀書、三曰養身、四曰儉用。（在
> 《訓俗遺規》補編，頁25）

明末清初時人梁顯祖所寫的《梁氏家訓》也清楚的寫著：

> 人家門祚昌盛，皆由修德砥行，世代相替，故能久而勿替。若
> 為祖父者，不能積德行，以貽子孫；為子孫者，復不能積德
> 行，以繼其祖父，未有不立見傾震者矣。
> 子弟何德何能，不過藉祖宗之力掙得基業。居此現成時勢，自
> 反實屬可媿。若不倍加勉勵，積德累行，而公然居之不疑，務

求適己；不畏人言、妄自尊大，侮慢寒微；勝己者忌之，不如
己者笑之；見人有善則疑之、聞人不善則揚之；或好遊蕩、或
縱酒色、敗名喪儉；人於面前不得不尊稱之，背後卽以奴隸目
之，豈不可羞？（見《課子隨筆抄》卷五，頁39）

石成金的《傳家寶全集》把「賢子孫」、「揚名顯親」、「光前耀
後」等概念做了相當清楚的說明：

世人教子讀書，只圖做官，這也不是。從來讀書的多，做官的
少。也有讀書不做官的，流芳百世。但論子孫賢與不賢，不在
做官與不做官。若是子孫資質聰明，可以讀書的，須要請端方
嚴正先生，把聖賢道理實實教導他，果然教得子孫知道孝悌忠
信，知道禮義廉恥，知道安份循理，知道畏法奉公，這就是
「賢子孫」了。至於窮通布命，富貴在天。做官的忠君為國，
潔己愛民，上受朝廷的恩榮，下留萬民的歌頌，使人稱道是某
人之子，某人之孫，這纔叫做「揚名顯親」。不做官的守義安
貧，循規蹈矩，上不干犯王章，下不肯違清議，使人稱道是某
人之子，某人之孫，這也就是「光前耀後」。若氣質愚鈍，不
能讀書，就教化做正經生理，為農也可，為工也可，為商賈也
無不可。但要教他存心好，教他行好事，教他節儉辛勤，不可
奢靡懶惰，教他循禮守法，不可意大心高，教他義中求利，本
分生涯，不可損人利己，明謀詐騙。至若縱酒行兇，姦淫賭
博，興詞好訟，嫁害良人，諸如此類，尤當禁絕。總之，只要
把子孫教得不惹事，不招災，他自然享有許多安樂快活，這纔
是父祖的真心慈愛。（《傳家寶全集》卷一，頁39-40）

　　明萬曆四十八年考取進士的袁黃（了凡居士）所撰作的《功過格》，是一本流傳很廣，爲士庶都尊奉的宗教善書。書中〈敦倫格〉中提到：

> 　繼親志、述親事、還親欠、完親節、報親儲，一事十功。反此者，一事廿過。
> 　讀書成名，顯親揚名，百功。反此，悠忽怠惰者，百過。
> 　立身行道，尊榮父母，三百功。反此，自甘不肖者，三百過。
> 　敗盡祖父基業與德澤，千過。

　　以上所舉的家訓和善書所展示的內容，基本上，是反映一個事實，那就是明清兩代中國社會是處於一種流動性高的結構狀態。最常見的模式是一個家庭或家族，憑著多年的辛勤經營而累積財富，提升他們的社會地位到一定的程度，而後栽培子弟去考科舉，爭取最高的社會地位和名聲。這個上升的過程大約需要兩三代人的努力。如何維持這個辛苦得來的成果，不讓家道中衰，就成了每個家族共同關心的話題。明清時人把家道衰落的原因，歸之於家族成員道德的敗壞。白雲上的《白公家訓》把這個問題講得相當透徹：

> 　從來人家子弟登巍科，居高官，眾曰：「祖宗功德之報。」誠哉是言也。官家子弟又不發達，竟至落魄者，何也？大抵人居了官，權柄到手，紛華眩目，外物奪去天良，軍也不知，民也不顧，只圖佚樂，甚至貪淫敗行，無所不爲，辜負君恩，背忘先德。神鑒在滋而不知警，聖人云：「爲善必昌，爲惡必滅。」報應之速而不知畏，是以余兢兢業業戒吾後人。（在《訓俗遺

規》補編，頁34-35）

石成金的《傳家寶全集》也有相同的意見：

> 世間有一等知教訓而不知道理的人，指望子孫長進，其實與耽
> 誤一般。就如教訓子孫讀書，不是第一等好事，爭奈不知教以
> 孝弟忠信、禮義廉恥的道理，所教導的不過是希圖前程，指望
> 富貴，改換門閭，衣錦還鄉，把子孫成個謀富貴、圖貨利的
> 心，所以後來沒甚好處。試看子孫後來做了官的，不做好事，
> 不愛百姓，往往玷辱家聲，折損陰騭，甚至貪贓枉法，以致家
> 破身亡，遺累父祖。這不全是子孫不肖之罪，卻是當初教得差
> 了。（卷一，頁35）

韋伯認為中國的家族制度有礙於現代化經濟活動，是因為他只看
到中國家族制度的負面，沒有看到這個制度的正面。明清家訓和善書
則是強調如何維護家族制度的正面功能，而防止負面功能的發生。韋
伯對新教倫理的命題可以約化成：「人如何憑著自己的事功，來榮耀
上帝，藉以證明自己是上帝鍾愛的選民，在最後審判時，可以得到救
贖。」對明清以及現代臺灣的中國人來說，類似的命題應當是：「人
如何憑藉自己的事功，來提升自己家族的社會地位，進而取得在這個
家族中永恆不朽的地位。」這就是驅策中國人努力向上的文化動力。
這股動力在四十年來的「臺灣經驗」中被發揮得淋漓盡致。

中國社會在科舉制度確立以後，它的社會流動大致形成一個固定
的模式：頭一、兩代的人辛辛苦苦的耕田經商，以累積財富；然後才
有多餘的財力可以延請西席來教導子弟讀書，求取功名；一旦有子弟

考取功名，門前可以樹立旗桿，屋頂可以有挑出的飛簷，以象徵這個家族已經側身於地方士紳之行列。如此情形大致可以維持兩三代，而後由於長期的優渥生活，子孫們早已忘記前幾代祖宗的辛勞經營，生活變得揮霍無度，終致敗盡家產，回復到最初的貧窮境地。過了多少年以後，可能再出現一個賢孝子孫來振興家族，開始另一個家族興衰的循環。在這樣的循環過程中，凡是可以振興家族的人都可以享受到社會上的好名聲；凡是導致家族衰敗的人，則背負了「不肖子孫」的惡名。

時至今日，當我們讀當代臺灣一些成功的企業家和傑出的政府官員的傳記時，可以很強烈的感受到，傳統的「揚名顯親」觀念無時無刻不在督促著他們，使之不敢有所鬆懈。例如：新光集團的創辦人吳火獅在他的傳記中曾經說過：

> 也許我從小受父母親對家庭要忠貞的觀念的影響，一直到今天，我最珍惜與看重的，　沒有別的，　正是我的故鄉和我的家庭。在離鄉背井的歲月中，　鄉土正是我努力向上的推動力。　有了「根」才能茁壯，沒有鄉土觀念的人，財富與名位又有什麼意義呢？（黃進興，1990:22）

吳火獅在事業發達之後，非常照顧家族親人和新竹同鄉，以致鄉里人士把「新光」這個名號解釋成「新竹之光」（原意是在紀念吳火獅的日籍老闆小川光定）。換句話說，吳火獅是做到了「揚名顯親」的地步。余英時在〈吳君火獅行誼〉中也曾稱讚吳火獅畢生的行為完全符合儒家的理念，是實踐中華傳統文化的表率。他說：

> 夫知、仁、勇、強，此儒者之事，而君能用之於貨殖。近二十
> 年來，中華民國以企業雄視東亞，論者或謂其淵源實在儒學，
> 以君之制行校之，蓋不為無因云。(黃進興，1990:319)

這種對家鄉、家族的關愛之情，不僅僅出現在成功的大企業家身上，也為一般民眾所奉行。臺灣各地的宗祠和具有地方政治、經濟、與文化中心功能的廟宇，在民國六十年以後，隨著經濟的日益繁榮，而紛紛重修或改建。其原因當然就是外出工作，稍有成就的本族、本鄉子弟為了回饋地方而捐資興建的。這些巍峨美觀的宗祠和廟宇柱壁上所刻的捐獻者芳名，不就正是象徵著「揚名顯親」這個觀念，在今天的臺灣，依舊是歷久而彌新。

同時，明清以來的社會流動模式也從原來的一元管道——科舉功名，轉變成多元管道。獲得博士、碩士學位，當大學教授，在今天臺灣社會上，是被人稱道的。當醫生，當企業家，當老闆或董事長，當民意代表，或是受到政府的表揚，也都成為社會大眾稱讚的對象。在社會成就多元象徵的情況下，大家都偏好這些頭銜。連帶的，把置產和買轎車代步也都看成是功成名就、揚名顯親的象徵。這些種種象徵行為共同推動臺灣社會向前邁進。

結　語

歐洲人在他們的工業革命之前，有商業革命，擴大市場的需求，帶動手工業的發展，最後才引發用機器大量生產的工業革命。工業革命則又加強了對商業的需求，一方面要設法壟斷全球的市場；另一方面要控制各地的資源。現代的資本主義社會就如此這般的形成了。今

天，我們要檢討「臺灣經濟奇蹟」的歷史軌跡，則會發現，中國人從自十七世紀以來，在東南沿海地區，確實有過類似的商業革命。只是這段歷程拖了很長很久，一直到最近在臺灣的四十年，才成功的轉變成跟歐美可堪匹比的現代工商業社會。

從以上各章的分析，我們可以清楚的看到，今天臺灣經濟發展確實是循著一定的歷史軌跡在前進。仔細想想，這四十年來臺灣的發展，不也就是「新產品的引進與開發」、「外資的介入」、「本地商人群起效仿」、「國際貿易網路的建立」、「女工」、「長期貿易順差」等項，環環相扣。

臺灣能有今日的經濟成就，可說是跟十七世紀（或者更早）以來，中國東南沿海江、浙、閩、粵各省繁盛的工商業與海外貿易活動，一脈相承。清朝政府、日本殖民政府、和現在的國民政府都沒有去摧殘破壞這個傳統，相對的，是提出各種政策措施來強化這個傳統。唯有從這個角度去看經濟學家們所提出的看法，才能凸顯那些政治與經濟政策和措施，在整個中國歷史文化上的意義。

本文旨在拋磚引玉，對於國人常說的「臺灣經驗」做一番純理論上的檢驗，發現現有的各種理論都有它的優點和缺點。於是試著從歷史文化的觀點，另闢蹊徑，提供一條全新的思索途徑。並且提出一些可以從歷史文化的角度去思索和分析的問題，以就教於各方高明人士，敬請惠賜高見，不勝感激之至。

（原文刊於《臺灣經驗㈠：歷史經濟篇》，1993:1-66。臺北，東大圖書公司）

參 考 書 目

Ahern, Emily   *The Cult of the Dead in A Chinese Village*, Stanford: Stanford University Press, 1973.

Amin, Samir   *Unequal Development: An Essay on the Social Formation of Peripheral Capitalism*, New York: Monthly Review, 1976.

Baran, Paul A.   *The Political Economy of Growth*, New York: Monthly Review, 1957.

Bellah, Robert   *Tokugawa Religion, The Cultural Roots of Modern Japan*, New York: The Free Press, 1985(1957).

Bendix, Reinhard   *Max Weber, An Intellectual Portrait*, New York: Anchor Books, Doubleday & Company, Inc., 1962.

Burger, Peter   *Pyramids of Sacrafice: Political Ethics and Social Change*, 蔡啓明譯，蕭新煌校訂：《發展理論的反省 —— 第三世界發展的困境》。臺北，巨流，1981。

Cardoso, Fernando and Enzo Faletto   *Dependence and Development in Latin America*, Berkeley: University of California Press. 1979。

Chen, Yü-hsi (陳玉璽)   "Dependent Development and Its Sociopolitical Consquences: A Case Study of

Taiwan," Ph. D. dissertation, Hawaii University, 1981.

Cohen, Myron L. *House United, House Divided: The Chinese Family in Taiwan,* New York: Columbia University Press, 1976.

Cumings, Bruce "The origins and development of the Northeast Asian political economy: industrial sectors, product cycles, and political consquences." in Frederic C. Deyo ed. *The Political Economy of the New Asian Industrialism,* 1987:44-83.

Deyo, Frederic C. *The Polotical Economy of the New Asian Industrialism,* Ithaca, New York: Cornell University Press, 1987.

Durkheim, Émile *de la Division du Travail,* 1893.

Durkheim, Émile *la Suicide:Etude de Sociologie,* 1897.

Durkheim, Émile *les Formes Elementaires de la vie Religious,* 1912.

Eisenstadt, S. N. *Modernization: Protest and Change,* Englewood Cliffs: Prentice-Hall, 1966.

Evans, Peter, *Dependent Development,* Princeton: Princeton University Press, 1979。

Fairbank, John K. & Teng Ssu-yu *China's Response to the West,* Cambridge, Mass: Harvard University Press, 1957, 1979.

Fairbank, J. K. *The United States and China,* Cambridge,

Mass: Harvard University Press, 1948, 1958, 1971, 1972, 1979, 1983.

Fairbank, J. K. *Chinabound — A Fifty-year Manoir,* New York: Harper Colophon Books, 1982.

Frank, A. G. *Capitalism and Underdevelopment in Latin American,* New York: Monthly Review, 1967.

old, Thomas B. "Dependent Development in Taiwan," Ph. D. dissertation, Harvard University, 1981.

Gold, Thomas B. *State and Society in the Taiwan Miracle,* New York: M. E. Sharpe, Inc., 1986。中譯本《從國家與社會的角度觀察 —— 臺灣奇蹟》，艾思明譯，臺北，洞察，1977。

Johnson, Chalmers *MITI and the Japanese Miracle: The Growth of Industrial Policy,* 1925-1975。Stanford, CA.: Stanford University Press, 1982。中譯本《推動日本經濟的手: 通產省》，臺北，天下，1987。

Moulder, Frances V. *Japan, China and the Modern World Economy: Toward A Reinterpretation of East Asian Development CA. 1600 to CA. 1918.* London, Cambridge: Cambridge University Press, 1977.

Myers, Ramon H. *The Chinese Peasant Economy.* Cambridge, Mass.: Harvard University Press, 1970.

Ng, Ching-Keong (吳振強) *Trade and Society in Amoy Network,* Singapore: Singapore University Press,

1983.

Parsons, Talcott　*The Structure of Social Action,* 2nd ed., New York: Free Press of Glencoe, 1961.

Rawski, Evelyn Sakakida　*Agricultural Change and the Peasant Economy of South China.* Cambridge, Mass.: Harvard University Press, 1972.

Reischauer, Edwin O. and John King Fairbank　*East Asia: The Great Tradition,* Boston: Houghton Mifflin, 1958.

Reischauer, Fairbank, and Craig　*East Asia: The Modern Transformation,* 1965.

Rostow, W. W.　*The Process of Economic Growth,* New York: Norton, 1962.

Simon, Denis　"Taiwan Technology Transfer and Transnationalism: The Political Management of Dependency," Ph. D. dissertation, University of California, Berkeley, 1980.

Sung, Kwang-yu　"Religion and Society in Ch'ing and Japanese Colonial Taipei" Ph. D dissertation, University of Pennsylvania, 1990.

Wallerstein, Immanuel　*The Modern World-system,* New York York: Academic Press, 1974.

Wallerstein, Immanuel　"The Rise and Future Demise of the World Capitalist System." *Comparative Studies in Society and History* (September), 15

(4):387-415, 1974.

Wang, Yeh-chien(王業鍵) "Food Supply in Eighteenth-century Fukien," *Late Imperial China* 7(2):80-117, 1986.

Weber, Max *The Theory of Social and Economic Organization,* tr. by A. M. Henderson and Talcott Parsons, Illinois: Free Press of Glencoe, 1947.

Weber, Max *The Protestant Ethic and the Spirit of Capitalism,* New York: Charles Scribner's Sons, 1958.

Weber, Max *Essays in Sociology,* tr. by Hans Gerth and C. Wright Mills, New Jersey: Galaxy Books, Oxford University Press, 1958.

Weber, Max *The Religion of China, Confucianism and Taoism,* with "introduction" by C. K. Yang, New York: The Macmillion Company, 1964.

于宗先 〈中小企業〉李誠、高希均主編《臺灣經驗四十年》頁336-380, 1990。臺北，天下文化。

王世慶 〈清代臺灣的米產與外銷〉《臺灣文獻》第四卷第三、四期合刊，1958。

王世懋 〈閩部疏〉《筆記小說大觀》4(6):4064, 1585。

王作榮 《我們如何創造了經濟奇蹟》，臺北，時報，1989。

王作榮 〈臺灣發展初期的通貨膨脹與對策〉《臺灣經驗四十年》, 102-129, 1990。

王振寰 〈國家角色、依賴發展與階級關係——從四本有關臺灣經濟

發展的研究談起〉《臺灣社會研究季刊》1(1)：117-143，
1988。

中國人民大學　《明清社會經濟形態的研究》，1957。

尹章義　〈臺北平原拓墾史研究〉《臺北文獻》63 & 64：1-190，
1981。

包遵信　〈儒家思想與現代化〉《知識份子》3(2):103-109，1987。

全漢昇　〈明季中國與菲律賓之間的貿易〉《中國經濟史論叢》頁
417-434，1972。

全漢昇　〈明清間美洲白銀的輸入中國〉《中國經濟史論叢》頁435-
450，1972。

全漢昇　〈自明季至清中葉西屬美洲的中國絲貨貿易〉《中國經濟史
論叢》頁451-474，1972。

余英時　《中國近世儒家倫理與商人精神》，臺北，聯經，1986。

何炳棣　《中國會館史論》，臺北，學生，1971。

何炳棣　〈美洲作物的引進、傳播及其對中國糧食生產的影響〉《大
公報在港復刊三十周年紀念文集》頁673-731，1976。

宋光宇　〈試論明清家訓所蘊含的成就評價與經濟倫理〉《漢學研
究》7(1):195-214，1989。

宋光宇　〈霞海城隍祭典與臺北大稻埕商業發展的關係〉《史語所集
刊》62(2)，1991。

卓克華　〈清代臺灣的行郊研究〉，中國文化大學史學研究所碩士論
文，1982。

李東華　《中國海洋發展 —— 關鍵時地個案研究》，第五章〈個案
四：海上交通與古代福建地的發展〉，臺北，大安，頁157-
179，1990。

林滿紅　〈茶、糖、樟腦業與晚清臺灣經濟社會之變遷〉臺大歷史所
　　　　　碩士論文，1976。

林麗月　〈晚明福建的食米不足問題〉《師大歷史學報》15:161-190，
　　　　　1987。

吳聰敏　〈美援與臺灣的經濟發展〉《臺灣社會研究季刊》1(1)145-
　　　　　158，1988。

莊英章、陳運棟　〈清代頭份的宗族與社會發展史〉《師大歷史學報》
　　　　　10:143-176，1982。

斯波義信　〈宋代における福建商人とその社會經濟的背景〉《和田
　　　　　博士古稀記念東洋史論叢》，東京：講談社，1960。

郭起元　〈論閩省務本節用書〉《皇朝經世文編》36，17世紀。

溫振華　〈清代臺灣漢人的企業精神〉《師大歷史學報》9:111-139，
　　　　　1981。

施建生　〈政府在經濟發展中的功能〉《臺灣經驗四十年》頁76-100，
　　　　　1990。

施添福　《清代在臺漢人的祖籍分布和原鄉生活方式》，師大地理研
　　　　　究所叢書(15)，1987。

高希均、李誠主編　《臺灣經驗四十年》，臺北，天下，1991。

殷惠民　〈依賴理論與臺灣〉《錫雍的囚徒》，臺北，允晨，頁175-
　　　　　183，1990。

傅衣凌　《明清時代商人及商業資本》，北京，人民，1956。

傅衣凌　《明清農村社會經濟》，北京，三聯，1961。

陳玉璽　《臺灣的依附型發展 —— 依附型發展及其社會政治後果 ——
　　　　　臺灣個案研究》，人間出版社，1992。

陳其南　〈明清徽州商人的職業觀與家族主義：兼論韋伯倫理與儒家

倫理〉《家族與社會：臺灣和中國社會研究的基礎理念》，
臺北，聯經，1990:259-309。

孫中興　〈從新教倫理到儒家倫理——瞭解、批評和應用韋伯論點〉
《知識份子》2(4):46-57，1986。

陸先恆　《世界體系與資本主義》，臺北，巨流，1988。

黃光國　《儒家思想與東亞現代化》，臺北，巨流，1988。

黃進興　《半世紀的奮鬥：吳火獅先生口述歷史》，臺北，允晨，
1990。

葉萬安　〈臺灣的計畫經濟〉《臺灣經驗四十年》頁44-75，1990。

楊君實　〈儒家倫理、韋伯命題與意識形態〉《知識份子》2(4):58-
65，1986。

張彬村　〈十六至十八世紀華人在東亞水域的貿易優勢〉，收於張炎
憲編《中國海洋發展史論文集》第三輯，臺北，中央研究院
三民所，頁345-368，1988。

張　燮　〈東西洋考〉1618，臺北，成文，1962年影印。

費景漢　〈傳統中國文化價值和現代經濟發展之關係〉《九州學刊》
1(1):123-136，1986。

蔣碩傑　《臺灣經濟發展的啓示——穩定中的成長》，臺北，天下，
1985。

戴寶村　《清季淡水開港之研究》，師大歷史研究所專刊11，1984。

瞿宛文　〈出口導向成長與進口依賴——臺灣的經驗，1969-1981〉
《臺灣社會研究季刊》2(1):13-28，1989。

蕭欣義　〈儒家思想對於經濟發展能夠貢獻什麼？〉《知識份子》2
(4):15-23，1986。

謝肇淛　〈五雜俎〉《筆記小說大觀》8(8):3465-3472。

試論明清家訓所蘊含的成就評價
與經濟倫理

　　近二十年來，東亞的五個國家與地方 —— 臺灣、日本、南韓、新加坡、香港 —— 快速經濟成長，引起許多學者有興趣來探討，促成這些東亞國家經濟發展的文化因素爲何。美國社會學家 Peter Berger 在他的一篇討論東亞發展的文章「世俗性 —— 西方與東方」（Secularity—West and East）曾經說：

　　所有關於東亞現代化的課題中，近來最引人注目的是儒家，或者是說儒家倫理。哈德遜研究所（Hudson Institute）和《經濟學人》（*The Economist*）雜誌曾撰文盛讚儒家傳統對於東亞生產力的貢獻。前面已經指出，這裡所說的儒家並非韋伯（Max Weber）所討論的學者和廟堂之士，而是一種「通俗的儒家精神」，一套市井小民的信仰與價值。其中最主要的項目有：敬重上下之別，對家庭獻身，以及整套的個人紀律、節儉和道德的規範。這些信仰與價值終將成爲東亞文化的共同遺產（儒家影響日本、韓國甚爲深遠）。學者們預料這些信仰與價值終將成爲高生產力（背後的）工作精神。同時，也有人主張，儒家團結一體的規範，已成功地從傳統制度轉換到現代制度。❶

❶ Berger, Peter 原著，任元杰譯＜世俗性——西方與東方＞《中國論壇》222:14-23, 1984年9月。

　　Berger 的這番議論可以說是依照韋伯的立論而來。 根據韋伯式的命題， 我們想要問：「所謂『通俗的儒家精神、 市井小民的信仰與價值』究竟是什麼？ 是怎樣形成的？」換句話說， 我們所要注意的討論焦點， 應該是全國上下大多數人所遵行的信仰與價值， 而不是只有知識份子或宗教僧侶才具備的信仰和價值。

　　韋伯在〈新教倫理和資本主義精神〉一文中所談論的宗教， 是指在十九世紀歐洲社會中每一個人都信奉的新舊基督教； 所談的「新教倫理」， 是指喀爾文派的特殊教義和隨之而來的宗教倫理。 這套教義特別強調「命運前定論」(Pre-destination)。 內容是說人在最後審判時能否得到救贖， 俱屬前定， 唯有上帝眷顧青睞的選民才能得到這份垂愛。 如何才能知道誰是上帝所鍾愛的選民呢？上帝的選民應該是能充份表現上帝的意旨和德行，為其他人們的表率。 而上帝不言不語,「人們唯有設法去瞭解上帝所做的種種設計， 而後順着祂的旨意去做」。❷ 也就是說， 在社會上那些宗教修養很好、才華出眾、 事業有成， 又能領導一方的人， 就意味著他們可能是上帝的選民。 韋伯認為這套命運前定論說法對於喀爾文派信徒在心理上產生很大的壓力， 表現在日常生活上， 就是孜孜不倦的企圖建立事功， 以證明自己可能得到最後的救贖。 韋伯著眼於新教徒在生活上的表現， 他的討論也就集中到新教徒的生活表現， 這種轉折也正是因為基督教與歐洲人的日常生活密切到無法分割的緣故。

　　喀爾文教派後來蛻變成長老會 (Presbyterian)和公理會 (Congregationalism)。 在十七、十八世紀， 是北美新英格蘭殖民地最主要的兩個教派。 那時候的新英格蘭地區各殖民地都是採行政教合一

---

❷ Baltzell, E. Digby Puritan Boston and Quaker Philadelphia 1979: 63.

的體制。宗教領袖當然是殖民地的統治者 (governor)，也是擁有眾多產業的人。E. Digby Baltzell 在討論波士頓的紳士(gentleman)時，就形容這種喀爾文式的政治體制是「教士就是父母官」(The monk as magistrator)❸。換而言之，人為了證明自己是「上帝的選民」，就要不斷的努力工作，創造出一番事業。在喀爾文派教義中，把這努力追求事功的意願，看成是「天職」(the calling)。而整部人類的歷史，就是在表現這種上帝的旨意❹。因此，依照喀爾文派教義，舉凡像哥倫布發現新大陸、牛頓發現萬有引力等偉大成就，毫無疑問的是證明哥倫布、牛頓等人將會得到救贖，上了天堂。等而次之，在自己的事業經營上有良好的表現，也就是得到救贖的表徵。韋伯在《新教倫理與資本主義精神》一書的第一章，就比較天主教徒和喀爾文派新教徒對於工作的差異表現。天主教強調信奉耶穌，終生受教會控制，就可以上天堂，新教徒則強調用事功來證明自己可以上天堂。他並指出，信奉天主教的工人從學徒出身，個人的工藝技術不錯，成為單獨營生的工匠，而新教徒工人卻進入工廠，成為技術工人❺。天主教徒很少接受高等教育，新教徒正相反❻。接受高等教育的天主教徒又多偏好人文教育，少有科學教育，以致鮮有從事企業經營者❼。韋伯指出在西歐各國，銀行家、企業經營者、技術工人多半是喀爾文派信徒❽，可見這個教派所秉持的教義跟促成近世資本主義興起的心理因素有正面的關係。從而點出了宗教倫理跟經濟發展之間的

---

❸　同❷，頁62。
❹　同❷，頁63。
❺　Weber, Max *The Protestant Ethic and the Spirit of Capitalism* 1958: 38-39, New York: Charles Scribner's Sons.
❻　同❺。
❼　同❺。
❽　同❺。

對應關係。

　　基督教，無論是新教或舊教，對歐洲人說，都是日常生活的一部份，是社會上價值體系的依託所在，是歐洲文明的根源。當我們依仿這套宗教倫理與經濟發展對應關係，來探索中國文化中相類似的對應關係時，所應該注意與用力研究的對象也應當是跟我們中國人日常生活息息相關的宗教活動。符合這種條件的中國人宗教與有關的社會制度應當是「祖先崇拜」和家族制度。在二十世紀上半期，學者討論中國宗教的時候，大都把祖先崇拜當成是中國人宗教信仰的一大特色。最近二、三十年，反而被大家所忽略了。

　　對中國人來說，「祖先崇拜」是自遠古以來，一直流傳到今天的宗教信仰。三千多年前的殷商王室就相信商王的祖先能夠禍福後代的子孫。為人子孫者必須要按時虔誠的祭祀祖先，才能得到祖先的福佑。留存至今的甲骨文都是記載祭祀祖先的紀錄。跟「祖先崇拜」相呼應的社會制度是「家族」。中國人對「家」的概念相當特別。依照《說文解字》，「家」這個字的意思是作「家，居也」。也就是說，在中國人的觀念裡，所謂「家」是指共同住在一個門牆之內的人，它所涵蓋的範圍包括了已故的家人、現在生存的家人，以及尚未出生的家人。歷代昭穆祖宗與後世子孫在「家」這個範疇中，是血脈相連、榮辱與共的。這個中國人對於「家」的概念跟近代人類學家所討論的 family 有相當大的歧異。

　　近代人類學家所談論的 family 是以西方社會的 family 作為思考的基礎。西方社會的 family 是以一對夫妻和他們所生育的子女作為基本單位，稱之為「核心家庭」(nuclear family)。加上父母，就成為「主幹家庭」(stem family)。再加上兄弟姐妹和他們所組成的核心家庭，就成為「大型擴展家庭」(expand extended family)。

這樣的推算家庭方法是基於一個前提：父母的家並不等於兒子的家，而是兩個相對等、獨立的核心家庭。在歐美社會裡，一對夫婦稱之為couple，有了子女之後，方才算是 family。等到兒女長大，各自成家之後，這對夫婦又回復到原先的 couple 狀態。然後隨著這對夫婦因年老而逝去，他們所曾建立的核心家庭也就消失不見。只剩下兒女們所建立的家。

　　中國人是把「己身所從出的家」（父母的家）和「從己身所出的家」（子女的家）看成是一個連續的整體。歷代祖先與後代子孫是榮辱與共、休戚相關的。這也就是說，兒子的家永遠包含在父親的家之中，充其量只是其中的一個「房」罷了❾。這樣的觀念依然存在於現代化了的臺灣社會，未嘗有太多的改變。在今天的臺灣社會，由於工商業發達，交通設施便捷，以及都市的就業機會較多等因素，許多農村子弟離鄉背井，到都市裡讀書或就業，甚至就在都市裡成家立業，長住下來。這種現象在西方社會中，就當成是兒子的家從父母的家分離出來。但是，在中國人的觀念中，不論兒子的家在多麼遙遠的地方，根本上，還是跟父母的家聯在一起；不過只是有一房的人暫時住在外面而已。每逢過年過節，外出的兒女總是要設法回到父母的家，表示全家人又團聚在一起❿。現今，在臺北工作的人們常會說：「我的家是在屏東（或其他縣市），目前我是住在臺北市的某某地方。」這句話的含義正是在說：「我所從出的老家是在鄉下某地，而我和妻

❾ 陳其南 Chi-nan Chen "Fang and Chia-tsu: The Chinese Kinship System in Rural Taiwan." Ph. D. dissertation, Yale University, 1984. ＜房與傳統中國家族制度──兼論西方人類學的中國家族研究＞《漢學研究》3 (1)：127-184, 1985。

❿ Cohen, Myron. *House United, House Divided,* New York: Columbia University Press, 1978.

兒目前暫時住在臺北某某地方。」「家」對中國人來說，是一個綿延不絕的社會組織，從古早的昭穆祖宗到無窮盡的後代子孫。中國是一個以男人為中心的社會，家業的傳承都是以兒子為主。於是乎，中國男子的責任就是要維繫住這個綿延不絕的家系，使它不至於中斷。所謂「維持家繫於不墜」，包括兩個方面：一是生物方面，一是社會與經濟方面。在生物方面，中國人一直強調「不孝有三，無後為大」。認為沒有子嗣導致家系傳承中絕，是件非常悲慘的事，歷代祖先都會因此而不能再享受由子孫所供奉的血食，成了無祀孤魂。為人子為人孫者應該力求避免發生「無後」慘事。在社會與經濟方面，消極的是要維繫住既有的家聲門風和祖傳的家業，使之不墜；積極方面更是要把已經衰落的家門振作起來，達到「光宗耀祖」、「光大門楣」和「揚名顯親」境界。這就是中國人，主要是男人，與生俱來的「天職」。這種積極的振作家門、揚名顯親的觀念起源甚早。西漢武帝時（西元前一四○～八七），太史公司馬遷作《史記》時，就清楚的表達了這個觀念。《史記‧太史公自序第七十》云：

> 是歲，天子始建漢家之封，而太史公留滯周南，不得與從事。故發憤且卒。而子遷適使反，見父於河洛之間。太史公執遷手而泣曰：「余先，周室之太史也。自上世嘗顯功名於虞夏，典天官事。後世中衰，絕於余乎？汝復為太史，則續吾祖矣。……余死，汝必為太史。為太史，無忘吾所欲論著矣。且夫孝始於事親，中於事君，終於立身，揚名於後世，以顯父母，此孝之大者。……。」遷俯首流涕曰：「小子不敢，請悉論先人所次舊聞，弗敢闕。」⓫

⓫ 〈太史公自序第七十〉《史記》卷130。

司馬遷作《史記》，傳頌兩千年。他是的確做到了「揚名於後世，以顯父母」，可算是中國人的孝順楷模。因此，當我們想要探討什麼是「通俗的儒家精神」、什麼是「市井小民的信仰與價值」的時候，從中國社會所特別注重的「家族」、「祖先崇拜」、「揚名顯親」等制度和相關的理念所形成的「孝」文化叢結來思考，應該是可以得到合理的答案。

中國社會在北宋建國（西元九六〇年）以後，進入一個機會均等、個人與家族的社會地位有起有落的結構狀態。促成社會流動的動力來源，就是科舉制度。科舉功名成為品評人物高下和促使人們社會地位沉浮的基本動力。以各式各樣的科舉功名來光耀門楣和揚名顯親，成為普遍受人注目和讚揚的對象。北宋時，范仲淹以貧家子弟獲得科舉功名，建立一番事業，終而創立義莊、嘉惠族人，是個典範永垂的例子。歐陽修也是從貧苦中奮鬥成功，成為北宋名臣。這種例子在宋朝（九六〇～一二七八）多得不可勝數。魏晉南北朝時盛極一時的世家大族，到了宋代，已經衰微不振，一般寒素之家可以憑藉科舉功名來提升個人和家族的聲望和社會地位。這種情形到了明代（一三六八～一六四四）和清代（一六四四～一九一一），更是如此。清初吳敬梓所寫《儒林外史》，以「范進中舉」的故事來諷刺當時人對科舉功名的熱衷和各種趨炎附勢之態，卻是我們用來說明科舉功名的社會功能的最佳佐證。范進原是一個窮秀才，為大家所看不起。一旦高中舉人之後，地方上有頭有臉之人，包括曾任縣令的老爺，過來跟范進稱兄道弟；平素看不起他的岳丈這時也一反常態，對他禮敬有加、讚譽倍至；更有人自動前來請為僕役；送錢送米來祝賀的也大有人在。范進在中舉的那一剎那，他的社會地位陡然提升了許多。這個例子說明了取得科舉功名正是合乎「揚名顯親」、「光宗耀祖」、「光前裕

後」等概念。這些概念正是明清兩代品評人物成就的標準，也是督促子弟力求上進的原動力。

為了鼓勵和督促家中子弟努力上進，做家長的人或是家族中有事功有名望的人往往會寫一些文章，用來訓勉後代子孫。這種文章稱之為「家訓」、「家規」或「家範」等。我國的家訓起源甚早，在漢朝，就有任公和邴氏的《家約》，以及班昭的《女誡》。蜀漢時，丞相諸葛亮作有《武侯集誡》。魏晉以後，家訓的數量逐漸增加。其中以北齊顏之推所作的《顏氏家訓》最為有名。直到今天的臺灣社會，這本書還曾被選來作為青少年的經典讀物⓬。兩宋時，許多碩學鴻儒鑒於家庭教育對於科舉功名和維持家門不墜的重要性，寫了許多訓勉子弟用的誡子書和訓子文。這些作品包括了范仲淹的《家訓》、司馬光的《訓儉示康》、程伊川的《訓子》、和邵雍的《誡子孫》等。

到了明清兩代，家譜與家訓一起昌盛，而且兩者有合而為一的趨勢，家訓成為家譜之中相當重要的一部份。不僅有科舉功名的達官鴻儒寫家訓來訓勉子弟，地方上的士紳也在自己的家譜中撰作家訓家規。更有人把歷代有名的家訓編在一起，做個集子，像是康熙四十六年（一七〇七）石成金《傳家寶全集》三十二卷，乾隆七年（一七四二）陳宏謀所輯《訓俗遺規》四卷，乾隆十年（一七四五）張又渠輯《課子隨筆鈔》六卷。這些集子在十九世紀都被翻印，流傳於民間，成為近世中國家庭教育的重要內容。

在這些流傳於近世的家訓中，祖宗的角色依然像三千年前商王祖宗的角色，像是基督教所說的上帝，隨時隨地監視著子孫們的一切作為，獎善懲惡，降禍賜福。明清家訓中，把祖宗描寫得生動活潑、能

⓬ 盧建榮所改寫的《一個父親的叮嚀──顏氏家訓》，中國歷代經典寶庫青少年版。臺北，時報文化出版事業有限公司，1984。

夠公平公正的獎善罰惡者，當推明朝嘉靖八年（一五五三）霍韜所寫
的《霍渭崖家訓》。霍韜是明世宗「大禮議」事件的要角，支持明世
宗為他的生父上尊號。《明史》對他的評斷是：

> 韜學博才高，量褊隘，所至與人競。帝（明世宗）頗心厭之，
> 固不大用。……在南都，禁喪家宴飲，絕婦女入寺觀，罪娼戶
> 市良人女，毀淫祠、建社學、散僧尼、表忠節。既去，士民思
> 之。❸

從這個評語看來，霍韜是個很嚴謹的儒生，有心去改良風俗，抑
壓佛道，提倡儒家教化。他的個性強烈，好察察為明，以致他筆下所
描述的祖先，也是洞察跟子孫把功罪算清楚。在《霍渭崖家訓》中，「
家」是一個同居共產的團體。家長代替祖宗來教化及領導全體家人。
在歲首元旦，全體族人在家長的領導下，齊集於祠堂，向祖宗報告這
一年的耕作或經商的成績。上功者有賞，連續三年無功者就要處罰。
《霍渭崖家訓・貨殖第三》云：

> 居家生理，食貨為急。聚百口以聯居，仰貸於人，豈可也？冠
> 婚喪祭，義禮供需，非貨財不給。敍貨殖第三。
> 凡年終租入，歲費贏餘，別儲一庫。司貨者掌之、會計之，以
> 知家之虛實。
> 凡石灣窯冶，佛山炭鐵，登州木植，可以便民同利者，司貨者
> 掌之。年一人司窯冶，一人司炭鐵，一人司木植。歲入利市，

報於司貨者。司貨者歲終咨稟家長，以知功最。（司窯冶者猶兼治田，非謂只司窯冶而已。蓋本可以兼末，事末不可廢本也。司木司鐵亦然。）

凡弟姪歲報功最，元旦謁祠堂畢、參家長畢、眾兄弟子侄相參拜畢。乃各陳其歲功於堂下。凡歲報功最，設祖考神位（於）中堂。家長側立，眾兄弟以次序立兩廊。以次升堂，各報歲功。報畢，趨兩廊序立。

凡歲報功最，以田五畝，銀三十兩，為上最。田三畝，銀十五兩，為中最。田一畝，銀五兩，為下最。報上最，家長舉酒祝於祖考曰「某上最，乃慶。」上最者跪，俯伏，興，乃晬酒二爵。家長侑飲一爵。上最者又晬一爵。

凡歲報功最，田過五畝，銀過三十兩者，計其積餘。十賞分之一，為其私，俾益其婚嫁之奩。（如報田十畝，以五畝為正績，餘五畝，賞五分。報銀百兩，以三十兩為正績，餘七十兩，賞七兩。）

凡歲報功最，中最下最無罰無賞。若無田一畝，無銀一兩，名曰無庸。司貨者執無庸者跪之堂下，告於祖考曰：「某某無庸，請罰。」家長跪告於祖考曰：「請宥之。」無庸者叩謝祖考，乃退。明年，又無庸。司貨者執無庸者跪之堂下，告於祖考曰：「某某今又無庸，請罰。」家長跪告於祖考曰：「請再宥之。」無庸者叩謝祖考，乃退。明年又無庸。司貨者執無庸者跪之堂下，告於祖考曰：「某某三歲無庸，請必罰。」家長乃跪告於祖考曰：「某某三歲無庸，請罪。」乃罰無庸者荊二十。仍令之曰：「爾無庸，不得私蓄僕婢，以崇爾私，用圖爾後功。」

　　明清的家訓大體上都秉持「祖宗能禍福子孫」的傳統原則。人們對這種原則時所能採行的反應有以下幾種：一、自發性的意識到「我應當努力來光耀祖先」；二、自己要注意自己的行為，以良好的德行來澤蔭子孫；三、要讓子弟接受良好的教育。而教育的目的，不僅是要爭取科舉功名，更要以培養有德行的賢肖子孫；四、要謹守住家業財產，使之代代相傳，否則便是不肖；五、要維持家門之內長幼有序、和睦相處。以下就讓我們來看看明清家訓中有關這五點反應的敍述。

（一）自我期許

　　在明清家訓中，對於第一項反應「自我期許」，著墨不多。清乾隆時人王心敬在他所寫的〈豐川家訓〉中曾提到：「為人子者，須時時有顯親揚名、立身行道之念。」⓮清初時人林定徵在〈庭訓示愈高文山〉一文中也曾說：「人本於父母而生，亦將以一體萬物而生。……既為人子，則永言孝思、夙興夜寐，無忝所生。」⓯明朝人王源朗在他的〈言行彙報〉也說：「問祖宗之澤，吾享者是，當念積累之難。問子孫之福，吾遺者是，要思傾覆之易。」⓰

　　對於這個「自我期許」觀念表達最清楚的，應當首推明萬曆年間進士袁黃（號了凡居士）所作的《功過格》。在〈敦倫格〉中提到：

> 繼親志，述親事，還親欠、完親節、報親儲。一事十功。反此者，一事廿過。
> 讀書成名，顯揚親名，百功。反此悠忽怠惰者，百過。

⓮　王心敬〈豐川家訓〉在《課子隨筆鈔》卷 6，頁23-24。
⓯　林定徵〈庭訓示愈高文山〉《課子隨筆鈔》卷 5，頁21。
⓰　王朗川〈言行彙報〉《訓俗遺規》卷 4，頁55。

> 立身行道，尊崇父母，三百功。反此自甘不肖者，三百過。
>
> 中年無子，不思積德求嗣者，百過。
>
> 敗盡祖父基業與德澤，千過。

　　《功過格》是一種用禍福報應爲手段，來驅使人們立志向善的書。因此，書中提到該如何立志顯揚親名，多少是借助於外力。

　　此外，像王陽明在〈示龍場諸生教條〉中所講的「立志」**⑰**，高攀龍在〈高忠憲公家訓〉所講的「吾人立身天地間，只思量作得一個人，是第一義，餘事都沒要緊」。**⑱** 則是間接的涉及對於家族、對祖先的自我期許。

（二）自我修養品德

　　其次，讓我們來看一看有關個人的自我修養品德、以求澤被子孫的家訓資料。《梁氏家訓》：

> 人家門祚昌盛，皆由修德砥行，世代相承，故能久而勿替。若爲祖父者，不能積德行，以貽其子孫。爲子孫者，復不能積德行，以繼其祖父，未有不立見傾覆者矣。吾家高曾以來，代傳忠孝。吾父續承基業，不懈於修，迄今瓜瓞綿綿，仕宦相繼。但恐後之子若孫，安享基業，罔念艱難，加以氣質之偏，習俗之染，耳目紛紜，則心志惑亂。心志惑亂，則事爲乖張。祖宗

---

⑰ 王陽明〈示龍場諸生教條〉云：「志不立，天下無可成之事，雖百工技藝，未有不本於志者。志不立，如無舵之舟，無銜之馬，漂蕩奔逸，何所底乎。……爲善，則父母愛之，兄弟悅之、宗族鄉黨信之。何苦而不爲善。……爲惡，則父母怒之，兄弟怨之，宗族鄉黨賤惡之，何苦而必爲惡。諸生念此，可以知所立志矣。」見《訓俗遺規》卷2，頁8。

⑱ 見《訓俗遺規》補編，頁16。

數十載之貽謀，保其不一旦而墜耶？是故，欲立光前裕後之
業，務為積德累行之修。發一念，行一事，必思天理上無一毫
虧欠。稍雜私欲，急遏絶之。毋飾之昭昭，而墮之冥冥。從來
聖賢工夫，只是簡戒懼慎獨，而終身德行，即樹立於此。若乃
世間敗德喪行，種種不一，而莫甚於貪財好色。少年子弟能從
此處立得腳跟，不為所中，則其他無一足為我難，而德行日積
矣。士君子為善盡其在我，豈敢責報於天？ ⑲

同書也提出「子孫的成就是靠祖德庇陰的結果」這個概念：

子弟何德何能，不過藉祖宗之力掙得基業。居此現成時勢，自
反實屬可愧。若不倍加勉勵，積德累行，而公然居之不疑，務
求適己，不畏人言，妄自尊大，侮慢寒微，勝己者忌之，不如
己者笑之。見人有善則疑之，聞人不善則揚之，或好遊蕩，或
縱酒色，敗名喪儉。人於面前不得不尊稱之。背後即以奴隸目
之，豈不可羞？ ⑳

　　由於個人的基業是靠祖德庇佑而掙得，每個人為下代子孫著想也
該「積德累行」，以庇佑子孫。文中也簡要的提示了積德的辦法。《功
過格》明言「積陰德、遺子孫，千功」。其他家訓也常提到類似概
念。茲舉數例如下：

---

⑲　梁顯祖＜梁氏家訓＞《課子隨筆鈔》卷5，頁39-41。梁顯祖為明末清初時
　　人，其餘資料不詳。
⑳　同⑲，頁39。

天予人以福，必人先有貯福之器。德餘於福，則受者不厭，施者益不倦。福餘於德，則非徒無益，而又害之。故福或有倖致，必無濫享。兒輩但當修德，慎勿妄冀非份之福。**㉑**

傳家兩字曰讀與耕，興家兩字曰勤與儉。安家兩字曰讓與忍，防家兩字曰盜與奸，亡家兩字曰淫與暴。休存猜忌之心，休聽離間之言，休作生分之事，休專公共之利。喫緊在各求盡分，切要在潛消未形。子孫不患少而患不才，產業不患貧而患難守，門戶不患衰而患無志，交遊不患寡而患從邪。不肖子孫，眼底無幾句詩書，胸中無一段道理，神昏如醉，體懶如癱，意縱如狂，行卑如丐，敗祖宗成業，辱父母家聲。是人也，鄉黨為之羞，妻子為之泣，豈可入吾祠、葬吾塋乎？戒石具在，朝夕誦思。**㉒**

吾家子弟二十年前，尚不能皆有衣冠，皆稱饒裕。而近年來，乃人人有冠服榮身，有良田美宅，資財足用。出門有車馬僕從，從者至彼此不能相識，可謂極盛。雖諸子能自運用，豈不亦祖宗積仁累善餘慶所貽乎？顧極盛難繼，持滿易傾。天道乘除，數有一定，而作善降祥，作惡降殃，人事感召，理尤不爽。……吾自今惟知止知足，守理守法，以上培先德，下啟後人，即神佑可延，家聲不墜。……**㉓**

看了這些例子，我們可以這麼說：「為了維繫家門於不墜，明清

㉑ 涂天相〈靜用堂家訓〉在《課子隨筆鈔》卷 5，頁 16-17。涂天相是康熙癸未四十二年（1703）進士。官至工部尚書。

㉒ 呂坤〈孝睦房訓辭〉，在《課子隨筆鈔》卷 2，頁 17-18。呂坤，明萬曆二年（甲戌）進士。

㉓ 沈鯉〈垂涕衷言〉在《課子隨筆鈔》卷 1，頁 32-33。沈鯉是明嘉靖進士。

士人強調個人道德修養的重要性，藉著『道德』，把祖宗與子孫連繫在一起。現今個人的功成名就是靠祖宗的福佑，亦當積德以遺子孫。」在中國人的家族觀念和有關振興、維繫家族名聲與地位的觀念下，明清士人發展出一套計算功過的辦法，那就是袁黃（一五三三～一六〇六）所寫的《功過格》。包筠雅 Cynthia Brokaw 認爲袁黃作《功過格》是爲了應付科舉考試㉔。這個論點所持的眼光短近了些。科舉考試是爲了求得家族社會地位的上升，也是冀希藉此維持住已有的地位和名聲。《功過格》所列舉的各種進德修行的辦法，正是要表達中國文化中最高的人生價值標準。在清朝初年，袁黃的《功過格》、《誡子書》等作品就被當成是家訓的一種。收錄在《訓子遺規》之中。可資佐證。

（三）教育子弟

接下來看看有關教育子弟的家訓。石成金《傳家寶全集》卷一對於教育子弟有非常通俗的說明。文辭粗俗，正可以表現一般人心目中的教育子弟方法。茲截錄部份精華於下：

> 世人接續宗祀、保守家業，揚名顯親、光前耀後，全靠在子孫身上。子孫賢，則家道昌盛。子孫不賢，則家道消敗。這子孫關係甚是重大。無論富貴貧賤，爲父祖的俱該把子孫加意愛惜。但是爲父祖的不知愛惜之道，所以把子孫都就誤壞了。何謂愛惜之道？「教」之一字。㉕

㉔　Brokaw, Cynthia. "Yuan Huang (1533-1606) and the Ledgers of Merit and Demerit." *Harvard Journal of Asiatic Studies*. 47 (1):137-195, 1987.

㉕　<敎子>石成金《傳家寶全集》卷1，頁29，1707。所用版本是石成金的兒子、孫子所校刻的《重刻添補傳家寶俚言新本》，乾隆四年，1739。

子孫好與不好，只在個教與不教上起根。蓋不教他儉僕，則必
奢華。不教他辛勤，則必游惰。不教他忍耐，則必忿爭。不教
他謙恭，則必倨傲。出此入彼，自然之理。但世上的人，那一
個生下來就是賢人？都從教訓成的。那一個生下來就是惡人？
都從不教訓壞的。❷❻

世間有一等知教訓而不知道理的人。指望子孫長進，其實與躭
誤者一般。就如教訓子孫讀書，原是第一等好事，爭奈不知教
以孝弟忠信、禮義廉恥的道理，所教導的，不過是希圖前程，
指望富貴，改換門閭，衣錦還鄉，把子孫成個謀富貴、圖貨利
的心，所以後來沒甚好處。試看子孫後來做了官的，不做好
事，不愛百姓，往往玷辱家聲、折損陰騭。甚至貪贓壞法，以
致家破身亡，遺累父祖。這不全是子孫不肖之罪，卻是當初教
得差了❷❼。

　　這三段家訓已經清楚的告訴我們，明清時代人們對教育的重視，
認爲子孫不肖，做官貪贓枉法，都是父祖教育不當的結果。石成金同
時對於所謂「賢子孫」、「顯親揚名」、「光前耀後」等概念做了清楚的
界定：

世人教子讀書，只圖做官，這也不是。從來讀書的多，做官的
少。也有讀書做官的，遺臭萬年。也有讀書不做官的，流芳百
世。但論子孫賢與不賢，不在做官與不做官也。若是子孫資質
聰明，可以讀書的，須要請端方嚴正先生，把聖賢道理，實實

---

❷❻　同❷❺，頁30。

❷❼　同❷❺，頁35。

教導他，果然教得子孫知道孝弟忠信，知道禮義廉恥，知道安
分循理，知道畏法奉公，這就是賢子孫了。至於窮通有命，富
貴在天。做官的，忠君為國，潔己愛民，上受朝廷的恩榮，下
留萬民的歌頌，使人稱道是某人之子、某人之孫。這纔叫做揚
名顯親。不做官的守義安貧、循規蹈矩，上不干犯王章，下不
肯違清議，使人稱道是某人之子、某人之孫，這也就是光前耀
後。若氣質愚鈍、不能讀書，就教化做正經生理。為農也可、
為工也可、為商賈也無不可。但要教他存好心、教他行好事、
教他節儉辛勤、不可奢靡懶惰，教他循禮守法，不可意大心
高，教他義中求利，本分生涯，不可損人利己、明謀詐騙。至
若縱酒行兇、姦淫賭博、興詞好訟、嫁害良人，諸如此類，尤
當禁絕。總之，只要把子孫教得不惹事、不招災，他自然享許
多安樂快活。這纔是父祖的真心慈愛。❷⑧

　　科舉功名可以提升個人和家族的名聲和地位，可是有一個附帶條
件，那就是要做一個正直、有好名聲的官。否則，就會遺臭萬年，遭
人唾棄。即使不做官，正直、有好品德的人也一樣受到尊敬。因此，
在一般明清兩代的大眾心目中，一個有教養、好德行的人是受各方尊
重，也認為，這樣子的人無論從事士、農、工、商各種行業都會有很
好的表現。這種有德行修養的子孫，俗稱「賢子孫」。清康熙四十二
年（一七○三）進士涂天相在〈靜用堂家訓〉中，就明白的說：

　　　人家盛衰之故，不關一時之富貴貧賤，而係乎子孫之賢不肖。
　　　子孫賢，則雖勞苦饑之、艱難百狀，而勢將必盛。子孫不肖，

---

❷⑧　同❷⑤，頁39-40。

則雖勢位富厚，炫赫一時，而勢將必衰。吾願吾子弟之卓然
自立，務為長久之計。慎勿朶頤他人目前之富貴，自喪厥守
也。㉙

能夠卓然自立的賢子孫，在王陽明的〈客座私祝〉一文中，稱之為
「良士」。王陽明曰：

> 但願溫恭直諒之友，來此講學論道，示以孝友謙和之行。德業
> 相勸，過失相規，以教訓我子弟。使毋陷於非僻。不願狂躁惰
> 慢之徒，來此博弈飲酒，長傲飾非，導以驕奢淫蕩之事，誘以
> 貪財黷貨之謀，冥頑無恥，扇惑鼓動，以益我子弟之不肖。嗚
> 呼！由前之說，是謂「良士」。由後之說，是謂「凶人」。我子
> 弟苟遠良士而近凶人，是謂「逆子」。戒之，戒之。嘉靖丁亥
> （六年，一五二七）八月，將有兩廣之行，書此以戒我子弟，
> 並以告夫士友之辱臨於斯者，請一覽教之。㉚

不管是「賢子孫」或是「良士」，都是中國人心目中的理想人格，它
可以創建一番功業，為人所稱道，達到「揚名顯親」、「光宗耀祖」的
境界。這種理想的人格是足可比美韋伯所稱頌的喀爾文派教徒的理想
人格。

　　以上是談在「祖先崇拜」信仰下，中國人所採取的積極態度。接
著，讓我們來談談消極方面的反應，那就是「謹守住祖宗留傳下來的
產業」和「維持家族內部的和諧」兩項。

───────────

㉙　涂天相〈靜用堂家訓〉，在《課子隨筆鈔》卷5，頁16-17。
㉚　王守仁〈客座私祝〉，在《課子隨筆鈔》卷1，頁30-31。

（四）守住家業

在明清家訓中，有關「謹守住祖宗留傳下來的產業」這一項反應的訓文相當多。像前引明武宗正德年間霍韜所寫的《霍渭崖家訓》，就明白的指出：

> 凡富家，久則衰傾，由無功而食人之食。夫無功而食人之食，是謂屬民自養。凡屬民自養，則有天殃。故久享富侈，則致衰傾，甚則為奴僕，為牛馬。是故子侄不可不力農作。**❸**
>
> 凡人家居，久則衰頹。由習尚日侈，費用日滋，人競其私，縱恣口腹，踰禮日甚，得罪天地，積致罪殃，小則敗身，大則滅族，不可不畏。**❸**

唐彪〈人生必讀書〉云：

> 凡賢達子孫，每從父母祖宗起見，視公眾之事、公眾之室產，必勝於己事己產。無良之子孫止知自為自利。公眾之事、公眾之室產，毫不經營，全不愛惜，其存心既私，必無善報。後日子孫，盛衰可預卜也。**❸**

張英〈聰訓齋語〉云：

> 人必厚重沉靜，而後為載福之器。……仕官子弟則乘輿驅肥，

---

❸ 《霍渭崖家訓》卷1，頁28。
❸ 同❸，頁29。
❸ 唐彪（翼修）〈人生必讀書〉，在《訓俗遺規》卷4，頁37。唐彪，清初浙江蘭谿人。歷任會稽、長興、仁和訓導。

即僮僕亦無徒行者，豈非福耶？乃與寒士一體，怨天尤人，爭
較銖錙得失，寧非過耶？……天道造物，必無兩全。汝輩既享
席豐履厚之福，又思事事周全，揆之天道，豈不誠難？惟有敦
厚謙謹、慎言守禮，不可與寒士同一般欷歔欷歔，放言高論，
庶不為造物鬼神所呵責也。況父祖經營多年，田廬別業，身則
勞於王事，不獲安享。為子孫者，生而受其福，乃又不思安
享，而妄想妄行，寧不大可惜耶？思盡人子之責，報父祖之
恩，致鄉里之譽、貽後人之澤，惟有四事，一曰立品，二曰讀
書，三曰養身，四曰儉用。❸

白雲上〈白公家訓〉亦云：

從來人家子弟登巍科、居高官，眾曰：「祖宗功德之報。」誠
哉是言也。官家子弟，又不發達，竟至落魄者，何也？大抵人
居了官，權柄到手，紛華眩目，外物奪去天良，軍也不知，民
也不顧，只圖佚樂，甚至貪淫敗行，無所不為，辜負君恩，
肯忘先德。神鑒在茲而不知警，聖人云：「為善必昌，為惡必
滅。」報應之速而不知畏，是以余兢兢業業，戒吾後人。❸

　　以上所列舉四種家訓的作者身份地位不一，張英（一六三八～一
七〇八）是康熙朝的內閣大學士，霍韜是明世宗時的禮部尚書，他們

---

❸　張英〈聰訓齋語〉，在《訓俗遺規》補編，頁25。清初桐城人，康熙丁未進
　　士，官至文華殿大學士。
❸　白雲上〈白公家訓〉，在《訓俗遺規》補編，頁34-35。清初，河南武進士，
　　官至漕標中軍副將。

算是典型的官宦人家。白雲上是武舉出身，官至漕標中軍副將。唐彪
是縣的訓導。他們都可算是「縉紳」，是地方上的領袖人物。因此，
儘管這些人的官位和社會地位有高下之別，他們都是中國社會上的精
英份子。在一個社會地位上下流動性大的社會結構中，取得功名快
（只要通過科舉考試就可以了），敗家也相對的快。如何維持既得的
成果，就成了明清縉紳階層共同關心的問題。Hilary Beattie 研究
張英的另一本著作《恆產瑣言》，就認為這本書的目的是在於設法維
持官宦家庭的財富和權力❸。話是不錯。不過，當我們把《恆產瑣
言》放到本文所研究討論的架構來看時，就會看出它所表達的是一個
中國縉紳階層共同關切的問題 —— 如何維持家道於不墜。（本文所說
的縉紳，指涉範圍比何炳棣所主張「有監生以上科舉功名的文人」❸，
要來得寬鬆，舉凡武舉、教諭、訓導，以及地方領袖都包括在內。）

　　明清家訓大體上都認為「勤儉」是維持家道不衰、謹守住祖宗家
產的重要手段。余英時先生曾指出，新禪宗所揭櫫「一日不作，一日
不食」，以及新道教所主張的「打塵勞」，是近世中國經濟倫理有關勤
儉部份的來源❸。不過，當我們翻查自漢代以降的重要家訓，卻很清
楚的看到，「節約」「勤儉」一直是國人訓子的基本課題。像東漢馬援
所寫的〈誡兄子嚴敦書〉就提到：「龍伯高敦厚周慎，口無擇言，謙
約節儉、廉公有威，吾愛之重之，願汝曹效之。」❸蜀漢丞相諸葛亮

❸　Beattie, Hilary. *Land and Lineage in China: A Study of T'ung-
　　ch'eng County, Anhuei in Ming and Ch'ing Dynasties.* 1979:1.

❸　Ho, Ping-ti. *The Ladder of Success in Imperial China.* New
　　York: Columbia University Press. 1962.

❸　余英時〈中國近世宗教倫理與商人精神〉《知識份子》2(2):3-45。

❸　馬援〈誡兄子嚴敦書〉，在《課子隨筆鈔》卷1，頁1。

在〈誡子書〉中也說：「夫君子之行，靜以修身，儉以養德。」❹北魏顏之推《顏氏家訓》也提到：「素驕奢者，欲其觀古人之恭儉節用、卑以自牧、禮爲教本、敬者身基，瞿然自失，斂容抑志也。」❹同一時代的柳玭云：「余見名門右族，莫不由祖先忠孝勤儉，以成立之。莫不由子孫頑率奢傲，以覆墜之。成立之難如升天，覆墜之易如燎毛。言之痛心，爾宜刻骨。」❹這些有關勤儉的訓示，在年代上，都比新禪宗（八世紀）、新道教（十二世紀）要早好幾百年。因此，「勤儉」本是中國人傳統上的治家觀念。後爲出家僧侶借用過去，成爲清修戒律的一部份內容。

　　宋代以後，中國社會結構邁入一個新的境界。貧寒子弟可以憑科舉考試而爬升到社會的上層。如何保持得之不易的成果，就成爲大家共同關切的課題。司馬光的〈訓儉示康〉是其中千年來爲學子傳頌的名著。通篇都在詮釋一個「儉」字。「夫儉則寡欲。君子寡欲，則不役於物，可以直道而行。小人寡欲，則能謹身節用，遠罪豐家。故曰：儉，德之先也。」就成了後世學子傳頌的概念。

　　到了明清時代，「勤儉」兩事更成爲各種家訓中不可或缺的中心思想。把「勤儉」當成是「治家之本」。〈何氏家規〉云：

> 勤儉爲成家之本。男婦各有所司。男子要以治生爲急。於農商
> 工賈之間，務執一業。精其器具，薄其利心。爲長久之計，逐
> 日所用，亦宜節省。量入而出，以適其宜。慎勿侈靡驕者，博
> 弈飲酒，宴安懶惰。若人心一懶，百骸俱怠，日就荒淫，而萬

---

❹　諸葛亮〈訓子〉，在《課子隨筆鈔》卷1，頁1。
❹　顏之推〈顏氏家訓〉，在《課子隨筆鈔》卷1，頁4。
❹　柳玭〈戒子弟書〉，在《課子隨筆鈔》卷1，頁5。

事廢矣。婦人夙興夜寐，黽勉同心，執麻枲，治絲繭，織組
紃，以供衣服。不事浮華，惟甘雅潔。夕有重務，弟兄姒娌，
分任其勞。主婦日至廚房，料理檢點。但有童僕撥撒五穀，
穢污作踐。暴殄天物者，量加懲戒。至晚，扄鎖門戶，貯水
徙薪，逐處照管。仍諭各房，不許烘焙衣物。內外謹嚴，俱無
怠忽。其上下衣食，分給有等。男女多者，傳遞惟均，不得各
分彼此。嫁娶資妝，亦從簡便。如此則衣食常盈，而先業不墜
矣。❸

　　就內容而言，〈何氏家規〉所談的「勤儉」，已經從早先各代家訓
所做的原則性提示，進入實務指導階段。把「勤儉」的內容作了較詳
實的說明。這種講求實際的情形，在明清家訓中多有所見。茲舉一、
二例於下。明萬曆進士李廷機所〈晉江李文節公家訓〉云：

　　余生平不喫齋。每日鹽菜送粥，匪特脾胃清虛，費用省約，亦
以省中饋一之勞耳。午用葷一二味，晚用酒六七杯。酒但沽而
不釀。留客，不請客，以常飯待之。晨不葷、午不酒，不為客
變遷也。余久行此，客無怪焉。至子孫守而不失，但日無改於
父之道可也。❹

清康熙張英〈張文端公聰訓齋語〉云：

---

❸　何倫〈何氏家規〉，在《課子隨筆鈔》卷2，頁6-7。何倫，明朝人，居里
未詳。

❹　李廷機〈晉江李文節公家訓〉，在《課子隨筆鈔》卷2，頁10。

人生福享，皆有分數。惜福之人，福嘗有餘。暴殄之人，易至
罄竭。故老氏以儉為寶。不止財用當儉而已。一切事常思節嗇
之義，方有餘地。儉於飲食，可以養脾胃。儉於嗜慾，可以聚
精神。儉於言語，可以養氣息非。儉於交遊，可以擇友寡過。
儉於酬酢，可以養身息勞。儉於夜坐，可以安神舒體。儉於飲
酒，可以清心養德。儉於思慮，可以蠲煩去擾。凡事省得一
分，即受一分之益。❹

明清時人眼看社會上家族之興衰起落，以「勤儉」為衡量之基
準，從而歸納出「貧賤生勤儉，勤儉生富貴，富貴生驕奢，驕奢生淫
佚，淫佚復生貧賤」這個循環情理來❹，廣泛的流傳於民間。

（五）家族和諧

接著再來談談有關維持家族內部和諧的訓文。在明清家訓中，甚
至可說在漢唐以來的家訓中，維持內部和諧是最為重要的部份。主要
原因是由於中國家庭、家族的特殊性。如本文前面所述，中國人把
「家」看成是一個「共居」的單位。為了謀求這個共居單位內部秩序
井然，必然要講求彼此之間的身份地位，以及隨此身份地位而來的權
利與義務。否則就會亂。清初蔡衍鋇〈亦政篇〉云：

家有顯者，舉族之幸也。然必能親愛和睦，使家門之內肅肅雍
雍，方能上慰祖宗之靈，下副一族之望。未有偶博一官，偶登
一第，而即挾貴以驕其宗族。甚且並族中所公有之物而私之
者。如此之人，豈徒家害，異日欺君虐民、流毒方未有已也。

---

❹　張英〈張文端公聰訓齋語〉，在《課子隨筆鈔》補遺，頁20。
❹　史搢臣〈願體集〉，在《訓俗遺規》卷4，頁9。

❹凡宗族中，但知有父兄子弟，不知有富貴貧賤。其敢以富貴貧賤加於父兄者，惟得罪父兄，亦且得罪通族，不惟得罪通族，亦且得罪祖宗。曾見得罪祖宗之人而可以久其富貴者乎？❹

蔡衍鎤的〈亦政篇〉替「揚名顯親」觀念，做了補充。一個人能有科舉功名或是其他的事功，固然可以光耀門庭，是「舉族之幸也」。但是，倘若這個人憑仗著他的功名，以驕其族人，欺凌父兄子弟，造成家族內部的不合，那就成為罪不可逭了。蔡衍鎤舉了個例子，來說明之。「記稱前五代時，有江南高氏者，合族百餘人。先時致祭家廟，必以族之尊長執爵主祭，序齒列坐。及後，富貴者忽生驕傲，或云：『祀先所以榮祖宗，當以富而有位者執爵，不拘卑幼之例。』行之一、二年，又以子孫富貴為祖宗之榮、應生上坐。自是，宗族各以富而爭富，貴而爭貴。富貴之人自相爭競。而貧窶宗支不與者，積恨欲舒，遂乘其際而攻之。自是少凌長、卑辱尊，而門第衰微、流竄遠方矣」。❹蔡衍鎤所強調的是一個「禮」字。中國傳統儒家思想所強調的也就是這個禮字。所謂「君君、臣臣、父父、子子」，就是要把每一個人在不同社會群體中的角色地位和權利義務明確界定下來。個人的事功是可以榮耀祖宗，提升家族的社會地位和名聲。但是，個人的功業並不能夠改變或提升他在家族內部的身份。蔡衍鎤的家訓，以及其他明清時代的家訓，都強調一個有功業的人更要以謙卑的態度去和睦家族，否則，無論其功業多麼偉大，都成了逆子凶人。蔡衍鎤說：

❹　蔡衍鎤〈亦政篇〉，在《課子隨筆鈔》卷6，頁4。
❹　同❹，頁3。
❹　同❹，頁3-4。

竊意記言，家長必是宗子，否則亦惟行高而齒優者得稱焉。夫
執爵，用宗子禮也。用行高齒優，則不合禮矣。況乃徒以富貴
為哉，宜其致爭而敗也。❺⓿

　　蔡衍鋠在〈亦政篇〉所談宗族內部和諧之道，在其他家訓中也多
有所見。「宗族於我，固有親疏，自始祖視之，則均一人之子孫。能
以祖宗之心為心，自知族人之當睦。睦族之要有六，一曰敬老，二曰
親賢，三曰矜孤，四曰恤寡，五曰周急，六曰解紛」。❺① 「睦族有四
務，一曰矜幼弱：稚年失親，難以自立成人，則須有矜憫之心，隨時
為之助力。一曰恤鰥寡：貧者則恤以善言，富者則恤以財力，俾得樂
生。一曰周蒼急：族人有衣食無著者，量己之力，為之救濟，以盡宗
教之心。一曰解忿競：族人有忿爭者，得多人勸之，往往心平氣和，
可重歸於好。此同族之責也。其尤重者，若捐義田，設義倉，立義
學，置義塚，用以教養族人，使生死均無所失。實為睦族之大者」。❺②
「睦族必以敍倫為先。敍倫必以正名為先。一族之中祖孫、叔侄、兄
弟之間，各有定名，不可紊亂。尤不可因尊長寒微，遂致迳呼爾我，
避加尊稱，以失人倫之序。須知敦本睦族，切不可重富輕貧，少存
異視之心」。❺③ 以上是《族譜家訓集粹》整理明清家訓後，在〈睦族
篇〉，所歸納的幾條常見訓詞的一部份。
　　袁黃《功過格》的〈宗戚格〉也有相似的記載，擇要抄錄於下：

---

❺⓿　同❹⑦，頁 4。
❺①　見行政院文化建設委員會與聯合報文化基金會國學文獻館主編《族譜家訓集
　　粹》頁 11，1984。
❺②　同❺①，頁 12-13。
❺③　同❺①，頁 14。

> 禮待九族，一事五功，大事加。反此者，一事五過，大事加。
>
> 族有貧困及鰥寡孤獨，盡加撫存。一人百功。撫孤成立，加
> 倍。凡出錢者，一百，二功。反此者，一人十過。觀者加論。
> 有力不救濟，過再加。
>
> 族有俊鬳，加意培植，一事一功，如教讀書、立品。出錢，另
> 計功。反此者，一人十過。教之能長進，一人五十功。至成
> 德，三百功。
>
> 身居勢要，雖有強悍，宗人不敢藉勢為非，五十功。反此者，
> 一人五十過。

除了睦宗族之外，要維持家族內部和諧的辦法尚有：崇孝道、重教
義、齊家政、正禮節、務讀書、明德性、謹言語、愼交遊、處世事
等。由於事涉日常生活的細微末節之處，明清家訓對這些項目絮絮而
語，篇幅相當大。本文就不做仔細的分析與討論。待以後再來專文處
理。

看了以上對於「揚名顯親」觀念所做的消極和積極的五種反應，
我們大致可以勾勒出一個明清時人所喜好的理想人格，那就是：面對
歷代祖先和子孫，每個人都應該認識到所負的責任相當重大，要努力
建立自己的功業，來榮耀列祖列宗。同時要有良好的品德，和睦族
人，提攜及幫助族人。使同族的人都能因他的事功而沾享到祖宗的福
佑。因為相信個人的克竟事功是祖德庇蔭所致。

韋伯所談的新教倫理，可以化約成這樣的一個命題：「如何去榮
耀上帝，以求得救贖？」（How to honour the God and then
get the salvation?）根據以上我們所勾勒出來的明清時代的中國理
想人格和相關的倫理，可以化約出如此的一個命題：「如何去榮耀祖

宗，以求得在家族中不朽的地位？」這兩種命題上的差異，正反映出中國與歐美在社會結構上的差異。

歐洲於十六世紀所發生的宗教革命，最主要的訴求點就是在爭取個人能夠直接面對上帝、從事禮拜和懺悔的權力，不必透過層層控制的教會組織。這種強調個人的觀念逐漸形成了以個人為思想中心的「個人主義」(individualism)。到了十九、二十世紀，「個人主義」成為現代西方文明的根本。在個人主義的籠罩下，每一個人都是平等、獨立的個體，都能直接面對上帝，家庭組織也就不是非常重要，人與人之間是靠法律和契約來維繫彼此的關係，也依據法律和契約來組成各種社會群體。基督教教義則成為西方社會的倫理與道德的基礎。在十九世紀，工業革命發生，隨之而來的是重商主義和殖民主義。於是乎，從事科技發明、擁有優異的技術、從事製造和銷售產品，以及金融業務等活動，就成了近兩百年來歐美人士所重視和讚賞的，並以此來衡量品評一個人事業成就的高下。這就是歐美社會升遷管道和社會評價標準之所在。韋伯是以新教倫理，特別是喀爾文教派所提出的教義，來解釋十九世紀末葉的重商現象。由此，韋伯導出個結論：新教倫理促成了資本主義精神的產生。

當我們依仿韋伯命題，來討論在臺灣的中國人如何能在最近四十年中，創造了經濟發展的奇蹟？其中的社會、文化、倫理因素為何的時候，並不是要直接套用現成的韋伯定律和韋伯所說的「金科玉律」，而是要依仿韋伯對十九世紀歐洲的社會、文化、價值體系、宗教倫理等方面的廣泛涉獵，來探索中國社會與文化中，相同部位的彼此運作情形。而後，再看看是不是能導出與韋伯命題相對等的「中國命題」。

本文以上所做的分析顯示，我們可以導出一個可與韋伯命題相匹

比的中國命題。中國人是以「家族」爲社會結構的基礎，個人相對的變得不重要。個人（主要指男人）的天職就是要維繫住家族傳承於不墜。在生物性方面，一定要有兒子。在社會文化方面，則是要保持既有的名聲和祖宗遺留下來的產業，若能發揚光大，憑自己的事功和科舉功名來提升家族的社會地位與聲望，做到「揚名顯親」，就成爲社會大衆所稱讚的對象。其中，還含有濃厚的道德成份。有功名而無道德的人，照樣是遺臭萬年，爲人所唾棄。

在明清中國社會，科舉制度和「萬般皆下品、唯有讀書高」是兩個互爲因果的觀念與制度。使得中國社會昇降流動管道只限於「讀書 ── 考試 ── 作官」這單一途徑。到了光緒二十八年（一九〇二），清廷正式取消科舉制度，代之以洋式學堂。當時的人依然把洋式學堂看成是「科舉制度」的一種變形。單軌的社會流動情形如舊。臺灣這四十年的發展，是把以往的單軌流動情形變成多軌流動。也就是說，士、農、工、商不再是有高下之別，而是平等的，只要努力於事業，有了輝煌的成就，就是達到傳統的「揚名顯親」、「光宗耀祖」等最高社會價值標準。這種轉變，當然不是當今在臺灣的中國人所新發明。把士、農、工、商平等對待，在明清時代已經有了❺。只是被科舉制度壓制住而已。等到科舉制度眞正不發揮具體作用，士、農、工、商就成了平等的四條社會流動的管道。

傳統上，中國家族制度的維繫是靠禮法，靠家訓，也靠以「因果報應」爲基礎的民間宗教信仰（冥律）。在以農爲主，人員流動不大的社會，是可以發揮作用。可見，現今的臺灣已從農業爲基礎的社會狀態轉換成以工商業爲主的社會狀態，人員的搬遷流動很快。以致傳

---

❺　譬如：《溫氏母訓》云：「介告母曰：『古人治生爲急，一讀書，則生嗇矣』母曰：『士、農、工、商各執一業，各人各治所生。讀書便是生活。』」

統的約束力趨於薄弱，社會問題雜沓而來。如何再建立一套大家可以共同遵守的行為準則，是目前當務之急。本文不擬作深入討論，當另外為文討論之。

（原文刊載於《漢學研究》7(1)，195-214，1989）

滄海美術叢書

— 5 —

滄海叢刊書目 (一)

國學類

哲學類